한국지방자치
발전과제와 미래

지방자치발전위원회 엮음

박영사

발 간 사

지방자치발전, 시대적 소명

빠른 성장을 목표로 국가가 전략적으로 경제발전을 주도하던 국가경영의 패러다임은 급속한 환경변화에 따라 더 이상 유용하지 못하게 되었다. 오늘날엔 전 세계적으로 저성장이 지속되고 있고, 국가가 아닌 지역단위의 경쟁구도가 형성된 지 오래이다. 또한 급속한 고령화로 인한 복지수요 증가와 저출산에 따른 경제활동인구 감소가 심각한 사회문제로 대두되고 있다. 이러한 상황에서 지방자치발전은 중앙권한을 지방에 넘겨주는 분권적 의미가 아니라 새로운 시대의 조류에 따른 국정운영의 패러다임 전환에 있어서 매우 중요한 과제라 할 수 있다. 지방이 더 잘할 수 있는 일은 과감하게 지방에 이양하고 중앙에서 더 잘할 수 있는 일은 중앙에서 추진할 때, 국가 전체의 효율적인 자원배분이 가능하기 때문이다. 지방자치는 지역의 문제를 스스로 인식하고, 스스로의 힘으로 자기 책임 하에 해결하는 것이다. 지방에 충분한 권한과 책임을 부여하는 지방자치제도는 지역이 자생력을 갖게 하여 지역경쟁력을 강화하고 이를 통해 국가발전을 견인해 나갈 수 있다. 박근혜 대통령께서도 강조한 바 있듯이, 지방자치가 국가발전의 토대가 되고, 국가발전이 국민 개개인의 행복으로 이어지는 선순환 구조로 정착되기 위해 지방자치발전은 시대적 소명이라 할 수 있다.

성숙한 지방자치를 위하여

우리나라 지방자치는 짧은 역사에도 불구하고 그동안 우리 나름대로 지역 주도의 자생적 발전모델을 만들어냈다. 또한 주민참여와 감시를 통해 행정의 투명성과 민주성이 눈에 띄게 향상되었고, 행정서비스의 질적, 양적 성장을 가져왔다. 그러나 지방자치는 민주화 운동의 확대와 더불어 제대로 된 준비 없이 1991년 지방의회가 구성되면서 부활되었다. 태생적으로 법과 제도가 불완전한 상태에서 지방자치가 다시 시작되었음에도 그동안 대대적인 제도 개선 없이 필요한 부분을 조금씩 손질해오는 방식을 거듭하면서 지금까지 운영되어왔다고 해도 과언이 아니다. 임기응변식의 제도개선으로는 성숙한 지방자치를 기대하기 어렵고, 지역주민을 만족시키기란 더더욱 어렵다. 이러한 문제의식을 가지고 지난 2013년 5월 28일 「지방분권 및 지방행정체제 개편에 관한 특별법」이 제정되었고, 그 추진기구로 대통령소속의 지방자치발전 위원회가 출범하였다. 지방자치발전위원회는 지방자치 주요현안을 집대성하고, 이에 대한 개편방안을 마련하여 2014년 12월 8일 『지방자치발전 종합계획』을 수립·발표 하였다. 『지방자치발전 종합계획』은 지방자치 실시 이후 정부에서 처음으로 수립한 지방자치분야의 마스터플랜이자, 특별법에 근거를 두고 국무회의의 심의를 거쳐 확 정된 범정부적 실천의지가 담긴 계획이라 할 수 있다.

한국지방자치, 발전과제와 미래를 말하다

본서는 『지방자치발전 종합계획』에 담긴 20개 정책과제에 대한 이론과 실제를 담고 있다. 각각의 정책과제는 관련 이론과 함께 그동안 학계, 정부, 국회 등에서 논의 되고 추진되어 온 과정을 종합하면서 미래지향적인 발전과제를 제시하고 있다. 본서 는 정책과제 추진에 참여해온 지방자치발전위원회 위원과 전문가를 중심으로 필진을 구성하여 보다 생생한 내용을 전달하고자 하였다. 이러한 저술작업에 흔쾌히 동참해 주신 여러분(강재호, 강형기, 권오철, 금창호, 김순은, 남기헌, 박경국, 박동수, 박재율, 손혁재, 송기복, 신윤창, 안재헌, 양영철, 이기우, 오재일, 육동일, 이승종, 이수영, 이성근, 임두택, 정순 관, 정현민, 조경호, 최근열, 최승범, 최호택)께 깊은 감사를 드린다. 아울러 본서의 출판 을 맡아주신 박영사 안종만 대표, 조성호 이사, 한현민 편집자께도 감사를 표한다.

지방이 살아야 나라가 산다

본서에 제시된 정책과제를 살펴보면 어느 것 하나 쉽게 성과를 낼 수 있는 것이 없다. 그렇지만 다행스러운 것은 지방이 자치역량을 발휘하고 지역주민의 삶의 질을 높이기 위해 지방자치의 발전이 필요하다는 것에 국민 대부분이 공감하고 있다는 사 실이다. 지역주민이 곧 국민이고, 지방이 모여 국가를 이룬다. 지역주민이 필요로 하 는 복지, 안전, 교육, 행정서비스 등은 가장 가까이에서 지역의 특색과 주민을 잘 알 고 있는 그 지역 내에서 주민 눈높이에 맞춰 해결되어야 한다. 이것이 성숙한 지방자 치의 궁극적인 목적이며, 이를 통해 국민행복과 국가발전을 기대할 수 있는 것이다. 아무쪼록 본서를 통해 많은 독자들이 지방자치발전의 중요성에 대해 공감하고 지방 자치발전 과제의 추진에 더욱 관심을 가질 수 있는 계기가 되기를 희망한다.

2016년 6월

대통령소속 지방자치발전위원회 위원장 심대평

차   례

서론: 성숙한 지방자치의 지향(이 승 종) ··· 1

[1부] 지방자치의 의미와 변화
    1. 지방자치의 의미와 가치(강 형 기) ··· 15
    2. 자치제도의 연혁(이 수 영) ·· 32

[2부] 지방자치 발전과제
    (지방분권)
    1. 자치사무와 국가사무의 구분체계 정비(안 재 헌) ························ 41
    2. 중앙권한 및 사무의 지방이양(최 근 열) ····································· 54
    3. 지방재정 확충 및 건전성 강화(이 성 근) ··································· 67
    4. 특별지방행정기관 정비(최 승 범) ·· 84
    5. 자치경찰제도 도입(양 영 철) ··· 98

    (자치역량)
    6. 지방자치단체 기관구성 형태 다양화(임 두 택) ························ 113
    7. 지방의회 활성화 및 책임성 제고(김 순 은) ····························· 127
    8. 교육자치와 지방자치의 연계·통합(육 동 일) ··························· 140
    9. 시·군·구 구역 개편(남 기 헌) ·· 153
    10. 대도시 특례 제도 개선(강 재 호) ·· 169

(주민자치)

11. 주민 직접참여제도 강화(이 기 우) ·· 185

12. 읍·면·동 주민자치회 도입(오 재 일) ·· 199

13. 소규모 읍·면·동 행정체제 정비(최 호 택) ·· 215

14. 지방선거제도 개선(송 기 복) ··· 224

15. 지방자치단체 간 관할구역 경계조정(손 혁 재) ······························· 241

(자치기반)

16. 도의 지위 및 기능 재정립(신 윤 창) ··· 257

17. 특별·광역시 자치구·군의 지위 및

    기능 개편(권 오 철) ·· 270

18. 국가와 지방자치단체의 협력체제 정립(박 동 수) ····························· 280

19. 지방자치단체 간 행정협력체제 정립(금 창 호) ································· 294

20. 지방자치단체 평가제도 개선(조 경 호) ·· 310

[3부] 추진활동

1. 정부의 추진활동(이 수 영) ·· 325

2. 민간의 지방분권운동(박 재 율) ··· 340

[4부] 종합토론

1. 한국지방자치의 발전과제와 미래(정 순 관) ·· 355

2. 토   론 ·· 371

서론: 성숙한 지방자치의 지향[1]

이 승 종

대부분의 선진국은 지방자치 선진국이다. 미국, 영국, 프랑스, 독일, 스위스 등 우리가 쉽게 떠올리는 선진국 중에 지방자치가 선진적이지 않은 나라는 없다. 이들 나라는 오랜 세월 동안 지역사회를 기반으로 지방자치를 발전시켜왔다. 주민은 지역사회의 공공문제를 함께 논의하고 지방정부는 가까이서 지역주민의 수요에 부응하는 맞춤형 서비스를 제공하고자 노력하여 왔다. 이와는 달리 한국에서는 오랫동안 집권적 통치가 지속되었다. 광복 이후 잠시 시행되던 지방자치는 5.16혁명에 즈음하여 중단되었다가 우여곡절 끝에 1991년 지방의회 구성 그리고 1995년 단체장 선거를 통하여 재개되었지만 아직까지 선진적 지방자치로서 착근되지는 못하고 있다.

그간 한국 지방자치의 성과에 대해서는 평가가 엇갈린다. 일각에서는 지방의 창의적인 발전, 주민의 정치적 효능감 고양, 주민의사의 정책과정 투입 증대, 공직자의 주민대응성 향상, 정책의 자동확산 및 제어기제 구축, 국가권력 분산 등의 효과를 제시한다. 다른 일각에서는 지방정부의 낭비적 성향, 자치단체장의

[1] 이 글의 일부는 필자의 논문 "성숙한 지방자치의 발전과제" 지방행정연구, 29/2: 61-76 (2015)에서 발췌, 수정한 것임.

전횡, 지방의회의 역량부족, 관료제의 정치적 중립성 훼손, 주민의식 미흡, 지역토호의 발호, 지역불균형 등의 한계를 지적한다. 기본적으로 긍정적 평가는 민주화의 진전에, 부정적 평가는 효율성과 형평성 문제에 주목한다. 생각건대, 한국 지방자치는 짧은 연륜과 불비한 여건에 비추어볼 때 장기간 지방자치를 시행해온 선진제국의 경험을 우리 실정에 맞추어 적용하면서 상당히 압축적인 성과를 축적해오고 있는 것으로 평가된다(김순은, 2014). 그러나 지방자치 정착발전을 위한 다양한 노력에도 불구하고 자치여건의 불비와 시행착오 속에 아직은 갈 길이 멀어 보인다. 전반적으로 한국지방자치는 과정가치에 매몰된 지방자치 패러다임, 취약한 분권, 주민소외, 지방정부의 책임성 미흡 등의 문제를 안고 있으며, 이에 따라 목표의 경시, 형식적 자치, 갈등적 자치, 획일적 자치, 의존적 자치, 공직자 자치, 편린자치 등의 부정적 이미지로 각인되고 있다. 한국지방자치의 발전을 위한 논의에서 고려해야만 할 현실이다.

올해는 중단되었던 지방자치가 부활된 지 1991년 지방의회 구성을 기점으로 보면 25년째, 1995년 단체장 선거를 기점으로 보면 20년째 되는 해이다. 사람으로 치면 성년의 때가 된 것이다. 사람이 성인이 되면 보다 많은 자율권을 부여받고 그에 기초하여 보다 책임있는 사회의 구성원이 되도록 요구받는 것과 마찬가지로 이제 성년이 된 우리 지방자치도 그에 걸맞는 자율과 책임으로 국민 앞에 다가서는 성숙성 내지는 책임성을 보여야 한다. 박근혜 정부가 천명하고 있는 '성숙한 지방자치'는 바로 그같은 요청을 적절하게 표현하고 있는 것으로 이해된다.

문제는 성숙한 지방자치를 같이 말하면서도 집단마다 '성숙'에 대한 이해와 접근방식에 있어 차이가 있다는 점이다. 지방정부는 자치여건의 불비를 호소하면서 분권화의 진전을 강조한다. 중앙정부는 지방정부의 방만성을 지적하면서 책임있는 지방행정을 강조한다. 또한 국민은 대체적인 무관심 속에서 지방행정 과정에서의 주민 역할 강화를 주문한다. 같은 용어를 놓고 해석과 희망이 다른 것이다. 그러나 성숙한 지방자치는 어느 한 가지 요소만을 의미하지 않는다. 성숙한 지방자치를 위해서는 분권화도 필요하고 지방의 책임도 필요하고 주민참여도 필요하다. 그러므로 어느 한 측면만 강조하는 편향된 입장은 바람직하지 않다. 그같은 입장은 관련 집단간 갈등과 소외만 일으킬 뿐이다. 해답은 국민에 있다. 국민행복을 위하여 자신의 입장이 아니라 대국적 견지에서 지방자치에 접근

해야만 한다. 성숙한 지방자치에 대한 통합적이고 균형적인 시각을 바탕으로 중앙과 지방 그리고 국민이 지방자치의 발전을 위한 협력적 노력을 경주해야 한다.

　불행하게도 우리 지방자치는 성숙한 지방자치에 대한 강조점이 혼선을 빚는 상황에서 성년에 걸맞은 활력을 보이기보다는 발전을 위한 도약의 문지방을 넘지 못하고 주춤거리고 있다. 한편으로는 자율권 부족, 다른 한편으로는 책임성 부족으로, 또 다른 한편으로는 정부간 갈등과 국민적 관심 부족으로 한창 청년기에 활력을 잃고 '의사(疑似) 노년기' 현상을 보이고 있다. 치유책이 필요한 상황이 아닐 수 없다. 특히 2014년 4월에 발생한 세월호 침몰사고를 계기로 정부의 대응능력에 대한 비판이 고조되면서 국가개조론이 반향을 얻은 바 있거니와, 국가개조의 중요한 축은 지방자치의 개혁이라는 점에 대한 인식이 있어야 한다. 국가 총 재원의 60% 정도를 지출하고 있는 지방자치 개혁에 대한 고려없이 국가개조를 논하는 데 한계가 있을 것이기 때문이다. 그러므로 성숙한 지방자치의 실현을 위한 정책노력은 지방자치만이 아니라 국가발전을 위한 시대적 요청에 부응하는 핵심적 노력에 다름 아니다.

　성숙한 지방자치 구현을 위한 구체적 발전과제를 논의하기에 앞서 강조할 것은 한국지방자치의 패러다임이 새롭게 정립될 필요가 있다는 점이다. 새로운 패러다임은 지방자치가 정부나 공직자를 위한 것이 아니며, 국민을 위한 것이라는 데 대한 새로운 인식을 토대로 한다. 지방자치의 수행을 위하여 권한과 자원의 분산이나 주민의 참여 그리고 중앙의 협력과 지원 등은 필요하고 중요한 것이지만 그것이 지방자치의 궁극적 목적은 아니며 어디까지나 목표달성을 위한 실현수단이라는 점에 대한 인식이 필요하다는 것이다. 물론 지방자치 초기에는 지방자치의 외형을 갖추는 것이 시급한 과제였으므로 지방자치 시행을 위한 기본요소인 분권과 참여와 같은 수단에 우선적 관심을 갖는 것이 당연하고 불가피한 요청일 수 있었다. 일단 시행을 해야 목적과의 관계도 확인이 가능할 터이기 때문이다. 그러나 이제 성년이 된 지방자치를 바라보면서 더 이상 수단에만 관심을 갖는 것은 문제가 있으며 지방자치의 목적에 대한 관심을 새롭게 가질 필요가 있다. 그렇다면 지방자치의 목적은 무엇인가? 지방자치의 목적으로는 민주화, 균형발전, 국가의 총체적 발전 등 여러 가지 이유가 제시되지만 궁극적 목표가 지역주민의 복지(또는 행복)의 증진이라는 데 대해서는 큰 이론이 없다(이승종, 2014: 5).

지방자치의 궁극적 목적이 주민의 복지증진에 있다면 지방자치는 당연히 그 목적에 실질적으로 기여할 수 있어야 한다. 또한 그렇기 때문에 주민복지에 대한 기여도가 성숙한 지방자치의 성과이며 평가의 척도가 되어야 한다.

그러나 지금까지 우리는 지방자치를 그 목적에 앞서 분권과 참여와 같은 지방자치의 '과정적 가치'에 집중하는 과정적 패러다임으로 접근하였다. 즉, 분권과 참여의 정도를 기준으로 지방자치의 진전 여부를 판단하여 왔고 따라서 지방자치의 논의나 정책노력 역시 기본적으로 분권과 참여에 초점을 두고 전개되었다. 반면 과연 지방자치(또는 분권과 참여)가 얼마나 주민의 행복증진이라는 목적에 기여하는가라는 '성과적 가치'에 대해서는 상대적으로 관심이 적었다. 이렇듯 지방자치의 시행에도 불구하고 성과에 대한 관심도 적고 성과마저 명확히 보여주지 못하는 상황에서 지방자치에 대한 주민의 애정어린 관심이 일어나기 어려웠고 이는 지방자치가 제대로 착근되지 못하는 주요 원인이 되었다. 그러므로 향후 지방자치의 지속적 발전을 위해서 지방자치를 분권과 참여에 중점을 두고 이해하고 접근하는 과정중심적 패러다임의 울타리에서 벗어나서 주민행복에 대한 실질적 기여로써 지방자치를 이해하는 목적중심 패러다임으로 이행할 것이 요구된다. 기본적으로 지방자치란 분권과 참여라는 과정적 가치와 그를 통하여 기대되는 주민복지(행복)증진이라는 성과적 가치 또는 목적가치를 필수불가결의 두 얼굴(two faces of local autonomy)로서 포함하는 제도라는 인식을 바탕으로, 지방자치의 과정만 아니라 과정의 결과에 대하여 정당한 관심을 가질 것이 요구된다.

이같은 지방자치 패러다임의 전환을 기반으로 향후 지방자치에 대한 중심 논의는 중앙과 지방간 권한과 자원배분을 둘러싼 주장과 갈등을 넘어 주민복지(행복)의 증진을 위하여 중앙과 지방 그리고 국민이 어떻게 경쟁하고 협력할 것인가라는 논의로 발전되어야 한다. 목적에 앞서 분권만을 강조하면 공직자 위주의 파행적 자치를 해소하기 어렵다. 주민복지의 증진을 위하여 지방자치 관련 집단의 행태도 바뀔 것이 요구된다. 중앙은 지방의 사정을 전향적으로 이해하고 분권화 요구에 적절히 대응해야 한다. 지방은 보다 책임있는 자세를 갖고 분권을 요구하되 동시에 자체 역량을 적극적으로 키워야 한다. 일각에서 관찰되는 방만행정, 공직자 줄세우기, 과도한 중앙의존 등 파행적 행태는 지양해야 한다. 국민은 지역의 문제를 스스로 책임진다는 관점에서 지방자치에 대한 애정어린 관심으로 지방자치에 참여해야 한다. 이러한 변화가 있을 때 현재의 갈등적 지방자치가 생산적, 협력적 지방자치로 탈바꿈하여 주민행복에 기여할 수 있게 될 것이며, 시행에 의의를 두는 형식적 지방자치가 아니라 시행목적에 기여하는 실질적 지방자치로 변모하게 될 것이다.

지방자치의 목적을 중시하는 방향으로 지방자치 패러다임을 전환한다고 해서 목적달성을 위한 분권과 참여와 같은 과정적 가치를 무시할 수 있는 것은 아니다. 과정적 가치의 실현 없이 목적달성은 불가능하기 때문에 분권과 참여와 같은 과정적 가치는 여전히 중요하다. 그리하여 본서도 많은 부분 분권과 참여에 대하여 논의하고 있다. 다만 분권과 참여를 논함에 있어서도 분권과 참여가 주민행복 증진을 위한 수단이라는 사실에 대한 인식의 끈을 늦추어서는 곤란하다는 점이 강조되어야 한다. 분권과 참여가 주민행복이라는 목적에 기여하는 수단이라면, 그리고 수단은 목적 때문에 정당화되는 것이라면 분권과 참여를 성과와 분리하여 별도로 다루는 것은 적절치 않을 것이기 때문이다. 다만 과거에는 지나치게 과정가치에 매몰되어 목적가치를 소홀히 하는 경향이 있었기에 전환이 필요하다는 것이다.

지금까지 제시한 목적지향 패러다임을 전제로 하여, 이하에서는 지방자치의 목적달성을 위한 필수수단으로써 분권과 참여, 그리고 지방의 책임성에 대하여 간단히 언급하고자 한다. 우선, 한국지방자치의 발전을 위한 토대로서 분권화가 진행되어야 한다. 그간 성년에 이르기까지 다양한 자치 경험을 쌓아왔으니 이제는 자치역량이 미흡하더라도 지방의 자율권을 강화하여 지속적 자치발전의 토대를 마련할 필요가 있다. 물론 지방이 국가와 분리되어 존재하는 것이 아니므로 과도한 분권이 바람직한 것은 아니다. 이상적으로는 과도한 분권보다는 통합과 분권의 장점을 조화시킬 수 있는 수준의 적정분권이 바람직하다. 그렇게 함으로써 민주와 효율이 조화되어 국정성과가 극대화되는 기술민주주의(technodemocracy)가 시현될 수 있기 때문이다.[2] 문제는 현재 우리나라는 전반적으로 과소분권 상태에 있다는 점이다. 사무배분에 있어서 국가 총 사무 중 지방사무는 약 30% 정

---

[2] 기술민주주의란 민주정치적 요소의 강화에 따른 민주성의 진전과 전문가적 판단요소의 강화를 통한 효율성 진전이 조화되어 전체적으로 사회적 진전이 극대화되는 사회를 말한다(DeSario & Langton eds, 1987).

도에 그치고 있으며, 국가재정에 있어서 중앙과 지방의 세출비율은 약 40:60이지만 세입비율은 약 80:20인 것이 단적인 증거이다. 사무와 재정이 분권의 중요 척도라 할 때, 현재 우리나라가 과소분권 상태임을 부인하기는 어려울 것이며 따라서 향후 최소한 당분간은 적정분권으로의 균형을 지향하는 차원에서라도 분권 강화가 필요하다.

과소분권의 폐해는 크게 두 가지로 요약된다. 하나는 '형식적 자치'이다. 자치권이 취약한 상황에서 지방정부는 중앙정부에 의존하게 되고 지역차원의 창발적 노력을 게을리하게 된다. 그렇게 되면 지방자치라는 제도는 있되 실질적 자치는 이루어지지 못하는 형식적 자치는 당연한 귀결이다. 이같은 형식적 자치 하에서 자칫 지방정부는 자신의 정당한 노력 대신 중앙정부의 지시와 지원에 의존하기 십상이다. 형식적 자치의 문제는 그것으로 끝나지 않는다. 즉, 지방자치가 제대로 시행되지 않으므로 지방자치의 순기능이 제대로 발현되지 못하게 될 것이며 이에 따라 지방자치에 대한 회의적 시각이 팽배하게 되고, 성숙한 지방자치를 위한 기반마련 노력 역시 지지받기 어렵게 될 것이다. 또 다른 폐해는 '갈등적 자치'의 조장 내지는 '협력적 자치'의 방해이다. 일반적으로 권한이 약한 집단은 권한 불균형의 회복을 위한 노력에 역량을 집중하기 마련이다. 같은 논리로 지방정부의 자율권이 과도하게 제약되면 지방정부는 지방자치의 목표실천에 앞서 지방권한 강화를 위한 노력에 우선하게 된다. 이른바 목표와 수단의 도치 현상이 생기게 되는 것이다. 또한 이 같은 현상은 필연적으로 중앙과 지방간 갈등을 초래한다. 실제로 재정과 사무를 둘러싸고 중앙부처와 지방정부가 자주 충돌하는 모습이 그 증거이다. 이 같은 중앙과 지방간 갈등은 지방자치에 대한 회의론으로 연결되어 성숙한 지방자치 실현을 방해하고, 양자간 협력에 의한 국정과 지방자치의 상승효과의 가능성을 불식시킨다. 그러므로 '권한없이 자치없다'는 점에 대한 인식을 새롭게 하여 분권화를 적극화해야 한다. 분권화의 구체적 조치로써는 조례제정권 강화, 재정분권, 사무이양, 지방의견의 입법과정 반영, 지방자치행정의 통합성 강화(특별지방행정기관 정비, 교육자치와 일반자치의 통합 및 연계, 자치경찰제 등), 지방정부 기관구성의 다양화, 광역과 기초자치단체간 관계와 위상 재정립, 근린자치 강화 등이 포함될 것이다.

둘째, 분권과 함께 지방자치의 핵심적 요소로서 주민참여가 활성화되어야 한다(Loundes, 1995). 주민이 지방의 공공문제에 관심을 갖고 적극 참여하여 지방행정에 대하여 협력하고 통제할 때, 지방정부가 주민의 복지증진을 위하여 적극적으로 노력할 동인을 갖게 될 것이기 때문이다. 그러나 현재 우리의 지방자치는 주민관심의 공백 속에서 '공직자간 내부적 자치' 내지는 '그들만의 자치'의 성격이 농후하여 문제시된다. 결국 지방자치에서 주체가 되어야 할 주민이 객체로서 소외되고 있는 것이다. 이 같은 상황에서 지방자치는 '나'와 관련 없는 불필요한 정치제도일 뿐이며, 이에 따라 지방자치에 대한 적절한 국민적 이해와 관심이 배양되지 못하고 있으며, 정부와 주민의 협력에 기반한 협력적 자치 또한 기대하기 어려운 실정이다. 이 같은 현실은 지방자치 선진국과 극명하게 비교된다. 지방자치가 발전한 국가들은 분권화를 이룬 이후 주민에 보다 가까운 서비스를 제공하기 위하여 주민참여 내지는 커뮤니티수권(community empowerment)에 관심을 기울이고 있는 것과는 달리, 한국은 분권문제에 대한 논의에 집중하는 대신 지역사회의 주민자치와 참여문제에 대해서는 필요한 관심을 보이지 못하고 있다(김익식, 1990). 지방자치가 분권만 아니라 주민자치에 기반한다는 점을 고려할 때, 향후 주민참여가 활성화되도록 정책노력을 경주해야 한다.

주민참여가 자치목적 실현에 기여하기 위해서는 주민참여 제도의 내실화, 주민참여에 대한 공직자의 수용성 증대와 함께 참여하는 주민의 혁신도 요구된다. 일반적으로 정부와 주민참여로 이루어지는 거버넌스가 바람직한 것으로 인식되고 있거니와 단순히 정부와 주민의 만남이 자동적으로 좋은 거버넌스(good governance)로 이어지는 것은 아니다. 좋은 거버넌스가 이루어지기 위해서는 거버넌스의 당사자인 정부의 역량강화와 함께 주민의 혁신이 요구되는 것이다. 주민혁신과 관련, 주민이 주인의식을 갖되 주주로서의 소극적 주인의식을 넘어 가업 주인으로서의 적극적 주인의식을 갖도록 재창조되어야 한다고 강조한 Schachter (1995)의 제언은 주목할 만하다. 나아가서 자기이익에 대한 옹호나 주장만을 하는 일방적 참여자에서 공공문제를 이해하고 적절하게 요구하고 자제하며 생산적으로 참여하는 품격을 지닌 교양시민(informed citizen)으로의 변화도 중요하다(이승종, 2011). 교양시민의 육성을 위해서는 시민교육이 필요하다. 이를 위한 가장 효과적인 방법은 공공정책과정에서의 참여의 경험인데 이같은 참여의 실질적 장은 지방이다. 지방자치에서 참여가 강조되어야 하는 이유이기도 하다.

셋째, 분권, 참여가 주민복지에 기여하도록 하기 위해서는 지방정부의 책임성이 담보되어야 한다. 전반적으로 볼 때, 취약한 여건에도 불구하고 지역차원의 창발적 발전을 위한 노력을 경주하는 지방정부가 있는 반면, 방만행정이 문제시되는 지방정부도 없지 않거니와 기본적으로 지방정부는 자율권에 걸맞게 책임있는 행정을 펼쳐나가야 한다. 또한 과도한 중앙 의존적 행태도 지양해야 한다. 외부자원의 유입은 지방발전을 위한 윤활유가 되지만 장기적 시각에서 볼 때 안정성에 문제가 있을 뿐 아니라 지방의 잠재력 발현을 저해하는 문제가 있기 때문이다. 이와 관련 지적할 것은 지방에서는 중앙과의 강한 연계를 갖고 지원을 확보하는 지도자가 유능한 지도자로 평가받는 분위기가 팽배되어 있다는 점이다. 유능한 지도자는 장기적 시각에서 지방에 내재하는 자생적 역량을 발굴하고 창도하는 지도자여야 하는데 그같은 지도자에 대한 평가는 오히려 인색하다. 이러한 분위기에서 지방이 지방의 문제를 스스로의 역량으로 책임 있게 해결하려는 자세를 갖기는 쉽지 않다. 나아가서 책임있는 지방정부가 되기 위해서는 자치단체장을 포함하여 지방의원, 지방공무원 등 지방공직자의 역량강화가 요구된다. 현재 지방공직자의 역량에 대해서는 장기간 집권적 행정의 관행과 일천한 지방자치의 경험, 그리고 책임의식 부족 등으로 크게 개선이 필요하다는 시각이 지배적이다. 지방정부(또는 지방공직자)의 역량 강화를 위한 노력에는 지방공직자(자치단체장, 지방의원 포함)의 교육훈련 프로그램의 시행, 공무원의 정치적 중립성 강화, 의정제도 개선 및 지원 강화, 인적교류 강화, 지방평가제도 개선, 자치단체간 협력 강화, 자치여건 강화 등이 포함될 수 있을 것이다.

지금까지 한국지방자치의 성숙한 발전을 위한 과제로서 지방자치 패러다임의 전환과 함께 중요한 수단가치로서 분권, 참여, 책임성 등에 대하여 필자의 의견을 간단히 언급하였거니와 한가지 첨언한다면 그같은 과제의 실현을 위한 노력에 있어서 중앙정부, 지방정부, 그리고 지역주민이라는 세 개의 기둥이 조화롭게 협력할 것이 요구된다는 것이다. 이들 간의 갈등과 반목, 또는 무관심이 아닌 적극적 협력이 전제되어야만 한국지방자치가 성숙한 지방자치, 주민행복에 기여하는 실천적 지방자치가 될 수 있을 것이기 때문이다.[3]

---

3) 지방자치발전위원회는 '성숙한 지방자치, 행복한 지역주민'이라는 표어로써 지방자치 발전이 지역주민의 행복으로 이어질 것임을 천명하고 있다.

이상의 논의의 연장선상에서 본서는 한국지방자치의 성숙한 발전을 위한 제도적 개선과제를 선별하여 그간의 성과와 지향에 대하여 논의한다. 이들 과제는 기본적으로 대통령 소속 지방자치발전위원회가 2014년 6월 '지방자치발전 종합계획'으로 입안하여 제시한 지방자치발전 과제목록을 중심으로 편성한 것이다.4) 이 종합계획은 정부수립 이후 최초로 지방자치의 발전을 위한 중요 제도적 개선과제를 국무회의 심의를 거쳐 정부의 공식문서화하여 공표한 것으로서 의의가 있다. 그러므로 이들 과제를 중심으로 관련 논의가 지금까지 어떻게 전개되었으며 향후 추구되어야 할 사항이 무엇인가를 논의하는 것은 지방자치의 발전을 위하여 갖는 의미가 크다. 이와 같이 본서는 지방자치에 대한 개괄적 이해보다는 지방자치발전을 위한 핵심과제에 집중하여 논의를 전개함으로써 지방자치발전에 대한 실천적 기여를 목표로 하고 있는 점에서 다른 관련 저술과 차별적 의미를 갖는다. 이를 위하여 본서는 지방자치발전위원회에서 위원으로 활동해 온 전문가와 실무가를 중심으로 필진을 구성하였다. 이들 집필진은 지방자치에 대한 기본적 이해와 경험은 물론 최근 지방자치발전위원회를 중심으로 진행되어 온 지방자치발전을 위한 정책논의의 과정을 잘 파악하고 있으므로 보다 실천적이고 현실적인 정책논의를 제시할 수 있을 것으로 기대되었기 때문이다.

본서는 크게 4부로 구성된다. 제1부에서는 지방자치발전과제에 대한 구체적 논의에 앞서서 먼저 지방자치의 의미와 변화, 그리고 한국지방자치제도의 연혁에 대하여 설명한다. 제2부에서는 구체적으로 지방자치발전과제에 대하여 논의한다. 각 과제는 크게 지방분권, 자치역량, 주민자치 및 자치기반 등 네 가지 분야로 분류하여 제시하였다. 다만, 이들 분야의 구분은 명확한 분류기준에 의한 것은 아니며 독자의 편의를 위하여 내용상 유사한 과제를 중심으로 분류한 것임을 알려둔다. 지방분권 분야는 중앙과 지방간 사무, 재정, 기관의 분권 및 관계정립에 관한 발전과제를 포함한다. 구체적으로 자치사무와 국가사무의 구분체계 정비, 중앙권한 및 사무의 지방이양, 지방재정의 확충 및 건전성 강화, 특별지방행정기관의 정비, 국가와 지방자치단체간 협력체제 정립 등의 과제에 대하여 논

---

4) 동 위원회는 2013년 5월 제정된 지방분권 및 지방행정체제 개편에 관한 특별법에 의하여 동년 9월에 출범한 대통령 소속자문기관으로서 대통령(6명), 국회의장(10명), 지방 4대협의체(8명)의 추천으로 대통령이 임명하는 위촉직 위원 24명과 행정자치부장관, 기획재정부장관, 국무조정실장 등 3명의 당연직 위원으로 구성되었으며 위원장은 심대평이다.

의한다. 자치역량 분야는 지방자치단체의 사무와 기관구성과 관련한 과제를 포함한다. 구체적으로 지방자치단체 기관구성 형태의 다양화, 지방의회 활성화 및 책임성 제고, 교육자치와 일반지방자치의 연계통합, 시·군·구 구역개편, 대도시 특례제도 개선, 소규모 읍·면·동 행정체제 정비 등의 과제에 대하여 논의한다. 주민자치 분야는 지방자치에 있어서 주민주도적 활동을 위한 기반조성에 관련한 과제를 포함한다. 구체적으로, 읍·면·동 주민자치회 도입, 주민 직접참여제도 강화, 자치경찰제도 도입, 지방선거제도 개선, 자치단체간 경계조정 제도개선 등의 과제에 대하여 논의한다. 자치기반 분야는 중앙과 지방, 지방과 지방간 관계와 위상 재정립에 관련한 과제를 포함한다. 구체적으로, 도의 지위 및 기능 재정립, 특별·광역시 자치구·군의 지위 및 기능개편, 지방자치단체간 행정협력체제 정립, 지방자치단체 평가제도 개선 등의 과제에 대하여 논의한다. 이때, 각 발전과제에 대한 논의는 기본적으로 해당 과제의 성격에 대한 기초적 설명에 이어 실태에 대한 기술, 추진상황, 그리고 미래지향적 발전과제의 순으로 이어진다. 제3부는 지방자치발전위원회를 비롯하여 정부의 지방자치 개선을 위한 추진활동과 함께 민간에서의 분권추진활동을 다룬다. 지방자치의 진전은 어느 한 부처의 일이 아니라 정부와 민간의 협력적 활동이라는 점을 감안하여 민관활동을 동시에 제시하고자 한다. 제4부는 미래지향적 지방자치발전을 위한 과제를 제시한다. 이 부분은 개별 발전과제에 구애되지 않고 보다 장기적인 관점에서 한국지방자치의 이상적 발전을 위한 과제를 모색하기 제시하기 위하여 마련한 것이다. 미래지향적 자치발전을 위한 전망과 과제에 대한 기조발제를 중심으로 지방행정 연구자와 실무자의 의견을 교환한 것을 제시하였다.

| 참고문헌 |

김순은 (2014). "지방자치의 필요성", 이승종 편지. 「지방자치의 쟁점」 박영사. 3-10.
김익식 (1990). "중앙과 지방정부간의 권한배분의 측정", 「한국행정학보」 24/3: 1373-1398.
이승종 (2014). 「지방자치론」 박영사.
이승종·김혜정 (2011). 「시민참여론」 박영사.
지방자치발전위원회 (2015). 「지방자치발전 시행계획」.

DeSario, J. & Stuart Langton eds. (1987). *Citizen Participation in Public Decision Making*. N.Y.: Greenwood Press.

Loundes, Vivien (1995). "Citizenship and urban politics". in David Judge et al eds. *Theories of Urban Politics*. Sage: 160-180.

Schachter, Laure H. (1995). "Reinventing government or reinventing ourselves: Two models for improving government performance", *Public Administration Review*. 55/6: 530-537.

• • •

1부

지방자치의 의미와 변화

1. 지방자치의 의미와 가치

2. 자치제도의 연혁

1 지방자치의 의미와 가치

강 형 기

1. 서 론

지방자치제가 부활되고, 지방자치단체장을 민선(民選)으로 선출한 지도 20년이 넘었다. 지금 우리는 어디에 있으며, 어디로 가야 하는가? 새로운 20년을 준비하려면 우리의 지방자치제도를 어떠한 방향으로 개선해야 하는가?

모든 제도는 그 자체에 부여되어 있는 의미와 우리가 부여하는 의미가 있다. 그렇다면 지방자치제도에 부여되어 있는 의미는 무엇이며, 21세기의 우리들이 지방자치제도에 부여하는 의미는 무엇인가? 우리가 그러한 의미를 냉철히 인식할 때 비로소 지방자치제도가 내장하고 있는 가치를 최대한 발현시킬 수 있게 된다.

본고는 이러한 문제인식하에서 첫째, 지방자치와 민주주의의 관계를 둘러싼그 정치적 가치, 둘째 지방자치의 행정적 가치, 셋째 지방자치의 경제·사회적 가치를 살펴보려는 것이다.

2. 지방자치의 정치적 가치

1) 지방자치와 민주주의를 둘러싼 논쟁

민주주의의 고전적 이론가들 이래로 지방자치와 민주주의는 긴밀한 관련이 있다고 믿어왔다(Hill, 1974: 20). 그러나 일부의 학자들은 그러한 고전적인 이론에 반기를 들기도 했다. 특히 랑그로드(George Langrod)가 지방자치가 민주주의와 밀접한 관련이 없다고 주장한 것에 대한 팬터 브릭(K. Panter Brick)의 반론은 지방자치와 민주주의의 관계를 이해하는 데에 많은 시사점을 주고 있다.

가. 상관관계 부정론

랑그로드는 지방자치와 민주주의는 본질적으로 긴밀한 관계가 없다는 주장을 다음과 같이 펴고 있다(Langrod, 1953: 26-31).

첫째로, 근대 초기에 국가와 사회의 이원론에 입각하여 민주주의와 지방자치가 다 같이 전제권력에 항거하면서 지방자치가 민주적 풍토형성을 위해 큰 역할을 했지만, 그것은 역사적 우연일 뿐이며 양자 간에 본질적인 관련이 없다. 그리고 전제권력에 항거할 당시에는 지방자치의 민주적 의의가 인정되었다고 할지라도, 중앙정부가 민주적 방법으로 성립되어 있는 현대에 있어서는 지방자치의 민주적 가치는 소멸했다.

둘째, 지방의회 등의 선거는 전체주의적 중앙집권제 하에서도 어용적으로 실시될 수 있고, 지방자치제 하에서도 임명제가 채택될 수 있다. 따라서 지방자치와 민주주의적 절차는 본질적으로 상관된 것이라고 할 수는 없다.

셋째, 지방자치가 실제에 있어서는 전문직원에 의하여 운영되고 있어 지방자치가 민주주의의 학교라든가 실험실이라고 하는 것은 한낱 공상에 불과하다. 그리고 지방의 정치무대에서 길러진 국가적 지도자는 극히 드물다.[1]

---

1) 한편 벨기에의 공무원인 모울린 박사(Dr. Leo Moulin)도 지방자치가 민주주의의 학교라는 견해를 일축하고 있다. 그는 지방자치의 운영에 있어서 시민개인의 참여가 극히 제한되어 있으며, 어떤 경우에 있어서는 지방자치단체의 규모와 기능이 중앙정부의 그것과는 극히 다르기 때문에 지방에서 얻은 지식이나 경험은 중앙정부에서 적용할 수 없는 경우도 많다고 주장하고 있다(Hill, 1974: 24-5).

랑그로드의 상기와 같은 주장은 주로 대륙계의 자치에 근거를 두고 전개한 것이다. 우리는 랑그로드의 주장을 통하여, 지방자치도 그것을 제대로 실시하지 못한다면 그 본질적인 가치가 작동하지 않는다는 사실에 주목해야 한다.

나. 상관관계론

팬터 브릭은 랑그로드의 주장에 대하여 다음과 같이 구체적인 반론을 제기하고 있다(Panter-Brick, 1954a: 438-40; Panter-Brick, 1954b: 438-40).

첫째, 민주주의가 국가와 사회의 이원론에 입각하여 국가의 권력을 제한하는 이른바 제한원리를 그 기초로 하여 성립하였고, 지방자치 또한 국가권력을 제한하는 원리에 입각하고 있다. 따라서 지방자치는 전제주의에 대한 방파제로서의 기능을 하는 것이다. 팬터 브릭은 중앙집권화와 중앙정부에 의한 강력한 통제가 강화되고 있는 현대사회에 있어서도 민주주의와 지방자치는 결코 상반된 것이 아니라고 주장하면서 랑그로드는 민주주의의 일면 밖에 보지 못했다고 반박했다 (Hill, 1974: 25).

둘째, 지방자치는 민선기관을 통하여 자기의 사무를 스스로 처리하는 것을 그 본질로 하는데, 이러한 민선, 자기처리 등은 곧 민주주의의 본질적인 내용이다. 그리고 민주적 여론형성의 면에 있어서도 지방자치는 민주주의와 역사적으로 결합했을 뿐만 아니라 현재에도 중요한 역할을 하고 있다. 팬터 브릭은 다음 세대가 체험에서 아무것도 배울 필요가 없을 정도로 민주주의가 완성되어 있는 곳은 아직 아무 데도 없다고 주장하면서, 주민들이 서로 상대방의 견해를 이해하고 수용하며 실질적인 정치기술을 익히는 지역사회에서의 주민참여야말로 민주주의를 발전시켜 나가는 필수불가결한 요소라고 했다.

팬터 브릭에 의하면 지방적인 특수성과 다양성을 포함하면서도 또한 적극적인 통일을 실현해가는 시스템으로서 지방자치가 갖는 유용성을 실로 크다. 따라서 지방자치가 개별화 또는 분리를 가져오는 것이라 하더라도 그것은 절연과 고립을 의미하는 것이 아니다. 현대 국가에 있어서 지방자치는 지방적 다양성을 인정하면서 또한 전국적으로 통일을 기한다는 데에 그 가치가 있는 것이다. 그러나 지방적 특수성을 부정하고, 기계적 획일성에 의해서 지방자치를 질식시킬 경우 행정은 발전할 수 없다.

셋째, 지방자치가 민주주의를 위한 시민교육의 장이라는 점도 부인할 수 없는 사실이다. 아무리 훌륭한 이념도 실제에 있어서는 행정적·재정적 사정에 따라서 실현될 수 없는 경우가 많다는 것은 근린자치 단위(Parishes)에서 쉽게 체득할 수 있다는 점도 강조했다. 그리고 지방자치단체에서 체득한 교훈은 전체의 이익에 관련되는 큰 문제를 해결하는 데도 유용하게 활용할 수 있다는 사실을 들면서 지방자치는 민주주의의 생생한 훈련장이 되며, 지역에서의 민주적 사무처리는 전국적인 민주주의의 기초가 된다고 주장했다.

2) 지방자치의 정치적 가치

지방자치는 여러 학자들에 의하여 민주주의의 기초로 간주되어 왔다. 지방자치제의 실시야말로 민주주의의 기초를 형성하는 것이라고 주장한 학자들의 견해를 정리하면 다음과 같다.

가. 민주주의의 방파제

지방자치는 지역의 민주주의를 방어하는 동시에 지역의 민주화를 통해서 국정의 민주화를 구현하는 수단이 된다. 따라서 지방자치는 독제 또는 전제를 막는 방파제의 역할을 한다. 이러한 방파제의 역할은 독재정치에만 한정되는 것이 아니다. 민주적으로 선출된 중앙정치가가 독단에 의해서 일을 할 때에도 그 독단을 막는 방파제의 역할을 한다. 지방자치는 지방분권을 바탕으로 하므로 권력분립의 원리와 함께 권력분산을 통하여 독단적인 정치에 대한 방어기능을 수행하게 되기 때문이다.

지방자치는 지역사회의 공공문제를 그 지역사회주민의 참여와 토의를 통하여 자주적으로 결정하는 것이므로 민주주의의 원리인 「행위의 자기결정성」과 「행위의 자기책임성」을 실현하게 하여 민주주의적 가치와 정신을 일상의 생활영역에까지 스며들게 한다(손재식, 1980: 38). 지방자치가 지향하는 지방분권의 발상은 지방을 분리시키고 독립시키는 것에 있는 것이 아니다. 그것은 국가적인 통일성의 틀 속에서 지역의 고유한 문화를 발현시켜 개성 있는 발전을 도모하려는 것이다. 국가의 전체적인 것에서는 통일성을 확보하고 부분적인 것에서는 현장의 특성을 살려 지역마다의 개성을 창조해야 한다. 그리하여 서로 다른 것 간의 조화(調和)를 통한 상생(相生)의 묘를 연출하려는 것이다(최창호·강형기, 2016: 67).

지방자치제 하에서도 모든 지방은 국민국가의 구현이라는 대의(大義)를 위하여 단결하고 협력해야 한다. 그러나 그 협력의 방법이 국가의 지시와 통제가 아니라 지역마다의 개성과 특성을 강조하다 보면 전체의 필요성보다는 개체의 특수성을 부각하려는 경향이 커진다. 그러나 지방자치제 하에서도 지방과 국가가 부분과 전체의 관계에서 협력할때 그 가치는 더욱 커진다(강형기, 2013: 360~361).

나. 민주주의의 훈련장

지방자치는 민주주의의 훈련장 또는 실험실로 기능한다. 지방자치는 주민들에게 선거·주민제안과 발안·주민투표·해직청구 등에 의하여 참여기회를 확대시킨다. 특히 고전적 민주주의 이론가들은 지방자치의 교육적 기능을 중요시 했다.

루소(J. J. Rousseau)는 참여를 통하여 인간은 「스스로의 주인」이 되며 개인적 자유의 가치를 증식시킬 수 있다고 역설했다. 루소는 참여과정에서 얻게 되는 효과를 통하여 개인의 사회적·정치적 행위를 책임 있는 인간으로 발전시키게 된다는 것을 높게 평가했다. 루소는 한 개인이 지역사회의 문제에 참여하면, 다른 사람들은 자기 자신과는 다른 생각을 가지고 있다는 것을 체득하게 되고 그 결과 자기 자신의 사적인 이해만이 아니라 공적인 가치에도 부합해야 한다는 것을 배우게 된다는 것을 중시한 것이다(Pateman, 1970: 24).

루소는 이러한 참여형 체제(participatory system)가 일단 통용되기 시작하면 그것은 자립적인 제도(self-sustaining)로 발전하게 된다고 주장했다. 왜냐하면 개개 시민은 많이 참여하면 할수록, 점점 더 발전된 참여를 할 수 있기 때문이다(Pateman, 1970: 25).

제임스 밀(J. S. Mill)은 개개인이 지방수준에서 공무에 참여하게 되면 정신지평이 확대되고 공익을 고려하게 된다고 설파했다. 그리고 그것이 비록 민주적으로 구성된 것이라고 할지라도 지방자치란 바탕이 없는 전국적 수준의 정부만으로는 제 역할을 기대할 수 없다고 주장했다(Pateman, 1970: 28-35). 한편, 제임스 브라이스(James Bryce)는 소규모 지방자치단체를 민주주의의 근원으로 비유하면서 지방자치는 민주주의의 최량의 학교일뿐만 아니라 그 최량의 보증인이라고 갈파하였다(Bryce, 1921: 133).

토크빌(Alexis de Tocqueville)도 "지방자치는 권력을 민중의 손이 닿는 곳에 가져오므로 주민들에게 권력을 어떻게 향유하고 어떻게 행사하는가를 가르친다. 지방자치제도 없이도 국가는 자유로운 정부를 수립할 수 있을지는 몰라도 그 국민들이 자유의 정신을 가질 수는 없다"고 주장했다. 토크빌이 미국 뉴잉글랜드(New England)지방의 지방자치를 찬양하면서 "지방자치는 자유국민의 힘을 형성한다. 지방자치의 자유에 대한 관계는 초등학교의 학문에 대한 관계와 같다(Toqueville, 1960: 61)"고 갈파했던 것도 바로 이러한 의미에서이다.

지방자치의 교육적 효과는 주민의 교육과 주민의 대표자에 대한 교육이란 두 측면이 있다. 윌슨(C. H. Wilson)에 의하면 지방자치에 의한 주민교육은 다음과 같은 목적을 갖는다(Wilson, 1947: 18-9). 그것은 가능성과 편의성에 관한 교육 그리고 실천적 재능과 융통성을 함양하게 하는 교육이다.

토크빌은 지방자치는 주민들의 정치적 역량을 성숙시켜 준다고 하면서 다음과 같이 말했다. "일반적으로 주민들은 자치단체가 그에게 베풀어 주는 복리 때문에 자치단체에 애착을 갖게 되지만, 지역에서 일어나는 일에 참가하여 자기 손이 닿을 수 있는 작은 영역 안에서 정부의 일을 실천함으로써 바로 그런 형식에 익숙해지는 것이다. 이때 주민은 그 형식의 정신을 섭취하고 질서를 존중하는 태도를 얻으며 세력균형감각을 이해하게 되고 자기 의무의 본질과 자기 권리의 범위에 관해서 분명하고 현실적인 개념을 얻게 된다(Toqueville, 1960: 68)."

다. 중앙정국의 변동에 따른 격변의 완화

지방자치는 정권의 교체와 같은 정국변동에 따르는 격변과 혼란이 지방에까지 파급되는 것을 어느 정도 막아 주는 역할을 한다. 정당정치를 기본으로 하는 민주정치에서 정당간의 정권교체는 필연적인 현상이다. 그러나 정권교체는 대개의 경우 정책과 인사 등에 커다란 파동을 야기 시키고, 정치적, 사회적, 행정적인 혼란을 유발하기 쉽다. 그러나 지방분권을 토대로 하는 지방자치는 이와 같은 변동이나 혼란이 지방에까지 미치는 영향을 크게 완화시키고 지방행정의 안정성과 일관성을 확보하도록 해 준다.

핸더슨(Gregory Henderson)은 한국정치를 「중앙집권적 소용돌이」(the vortex of centralism)의 정치라고 정의 했다(Henderson, 1968: 29~31). 중앙의 정치권력구조 변동이나 정변의 파장이 급속히 전국적으로 휘몰아치는 정치라는 것이다. 국가권력이 중앙집권화 되어있으면, 소수의 권력의지에 의하여 기존정치제체의 변혁이 손쉽게 시도될 수 있다. 그러나 지방자치가 전국수준에서 중층적으로 조직화되어 있으면 그러한 변혁은 쉽게 이루어지지 않는다. 뿐만 아니라 사회일각에 있는 어느 특정세력이 정통적 중앙정치권력에 도전하여 정변을 도모하려 할 경우에 지역의 정치적 정서를 의식하게 됨으로써 무모하고 무리한 변혁을 쉽게 시도할 수가 없게 된다.

한편, 김대중·노무현 두 후보가 대통령으로 당선된 것도 지방자치제도가 실시되고 있었기 때문이었다고 주장하는 사람도 있다. 만약 지방자치제도가 실시되지 않았더라면 관제조직들이 집권여당의 의지에 따라서 일사불란하게 움직여 야당의 집권을 막았을 것이라는 것이다. 근소한 차이로 이긴 당시의 선거상황을 회고하면 타당한 주장이라고 사료된다.

라. 정치적 욕구의 충족과 향토애의 함양

지방자치의 실시는 주민들의 정치적 욕구불만을 해소시키고 향토애를 함양시켜 지역발전에 이바지하게 한다. 정치적 동물인 인간이 정치권력에 관심을 갖는 것은 하나의 본능과도 같은 것이다. 그러나 중앙정부나 중앙의 정치과정에 참여하기란 쉬운 일이 아니다. 정치적 야망을 가지고 있는 사람에게도 현실적으로 중앙정치무대로의 진출가능성은 극히 소수자에만 한정되고 있기 때문이다.

그러나 지방자치의 실시는 주민들로 하여금 지역사회에 대한 소속감을 함양시키고 향토의식을 고취시켜 이들을 지역사회의 주인으로 존재하게 할 수 있다. 그리고 일상생활의 한복판에 있는 지방자치단체는 공적으로 존경을 받고자 하는 욕구나 흥밋거리에 대한 갈증, 그리고 권위와 인기를 얻고 싶은 마음을 풀 수 있는 광장의 기능을 한다. 오늘날 도시화의 진전으로 현대인들은 어떤 곳에 태어났다고 해서 그곳에 깊은 애착을 갖지 않는다. 그리고 자기가 살고 있는 지방에 대한 관심과 애착은 자신이 구성원이 되어 그곳을 움직여 나갈 때 싹트기 시작하며 이러한 싹이 향토애를 창조하는 토대가 되는 것이다.

물론 오늘날의 현대국가에 있어서 강력한 지도력을 발휘하는 통일된 중앙정부 없이는 어떤 나라도 그 번영을 구가할 수 없다. 그러나 효율적인 중앙정부를 지향하려면 그 행정을 분권화해야 한다. 획일적이고도 강력히 중앙집권화된 행정은 그것이 실시되는 나라에 있어서 지방의 정신을 끊임없이 줄여버림으로써 그 영속적인 발전에 도움을 주지 못하기 때문이다. 중앙집권적 통치시스템은 특정 순간 특정 지점에 처분가능한 모든 자원을 동원할 수 있다. 그러나 그러한 시스템이 영속되면 그들이 활용해야 할 자원의 재생을 해친다. 그것은 힘쓸 근육을 점차 이완시키기 때문이다.

토크빌은 미국의 뉴잉글랜드 지방의 지방제도를 찬양하는 글에서 "세계의 어떤 나라 시민들도 공공복리를 위해 이처럼 애쓰지는 않는다. 그렇게 수많고 효율적인 학교를, 주민들의 요구에 더욱 적합한 공공 예배장소를, 아주 잘 보수된 도로를 이들처럼 세운 국민을 알지 못한다. 합중국에서는 획일성, 계획의 영속성, 세부사항의 사소한 배치, 그리고 행정제도의 완성을 추구하지 않는 것처럼 보인다. 뉴잉글랜드에서 행정의 모습은 어쩌면 다듬어지지 않은 것처럼 보일지 몰라도 그것은 강건한 힘이 있는 상태이며, 여러 가지 사고가 따르기는 해도 정말 생기와 에너지가 가득 찬 생활"이라면서 지방자치는 주민의 정신을 지역사회로 향하게 한다는 점을 강조하고 있다(Toqueville, 1960: 91-2).

3. 지방자치의 행정적 가치

1) 지방자치와 행정의 능률성에 대한 논쟁

지방자치가 민주주의의 기초가 되는 것이라고 주장하는 학자들이 많은 반면, 그것이 행정의 능률성을 저해하는 것이라고 주장하는 학자들도 있다. 행정능률저해론자들의 주장은 지방자치제도도 그 가치가 작동하게 하려면 시대와 상황에 맞도록 부단히 개선해야 한다는 점을 일깨워 주고 있다.

가. 행정능률 저해론

지방자치가 행정의 능률을 떨어뜨리게 한다는 주장을 펼친 대표적인 학자로는 밴슨(G. C. S. Benson)을 들 수 있다. 밴슨에 의하면 현대국가에서는 사회·경제의 근대화에 의하여 광역행정, 형평 등의 새로운 행정수요가 증대하고 있어서 지방자치단체로서는 능률적으로 대응하기 어렵게 되었다는 것이다. 즉, 지방자치단체는 그 구역이 협소하고 재정력이 빈약할 뿐만 아니라 재정력의 지역 간 불균형이 심하기 때문에 근본적인 한계가 있다는 것이다. 따라서 행정의 능률과 경비절감을 위해서 중앙행정에 의한 통제와 조정을 강화시켜야 한다고 주장했다 (Benson, 1941: 9).

지방자치는 지역 간 그리고 지역 내에서의 이해와 대립을 스스로 조정하고, 주민간의 토론과 협상, 그리고 타협이라는 민주적 과정을 거치는 행정과정을 중시한다. 따라서 때로는 각 주체간의 경쟁과 마찰, 낮은 수준의 기술과 전문성으로 인한 비능률적인 정책·기획·집행으로 인해 물적·인적·시간적 손실 등 낭비와 비능률을 초래할 수도 있다.

나. 행정능률 저해론에 대한 반론

물론 지방자치가 행정의 능률을 떨어뜨리게 한다는 주장은 지방자치제도를 경직되게 운영할 경우 현실적으로 나타날 수 있는 현상이다. 따라서 지방자치단체가 현대의 사회경제적 구조변화에 의하여 야기된 문제들을 해결할 수 있도록 그 크기, 인구, 재원 등을 적정규모로 재편함으로써 보다 민주적인 행정을 능률적으로 수행하도록 해야 한다. 또한 지방자치단체가 자주적이면 자주적일수록 중앙정부의 관여 없이도 다른 자치단체와 협력과 연대를 통해 광역적인 문제를 포함하여 규모의 경제를 도모할 수 있다.

특히 우리는 민주적 절차를 비능률로, 민주적 경비를 낭비로, 다양성을 혼란으로 호도해서는 안 된다. 그리고 현대국가에 있어서 행정이란 단순히 법령의 집행이 아니라 문제해결과정으로 인식하여야 하며 행정의 목표를 시민의 만족에서 구하여야 한다. 그러나 밴슨의 경우처럼 능률지상주의만을 강조하게 되면 결국 중앙의 관료적 지배의 강화로 민주주의는 위기에 처해지게 될 것이다. 또한 인간 존엄성의 구현, 사회목적의 실현 등 사회적 유효성의 차원에서 볼 때 결코 바람직하지 못한 결과가 초래된다.

맥캔지(W. J. M. Mackenzie)는 현대사회에 있어서 지방자치가 갖는 가치를 다음의 세 가지로 들고 있다. 그것은 첫째로, 지방자치는 지방에의 귀속의식을 높일 수 있는 전통적인 제도라는 점에서 정당시되며, 둘째로 지방자치는 특정한 서비스를 공급하기 위한 효과적이며 편리한 수단이 되고, 마지막으로 지방자치는 정치교육을 위한 장치로서도 기능한다는 것이다(Hill, 1974: 39, 236).

샤프(L. J. Sharpe)는 현대사회에 있어서 지방자치가 가지는 가장 강력하고도 핵심적인 가치는 자유나 민주주의에 대한 방어적 역할이나 또는 참여 그리고 민주주의를 위한 수단이 아니라, 서비스의 효과적인 공급자 내지는 서비스의 공급을 위한 조정자의 역할에 있다고 주장했다. 그러면서 지방자치가 가지는 장점을 다음과 같이 세 가지로 설명하고 있다(Hill, 1974: 39-40).

첫째, 지방자치단체는 중앙정부의 하부기관이 아니라 지방의 여론에 반응하는 민주적 단체이며, 둘째 지방자치단체는 중앙정부를 상대해서 압력단체가 되기도 하고, 셋째 지방자치단체는 시장체계나 그 가격구조 또는 경직된 공기업과는 달리 융통성이 있으며 인간적이고 시민에게 반응하는 단체라는 점에서 중요한 가치가 있다는 것이다. 즉 지방자치단체는 교육이나 복지 등과 같은 서비스에 대한 요구를 관료제나 사적인 관점에 따라 문제를 인식하는 전문가들의 설익은 집산주의의 폐해에 빠지지 않고 해결할 수 있는 유일한 장치라는 것이다.

한편, 영국의 지방자치에 관한 왕립위원회가 1969년에 제출한 보고서에서도 지방자치의 목적을 서비스의 효과적인 공급, 지방문제에 대한 적극적인 관심의 경주, 지방민주주의체제의 성장 등으로 들고 있다(Hill, 1974: 41).

2) 지방자치의 행정기술적 가치

지방자치는 행정의 능률화를 실현하는 원리로서의 다음과 같은 행정기술적 가치를 지니고 있다고 할 수 있다.

가. 지역의 특성에 맞는 행정의 실현

지방자치는 지역적 특성에 알맞은 행정을 가능하게 한다. 각 지방의 지역적 조건은 서로 다르며 이러한 지역적 특수성 때문에 각 지방의 행정수요도 다르게 나타날 수 있다. 지역적 차이는 당연히 지역과 그 안에서 생활하는 사람을 대상으로 하는 행정에도 차이를 요구한다. 그러나 관치적 지방행정이 실시될 경우,

그 고도의 중앙집권성 때문에 각 지역의 다양성이나 특수성에 맞는 행정을 실시할 수가 없다.

지방자치는 행정기능을 중앙정부와 지방자치단체간에 적절히 분담하는 것을 그 전제로 한다. 지방적 사항은 지방자치단체에 일임하여 지방의 의사와 책임하에 처리하게 함으로써 중앙정부는 국가적 관심사에 전념하는 기능적 분업을 도모할 수 있다. 지방자치는 점점 비대하고 복잡해지는 행정사무에 대한 중앙정부의 과중한 부담을 경감시킴으로써 문제해결의 신속성과 능률성을 향상시키고 전체적으로 행정의 효율성 향상에 기여하게 된다.

그러나 중앙행정이 지방의 자질구레한 문제에도 이해당사자의 자리를 차지하려 든다면, 그런 중앙행정은 결국 국민을 잘못 인도하게 된다. 중앙권력이 아무리 개화되고 능숙할지라도 거대한 국민생활의 구석구석까지를 포괄할 수는 없다. 그런 일은 인간 능력의 한계를 넘는 일이기 때문이다. 중앙집권이 과도하게 전개될 때 그러한 중앙집권은 인간의 외부행동을 일정한 획일성에 복종시키는 데 성공한다. 신상을 경배하다가 그 신상이 대표하는 신을 잊는 신자들처럼 우리는 그 획일성의 적용대상들과는 아무 관계도 없이 마침내 획일성을 위한 획일성만을 좋아하게 될 수도 있다.

지역의 사정이나 필요사항은 그 지역에서 생을 영위하는 주민들이 가장 잘 알고 있다. 따라서 지방의 행정은 지방자치를 통하여 그 지방의 주민들이 주체가 되도록 해야 한다. 이러한 관점에서 라스키(Harold J. Laski)는 "지역 내에서 스며 나오는 수요를 바탕으로 하지 않고, 중앙으로부터의 행정으로는 지역의 민심에 책임을 지는 행정활동이 불가능하다. 전국을 대상으로 한 획일적인 행정으로서는 장소의 특이성을 파악할 수 없고 주민들의 창조적 지지를 이끌어 낼 수 없다"고 했다. 지방자치야말로 지역특성에 적합한 효과적인 행정을 구현할 수 있는 제도임을 주장한 것이다(Laski, 1950: 153-154).

나. 협력적 참여의 증진

오늘날의 사회문제는 중앙과 지방 그리고 지방과 그 주민들이 협력할 때에 비로소 해결될 수 있는 것이 늘어나고 있다. 따라서 중앙정부 주도의 획일적인 행정관행을 타파하고, 비정부 분야가 공공서비스의 영역에서 새로운 역할을 수행할 수 있는 사회적 기반도 마련해야 한다. 지방자치제의 실시는 바로 이러한 요청에 부응하는 최소한의 장치인 것이다.

일반적으로 주민들은 자치단체의 일을 떠맡음으로써 자치단체에 정치적 발언이나 정치적 이익 추구의 경로를 구하고자 하지만, 행정이 중앙집권화 되어있을 때에는 주민들의 그러한 욕구충족을 좌절시킴으로써 참여 의욕을 꺾어버린다. 즉 중앙집권적 행정체제를 갖추고 관주도적인 사회·경제적 발전전략을 취할 때 국가자원배분의 주도권이 중앙정부에 집중되어 지방정부는 자원배분권력에서 사실상 소외된다. 이럴 경우 기업이나 개인들의 관심은 자연히 자원배분의 권력적 기초에 민감하기 때문에 그 젖줄을 따라서 중앙정부로 집중하게 된다.

이처럼 모든 권한이 중앙에 집중되어 있는 중앙집권 하에서는 지방주민들의 책임의식이 키워질 리가 없으며 지역주민들은 그 지역의 발전문제에 대해서 책임을 질 수도 없다. 따라서 가난하고 발전을 못하면 그것은 전적으로 중앙의 정책상의 혜택이 미치지 못한 탓으로 생각한다. 그리고 지역사회는 중앙의 눈치만 살피지 자립해서 발전을 꾀하겠다는 의지를 갖지 않게 된다. 주민들은 자치단체가 자주적이고 자유로울 때 더욱 그것에 애착을 갖으며 자치단체의 업무에 협조함으로써 그 이해관계에 보다 집착하게 된다. 그러나 중앙집권적 행정체제하에서는 주민들의 이러한 관용적 태도와 관심의 증진이라는 장점을 찾을 수 없다.

어느 정도 넓이의 지역을 행정의 단위지역으로 하든지 간에 지역발전의 최종적 실효성은 그 개발 현장 주민들의 개발동기, 인적 물적 참여에 의해서 담보되는 것이다. 그러나 지방에서 전개되는 거의 모든 중요정책들이 중앙정부에서 기술관료적 작업과정을 통하여 개발된다면 현장인 지역사회의 정치적·사회적·경제적 활동이 소외되어 버린다.

토크빌에 의하면 과다한 중앙집권적 행정체제하에서 살고 있는 주민들은 자신을 자기가 사는 지역에 대해서 무관심한 일정의 정착자일뿐이라고 생각하게 된다. 왜냐하면 주민이 참여하지도, 알지도 못하는 사이에 가장 큰 변화가 그 지역에 일어나기도 하기 때문이다. 이러한 상황 하에서는 사람들이 자기 마을의 상태나 거리의 환경 등에는 아무런 관심이 없게 된다. 왜냐하면 그는 그 모든 일들이 자신과는 아무런 관계가 없는 정부라는 힘센 이방인의 재산이라고 생각하기 때문이다(Toqueville, 1960: 92).

다. 지역적인 종합행정의 확보

지방자치를 실시할 경우 지방정부는 지역적 종합행정을 확보할 수 있다. 중앙정부의 행정은 각부별로, 그리고 각 국과별로 분화되고 전문화되어 있다. 그리고 각각의 행정목적을 전국을 단위로 기능적·부분적·일면적으로 기획하고 실시하게 된다. 이처럼 행정이 분야별로 다기화 되고 전문기술화 되면 수단의 목적화가 도모되고 그 효율성은 떨어지게 된다. 그리고 행정의 대상이 되는 지역이나 인간은 행정의 기능별, 목적별로 분할할 수가 없는 존재이다. 따라서 지역에서 구체적으로 적용하고 실시하는 단계에서는 하나로 종합화되지 않으면 안 된다.

그런데 이와 같은 지역단위의 종합조정 역할은 현장에서 종합행정의 주체인 지방자치단체에 기대할 수 밖에 없다. 지방자치단체는 그 지역사회에 필요한 각종 행정을 일체적 종합적으로 수행하는 동시에 중앙에서 결정한 정책의 지역적 실시에 있어서도 종합적인 행재정의 기능을 활용하여 이를 전체지역행정의 일환으로 종합화, 일체화 할 수 있다(손재식, 1980: 42-3).

라. 정책의 지역적 실험이 가능

민주주의는 입법 및 정책의 실험을 허용해야 한다. 민주주의에서는 민중의 발의가 입법과 행정에 반영되어야 하기 때문이다. 그러나 중앙집권적 체제하에서는 전국적인 시행착오에서 오는 손실 때문에 이러한 실험이 불가능하게 된다. 미국의 경우 이러한 정책의 지역적 실험은 매년 각 행정분야별로 전국도시 콘테스트를 열어 상호 그 실적을 비교함으로써 더욱 효과적으로 이용되고 있다. 미국을 지방제도의 실험실이라고 부르는 것은 바로 이러한 이유에서이다.

지방자치를 실시할 경우 정책의 지역적 실험이 가능해진다. 지방자치를 실시할 경우 각 지방단체는 일정한 지역에 한정되어 각각 독립된 행정체계를 갖춘다. 따라서 각 단체는 경쟁적으로 고유한 정책과 행정제도를 실험적으로 도입할 수가 있다. 그리고 그 성과가 좋을 경우 타 지역은 그 사례를 모방하게 되고, 만약 나쁜 결과가 발생한 경우에 그 피해는 그 지방에만 한정되는 것이다(장지호, 1982: 41).

4. 지방자치의 경제·사회적 가치

1) 경제적 가치

가. 자원배분의 효율성과 소비자 선호의 구현

공공재 또는 공공서비스 중에는 국가에 의하여 제공되어야 할 것도 많지만 주민의 일상생활과 직접적으로 관련되거나 지역적 특성이 고려되어야 하는 것은 각 지방의 자치행정조직에 의하여 제공되어야 한다. 특히 일정한 지역적 범위 안에서만 혜택이 발생하는 공공재 또는 공공서비스는 지방의 자치행정조직에 의하여 제공될 때에 자원배분의 효율성이 커질 수 있다.

공공재 또는 공공서비스는 지역 주민이 원하는 수요를 바탕으로 제공될 때에 그 효율이 극대화 된다. 분권적인 지방자치의 위력은 바로 이러한 효율을 극대화시키는 것에 있다. 일정한 공공재 또는 공공서비스를 국가가 관장하여 집권적으로 공급한다면, 어떤 지역에서는 그 지역주민이 희망하는 만큼의 공급을 받지 못하는 반면에, 다른 지역에서는 희망하는 공급량 이상을 공급받을 수 있다. 그렇게 되면 전자에서는 후생의 희생을 감수하여야 하고, 후자에서는 필요 이상의 후생비용을 부담하고 그 잉여후생을 무용화함으로써 양쪽에서 모두 후생의 손실을 가져오게 된다. 그러나 지방자치는 주민의 선호에 부응하는 공공재나 서비스를 제공할 수 있다.

나. 지역 고유산업의 진흥

지방자치는 지역의 고유한 문화, 산업, 생활, 인간공동체와 같은 지역 자산을 활용함으로써 지역을 경영하려는 시스템이다. 따라서 지역의 고유한 자원을 발굴하고 개발하여 창조적으로 고유한 지역산업을 육성하는 데에 최선을 다하게 된다. 즉, 지방자치제 하에서의 각 지방은 자신의 지역이 가진 지리적·자연적 특성과 문화적 소산 및 다양한 인재의 창조력을 발휘시켜 지역에 매력 있는 취업기회를 넓혀 경제기반을 강화시키고 고유한 산업을 육성하도록 노력하게 되는 시스템이다.

2) 사회적 가치

가. 창의성의 제고와 책임성의 함양

중앙집권이 결과의 평등을 지향하는 체제라면 지방분권은 기회의 평등을 보장하는 시스템이다. 지방자치의 전제인 지방분권은 지방에게 도전할 기회를 주고 그 결과에 대해 스스로 책임지게 하는 시스템이다. 따라서 지방자치제는 지방간 경쟁을 하게 하는 시스템이며 지방 스스로가 창의력을 발휘하게 하는 시스템이다. 21세기에 들어서면서 주민의 이동요인이 변했고, 주민이 지방자치단체를 선택하는 시대가 되었다. 이러한 시대에 있어서 지방이 존속하려면 마치 백화점이 고객을 끌기 위하여 다양한 유인책을 내놓듯이 지방자치단체도 치열한 경쟁을 해야 하기 때문이다.

지방자치는 지역의 문제를 지역 스스로가 해결하려는 것이다. 지방자치제는 21세기의 경쟁사회에서 지역 스스로에게 존폐의 선택권을 부여한 제도다. 창조성을 상실한 주체, 그리고 스스로 책임감을 가지고 있지 않은 지방을 국가가 나서서 살리는 데에는 근본적인 한계가 있다. 인간은 외부의 환경으로부터 많은 영향을 받는다. 그러나 외부의 영향력보다 더 중요한 것은 얼마만큼 내부로부터 자기 자신을 잘 다스릴 수 있는가 하는 것이다. 이러한 논리는 지방자치에도 그대로 적용된다.

나. 다양성의 증진과 고유문화의 창조

문화가 다양성 속에서 꽃을 피울 수 있듯이 한 나라의 경쟁력도 다양성 속에서 더욱 키워질 수 있으며, 지방자치를 통한 참여는 경쟁과 창조의 바탕이 되는 다양화의 기본요건이 된다. 지방자치는 각 지역의 역사적 배경과 지리적 조건 그리고 주민간의 공동체의식과 유대감에 따라 그 지역만의 고유문화를 형성해 나가게 한다. 그리하여 각 지역은 자기지역의 고유한 문화에 관하여 자부심과 긍지를 갖게 되며, 전국적으로 볼 때에는 다양한 사회를 형성해 나가게 된다.

그러나 중앙집권체제에서는 중앙이 정책을 만들면 모든 지방은 이를 똑같이 적용하게 된다. 따라서 모든 지방은 똑같은 내용을 '더 빨리' 그리고 '더 많이' 달성하는 「넘버 원」(number one)의 논리에 갇히게 된다. 그러므로 전국 어디를 가나 개성 없이 획일적인 모습을 하게 된다. 이에 비하여 지방자치는 온리원(only one)을 추구함으로써 그 고유문화를 창조하게 되는 것이다.

5. 맺는 말

우리는 지방자치를 통하여 다양한 가치를 실현시킬 수 있다. 그러나 모든 제도는 그것을 활용하는 사람에 따라서 발현되는 의미가 달라진다. 랑그로드의 주장처럼 지방자치가 민주주의와는 무관하게 실시될 수도 있고, 윌슨의 주장처럼 지방자치는 규모의 경제에 적응하지 못하고 행정의 비능률을 야기하는 요인이 내재하고 있다는 주장에도 우리는 귀를 기울여야 한다. 그리하여 지방자치제도 그 자체가 가지고 있는 한계를 지혜롭게 극복하여 국가 전체적인 것에서는 통일성을 확보하면서도, 부분적인 것에서는 현장의 특성을 살리고 공동체의 발전과 민주주의를 꽃피우는 발판으로 삼아야 한다.

인류가 석기시대를 마감한 것은 돌이 모자랐기 때문이 아니다. 그것은 석기시대에 개척한 삶을 한 차원 높이려는 예지(叡智)로써 새로운 문명을 받아들인 결과였다. 현대사회에서 선진국들이 분권개혁을 단행했던 것은 중앙집권이라는 제도 그 자체가 나쁜 것이었기 때문은 아니다. 석기시대를 대체하듯이 새로운 시대의 소명에 응답하려는 것이었다(강형기, 2006: 355).

경제활동의 글로벌화는 국민국가를 쇠퇴시키고 지방과 도시가 문제해결의 주역으로 등장하도록 요구하고 있다. 나라와 나라 사이의 국경이라는 커튼이 없어져도 남는 것은 지방과 도시다. 지방과 도시가 주체가 되고 주도자가 되어 국제화의 혼란과 파고를 흡수해야 한다. 먹고 살아가는 문제에 있어서 나라와 나라 사이의 국경이 없어지는 패러다임의 극적인 변화를 경험하고 있는 것이다. 지방자치제도는 바로 이러한 시대의 소명을 위해서도 중요한 것이다(최창호·강형기, 2011: 70-3).

| 참고문헌 |

강형기 (2006). 논어의 자치학. 서울: 비봉출판.

손재식 (1980). 현대지방행정론, 서울: 박영사.

장지호 (1982). 지방행정론. 서울: 대왕사.

최창호·강형기 (2016). 지방자치학. 서울: 삼영사.

Benson, G. C. S. (1941). The New Centralization. New York: Rinehart.

Bryce, James (1921). Modern Democracy, Vol.1. New York: The Macnilan Company.

Henderson, Gregory (1968). Korea-The Politics of the Vortex. Boston: Harvard University Press.

Hill, Dilys M. (1974). Democratic Theory and Local Government. London: GeorgeAllen & Unwin Ltd.

Langrod, George (1953). Local Government and Democracy, Public Administration, 21.

Laski, Harold J. (1950). A Grammar of politics, 1950, pp. 153~4.

Panter-Brick, Keith (1954a). Local Government and Democracy A Rejoinder. Public Administration, 31.

(1954b). Local Self-Government as a Basic for Democracy: A Rejoinder. Public Administration, 32.

Pateman, Carole (1970). Participation and Democratic Theory. Cambridge: Cambridge University Press.

Toqueville, Alexis de (1960). Democracy in America, Phillips Bradley(ed.). New York: Alfred A. Knope, inc.

Wilson, C. H. (ed.) (1947). Essays on Local Government. Oxford: Basil Blackwell.

2

자치제도의 연혁

이 수 영

1. 지방자치제도의 역사: 도입과 중단

우리나라 지방자치제도의 역사를 다룬 문헌을 보면 삼국시대부터 조선시대에 이르기까지 지역 세력가들로 하여금 일정 지역을 통치하도록 하거나, 지역에 기반한 몇 가지 업무를 맡도록 하고, 또는 직·간접적으로 지역의 의사결정과정에 참여하도록 한 일부 제도에서 자치제도의 기원을 찾기도 한다. 근대에는 갑오개혁 이후에 도입된 향회제도가 비록 짧은 기간에 운영되고 폐지되긴 하였으나 지방의회와 유사한 기능을 하고 지역 주민이 지방행정에 참여할 수 있었다는 점에서 중요한 의미를 부여하고 있다. 이후 일본 식민지 시대에 도입된 지방자치제도는 실질적인 지방자치를 위한 것이라기보다 중앙집권을 유지하기 위한 도구로 이용되어 외형만 갖추었다고 보여진다(이기우, 2006: 159-62; 행정자치부, 2015b).

우리나라는 제헌헌법이 제정되고 이를 근거로 1949년에 지방자치법이 제정되면서 지방자치가 본격적으로 도입되었다. 당시 제헌헌법 제8장[1])에서는 지방자

---

1) 제헌헌법 제8장 제96조에서 '지방자치단체는 법령의 범위 내에서 그 자치에 관한 행정사무와

치에 관한 규정을 두어 지방자치단체의 권한과 역할에 대한 근거를 헌법으로 보장하였고, 지방자치단체의 조직과 운영 등에 관한 사항은 법률에서 정하도록 하였다. 지방자치법 제정 당시에는 주민 직접선거를 통해 지방의원을 선출하도록 규정되어 있었으나, 한국전쟁이 소강상태에 접어든 시기가 되어서야 시·읍·면 의회 의원선거(1952. 4. 25)와 도의회 의원선거(1952. 5. 10)가 실시되면서 우리나라 최초의 근대적 지방의회가 설치되었고, 시·읍·면의회에서 시장·읍장·면장이 선출되면서 지방자치단체가 출범하였다. 이후 세 차례 지방의원 선거가 실시되었으나, 1961년 군사정권에 의해 지방의회가 해산되면서 지방자치가 중단되었고, 이후 개정된 헌법에서는 이전과 같이 지방자치단체의 권한과 역할에 대해서는 그대로 규정하고 있으나, 부칙으로 지방의회의 구성시기를 따로 법률로 정하도록 하여 사실상 지방의회를 구성할 수 없도록 하였다.2)

2. 지방자치제도의 부활

1987년 6월 전국민의 민주화운동의 결과 대통령 직선제로의 개헌요구가 받아들여지면서 국민들의 민주화 요구와 참여에 대한 목소리는 커져갔다. 이에 같은 해 10월 29일에 전면 개정된 헌법에서는 그동안 지방의회는 둘 수 있되, 그 구성시기를 제한함으로써 실질적인 설치가 불가능했던 부칙의 유보조항이 삭제되면서 현행 지방자치제도의 기틀이 마련되었다. 다음 해인 1988년에 지방자치법도 전면적으로 개정되면서 1991년에 먼저 지방의회 의원선거가 실시되고, 1995년에 지방자치단체장 선거와 지방의회 의원선거가 동시에 치러졌다.

위에서 언급한 것처럼 우리나라의 지방자치는 법적 기반이 마련된 도입기

국가가 위임한 행정사무를 처리하며 재산을 관리한다. 지방자치단체는 법령의 범위 내에서 자치에 관한 규정을 제정할 수 있다'고 규정하고 있으며, 제97조에서는 '지방자치단체의 조직과 운영에 관한 사항은 법률로써 정한다. 지방자치단체에는 각각 의회를 둔다. 지방의회의 조직, 권한과 의원의 선거는 법률로써 정한다'라고 규정하고 있다.

2) 1962년 12월 26일 전문개정된 헌법 부칙 제7조 제3항에서는 '이 헌법에 의한 최초의 지방의회의 구성시기에 관하여는 법률로 정한다'고 규정하고 있으며, 이후 1972년 12월 27일에 제정된 유신헌법 부칙 제10조는 '이 헌법에 의한 지방의회는 조국통일이 이루어질 때까지 구성하지 아니한다'라고 규정하고 있다.

와 지방자치 중단기, 그리고 지방자치가 다시 시작되어 제도 정비와 함께 본격적인 지방자치시대를 맞은 부활·발전기로 그 시기를 구분해볼 수 있으며, 당시의 자치단체 종류, 기관구성 형태, 지방자치단체장과 지방의원의 선출방식 등은 아래 〈표 1〉에 제시되어 있다.

┃표 1┃ 지방자치의 시기별 구분과 특징

구 분	도입기(1948~1960)	중단기(1961~1990)	부활·발전기(1991~현재)
자차단체 종류	• 광역단체: 서울특별시·도 • 기초단체: 시·읍·면	• 광역단체: 서울특별시·직할시·도 • 기초단체: 시·군	• 광역단체: 특별시·광역시(특별자치시)·도(특별자치도) • 기초단체: 시·군·자치구
기관 구성	• 기관대립형 (지방의회 + 집행기관)	• 기관통합형 (지방의회 폐지)	• 기관대립형 (지방의회 + 집행기관)
단체장 선출	• 1기(1952년): 임명제/간선제 − 서울특별시장·도지사: 주민직선 − 시·읍·면장: 의회간선 • 2기(1956년): 임명제/직선제 − 서울특별시장·도지사: 대통령 임명 − 시·읍·면장: 주민직선 • 3기(1960년): 주민직선 − 서울특별시장·도지사: 주민직선 − 시·읍·면장: 주민직선	• 임명제 − 국가공무원으로 충원	• 4기(1955년)~9기(2014년): 주민직선 − 시·도지사: 주민직선 − 시·군·구청장: 주민직선
의회 의원 선출	• 1기(1952년)~3기(1960년) 주민직선 − 서울특별시·도의원: 주민직선 − 시·읍·면의원: 주민직선	• 의회폐지 − 서울특별시·도: 내무부장관 승인 − 시·군: 도시자 승인	• 4기(1991년)~9기(2014년): 주민직선 − 시·도의원: 주민직선 − 시·군·구의원: 주민직선

자료: 행정자치부(2015a: 11).

3. 지방자치제도의 변화와 발전: 주민참여

지방자치는 사무배분, 재정, 입법, 인사·조직, 기관구성방법, 지방선거, 주민참여, 지방의회, 중앙과 지방의 협력 등에서부터 지방자치를 담아내는 형태에 해당하는 지방행정체제에 이르기까지 분야별로 다양하고 복잡한 제도로 이루어져 있다. 특히, 1995년 민선지방자치가 시작되면서부터 각 분야별로 많은 제도가 새롭게 만들어지고 개선에 개선을 거듭하고 있다. 지방자치는 지방의 문제를 스스로 인식하여 자기 책임 하에 자체적으로 해결하는 것인데 이러한 과정자체가 민주주의 발전에 기여하고 있고, 궁극적으로는 주민의 복리증진을 목표로 하고 있다. 그렇기 때문에 지방자치제도에 있어서 지역주민의 참여기회 보장과 확대가 매우 중요하다. 각 분야별 지방자치제도에 대해서는 2부에서 자세히 다루기 때문에 본 챕터에서는 지방자치가 다시 시작되면서 지역주민 입장에서 주민참여와 권리를 보장하는 데 기폭제가 된 자치제도를 몇 가지 제시하고자 한다.

지역주민이 지방행정에 참여하고 감독자로서의 역할을 하기 위해서는 지방행정의 일련의 과정과 정책결정 사항 등에 대한 정보접근이 가능해야 한다. 1992년 청주시에서 최초로 제정된 행정정보공개조례는 기본적으로 주민의 알권리를 보장한 좋은 사례라 할 수 있다. 이를 계기로 1996년에 공공기관의 정보공개에 관한 법률이 제정되고 1998년부터 행정정보공개제도가 전국적으로 시행되었는데, 행정자치부 자료에 따르면 제도 시행 이래 정보공개청구는 매년 증가하고 있으며, 특히 지방자치단체의 경우 전부공개 비율이 80%대에 이르는 것으로 나타났다.

지방자치법 제정 당시에는 오늘날과 같은 주민직접참여제도는 없었으나, 조례나 지방자치단체장의 명령, 처분이 위법할 경우에는 일정 수 이상의 주민이 직접 감독관청이나 대법원에 이의신청 또는 제소를 할 수 있는 민중출소제도가 있었다(행정자치부, 2015a: 15). 그 이후 본격적으로 지방자치가 실시되면서 대표민주제를 보완하고 주민이 직접 잘못된 지방행정을 통제·시정하거나 의사결정 과정에 참여할 수 있는 주민직접참여제도의 도입 필요성이 증대되었고, 시민사회의 성장으로 주민들의 참여욕구 또한 높아졌다. 1994년부터 경남, 청주시, 안양시 등에서 조례로 채택하여 운영된 지방옴부즈만제도는 지역주민이 지방자치단체에 의한 부당행위를 공식적으로 제기할 수 있는 기회를 보장하여, 지방자치단체 스스로 이를 시정하고, 주민과 대화를 촉진시키는 역할을 하였다.

이 시기에 개정된 지방자치법에는 지방자치단체의 폐지·분할 또는 주민에게 과도한 부담을 주거나 중대한 영향을 미치는 사항에 대해서 주민투표를 실시할 수 있는 규정이 신설(1994년)되었다. 다만, 주민투표의 대상, 발의요건, 투표절차 등에 대해서는 따로 법률로 정하도록 하였는데, 주민투표법이 마련되지 않은 당시에는 실효성이 없었고, 이후 2004년에 주민투표법이 제정되면서 비로소 실질적인 제도가 갖춰지게 되었다. 주민투표의 청구요건과 개표요건 등과 관련하여 적정수준에 대한 논란은 계속되고 있지만, 그럼에도 불구하고 주민투표는 지역 간 통합이나 발전소·폐기물시설 등의 지역 내 유치와 같은 중대한 사안에 대해 지역주민의 의사를 직접적으로 확인할 수 있는 유용한 제도로 활용되고 있다.

또한 지역주민이 주체가 되어 조례의 제정과 개정·폐지를 청구할 수 있는 제도는 1999년 지방자치법 개정을 통해 법제화되었다. 행정자치부에 따르면 주민조례제정·개폐청구는 제도가 시행된 2000년부터 2015년까지 총 219건이 청구되었고, 이 중에서 원안대로 의결되었거나 수정의결된 안건은 전체의 52%로 나타났다.[3] 이 제도는 주민참여 수준이 주민이 직접 제안하고 결정과정에까지 참여하는 것이 아니라 의사발의에 그친다는 한계가 있으나, 주민이 주체가 되어 권리행사를 할 수 있다는 데 큰 의미가 있다.

주민이 지방행정을 감시하며 적극적으로 의견을 제시하고 참여할 수 있는 제도로는 주민감사청구제도, 주민소송제도, 주민소환제도 등이 있다. 먼저 주민감사청구제도는 시민감사청구제도라 하여 서울특별시 등 일부 자치단체에서 조례로 제정하여 이미 시행되고 있던 것을 지방자치법에 반영하여 1999년부터 도입된 제도이다. 주민감사청구제도는 지방자치단체의 사무처리가 위법하거나 공익을 해치는 경우 감독기관에 감사를 청구할 수 있도록 하여 주민이 행정을 감시하는 동시에 주민권익을 보호하는 기능을 한다. 이보다 한참 뒤인 2007년부터 시행된 주민소송제도는 재정적 손해가 발생하는 위법한 행위에 대해서 이미 감

---

3) 행정자치부 2015년도 조례·규칙 운영현황. 행정자치부 홈페이지의 지방행정실 내 게시자료
(2016. 2. 16.)

사청구한 사항과 관련하여 위법행위의 취소, 손해배상의 청구 등을 법원에 제소할 수 있도록 한 제도이다.

또한, 2004년 광주광역시에서 제정된 주민소환에 관한 조례를 계기로 2007년에 주민소환에 관한 법률이 제정·시행되어 지방자치단체장, 지방의원과 같이 임기가 보장된 선출직 공직자라 하더라도 주민의사에 따라 그 직에서 해임할 수 있도록 제도화하였다. 행정자치부에 따르면 2014년까지 주민소환 대상 공직자는 모두 64명으로 이중 8명의 공직자에 대해서 주민소환투표가 실시되었으며, 그 결과 2명의 시의원이 소환되어 해임된 바 있다.[4] 주민소환제도는 결과론적으로 보면 선출직 공직자를 해임시킬 수 있기 때문에 제도의 존재만으로도 상당한 의미를 가지지만, 제도의 실효성을 높이고자 주민소환의 청구요건을 완화하고 주민소환 대상을 확대하는 개선안이 꾸준히 제시되고 있다.

지방자치제도가 얼마나 성숙되어 있는가의 척도로 지방분권의 수준 못지않게 주민참여 정도도 중요하다. 우리나라의 주민직접참여제도는 제도적 기반은 이미 갖춰져 있다고 볼 수 있다. 다만, 제도가 실행되었을 때 그 파급효과가 큰 만큼 제도의 남용을 막기 위해서는 전제요건이 제대로 갖춰져 있어야 하겠지만, 일반 주민이 제도를 활용하기에는 넘어야할 문턱이 너무 높다는 의견이 제기되고 있는 만큼 앞으로 다각도로 보완할 필요가 있겠다.

---

4) 행정자치부 2014년도 주민소환 운영현황. 행정자치부 홈페이지의 지방행정실 내 게시자료 (2014. 9. 12.)

| 참고문헌 |

송창석 (2000). 지방옴부즈만제도 활성화 방안. 자치행정연구, 1(1): 267–288.
이기우 (2006). 한국 지방자치제의 역사와 현황. 기억과 전망, 14: 158–171.
행정자치부 (2015a). 기록으로 보는 지방자치.
행정자치부 (2015b). 한반도 지방행정의 역사.

• • •

2부

지방자치 발전과제
(지방분권)

• • •

1. 자치사무와 국가사무의 구분체계 정비

2. 중앙권한 및 사무의 지방이양

3. 지방재정 확충 및 건전성 강화

4. 특별지방행정기관 정비

5. 자치경찰제도 도입

① 자치사무와 국가사무의 구분체계 정비

안 재 헌

1. 문제 제기

　　대부분의 국가에서 행정은 국가와 지방자치단체의 분담 체계 하에서 수행된다. 지방자치의 역사와 헌법상의 제도 보장에 따라 차이가 있기는 하지만, 공적 사무를 국가사무와 자치사무로 구분하고, 국가와 지방자치단체 간의 협력과 각각의 조화로운 활동을 통해서 국가의 발전과 주민의 복리 증진을 추구해 나아간다.

　　국가와 지방자치단체 간에 사무를 배분하는 방식은 일반적으로 세 가지 유형으로 나타난다. 지방자치단체가 처리해야 할 사무를 개별 법률에 일일이 규정하는「개별적 배분방식」이 있다. 이와 다르게 법률로 특히 금지하거나 국가가 반드시 처리해야 할 사항을 제외하고는 지방자치단체 관할구역 내에서는 그 주민을 위하여 어떠한 사무라도 처리할 수 있도록 헌법이나 법률에 일괄적으로 권한을 부여하는「포괄적 배분방식」도 있다. 이 두 방식의 절충 형태로 지방자치 관계 법률에 국가사무와 자치사무를 포괄적으로 예시하는 방식이 있는데 이를「혼합 방식」이라고 한다(최환용, 2010: 17-18).

우리나라는 지방자치법에서 자치사무와 국가사무를 구분하고 그 종류를 포괄적으로 예시하고 있다는 점에서 혼합 방식을 취하고 있다 하겠다. 포괄적 예시 방식은 집권적 정부 운영구조 속에서 자치사무의 영역을 보장하는 데 어느 정도 유용성을 가지고 있다. 그러나 사무 구분의 원칙과 기준이 제대로 지켜지지 않으면 법률의 규정에 따라 일일이 사무의 배분이 정해지는 개별적 배분방식과 크게 다를 바가 없다.

우리나라는 중앙정부와 지방자치단체 간의 기능 배분에 있어 「분리형」보다는 「융합형」에 가깝다. 중앙정부가 별도의 기관을 설치하여 사무를 처리하기 보다는 지역 단위의 행정은 가급적 지방자치단체가 종합적으로 관할하게 하는 한편, 중앙정부는 사무의 집행을 지원하고 지도·감독하는 형태이다. 우리나라 지방자치법에는 국가사무의 위임에 관한 조항이 규정되어 있으며 각 분야의 개별 법에서는 많은 국가사무가 지방자치단체에 위임되고 있다. 또한 지방자치법, 지방재정법 등 지방자치 관련 법률에 경비 부담의 원칙, 국가 위임사무에 대한 감독권의 소재, 지방의회의 간여 범위, 위법 처리에 따른 배상 책임 등 권한과 책임을 명확히 하기 위한 별도의 규정을 두고 있다. 그러나 권한의 설정과 사무의 배분이 사실상 국가의 입법 활동에 맡겨져 있고 국가사무의 지방자치단체 위임 처리가 광범위하게 시행되고 있는 상황에서는 자치사무와 국가사무의 경계가 모호해지기 쉽다.

1995년 민선 지방자치체제의 출범을 계기로 자치권의 확대와 지방분권을 요구하는 목소리가 높아졌다.[1] 국가사무의 지방이양을 뒷받침하기 위하여 1999년에는 「중앙행정권한의 지방이양촉진 등에 관한 법률」이 제정되었다. 이어 2004년에는 「지방분권특별법」이 제정되었다. 이 법에서 「지방분권」이라 함은 국가와 지방자치단체의 권한과 책임을 합리적으로 배분함으로써 국가 및 지방자치단체의 기능이 서로 조화를 이루도록 하는 것을 뜻한다. 이러한 지방분권의 이념은 2008년에 제정된 「지방분권촉진에 관한 특별법」과 2013년에 제정된 「지방분권 및 지방행정체제개편에 관한 특별법」에 승계되어 오늘에 이르고 있다.

지방자치법이 제정된 이래 국가와 지방자치단체 간의 기본적 관계를 정립

---

1) 1983년 프랑스의 「권한이양일괄법」 제정과 1999년 일본의 「지방분권일괄법」 제정의 영향이 컸음.

하고 지방자치단체의 기능과 사무를 명확히 하기 위한 노력을 계속해 왔다. 그러나 열악한 자치 여건 속에서 정해진 원칙과 기준마저 제대로 지켜지기 어려웠다. 국가발전과 지방자치발전을 위해서는 국가와 지방자치단체의 권한과 책임을 합리적으로 배분하는 일이 매우 중요하다. 이를 위해 국가사무와 자치사무의 구분체계를 분권의 이념에 맞게 다시금 정비해야 하는 과제가 남아 있다.

2. 실   태

현행 지방자치법은 행정사무를 국가사무와 자치사무로 구분하고 있으나 실제 지방자치단체가 처리하고 있는 사무는 권한과 책임이 각기 상이한 고유자치사무, 단체위임사무, 기관위임사무, 공동사무 등으로 다양하다.

1) 자치사무

자치사무는 헌법과 법률에서 지방자치단체가 처리하도록 정한 사무를 말한다. 우리 헌법 제117조 제1항에서는 "지방자치단체는 주민의 복리에 관한 사무를 처리"한다고 명시하고 있다. 지방자치법 제9조 제1항에서는 "지방자치단체는 관할구역의 자치사무와 법령에 따라 지방자치단체에 속하는 사무를 처리한다"고 하고 제2항에서는 지방자치단체의 사무범위 6개 분야 57종을 예시하고 있다.

이러한 헌법과 법률의 규정만으로는 자치사무의 범위가 명확하지 않다는 점이 지적되어 왔다. 지방자치법에 예시된 사무 범위도 추상적이고 포괄적이어서 개별 법령에 정해진 특정 사무가 국가사무냐 자치사무냐 하는 구체적인 판별은 용이하지 않다. 더구나 제9조 제2항 단서에서 "법률에 이와 다른 규정이 있는 경우에는 그러하지 아니하다"라고 법률 유보 원칙을 명시하고 있어 입법자의 의사에 따라 자치사무의 범위가 달라질 수 있는 여지를 남겨두고 있다.

또한 지방자치법 제11조에서는 국가사무의 범위 7종을 예시하여 지방자치단체가 처리할 수 없도록 하고 있으면서도 단서에서 법률에 이와 다른 규정이 있는 경우에는 지방자치단체가 국가사무를 처리할 수 있도록 예외를 인정하고 있다.

실질적으로 각 종 사무는 법령의 제·개정으로 생성되고 사무 구분이 결정된다. 그러나 개별 법령에서 사무의 종류나 권한의 주체를 설정함에 있어 그 표현 방식이 일정하지 않기 때문에 국가사무냐 자치사무냐를 판별하기가 쉽지 않다. 일일이 문언을 해석하고 입법 취지를 감안하여 판단할 수밖에 없다. 특히 국가위임사무와 자치사무의 구분이 어렵다. 이에 대하여 대법원의 판례는 "법령상 지방자치단체의 장이 처리하도록 규정하고 있는 사무가 자치사무인지 기관위임사무에 해당하는지 여부를 판단함에 있어서는 그에 관한 법령의 규정 형식과 취지를 우선 고려하여야 할 것이지만 그 외에도 그 사무의 성질이 전국적으로 통일적인 처리가 요구되는 사무인지 여부나 그에 관한 경비 부담과 최종적인 책임 귀속 등도 아울러 고려하여 판단하여야 할 것이다"라고 하고 있다.[2] 그러나 개별적 사안에 대한 대법원의 판결은 관련 법규의 문언에만 의존하는 경향이 있다.

결론적으로 지방자치법의 사무구분 기준 자체가 모호하고 관련 법령의 문언이 판단에 중요한 영향을 미친다는 점을 감안한다면 국가사무냐 자치사무냐 하는 구분은 사실상 국가의 입법 재량에 맡겨져 있다고 보아야 한다.

2) 단체위임사무

단체위임사무는 국가나 광역자치단체의 사무를 법령에 근거하여 광역 또는 기초자치단체에 구체적으로 위임한 사무를 말한다. 일반적으로 지방자치법 제9조 제1항의 "법령에 따라 지방자치단체에 속한 사무"라는 표현이 단체위임사무를 지칭하는 것으로 해석하고 있으나 이에 대해 회의적인 견해도 있다(문상덕, 2004: 383).

단체위임사무에 대하여는 위임 받은 지방자치단체가 조례를 제정할 수 있고 지방의회의 관여도 허용되므로 자치사무와 유사하게 취급되어 왔다.

실정법상 단체위임사무는 시·군의 도세 징수사무 정도에 불과하여 별도의 분류 개념을 인정할 실익이 없으므로 폐지하자는 주장이 제기되어 왔다. 참여정부의 정부혁신지방분권위원회는 2004년 11월 발표한 「지방분권 5개년 종합실행

---

2) 대판 1999. 9. 17., 99추30.

계획」에서 타 사무와의 구분이 모호하고 독립적인 사무 유형으로서의 존재 의의마저 의문시되는 단체위임사무를 폐지하겠다는 방침을 발표한 바 있으나 후속조치는 이루어지지 않았다.

3) 기관위임사무

기관위임사무라 함은 시·도지사 또는 시장·군수·구청장에게 위임된 국가나 광역자치단체의 사무를 말하는 것으로 형식상 지방자치단체에 위임된 단체위임사무와는 구별된다. 기관위임사무의 법적 근거로 지방자치법 제102조(국가사무의 위임)와 정부조직법 제6조(권한의 위임 또는 위탁)를 들고 있으나 이는 국가사무의 처리방식을 설명하는 데 불과하므로 별도의 근거 규정이 필요하다는 견해도 있다.

기관위임사무는 지방자치단체의 장을 국가(또는 광역자치단체)의 하부 행정기관으로 의제하여 국가(또는 광역자치단체)사무를 처리하게 한다는 점에서 중앙집권적 행정 관행의 잔존이라는 비판을 받고 있다.

기관위임사무는 본질적으로는 국가사무이기 때문에 비용은 응당 국가가 전액 부담하여야 함에도 불구하고, 국가가 지방재정에 대하여 포괄적으로 지원하고 있음을 이유로 그 일부만을 지원하거나 지원을 기피하는 경우도 있어 지방자치단체에 재정 부담을 초래하는 경우도 없지 않았다.

기관위임사무는 민선 자치 이후 줄어들고 있기는 하다. 1994년 총무처 조사에서는 지방위임사무가 1,920개(12%)로 지방사무의 거의 절반을 차지하는 것으로 나타났다. 그 후 2002년 지방이양추진위원회의 법령상 사무 전수조사에서는 1,311개(2.9%), 2009년 행정자치부의 법령상 사무 총조사에서는 1,018개(2.2%)로 나타나 수적으로는 점차 감소하고 있으나 아직도 지방자치단체의 업무량 측면에서는 큰 비중을 차지하고 있다.

2000년 기관위임사무 폐지를 골자로 한 일본의 「지방분권개혁」의 영향을 받아 우리나라에서도 기관위임사무 폐지에 대한 논의가 활발하게 전개되었다. 참여정부는 2004년 「지방분권특별법」을 제정하면서 제9조에서 "기관위임사무를 정비하는 등 사무구분체계를 조정"하도록 명시하고 기관위임사무를 가급적 자치사무 또는 국가사무로 전환하겠다는 정비방침을 발표한 바 있다. 2008년 제정된

「지방분권촉진에 관한 특별법」과 이를 승계하여 2013년에 제정된 「지방분권 및 지방행정체제개편에 관한 특별법」에서는 "국가 또는 시·도의 사무로서 시·도 또는 시·군·구의 장에게 위임된 사무는 원칙적으로 폐지하고 자치사무와 국가사무로 이분화하여야 한다"고 원칙적 폐지방침을 법제화 하였다.

4) 공동사무

법령상 공식적으로 인정된 사무 구분은 아니나 국가와 지방자치단체 또는 광역자치단체와 기초자치단체가 하나의 사무를 공동으로 수행하는 경우 편의상 이를 「공동사무」라고 부르고 있다. 구체적으로는 동일 기능을 각 기관이 동시에 수행하는 경우(Kondominium사무)와 동일 기능을 각 기관이 협력적으로 분리 수행하는 경우가 이에 해당한다. 국가와 지방자치단체간의 공동사무는 국가의 협력이 필요한 경우이거나 국가와 지방자치단체가 공동으로 이해를 가지는 경우에서 많이 찾아볼 수 있다.

민선자치 이전인 1994년 총무처 조사에서는 공동사무라고 따로 조사되지 않았다. 민선자치 실시 이후인 2002년 조사에서는 3,746개, 2009년 조사에서는 3,034개로 나타났다. 이는 민선 자치 이후 국가와 지방자치단체 간의 협력이 필요하다는 현실적인 이유와 광역자치단체와 기초자치단체 간에 기능 분담이 명확하지 않은 현실을 감안한 편의적 입법 결과로 보인다.

기능이 다양화되고 지역적으로도 광역화하는 현대 행정에서 기관 간 협력의 필요성은 간과할 수 없다. 「융합형」 정부구조를 가지고 있는 국가에서는 국가와 지방자치단체의 협력이 필요한 사무를 국가사무와 자치사무로 엄격히 분리하기가 실질적으로 어려운 경우가 많다.

그러나 지방자치를 헌법적으로 보장하고 지방자치법에서 사무이론론에 입각하여 국가사무와 자치사무를 구분하고 있는 이상 권한과 책임을 명확하게 구분하지 않은 공동사무 형태의 입법은 바람직하다고 볼 수 없다.

3. 추진상황

1) 기본방향

박근혜 정부는 국정과제(제105번) 「지방분권 강화 및 시민사회·지역공동체 활성화」를 위하여 ① 강력한 지방분권 추진체계를 구축하고 중앙권한의 지방이양을 적극 추진하는 한편, ② 국가사무와 지방사무를 명확히 구분하기 위하여 지방자치법을 개정하고 현지성이 높고 주민생활과 밀접한 사무의 지방이양을 추진키로 하였다.[3]

2013. 5. 28. 법률 제11829호로 제정·시행된 「지방분권 및 지방행정체제개편에 관한 특별법」에서는 위와 같은 국정과제의 실천을 뒷받침하고 있다.

제9조(사무배분의 원칙)에서는 ① 국가는 지방자치단체가 행정을 종합적·자율적으로 수행할 수 있도록 국가와 지방자치단체 간 또는 지방자치단체 상호간의 사무를 주민의 편익 증진, 집행의 효과 등을 고려하여 서로 중복되지 아니하도록 배분하여야 한다는 「중복 배제의 원칙」을 밝히고, ② 지역 주민생활과 밀접한 관련이 있는 사무는 원칙적으로 시·군 및 자치구의 사무로, 시·군·구가 처리하기 어려운 사무는 시·도의 사무로, 시·도가 처리하기 어려운 사무는 국가의 사무로 배분하여야 한다는 「현지성 또는 보충성의 원칙」을 명기하고 있으며, ③ 사무를 배분 또는 재배분 받는 지방자치단체가 그 사무를 자기의 책임 하에 종합적으로 처리할 수 있도록 관련 사무를 포괄적으로 배분하여야 한다는 「포괄적 배분의 원칙」도 강조하고 있다.

제11조(권한이양 및 사무구분체계의 정비 등)에서는 ① 제9조에 따라 그 권한과 사무를 적극적으로 지방자치단체에 이양하여야 하며, 그 과정에서 국가사무 또는 시·도의 사무로서 시·도 또는 시·군·구의 장에게 위임된 사무는 원칙적으로 폐

---

3) 박근혜 대통령은 취임 후 수석비서관 회의(2013. 5. 20.)에서 "지방이 더 잘할 수 있는 부분, 중앙에서 더 잘할 수 있는 부분이 있는데 아직 잘 나눠지지 않았다고 생각한다. 이를 분야별로 정리해서 지방이 더 잘할 수 있는 것, 중앙이 해야만 하는 것으로 나눈 다음에 지방이 잘할 수 있는 것에 대해서는 지방 책임 하에 지방이 하고, 그 대신에 정부가 재정 지원을 해야 한다"고 지시하였다.

지하고 자치사무와 국가사무로 이분화하여야 한다는 「기관위임사무 폐지 원칙」을 명문화하고, ② 포괄적·일괄적으로 이양하기 위하여 필요한 법적 조치를 마련하여야 한다고 추진방식도 제시하고 있다.

2) 새로운 사무배분 기준 검토(2013. 6~12)

지방자치발전위원회는 국가사무 재배분 조사와 기능이양 심의 시에 적용할 새로운 사무구분 기준을 마련하기로 하였다.

지방자치법의 현행 사무배분 기준은 추상적·포괄적이어서 사무 분류나 지방이양 심의 시 구체적인 적용에 한계가 있었다.

지방자치법에서 정한 기존의 사무배분의 원칙과 기준에 「지방분권 및 지방행정체제개편에 관한 특별법」에 규정한 중복 배제의 원칙, 현지성·보충성의 원칙, 포괄적 배분의 원칙을 가미하여 배분기준을 새롭게 구성할 필요가 있다. 또한 새로운 자치 환경 변화와 행정수요에 따른 새로운 기준 설정도 필요하다. 새로운 배분기준을 검토함에 있어서는 ① 지방의 자율성을 강화하고 책임성을 제고하기 위하여 신속한 대응으로 지방이 잘할 수 있는 현지성이 강한 사무는 지방에 대폭 이양하여 지방 스스로의 책임 하에 처리할 수 있도록 하고, ② 효율성과 민주성의 조화를 도모하기 위하여 규모의 경제, 통일적 처리 등 사무 처리의 편의성·효율성뿐만 아니라 주민 접근성과 편익 증진 등 민주성을 충분히 고려하는 데 주안점을 두었다.

「국가사무」에 대하여는 현행 지방자치법 제7조에서 규정하고 있는 7종의 사무 외에 ⅰ) 지방자치단체 간 조정 사무, ⅱ) 국민안전과 관련하여 종합적·통일적 대응이 필요한 사무, ⅲ) 국제적으로 통일적 처리가 필요한 사무, ⅳ) 국민 최저생활(national minimum) 보장 등 보편적 복지로서 국가의 지원이 필요한 사무, ⅴ) 국가 균형발전을 위한 기반구축 사무, ⅵ) 국가 지정제도를 통하여 지속적 관리가 필요한 사무 등을 추가하였다.

「시·도 사무」에 대하여는 지방자치법 제10조 제1항에 열거된 6종의 사무 외에 ⅰ) 시·군·구 간 조정 사무, ⅱ) 효율적 운영·관리를 위한 광역적 사무, ⅲ) 전문성이 요구되는 사무, ⅳ) 사무 처리의 효과가 시·도에 한정적으로 영향을 미치는 사무, ⅴ) 행정수요의 특성으로 인해 시·군·구별 업무량이 편중된 사무 등을 추가하였다.

「시·군·구 사무」에 대하여는 ⅰ) 지역 특성에 맞게 업무 처리가 필요한 사무, ⅱ) 현지성이 강한 사무, ⅲ) 시·군·구에 한정적으로 영향을 미치는 사무, ⅳ) 단순집행적인 사무 등을 추가하였다.

3) 국가 총사무 재분류 추진(2013. 12~2014. 9)

국가 사무의 재배분은 기능이양 심의를 통해서 이루어지나 위원회는 우선 새로 보완된 기준에 따라 국가 총사무를 재분류하기로 하였다. 조사는 2009년도 한국지방행정연구원에서 수행한 법령상 사무 총조사 결과를 현행화 하여 단위사무 하나하나를 보완된 기준에 따라 재분류한 후 이양의 적부를 심의하는 방식으로 진행되었다.

① 국민들이 피부로 느낄 수 있는 국토해양, 산업고용, 농림환경 분야 등에서 집중적으로 이양 대상 사무를 발굴하고, ② 지금까지의 인·허가 등 단순 집행적 사무 이양방식을 탈피하여 계획수립이나 지정지원 등 실질적 권한이양 중심으로 사무를 발굴하며, ③ 지역경제 활성화 유도, 국민편익 증진에 기여할 수 있는 사무 중심으로 이양대상 사무를 발굴하였다. ④ 그 외에 행정 환경변화에 따라 국민안전 분야, 국가 균형발전 분야를 중심으로 국가 환원대상 사무도 발굴하였다.

이 작업에는 8개 분야로 나누어 총 120명의 전문가가 참여하였으며, 35회의 합동심의를 거쳐 분류작업을 진행하였다. 그 결과 이양대상 사무 2,122건과, 환원대상 사무 174건이 발굴되어 지방자치발전위원회 전체회의에 보고되었다.

공동사무의 재분류 작업은 별도로 진행되었다. 국가 총사무 조사 때마다 분류 개념이 일정하지 않아 결과에 혼선을 가져왔다는 점을 고려하여 별도의 T/F를 구성하여 공동사무를 유형화한 후 분류 기준을 통일하였다.

① 국가와 지방자치단체가 공동으로 사무 수행권을 가지되 하위 법령 등에서 일정 기준에 따라 관장 범위를 달리하는 경우 규모에 따라 각기 다른 사무로 나누어 분류하고, ② 국가와 지방자치단체가 동일한 사무에 대하여 공동으로 수

행권을 가지거나 공동으로 지원하는 경우도 하나의 사무로 보지 않고 국가와 지방자치단체 각각의 사무로 분류하였다.

　　2,884개의 공동사무 중 새로 보완된 기준에 따라 처리권자를 일원화할 필요가 있는 80개 사무는 국가 환원대상 사무로, 21개 사무는 지방 이양대상 사무로 조사되었다.

　　이번 조사결과를 2009년 조사결과와 비교하면 다음의 〈표 1〉에서 보는 바와 같이 공동사무를 각각의 사무로 분류함으로써 단위사무가 늘어났으며 자치사무도 전체 사무의 20%에서 32.3%로 대폭 늘어났다.

┃표 1┃ 법령상 사무 총조사 결과 비교

(단위: 개)

연도	총계	국가사무				지방사무			
		계	국가사무	위임사무	공동사무	계	광역사무	기초사무	공동사무
2009	42,316 (100%)	33,864 (80%)	30,325 (71.6%)	1,215 (2.9%)	2,324 (5.5%)	8,452 (20.0%)	3,854 (9.1%)	3,888 (9.2%)	710 (1.7%)
2013	46,005 (100%)	31,161 (67.7%)	30,143 (65.5%)	1,018 (2.2%)	0 (0.0%)	14,844 (32.3%)	7,707 (16.7%)	7,137 (15.5%)	0 (0.0%)

출처: 법령상 사무 총조사(2009, 한국지방행정연구원), 새로운 판결기준에 따른 국가 총사무 재배분 조사표 작성 (2014, 한국지방행정연구원)

4. 발전과제

1) 지방자치법상의 사무구분 기준 보완

　　현행 지방자치법에 열거된 사무범위와 기준은 1988년 지방자치법 전면 개정 시 마련된 것으로서 새로운 환경 변화에 따라 현실에 맞게 보완할 필요가 있다. 자치경찰제 도입, 교육자치의 실시, 복지행정의 확대, 안전관리의 강화 등 새로운 행정수요에 따른 새로운 기준 설정이 필요하다.

　　지방자치법 제9조 내지 제11조의 규정 중에는 의미가 모호하고 일부 조항은 자치권을 제약한다는 비판도 있어 왔다. 이러한 점은 좀 더 명확한 법문 표현으로 개선되어야 한다.

또한 「지방분권 및 지방행정체제개편에 관한 특별법」 제9조에서 규정하고 있는 중복 배제의 원칙, 보충성의 원칙, 포괄적 배분의 원칙을 지방자치법의 원칙과 기준에 체계적으로 수용하는 방안도 검토되어야 한다.

새로운 사무 구분 기준 마련과 함께 각종 지방사무 관련 법령을 제·개정할 때 사무배분의 적정성, 재정부담책임 등에 대한 사전 협의 기능을 제도화하는 방안도 검토할 필요가 있다.

2) 법정수임사무의 도입

지방자치단체에 의한 국가사무의 위임 처리는 행정사무를 자치사무와 국가사무로 이원화하는 사무구분의 기본원칙에 혼란을 가져오고 자율과 책임을 바탕으로 하는 지방분권의 기본이념에도 배치된다는 비판을 받아 왔다. 「지방분권촉진에 관한 특별법」과 이를 승계하여 제정된 「지방분권 및 지방행정체제개편에 관한 특별법」에서는 위임사무의 원칙적 폐지와 사무구분체계의 정비를 규정하고 있다.

행정안전부는 2009년 5월 「기관위임사무 폐지 및 사무구분체계 개선방안」을 수립하고 각 계의 의견을 들어 지방자치법 개정안을 마련하였다. 개정안에서는 지방자치단체의 사무를 자치사무와 법정수임사무로 명시하고, 중앙행정기관이 법정수임사무를 설정할 때에는 근거, 대상 및 국가의 경비 부담에 관한 사항을 법령에서 정하도록 하고 있다.

법정수임사무가 도입되면 기존의 단체위임사무는 자치사무로 전환되고 기관위임사무는 국가 환원 또는 자치사무로 전환되며 존치가 불가피한 경우만 법정수임사무로 남게 된다. 법정수임사무에 대하여는 조례의 제정이 허용되고 지방의회의 관여가 인정되며 국가의 관여는 법령에 근거가 있는 경우로만 제한되므로 사무 처리에 있어 지방자치단체의 자율성이 확대된다.

행정안전부는 2011년 법정수임사무를 도입하기 위한 지방자치법 개정안을 제출하였으나 회기 종료로 자동 폐기되었고, 2012년 9월 다시 제출하였으나 도입 필요성에 대한 입법 정책적 판단이 필요하다는 이유로 계류 상태에 있다.

법령에 의해서만 법정수임사무를 창설하도록 허용하는 제도가 국가와 지방자치단체 간 융합형 기능분담 구조를 가지고 있는 현실에 적합한가 하는 회의가 있는 것도 사실이다. 다른 한편으로는 법정수임사무의 지정을 법률이 아닌 법령에 맡겨 놓으면 법정수임사무가 늘어나 기관위임사무의 폐단이 재현될 수 있다는 우려도 없지 않다.

제도가 현실만 쫓을 수는 없다. 또한 처음부터 완벽한 제도를 기대하기도 어렵다. 절충점을 찾아 우선 제도를 도입한 후 점차 개선해 나아가는 노력이 필요하다. 법정수임사무의 도입은 국가사무와 자치사무라는 사무구분의 기본체계를 유지해 가면서 국가와 지방자치단체 간의 협력적 사무배분 절차를 제도화할 수 있다는 장점이 있으므로 입법이 실현될 수 있도록 계속 노력해야 한다.

| 참고문헌 |

문상덕 (2004). 지방자치단체의 사무구분체계, 지방자치법연구, 4(2).
최환용 (2010). 사무 구분체계 개선을 위한 지방자치법 개정방안 연구, 한국법제연구원.

2 중앙권한 및 사무의 지방이양

최 근 열

1. 문제 제기

우리나라는 1987년 10월 29일 헌법 개정과 1988년 4월 6일 지방자치법 전부개정을 통해 지방자치제 부활을 위한 토대가 마련되어, 1991년 3월 26일 기초의회와 동년 6월 20일 광역의회를 구성함으로써 지방자치가 다시 시작되었다. 따라서 지방자치 실시로 중앙 — 지방간 역할 재설정에 관한 논의가 본격적으로 대두되었다. 즉 1991년 총무처는 정부조직관리지침에 의거 민·관 합동기구인 '지방이양합동심의회'를 구성하고 중앙권한의 지방이양을 추진하였다. 특히 1995년 자치단체장 선거를 비롯한 4대 동시 지방선거 이후, 우리나라는 중앙집권체제에서 본격적인 지방자치시대를 맞이하게 되었으며, 지방분권의 노력도 점차 가속화하기 시작하였다.

그 이후 지방분권은 역대정부에서 주요 국정과제의 하나로 추진되었다. 즉 국민의 정부에서는 '중앙행정권한의 지방이양'을 100대 국정개혁과제의 하나로 채택하고 1999년 1월 제정된 「중앙행정권한의 지방이양 촉진 등에 관한 법률」에 의거한 대통령소속 '지방이양추진위원회'를 출범시켜 지방분권을 추진하였다. 또한 참여정부는 지방분권을 핵심 국정과제로 삼고 2004년 1월에 제정된 「지방분권특별법」에 근거하여 '정부혁신지방분권위원회'를 출범시켜 기존의 '지방이양추진위원회'와 함께 지방분권 로드맵에서 7대 지방분권 추진기본 방향과 20대 주요과제를 선정하였으며, 나아가 '지방분권 5개년 종합실행계획'을 통해 47개 분과과제를 추진하였다. 이명박정부에서도 지방분권을 100대 국정과제로 채택하고 2008년 2월 제정된 「지방분권촉진에 관한 특별법」에 근거한 '지방분권촉진위원회'가 구성되어 4개 분야 20개 과제를 선정하고 '지방분권종합실행계획'을 수립하여 지방분권을 추진하였다. 박근혜정부에서도 140대 국정과제 중 제114대 지방재정 확충, 제115대 지방분권 강화 과제로 구체화되었으며, 2013년 5월 제정된 「지방분권 및 지방행정체제개편에 관한 특별법」에 근거한 대통령소속 '지방자치발전위원회'를 구성하여 20개 과제를 선정하고 '지방자치발전 종합계획'을 수립하여 추진하고 있다. 여기서는 역대정부에서 추진해 온 지방분권과제 중 중앙권한 및 사무의 지방이양을 중심으로 그 이양 실태 및 그 문제점을 살펴보고 특히 박근혜정부 지방자치발전위원회에서의 추진상황을 살펴보고 그 발전과제를 살펴보고자 한다.

2. 실 태

1) 개념 및 의의

중앙권한 및 사무의 지방이양은 중앙행정기관이 법령에 규정된 자기의 권한을 지방자치단체에 이양함으로써 중앙행정권한에 속하는 사무를 지방자치단체의 사무로 하고 지방자치단체는 자기의 책임과 권한 아래 그 사무를 처리하도록 하는 것이다.[1] 이는 공공사무처리에 있어 국가의 역할과 지방의 역할을 분명

---

1) 중앙권한 및 사무의 지방이양은 중앙과 지방의 기능배분의 한 양태(樣態)이나 우리나라 기능배분의 경우 과도하게 편중된 국가사무를 지방에 이양하는 것을 주된 내용으로 이루어지고 있어 '지방이양'이라는 용어로 대변하기도 한다. 그리고 기능배분의 대상은 중앙과 지방의 사무이기에 '사무이양'이라는 용어로 사용되기도 하며, 또한 사무이양과 함께 그에 따른 권한이양

히 하고 가장 적합한 기능을 배분함으로써 효율성을 높이고자 하는 것을 목표로 하고 있다(행정자치부, 2015a: 4).

2) 지방이양 실적

(1) 사무이양

중앙행정권한의 지방이양은 1986년 국무총리산하에 '지방자치실시연구위원회'를 설치하면서 시작되었으며, 1991년 지방자치실시가 이루지면서 체계적인 논의가 시작되었다. 노태우 및 김영삼정부에서 정부조직관리지침에 근거한 '지방이양합동심의회'에서 지방이양 사무 추진실적과 중앙행정권한의 지방이양촉진 등에 관한 법률 등에 근거한 국민의 정부부터 이명박정부까지 '지방이양추진위원회 및 지방분권촉진위원회'에서 지방이양 사무 추진 실적으로 구분하여 살펴보면 다음과 같다.

먼저 1991년 국무총리 훈령으로 총무처에 설치한 '지방이양합동심의회'에서 지방이양사무 추진실적은 〈표 1〉에 제시된 바와 같이 1991년부터 1998년까지 8년간 2,008건을 지방이양 확정하고 이중 82%에 해당하는 1,639건을 자치사무로 이양완료하였다.

┃ 표 1 ┃ 지방이양합동심의회 지방이양사무 추진 실적

구 분	합 계	'91	'92	'93	'94	'95	'96	'97	'98
이양확정	2,008	241	115	116	449	110	82	61	834
이양완료	1,639	241	115	103	410	89	74	47	560
추진 중	369	–	–	13	39	21	8	14	274

자료: 행정자치부(2015a). 지방자치 20년사.

도 수반되어야한다는 인식에서 '권한이양'이라는 용어로 사용되기도 한다(권경득·우문정, 2009: 9). 여기서는 중앙의 권한 및 사무를 포괄하여 지방이양한다는 뜻에서 '중앙권한 및 사무의 지방이양'이라는 용어로 사용하고자 한다.

다음 지방이양추진위원회 및 지방분권촉진위원회에서 중앙권한의 지방이양 사무 추진실적은 〈표 2〉와 같다. 즉 중앙권한의 지방이양 사무는 2000년 이후 2012년 12월말까지 이양이 확정된 사무는 3,101개 사무이며, 이중 63.9%인 1,982개 사무는 관련 법령이 개정되어 이양이 완료되었고, 1,119개 사무는 해당부처에서 입법 추진 중이다. 이를 역대정부별로 보면 이양확정사무의 경우 이명박정부가 1,587개 사무로 국민의 정부(612개)와 참여정부(902개)보다 훨씬 많은 실정이나 그 중 법령개정을 통해 이양이 완료된 사무는 국민의 정부 610개(99.7%), 참여정부 856개(94.9%), 이명박정부 516개(32.5%)로 나타났다.

┃ 표 2 ┃ 지방이양추진위원회 및 지방분권촉진위원회 지방이양사무 추진 실적

(2012년 12월말 기준)

구분		총계	지방이양추진위원회									지방분권촉진위원회					
			소계	국민의 정부			참여정부					이명박 정부					
				'00	'01	'02	'03	'04	'05	'06	'07	소계	'08	'09	'10	'11	'12
이양확정		3,101	1,514	185	176	251	478	53	203	80	88	1,587	54	697	481	277	78
이양완료	확정년도기준	1,982	1,466	185	175	250	466	53	191	68	78	516	45	336	110	23	2
	완료년도기준		1,219	2	92	138	172	204	436	44	131	763	118	81	135	232	197
추진 중		1,119	48	–	1	1	12	–	12	12	10	1,071	9	361	371	254	76

자료: 지방분권촉진위원회(2012). 홈페이지(http://www.pcd.go.kr)

그리고 부처별 지방이양 사무 추진실적 내역을 보면, 〈표 3〉과 같다. 즉 이양확정건수의 경우 3,101건 중 국토교통부가 552건으로 가장 많고 그 다음이 환경부(479건), 해양수산부(305건), 보건복지부(256건), 산업통산자원부(223건) 등 순으로 나타났으며, 이양확정대비 이양완료 건수인 이양완료비율이 100%인 외교부, 법무부 등 6개 부처이고, 0%인 금융위원회, 국가정보원 등 2개 부처로 부처별 편차가 크고 전반적으로 이양확정 건수가 적을수록 이 비율이 높게 나타났다.

｜ 표 3 ｜ 부처별 지방이양사무 추진 실적

부처명	이양확정(건)	이양완료(건)	미이양(건)
합계	3,101	1,982(63.9%)	1,119
방송통신위원회	33	25(75.7%)	8
공정거래위원회	16	14(87.5%)	2
기획재정부	31	23(74.2%)	8
교육부	141	79(56.0%)	62
외교부	9	9(100.0%)	–
법무부	2	2(100.0%)	–
행정자치부	98	76(77.5%)	22
문화체육관광부	142	111(78.2%)	31
농림축산식품부	195	170(87.2%)	25
산업통상자원부	223	135(60.5%)	88
여성가족부	83	30(36.1%)	53
환경부	479	328(68.5%)	151
통일부	4	4(100.0%)	–
고용노동부	84	26(30.9%)	58
국토교통부	552	313(56.7%)	239
보건복지부	256	203(79.2%)	53
경찰청	14	2(14.3%)	12
소방방재청	48	33(68.7%)	15
문화재청	28	11(39.3%)	17
산림청	186	154(82.8%)	32
중소기업청	33	11(33.3%)	22
해양경찰청	4	4(100.0%)	–
식품의약품안전처	78	63(80.8%)	15
특허청	4	4(100.0%)	–
국가정보원	1	–	1
금융위원회	12	–	12
통계청	1	1(100.0)	–
농촌진흥청	2	1(50.0%)	1
해양수산부	305	138(45.2%)	167
미래창조과학부	37	12(32.4%)	25

자료: 행정자치부(2015b). 2015 행정자치통계연보.

(2) 행·재정지원

　지방이양촉진법 및 동법 시행령에서는 중앙기관의 장은 권한을 지방에 이양함에 있어서 지방자치단체가 이양받은 사무를 원활히 처리할 수 있도록 소요인력·재정지원을 병행하도록 하고 있으나, 지금까지 이양된 사무의 대부분이 인허가, 검사, 신고·등록 등 단순 집행적 성격사무로 수요가 경미하거나 개별수요 판단이 어려워 지원실적은 저조한 편이다. 다만, 행·재정 수요가 뚜렷한 농림부의 종자관리소 운영 등 7개 사무에 대해서는 '01년부터 '06년까지 인력 247명과 재정 185억원을 지원하였다(〈표 4〉 참조).

┃ 표 4 ┃ 이양사무에 대한 연도별 행·재정지원 현황

부처별	재정지원(백만원)							인력지원 (명)
	계	'01	'02	'03	'04	'05	'06	
계	18,524	2,014	3,822	3,382	4,193	5,023	90	247
농림부	17,632	2,014	3,140	3,382	4,153	4,943	–	50
교육부	32	–	32	–	–	–	–	–
환경부	860	–	650	–	40	80	90	170
정통부	–	–	–	–	–	–	–	21
건교부	–	–	–	–	–	–	–	6

자료: 행정자치부(2015a). 지방자치 20년사.

　그리고 이명박정부 지방분권촉진위원회에서 1단계 특별지방행정기관 정비결과 3대 분야(국토하천, 해양항만, 식품의약)의 시설관리, 인·허가, 지도단속 등 집행적 기능 20개 중기능의 지방이양과 함께 인력 208명(국토하천 48명, 해양항만 59명, 식의약품 101명) 및 재원 3,969억원을 지원(국가균형발전특별법상 광특회계로 지원)하였다('10. 6월).

3) 지방이양 추진 성과 및 문제점

(1) 추진 성과

첫째, 역대정부에서 지방분권정책의 핵심과제로 중앙권한 및 사무의 지방이양을 제시하고 지속적인 추진을 도모하여왔다.

둘째, 중앙권한 및 사무의 지방이양을 추진할 전담기구(지방이양합동심의회, 지방이양추진위원회, 지방분권촉진위원회, 지방자치발전위원회)를 설치하였으며 국민의 정부부터는 전담기구의 법적지위를 대통령소속으로 강화하였다.

셋째, 지방자치 실시 후 네 차례 법령상 국가사무 실태조사 결과, 중앙 – 지방사무 비율이 개선되어 왔다는 점이다. 즉 국가사무 대비 지방사무 비중을 살펴보면, 1994년에는 13.4%, 2002년 22.2%, 2009년 24.1%, 2013년 32.3%로 지방사무 비중이 지속적으로 증가하여왔음을 볼 수 있다.[2]

(2) 문제점

이상에서 살펴본 바와 같이 노태우정부 이래 역대정부에서 중앙권한 및 사무의 지방이양을 지속적으로 추진한 결과, 국가사무의 상당히 많은 수의 지방이양이 이루어지는 등의 성과가 있었지만 다음과 같은 문제점이 존재한다.

첫째, 중앙권한 및 사무 지방이양의 전담기구가 자문기구에 불과해 이양결정에 개별 부처가 불복할 경우 강제할 권한이 없고, 정부가 바뀌면서 지방이양을 추진하는 기구의 성격이나 기능이 유사함에도 불구하고 명칭을 변경함으로써 업무의 연속성을 차단하는 결과를 초래한다.

둘째, 단위사무 위주의 이양으로 지방이양 효과를 보기 어렵고 행·재정 이양이 함께 이루어지기 어렵다. 따라서 사무이양에 따른 충분한 행·재정지원 미흡으로 지방자치단체의 수용성이 저하되었다.

셋째, 역대정부에서 개별 단위사무의 지속적 이양에도 불구하고, 이양관련 핵심과제인 교육자치, 자치경찰 및 특별지방행정기관 정비 등의 추진실적 미흡

---

2) 국가사무 대비 지방사무의 비중이 지속적으로 높아진 것은 국가사무의 지방이양이 주된 원인이라 할 수 있으나 사무조사 기준 및 방법의 차이에도 기인한다고 할 수 있다(행정자치부, 2015a: 4-6).

으로 이양실적 실질적 성과가 미흡하다.

넷째 이양추진 전담기구에서 이양확정이 되어도 관련 부처의 추진의지 미흡으로 법령이 개정되지 않아 이양이 이루지지 않는 사무가 많은 실정이다. 또한 지방이양 확정 후 미 이양 사무의 일괄이양을 추진하기 위하여 가칭 지방일괄이양법 제정을 추진하였으나 국회 내 지방일괄이양법을 다룰 상임위원회가 부재하다는 이유로 추진이 무산되었다.

3. 추진상황

여기서는 박근혜정부에서 2013년 5월 제정된 '지방분권 및 지방행정체제개편에 관한 특별법'에 근거하여 구성된 지방자치발전위원회에서 추진 중인 중앙권한 및 지방이양 추진체계 및 주요 과제를 살펴보면 〈그림 1〉과 같다.

1) 추진 근거 및 목표

중앙권한 및 사무의 지방이양 추진은 '지방분권 및 지방행정체제개편에 관한 법률' 제11조(권한이양 및 사무구분체계 정비 등)에 근거하고 있으며, 이양추진 목표는 국가사무대비 자치사무 비율을 현행 32%에서 선진국 수준인 40%로 확대한다.

2) 추진의 기본방향 및 내용

'지방분권 및 지방행정체제제개편에 관한 법률' 제11조에 의하면 국가는 권한 및 사무를 지방자치단체에 포괄적·일괄적으로 이양하기 위하여 필요한 법적 조치 마련과 함께 지방자치단체에 이양한 사무가 원활히 처리될 수 있도록 행정적·재정적 지원을 병행하도록 규정하고 있다. 따라서 중앙권한 및 사무 지방이양의 기본방향은 지난 정부에서 이양확정 후 미 이양 된 사무의 일괄이양을 위한 법률제정으로 지방이양 효과를 달성하고 사무이양에 따른 행·재정지원을 제도화하여 지방자치단체의 수용성을 제고하도록 하는 데 있다.

(1) 지방일괄이양법의 단계적 제정 추진

① (1단계) 기존 미 이양사무에 대한 일괄법제화 추진

지난 정부에서 이양 확정된 후 법률개정이 되지 않는 미 이양사무 633개 사무(총 20개 부처, 109법률)를 대상으로 가칭 지방일괄이양법(중앙행정권한 및 사무 등의 지방일괄이양을 위한 관계법률 종비와 지원에 관한 법률)을 만들어 국회 지방자치발전특별위원회에 회부하였으나 국회 특위가 법안심사권이 없다는 등의 이유로 실현되지 않았으나 제20대 국회가 구성되면 지방이양일괄법 제정을 재추진할 예정이다.

② (2단계) 국가총사무 재배분 완료 사무에 대한 일괄 법제화 추진

현행 사무배분기준 보완 및 현행 4,000여개 법령('13. 8. 31 기준) 상 국가 총 사무(46,005개)를 Zero Base에서 제1차(국가 → 시도, 국가 → 시군구 이양 1,736건, 시도 → 국가 환원 174건) 및 제2차(국가환원 80개, 지방이양 21건)에 걸쳐 재배분하여 재배분 완료사무(지방자치발전위원회 실무위원회 → 분과위원회 → 본위원회 3단계 심의·의결을 거쳐 최종 이양·환원여부 결정된 사무)의 일괄법제화를 추진할 예정이다. 즉 사무재배분 결과 새로 발굴된 지방이양 사무중 지방자치발전위원회에서 심의·의결을 거쳐 이양 확정한 사무는 2015년 12월 말 기준으로 68개 사무이며 앞으로 계속 심의하여 이양을 결정할 예정이며 이양 확정된 사무는 대통령보고 및 부처 통보 절차를 거치게 된다.

③ (3단계) 특별지방행정기관 사무이양 등 일괄법제화 추진

이명박정부의 지방분권촉진위원회와 지방행정체제개편추진위원회에서 특별지방행정기관 정비 결과 지방이양을 의결한 243개 사무중 89개 사무(환경분야 9개, 고용노동분야 13개, 중소기업분야 41개, 식의약품분야 25개, 국토하천분야 1개), 대도시 특례 발굴 사무 등을 대상으로 지방자치발전위원회 심의·의결(실무위원회 → 분과위원회 → 본위원회 3단계)을 거쳐 일괄법제화를 추진할 예정이다.

(2) 사무이양에 따른 행·재정 지원 법제화

이양사무의 소요비용(인건비, 경상비, 사업비 등) 산정모델 개발용역(한국지방행정연구원, '14. 1월~6월) 결과를 바탕으로 단계별 지방 일괄이양에 따른 행·재정지원방안을 '지방이양 추진TF'에서 마련하고 있다.

(3) 신규 이양사무 발굴 및 지속적 이양 추진

향후 개별 단위사무가 아닌 기능중심, 규제완화 및 주민불편해소 사무 중심으로 지속적으로 신규 이양사무 발굴 및 이양을 추진할 예정이다.

┃그림 1┃ 중앙권한의 지방이양 추진체계 및 주요과제

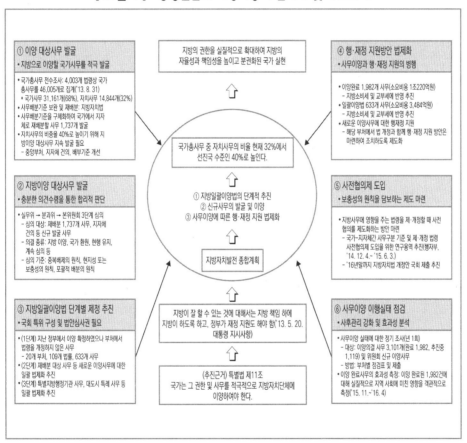

자료: 지방자치발전위원회 내부자료.

4. 발전 과제

중앙권한 및 사무의 지방이양은 지방분권 내지는 지방자치의 실현을 위해 합리적이고 지속적으로 추진하여야 할 핵심과제로 지금까지의 추진 실적이나 문제점을 토대로 그 발전과제를 살펴보면 다음과 같다.

첫째, 법안심사권을 가진 국회 내 상설 지방자치발전특별위원회를 설치할 필요가 있다. 참여정부의 지방이양추진위원회 및 이명박정부의 지방분권촉진위원회에서 중앙권한 및 사무의 지방이양 확정 후 미 이양사무의 일괄이양을 추진하기 위하여 가칭 지방일괄이양법제정을 추진하였으나 국회 내 지방일괄이양법을 다룰 상임위원회가 부재하다는 이유로 추진이 무산되었으며, 현 정부 지방자치발전위원회에서는 국회 지방자치발전특별위원회가 구성되어 지난 정부에서 이양 확정된 후 법률개정이 되지 않는 미 이양사무 633개 사무(총 20개 부처, 109법률)를 대상으로 가칭 지방일괄이양법을 만들어 국회 지방자치발전특별위원회에 회부하였으나 국회 특위가 법안심사권이 없다는 등의 이유로 실현되지 않았다. 따라서 향후 제20대 국회가 구성되면 현 정부에서 이양사무를 효율적으로 추진하기 위한 3단계 지방일괄이양법 제정 추진을 뒷받침할 수 있는 법안심사권을 가진 국회 내 상설 지방자치발전특별위원회의 설치가 반드시 실현되어야 한다.

둘째, 향후 지방자치발전위원회에서는 중앙권한 및 사무의 지방이양을 위해 우선적으로 지방일괄이양법 제정 노력을 추진하되, 차선책으로 부처별로 개별법령을 개정하도록 이행사항을 점검·평가할 필요가 있다.

셋째, 단위사무의 지방이양을 지양하고 기능별로 이양을 추진할 필요가 있다. 즉 단위사무로 사무이양을 하게 되면 현실적으로 행·재정적 수요예측이 어려워 행·재정적 부분과 포괄적으로 이양을 할 수 없다. 그러나 기능별 사무이양을 하게 되면 행·재정적 수요예측이 용이하여 행·재정적 부문과 포괄적으로 이양이 가능하다. 아울러 향후 사무이양에 따른 행·재정적 지원이 함께 이루어지도록 제도화하여 지방자치단체의 수용성을 제고시킬 필요가 있다.

넷째, 중앙권한 및 사무 지방이양의 전담기구인 지방자치발전위원회의 권한을 강화시킬 필요가 있다. 즉 역대 정부의 중앙권한 및 지방이양 전담기구가 자문기구에 불과해 이양사무의 심의·의결을 할뿐 이양결정에 개별 부처가 불복할 경우 강제할 권한 없어 이양 확정사무 중 미 이양된 사무가 많은 실정이다. 따라서 향후 당분간 중앙권한 및 사무의 지방이양을 지속적으로 추진할 필요가 있으므로 정부의 지방 사무이양 추진을 포함한 지방분권을 총괄하는 전담기구를 단순한 자문기구가 아닌 강력한 법적권한을 가진 중앙행정기관(행정위원회: 지방자치발전위원회)화 할 필요가 있다.

| 참고문헌 |

권경득·우문정 (2009). 참여정부 지방분권정책의 실태분석－중앙사무의 지방이양을 중심으로－, 「한국지방자치학회보」, 21(2): 5-28.

지방자치발전위원회 (2014). 「지방자치발전 종합계획」.

지방자치발전위원회 (2015). 「지방자치발전위원회 활동 자료집(1기)」.

최근열 (2013). 이명박 정부의 지방분권정책평가와 새정부의 지방분권 추진과제 및 방향, 「한국지방자치연구」, 14(4): 99-122.

최송이·최병대 (2012). 중앙－지방정부간 역할분담에 대한 추이분석－1991년 이후 지난 20년간의 사무배분을 중심으로－, 「한국지방자치학회보」, 24(3): 1-24.

행정자치부 (2015a). 「지방자치 20년사」.

행정자치부 (2015b). 「2015 행정자치통계연보」.

행정자치부·한국지방행정연구원 (2015). 「지방자치 20년 평가」.

3

지방재정 확충 및 건전성 강화

이 성 근

1. 문제제기

　지방재정(local finance)은 지방자치단체의 재정으로서 국가재정에 대비되는 개념이다. 지방재정의 개념은 지방자치단체가 관할지역 내에서 공공욕구를 충족시키는 데 필요한 서비스를 획득, 관리, 사용하는 경제활동을 가리킨다. 이는 지방자치단체가 수행하는 자치활동을 경제적 측면에서 파악한 것으로 지방자치단체가 그 기능수행에 필요한 재원을 확보, 관리, 사용하는 활동을 지방재정으로 정의할 수 있다(이성근·박의식, 2009 재인용). 한편 지방재정법 제2조에서는 지방재정을 지방자치단체의 수입·지출 활동과 지방자치단체의 자산 및 부채를 관리·처분하는 일체의 활동으로 정의하고 있다.

　지방재정은 지방자치단체가 지역경제성장과 지역주민의 후생증진을 위한 효과적 정책실현의 수단이다. 많은 학자나 자치단체의 실무자들은 지방자치제의 안정적인 정착을 위해서는 지방재정력 강화가 우선과제라는 점에 동의하고 있다.

　지방재정의 근본적 과제는 지방재정의 확충과 건전성 강화이다. 이를 위한 구체적 과제는 자주재원의 확충과 이전재원의 조정, 지방재정의 건전성·투명성 강화이다. 이와 관련하여 현재 지방재정의 문제를 제기해 본다.

첫째, 지방재정의 자주재원은 어떠한가? 국세중심의 조세구조로 국세와 지방세가 8 : 2의 비중을 가진다. 재산과세 중심의 지방세구조로 세원의 불균형과 지역간 편중이 심하다. 또한 재정자주권의 미약으로 신세원 발굴에 제약이 있다.

둘째, 지방재정의 이전재원은 어떠한가? 지방자치단체간에 재정불균형이 심하다. 수도권과 지방, 대도시와 중소도시, 도시와 과소농촌간에 불균형이 나타난다. 이는 지방교부세와 국고보조금제도의 조정개편이 요구되는 이유이다.

셋째, 지방재정운용의 건전성과 투명성은 어떠한가? 지방채무 증가와 지출관리 강화 그리고 지방공기업 등을 포함한 통합재정관리가 요구된다.

여기서는 이상과 같은 지방재정의 문제해결을 위해 지방재정의 확충과 건전성 강화방안을 논의하고자 한다. 이를 위해 먼저 지방재정의 실태와 전망을 알아보고, 다음으로 지방자치발전위원회 구성 전후로 구분하여 지방재정과제의 추진상황을 살펴본다. 마지막으로 지방재정과제의 추진방안을 모색하고 결론을 맺기로 한다.

2. 지방재정의 실태와 전망

1) 지방재정의 현황과 문제

(1) 재정자립도의 저하와 이전재원 중심의 세입구조

지방재정규모는 1995년 36.6조원이던 것이 2015년 173.2조원으로 4.7배 증가하였다. 그러나 지방의 자체재정력을 나타내는 재정자립도는 1995년 63.5%에서 2015년 45.1%로 낮아졌다. 이는 그동안 지방의 재원확충이 지방세 및 세외수입의 자체재원 확충보다는 지방교부세와 국고보조금의 이전재원 중심으로 확충되었음을 나타내는 것이다.

| 표 1 | 지방재정자립도 추이

(단위: %)

연 도	1995	2000	2005	2010	2015
평균	63.5	59.4	56.2	52.2	45.1
특광역시	97.3	84.8	80.3	68.3	61.2
도	46.7	37.9	36.6	31.6	30.3
시	53.7	50.6	40.6	40.0	31.1
군	23.8	22.0	16.5	18.0	11.6
자치구	54.3	46.9	44.3	35.4	25.8

주: 2014년에 세외수입 과목개편에 따라 재정자립도가 낮아져 과거의 기준에 따라 재산출하면 2015년은
   50.6%에 해당한다.
자료: 행정자치부, 지방자치단체 통합재정개요, 2015.

세원배분을 보면 국세·지방세가 8 : 2로 국세중심의 조세구조이다. 지방세는
재산과세 중심이다. 이는 부동산시장 변동에 따라 탄력성이 크고 불안정적이다.

| 표 2 | 국세 대 지방세 비율(2014년 순계예산)

(단위: 조원)

국세 대 지방세 비율(8 : 2)	
국세(216.4조원)	**지방세(54.4)**
• 소득세(54.3) • 법인세(46.0) • 부가가치세(58.4) • 개별소비세(6.0) • 기타(51.7)	• 취득세(13.9) • 재산세(8.1) • 지방소비세(4.1) • 지방소득세(10.0) • 기타(18.3)

자료: 대통령소속 지방자치발전위원회, 지방재정 확충 및 건전성 강화(안), 2014.

지방세 중 재산과세는 23.3조원(42.8%)이고, 소득·소비세는 21.5조원(39.3%)으
로 대부분을 차지하고, 이 또한 지역 간에 편중이 심하다.

┃ 표 3 ┃ 지방세의 성질별 분포(2014년)

(단위: 조원, %)

소득·소비세 21.5조원(39.3)		재산과세 23.3조원(42.8)		기타
소득과세	소비과세	보유과세	거래과세	
10.1(18.5)	11.4(20.8)	9.0(16.5%)	14.3(26.3)	9.7(17.9)

자료: 대통령소속 지방자치발전위원회, 지방재정 확충 및 건전성 강화(안), 2014.

또한 우리나라는 지역 간 격차가 심하다. 특히 수도권 대 지방, 대도시 대 중소도시·과소농촌 간에 불균형이 심하다. 따라서 이전재원은 지방재정의 불균형을 완화하는 기능을 수행하도록 지방재정조정제도의 개편이 요구된다.

(2) 사회복지지출의 증가와 가용재원의 급감

지방자치단체는 사회복지비와 국고보조사업의 확대로 매칭펀드 부담이 가중되었다. 최근 5년 지방예산은 영유아 보육, 기초연금 등 지출의 확대로 평균 3.5% 증가한 반면 사회복지비는 10.7% 급증하였다. 이는 결국 지방자치단체의 가용재원을 잠식하여 자체사업 재원의 급감과 지역격차를 확대할 우려가 있다. 자체사업은 2008년 42.3%에서 2014년 34.5%로 감소하였고, 보조사업은 2008년 36.3%에서 2014년 44.7%로 증가하였다. 사회복지사업 대부분이 국고보조사업으로 편성되므로 자체사업 재원은 감소되고 있다.

┃ 표 4 ┃ 지자체 예산 중 사회복지비 증가추이

(단위:조원, %)

구 분	2010	2011	2012	2013	2014	평 균
전체예산	139.8	141.0	151.1	156.8	163.5	3.5
증가율(%)	1.7	0.8	7.1	3.8	4.3	
사회복지	26.5	28.5	30.9	35.0	40.1	10.7
증가율(%)	9.9	7.3	8.6	13.2	14.6	

자료: 대통령소속 지방자치발전위원회, 지방재정 확충 및 건전성 강화(안), 2014.

(3) 비효율적 재정운용과 자체 투자재원의 부족

국세와 지방세의 비중이 8 : 2인데 반해 재정사용은 5 : 5로 국가와 지방 모두 비효율적이다. 지방자치단체는 열악한 지방재정 상황하에서 사업계획의 불안정성과 예산확보의 불확실성으로 중앙정부의 사업예산을 따먹기 위해 경쟁하고 있다. 지방재정운영의 창의성과 책임성 그리고 투명성의 결여는 지방자치발전에 걸림돌이다.

▌표 5 ▌ 중앙정부와 지방자치단체의 통합재정 사용액(2015년 예산 기준)

(단위: 조원, %)

계	중앙재정	지방재정	지방교육재정
476.66(100.0)	256.01(53.7)	164.3(34.5)	56.35(11.8)

자료: 행정자치부, 지방자치단체 통합재정 개요, 2015.

지방자치 시행 20년 동안 지방부채의 규모가 확대되었다. 특히 지방공기업의 부채 확대와 일부 지방자치단체의 방만 경영이 문제이다. 이는 지방자치단체의 가용투자재원이 부족하기 때문이다.

▌표 6 ▌ 지자체 채무 및 지방공기업 부채규모 현황

(단위: 조원)

구 분	2008	2009	2010	2011	2012	2013	2014
지자체 채무	19.0	25.5	28.5	27.7	26.7	28.3	27.8
지방공기업 부채	47.3	58.2	62.8	67.8	72.5	73.9	73.6

주: 지자체 채무에는 채무부담행위액 제외(2014년의 경우 보증채무이행책임액 1,207억원(태백) 포함.
자료: 대통령소속 지방자치발전위원회, 지방재정 확충 및 건전성 강화(안), 2014.

(4) 중앙지향의 재정행태와 재정건전성 미흡

지방자치단체장의 교체와 개인성향에 따라 선심성, 과시형 재정행태가 나타나고 있다. 또한 재정투자가 지방주도의 능동적 행태보다는 국가정책에 부응하는 수동적 행태로 중앙지향의 재정행태가 나타나고 있다. 그리고 창의에 기반한 내발지향보다는 외발지향적 지역개발 행태를 띠고 있다. 지방자치단체장의 이전 재원에 대한 중앙의존성과 지방자치단체의 내생적 한계로 말미암아 창의적 재정 운용의 계획 및 실행에 한계가 있다는 점이 재정행태의 문제로 지적되고 있다 (이성근 외, 2016).

2) 지방재정의 전망

(1) 세입측면

국가경제의 저성장 지속으로 내국세의 증가가 둔화되거나 혹은 총액이 감소되어 지방재정조정액(교부세)의 감소로 이어질 가능성이 있다. 이는 지방재정 세입에 부정적 영향을 미친다. 재산과세 중심의 지방세구조는 부동산 경기침체에 영향을 받고 부동산경기는 지역에 편중되는 특징을 갖는다. 따라서 지방세입은 부동산 경기에 민감하고 지방세수의 안전성과 신장성의 한계로 이어진다. 최근 5년 국세 증가율은 5.1%이나 지방세 증가율은 2.6%에 불과하다.

(2) 세출측면

국가주도의 지역개발사업은 매칭펀드의 부담을 가중시킨다. 메가트렌드 또한 새로운 행정서비스와 재정부담을 수반하고 있다. 국가 전체적으로 고령사회에 진입하고 있고 지역별로 많은 지방자치단체들이 초고령사회로 진입되어 과소 지자체가 발생하였다. 기후변화와 지구온난화는 새로운 지구환경 변화이고, 지방자치단체 간에 광역적, 협업적 접근이 요구된다. 이로 인해 세출구조의 재구조화와 국가재정과 지방재정의 효율화를 요구받게 된다.

2013년 기준 사회복지 국고보조사업 등 매칭펀드 사업 등의 증가로 매년 지방비 부담이 추가로 증가될 전망이다. 또한 2005년 국고보조사업의 지방이양(분권 교부세 사업) 이후 지방비 부담이 증가하고 있다.

(3) 재정운용측면

통제중심의 재정운용이 변화해야 한다. 지방재정의 자율과 책임성 확대로 지방자치발전의 시대적 요구에 부응해야 한다. 중앙정부에서는 지방자치단체의 자주재원이 확충될 수 있도록 재정 자율성을 인정할 필요가 있다. 한편 중앙권한의 지방이양 확대에 따른 재정수요 증가가 예상된다. 국가총사무재배분에 의한 이양가능사무의 필요재원, 일괄이양법 제정에 따른 사무이양의 필요재원, 특행기관업무의 이양가능사무에 따른 재원, 자치경찰 등 지방분권 가속화에 따른 재원 등이 요구될 전망이다.

(4) 재정행태측면

중앙과 지방의 비효율적 재정행태가 개선과제이다. 박근혜 정부의 국정과제에도 지방재정의 건전성과 투명성 강화가 포함되어 있다. 향후 참여민주주의가 확대되고 지방의 내발적 발전이 요구된다. 국가정책에 따라 재정투자가 행해지는 수동적 행태에서 지방주도의 지역정책에 따라 능동적 행태로 변화가 요구될 전망이다.

3. 지방재정과제의 추진상황

1) 추진근거

성숙한 지방자치발전에 기본전제가 재정분권의 실현이다. 지방분권 및 지방행정체제 개편에 관한 특별법 제13조에서는 다음을 명시하고 있다. 국가는 지방세의 비율을 확대하도록 국세를 지방세로 전환하기 위한 새로운 세목을 확보해야한다. 낙후지역에 대한 재정조정책임을 강화해야한다. 지방자치단체는 자치사무를 원활히 수행할 수 있도록 자체세입을 확충하여 지방재정의 안정성을 도모해야한다. 예산지출의 합리성을 확보하기 위하여 예산·회계제도를 합리적으로 개선하여 건전성을 강화하는 등 지방재정의 발전방안을 마련하도록 하고 있다.

2) 지방자치발전위원회 구성 이전의 활동

(1) 박근혜정부 출범이전

박근혜정부 출범이전의 지방재정 관련 추진경과는 다음과 같다. 첫째, 2010년 1월에 지방소비세·지방소득세가 도입되었다. 둘째, 2011년 1월에 지방세 세목체계 간소화로 기존 16개에서 11개로 축소되었다. 셋째, 2012년 10월에 지방분권촉진위원회에서 지방재정 확충과 효율성 강화 방안을 의결하였다. 그 내용은 지방소비세 규모를 부가가치세액의 20%로 확대하고 지방소득세의 독립세화와 사회복지분야 국고보조율을 기존 52%에서 75% 수준으로 상향조정하는 것이다.

(2) 박근혜정부 출범이후

박근혜정부 출범이후의 지방재정 관련 추진경과는 다음과 같다. 첫째, 2013년 5월에 국정과제로 지방세비중 확대, 보통교부세 및 분권교부세 제도개선, 지방채무관리 강화 등을 포함하였다. 둘째, 2013년 9월에 취득세율 영구인하로 인한 지방세수 감소보전을 위해 정부관계부처 합동발표를 하였다. 구체적인 내용은 지방소비세 전환율을 2014년부터 6% 확대하고 지방소득세의 독립세화로 과세체계를 개편하였다. 또한 영유아 국고보조율을 15% 인상하고 장애인·정신·노인양로시설 운영사업을 국고보조사업으로 환원하였다. 셋째, 2013년 10월 23일 대통령 업무보고에서 지방소비세 규모 확대, 신세원 발굴 등을 통한 자체수입 확충, 교부세 개선 및 사회복지사업 국조보조율 상향 등을 통한 국고보조사업 재조정, 재정위기단체 지정제도 적극 운영 등을 통한 지방재정의 투명성·책임성 강화를 위한 과제가 선정되었다.

3) 지방자치발전위원회 구성 이후의 활동

(1) 종합계획과 시행계획의 수립

박근혜정부 출범과 함께 대통령소속으로 지방자치발전위원회가 출범하였다. 이 위원회에서는 2014년 4월 4일에 지방재정 확충 및 건전성 강화 방안을 마련하였다. 이를 위해 소위원회를 구성하고 9차례의 회의를 거쳤다. 2014년 3월 25일에는 광역 및 기초 예산담당관, 행정자치부, 4대 지방 협의체 등이 참가한 토론회를 개최하였다. 2014년 4월 20일부터 30일까지 관계기관에 서면으로 의견을 수렴하였고, 2014년 5월 9일에는 관계기관 및 전문가 간담회를 개최하였다. 이와 같은 의견수렴과정을 거쳐 분과위원회('14. 6. 24)와 본위원회('14. 6. 27)가 의결되었다. 이후 종합계획(안) 마련과 관계부처 의견수렴('14. 7~11월)을 거쳐 최종적으로 2014년 11월 24일에 종합계획이 위원회에서 의결되었고 2014년 12월 2일에 국무회의 의결로 확정되었다. 또한 2015년 시행계획안을 마련하고 분과위원회 심의('15. 2. 26)와 본위원회 의결('15. 3. 20)을 거쳐 확정되었다.

(2) 이행계획의 점검평가

지방분권 및 지방행정체제개편에 관한 특별법 제49조에 의하면 지방자치발전위원회가 매년 관련부처의 이행사항을 점검하고 평가하도록 하고 있다. 이에 따른 이행점검 평가를 소개한다. 첫째, 자주재원 확충에서 지방소비세율 조정과 신세원 발굴 등 지방세 비율 확대 방안은 관계부처 간 이견으로 협의가 지연되고 있다. 또한 주민세, 영업용 자동차세 등 정액세율 현실화 방안은 증세 논란 등으로 국회의결이 지연되고 있다. 둘째, 이전재원의 조정에서 지방교육재정교부금 교부기준에 학생 수 비중 상향에 따라 농어촌 교육 황폐화 및 교육격차 확대 우려로 농어촌지역의 반발이 예상된다. 또한 포괄보조금이 양적으로 확대되었으나 부처별 엄격한 지침 적용, 신규사업 추가 시 중앙부처의 승인 요구 등 운영자율성 제약 문제 등에 대한 제도개선 방안 마련이 요구된다. 셋째, 지방재정 건전성 강화에서 긴급재정관리제도 도입 및 지방공기업 부채감축계획 마련 등 지방재정 건전성 강화는 이행목표대로 정상 추진되고 있다.

4. 지방재정의 발전방안

1) 기본방향

첫째, 자주재원의 확충이다. 국세·지방세간 합리적 조정을 위해 지방소비세율 조정, 지방세 비율을 확대해야 하고 지방세 비과세 감면 축소, 그리고 지방세제 개편이 필요하다.

둘째, 이전재원의 조정이다. 지방교부세 제도개선 및 지방교육재정 교부금 운영개선을 위해 교부세율 조정과 지방교육재정교부금 제도개선 및 교부금률 조정이 필요하다. 또한 국고보조사업 정비 및 포괄보조금 확대를 위해 유사·중복사업 통·폐합, 포괄보조금 확대를 시행하여야 한다.

셋째, 지방재정의 건전성 강화이다. 지자체 자주노력 강화를 위해 지방세 및 세외수입 체납징수율 제고와 경상경비 절감 등 세출구조 조정이 필요하다. 그리고 지방공기업 재무건전성 관리를 위해 지방공기업 부채감축 관리와 과도한 복리후생개선 등 구조조정으로 강화하여야 한다.

넷째, 지방재정의 효율화와 성과극대화이다. 궁극적으로 지방재정의 목표는 한정된 지방재정의 효율화와 성과극대화이다. 이를 위해서는 국가재정과 지방재정의 합리적 배분과 협업적 재정운용이 이루어져야 한다. 또한 재정집행결과의 성과극대화를 위해 성과관리시스템이 구축되어야 한다.

2) 자주재원의 확충방안

(1) 국세·지방세 간 합리적 조정

첫째, 지방소비세율의 조정이다. 먼저 국세·지방세 비율 조정 등 근원적인 지방재정 구조개선이 필요하고 복지제도 변경에 따른 추가 재정수요, 매칭펀드 사업 등의 지방비 부담비율 증가에 따른 지방재정 보전이 필요하다. 다음으로 기능조정 및 사무이양에 따른 지방비 부담을 해소하기 위해 지방소비세율의 단계적 조정이 필요하다. 이를 위해 지방일괄이양법 제정에 따른 소요재원 보전과 그간 이양이 완료된 사무의 재원 및 단계별 지방일괄이양법 제정에 따른 재원 보전이 시행되어야 한다. 마지막으로 국가·지방 간 기능조정 및 사무이양에 따른 재원이전의 단계적 조정방안 마련이 필요하다. 둘째, 지방세 비율 확대이다. 먼저 종합부동산세의 지방세 전환이 필요하다. 종합부동산세는 재산세 성격이 강하고, 현재도 전액이 지방에 교부되고 있어 지방세로 전환할 필요가 있다. 납세자 세부담 및 과세체계 등 유지를 통해 납세자 불편 및 제도개편으로 인한 혼란을 최소화하여야 한다. 다음으로 개별소비세 지방세 전환 및 부동산 관련 세제의 일원화 등 검토가 필요하다.

(2) 지방세의 비과세·감면 축소

지방자치발전종합계획에서는 일몰 도래하는 감면제도들을 원점에서 재검토하여 2017년까지 지방세 비과세·감면율을 국세수준인 15% 이하로 축소하도록 하고 있다. 2014년 정비실적은 일몰도래 감면 138건(3조원) 중 90건(0.87조원)을 정비하였다. 2015년에는 일몰 도래 감면계획은 178건, 약 2.9조원이었으나 메르스 등으로 인한 위축된 지역경제 활성화란 명목 아래 연장을 최소화하였다. 일몰이 도래하는 감면에 대해 종료를 원칙으로 하되, 취약층 지원 등의 경우만 감면 지원해야한다.

(3) 지방세제 개편

첫째, 신세원 발굴이 필요하다. 먼저 지역사회에 환경오염 등을 유발하는 LNG·LPG 정제·비축시설, 대형폐기물 처리시설 등 지역자원시설세 과세대상을 확대해야 한다. 현재 발전용수, 지하수, 지하자원, 원자력, 화력발전, 특정부동산 등이 과세대상이다. 다음으로 다른 유사 과세대상과 달리 레저세가 부과되지 않고 있는 카지노, 체육진흥투표권, 복권에 과세를 검토해야 한다. 경마, 경륜, 경정, 소싸움에는 레저세가 부과 중이다. 둘째, 정액세율의 현실화를 검토해야 한다. 1991년 이후 24년간 세율이 고정되어 있는 주민세, 영업용 자동차세 등 정액세율의 현실화를 검토해야 한다. 한편 정액세율 현실화를 위한 지방세법 개정안은 입법예고(2014. 9), 국회 제출(2014. 11), 안전행정위원회 상정(2014. 11)을 거쳐 현재 안전행정위원회 법안소위 계류 중이다. 셋째, 지자체의 기업·투자유치 활동과 세수증대의 연계 강화이다. 먼저 지방소득세가 독립세화됨에 따라 국가시책에 따른 법인세 감면의 영향을 차단하게 되어 지방세수 증대 및 지방의 기업유치를 제고할 수 있게 되었다. 또한 지역특화 지방소득세제 운영을 통한 지역경제 활성화와 장기적으로 지방세수를 증대해야 한다. 다음으로 지방소비세 확대 및 주민세 법인균등분 조정으로 지역 내 기업활동과 지방세수의 연계를 추진해야 한다.

3) 이전재원의 조정방안

(1) 지방교부세의 제도개선과 지방교육재정교부금의 운영개선

첫째, 지방교부세의 제도개선 및 교부세율의 조정이다. 먼저 지방교부세의 제도개선은 복지수요, 균형발전 등 환경변화를 반영하여 기준재정수요 측정항목 및 산정방식을 합리화해야 한다. 자치단체의 세입확충을 위한 자체노력에 대한 인센티브 확대 검토와 특별교부세의 운영개선이 필요하다. 다음으로 교부세 법정률의 조정 검토이다. 지방교부세의 제도개선, 기능조정 및 사무이양과 연계하여 교부세 법정률을 조정 검토해야 한다. 둘째, 지방교육재정교부금 제도개선 및 교부금률의 조정이다. 먼저 지방교육재정교부금의 제도개선은 교부금 배분 및 인력운용기준에서 학생 수 비중 강화 등 교부기준을 합리화하고 적정규모의 학교 육성을 활성화해야 한다. 또한 지방교육재정 통합공시 포탈 구축, 재정운용 성과평가 실시, 특별교부금 운영의 투명화, 그리고 학교 통·폐합 등에 따른 인센티브를 제공해야 한다. 마지막으로 지방교육재정교부금률의 조정 검토는 누리과정, 교육환경개선 등 의무지출성 경비의 우선 편성체계 마련 및 어린이집 누리과정 예산의 원활한 편성·집행과 학생수 감소, 학교시설 현대화 등 실태조사를 통한 교부금률의 조정안을 마련해야 한다.

(2) 국고보조사업 정비와 포괄보조금의 확대

첫째, 유사·중복사업의 통·폐합이다. 지방재정 부담 완화, 불필요한 재정지출 요인 제거 등 재정지출의 효율성 제고를 위해 유사·중복사업을 정비해야 한다. 국고보조사업은 2005년 359개(지방비 부담 7조원, 32%)에서 2013년 928개(23조원, 40%)로 증가하였다. 2016년 이후부터 유사·중복사업 통·폐합 가이드라인에 따라 지속적인 국고보조사업 정비가 되고 있다. 둘째, 포괄보조금의 확대이다. 먼저 지방재정 운용의 자율성과 책임성을 제고하는 방향으로 포괄보조금의 확대를 추진해야 한다. 이를 위해 2015년 지역발전특별회계 포괄보조금의 확대를 편성하였다. 기존 국고보조사업(경제, 문화분야) 및 지역밀착형 국고보조사업(소하천, 지역일자리 사업 등)을 지역발전특별회계 생활계정으로 이관해야 한다. 다음으로 2016년 예산안 편성 시 확대된 포괄보조금의 지자체 배분 및 자율편성을 통한 제도의 정착이다. 마지막으로 포괄보조금 확대시 지자체 및 관계부처 의견반영 및 절차보완 등 지속적인 제도의 운영개선방안을 마련하고 추진해야 한다. 비공개로 되어 있는 지역발전특별회계 생활기반계정의 지자체별 지출한도 배분 기준·절차·결과의 공개, 포괄보조 대상사업에 대한 기준 정립 등 이다.

4) 지방재정의 건전성 강화방안

(1) 지자체 자구노력의 강화

첫째, 지방세와 세외수입 체납징수율의 제고이다. 2013년 27%의 지방세 체납징수율을 2017년 30%로 제고해야 한다. 또한 중앙·지방 간 체납정보공유로 체납처분(동산 압류 등) 및 행정제재(출국금지, 신용정보 제공 등)를 강화하고 고액체납자 명단공개기준 확대(기존 3천만원에서 1천만원으로 변경) 및 지방세 범칙처분 활성화를 위한 제도개선과 운영기준을 마련해야 한다. 다음으로 2013년 11%의 세외수입 체납징수율을 2017년 15%로 제고해야 한다. 체납액 일제 정리기간 운영(과태료 체납차량 번호판 전국 합동영치) 등 지자체별 특성에 맞는 세외수입 체납액 징수대책을 추진해야 한다. 지방세외수입금의 징수 등에 관한 법률 적용대상 확대 및 관허사업 제한 등 체납자에 대한 간접 제재수단을 강화하고, 효율적인 체납징수를 위한 지자체별 세외수입 징수 전담조직의 설치·운영, 그리고 지자체별 세외수입 운영 실적을 진단·공개, 인센티브 및 컨설팅을 제공해야 한다. 둘째, 경상경비 절감 등 세출구조의 조정이다. 먼저 경상경비·행사축제경비 등의 축소노력 평가와 공개이다. 자치단체 합동평가, 재정분석 및 지방교부세 반영, 재정공시 등을 통해 시행해야 한다. 다음으로 대규모 투자사업에 대한 사전통제 강화이다. 500억원 이상 투자사업의 경우 전문기관(지방투자사업관리센터) 타당성조사를 철저히 해야 한다. 마지막으로 지방재정에 영향을 주는 법령 제정시, 자치단체의 국제대회·축제·행사 유치시 지방재정영향평가를 실시해야 한다.

(2) 재정위기관리제도의 개선

먼저 현행 재정위기관리제도로 대응할 수 없는 예외적인 재정위기 상황 발생시, 주민보호를 위해 긴급재정관리제도가 도입되었다. 긴급단계 지정 및 해제 절차, 해당 지자체에 긴급재정계획심의위원회의 구성, 행·재정 지원, 긴급재정관리계획을 수립·이행하였다. 그러나 지자체 및 분권단체는 이에 대해 문제제기를 하고 있어 지속적인 제도개선이 추진되어야 할 것이다.

(3) 지방공기업의 재무건전성 관리

첫째, 지방공기업의 부채감축 관리이다. 이를 위해 부채감축계획을 수립해야 한다. 부채비율 200% 이상 또는 부채 1천억원 이상인 26개 지방공기업을 부채중점관리기관으로 선정, 공기업별 부채감축계획을 마련해야 한다. 둘째, 과도한 복리후생 개선 등의 구조조정이다. 12개 유형의 과도한 복리후생제도를 개선하고 지방공기업 구조조정 추가과제 발굴 및 개선지침을 마련해야 한다.

5) 지방재정의 효율화방안

(1) 협업적 재정운용

협업적 재정운용시스템의 도입이 필요하다. 이는 국가와 지방, 광역 간, 광역과 기초 간, 기초 간, 그리고 정부와 민간부문 간에 공동사업의 발굴과 추진과정에 협업적 예산편성이 요구된다. 특히 지방특별행정기관과 지방정부 간에 유사중복 기능에 상호협의과정을 통해 예산편성을 하도록 하여 재정운용의 효율화를 도모한다.

(2) 재정운용의 성과극대화

재정운용에 모니터링과 사후평가시스템을 강화한다. 성과평가에 따라 사업을 등급화하고 차년도 예산에 반영하도록 한다. 특히 사업예산의 경우 집행결과에 대한 성과평가를 철저히 수행하고 환류시스템을 구축한다.

5. 마무리

지방재정의 4대 핵심과제는 자주재원의 확충, 이전재원의 조정·확대, 건전성·투명성 강화 그리고 지방재정의 효율화이다. 먼저 자주재원 확충의 핵심가치는 지방재정의 자주성에 있다. 이는 지방자치의 기본이념과 기능면에서 대단히 중요한 의미를 갖는다. 재정의 자주성은 지방자치단체의 자율성과 책임성 그리고 창의성 확보에 필수적이다. 지난 지방자치 20년 동안 재정자주성의 미흡은 성숙한 지방자치발전에 큰 한계로 나타났다. 이제 중앙정부는 지방재정의 자주성을 크게 신장시켜야 한다.

둘째는 이전재원의 조정과 확대의 필요성이다. 우리나라의 지방자치단체들은 인구와 면적 그리고 경제규모면에서 다양한 형태를 띠고 있다. 지방은 수도권과 지방, 대도시와 중소도시, 그리고 과소농촌 등 다양하다. 이들 지방자치단체들은 세원과 재정규모면에서 격차가 크고 불균형적이다. 이와 같은 재정불균형을 시정하는 것이 지방재정조정제도이다. 따라서 이전재원의 핵심가치는 균형성에 있다. 이전재원의 조정과 확대는 지방자치단체의 중앙 의존성과 지방의 재정불균형을 해소할 수 있다. 이를 조정하는 원칙과 기준은 부족한 지방재정의 보충성과 지방의 다양성에 대한 차등성 그리고 이전재원의 포괄성에 기반해야 한다.

셋째는 지방재정의 건전성과 투명성의 강화이고, 이의 핵심가치는 건전성에 있다. 이를 위해서는 재정운용에서 예측성과 투명성 그리고 합목적성이 확보되어야 한다.

마지막으로 지방재정의 효율화와 성과극대화이다. 이의 핵심가치는 협업성에 있다. 이를 위해서는 지방재정의 재정운용에서 중앙과 지방, 광역과 기초, 기초 간, 지자체와 민간부문 간에 협업적 체계가 구축되어야 한다.

| 참고문헌 |

대통령소속 지방자치발전위원회 (2015). "지방재정 수요 변화와 사무구분체계 변경에 따른
　　　지방재정 운용체계 연구".
＿＿＿＿＿＿＿＿＿＿＿＿＿＿ (2014), "지방재정 확충 및 건전성 강화(안)".
이성근·박의식·서정섭·이현국 (2016). 「한국지방재정론」, 법문사.
이성근·임규채·서준교 (2015). "지방재정의 재정불균등과 재정격차수준에 관한 분석", 한
　　　국지방자치연구, 대한지방자치학회.
이성근·고수정·서준교 (2016). "지방재정의 건전성에 영향을 미치는 요인에 관한 연구",
　　　한국지방정부학회.
이성근 (2016). 재정분권의 당위성, 대구일보, 2016. 1. 12.
행정자치부 (2015). 2015년도 지방자치단체 통합재정 개요.

4

특별지방행정기관 정비

최 승 범

1. 문제제기

행정기관의 조직과 정원에 관한 통칙 제2조(정의)에 따르면, "특별지방행정기관(이하 특행기관)"이라 함은 특정한 중앙행정기관에 소속되어, 당해 관할구역 내에서 시행되는 소속 중앙행정기관의 권한에 속하는 행정사무를 관장하는 국가의 지방행정기관을 말한다.

특행정비는 지방자치 실시 이후 역대정부에서 지방분권을 강화하기 위한 주요한 과제로 다루어져 왔다. 그러나 특행정비는 큰 성과를 내지 못한 것으로 평가되고 있는데, 노무현 정부에서 제주특별자치도에 7개 분야의 사무를 이관한 것과 이명박 정부에서 국도하천을 포함한 3개 분야의 일부기능을 위임의 형식으로 이양한 것을 제외하면 실질적으로 이양의 실적은 없다고 볼 수 있다.

박근혜 정부도 지방분권 정책의 일환으로 특행정비를 지방자치발전 20개 과제 중 하나로 포함하여 추진하고 있다(지방자치발전위원회, 2014a). 이를 위한 제도적 기반으로서 「지방분권 및 지방행정체제개편에 관한 특별법」을 2013년 제정하였으며, 제12조(특별지방행정기관의 정비 등) 제1항에 "국가는 「정부조직법」 제3조에 따른 특별지방행정기관이 수행하고 있는 사무 중 지방자치단체가 수행하는 것이 더 효율적인 사무는 지방자치단체가 담당하도록 하여야 하며, 새로운 특별지방행정기관을 설치하고자 하는 때에는 그 기능이 지방자치단체가 수행하고 있는 기능과 유사하거나 중복되지 아니하도록 하여야 한다"라고 하여 특행정비의 의지를 천명하였다. 그리고 현재 특행정비를 위한 노력이 지방자치발전위원회를 중심으로 전개되고 있다.

여기서는 이전의 정부들과 달리 박근혜정부가 보다 실효성 있는 특행정비의 성과를 창출하기 위하여, 특행기관의 현황과 문제점은 무엇인지, 과거 특행정비가 어떻게 진행되어 왔는지, 그리고 미래의 과제는 무엇인지 살펴보기로 한다.

2. 특별지방행정기관의 실태

1) 특별지방행정기관의 현황

2015. 9. 31 현재 우리나라 특행기관의 현황을 살펴보면 〈표 1〉과 같이, 총 5,171개의 기관이 있다. 기관유형을 5개로 분류하였을 때, 공안행정기관이 2,630개로 가장 많았으며, 그 다음으로 현업행정기관이 2,003개, 기타행정기관이 298개, 세무행정기관이 193개, 그리고 고용노동행정기관이 47개의 순서였다. 〈표 2〉에는 특행기관의 연도 별 현황이 나와 있는데, 지방자치가 본격적으로 시작된 초기에 해당하는 1998년도까지는 특행기관의 수가 많았으나, 김대중 정부에서 특행정비에 대한 논의가 일어나 그 수가 줄기 시작하였으며, 실질적으로 특행정비가 이루어진 노무현 정부 때에 그 수가 가장 적었다. 그러나 이명박 정부부터 현재까지 그 총수는 세무행정기관, 공안행정기관, 현업행정기관 등을 중심으로 계속 증가하고 있는 반면, 기타행정기관은 지속적으로 수가 줄어들고 있다. 따라서 정비대상인 특행기관에 주로 해당하는 기타행정기관의 수는 최근 사실상 줄어들고 있다고 하겠다. 그러나 이는 주로 지방사무소 차원에서 통폐합된 결과로 발생하는 것이며, 당해 지역의 조직과 인력은 변화가 없어 특행기관의 실질적인 정비

라고 볼 수는 없다.

| 표 1 | 특별지방행정기관 현황('15. 9. 31 기준)

유형별	기관수			
	계	1차	2차	3차
계	5,171	244	785	4,142
고용노동행정기관	47	6	41	0
세무행정기관	193	53	122	18
공안행정기관	2,630	84	438	2,108
현업행정기관	2,003	0	9	1,994
기타행정	298	101	175	22

자료: 행정자치부(2015).

| 표 2 | 특별지방행정기관의 연도별 현황

	1998	2001	2007	2008	2009	2010	2012	2015
계	7,334	6,645	4,506	4,567	4,703	5,115	5,158	5,171
고용노동행정기관	46	46	46	46	47	47	47	47
세무행정기관	204	174	182	182	182	183	186	193
공안행정기관	3,903	3,410	1,916	1,949	2,136	2,548	2,578	2,630
현업행정기관	2,693	2,656	1,977	1,984	1,987	1,995	1,998	2,003
기타행정	488	359	385	406	351	342	349	298

자료: 윤태웅(2013), 행정자치부(2015) 인용 및 재구성.

2) 특별지방행정기관의 문제점

이러한 특행기관은 다음과 같은 문제점들을 가지고 있다.

첫째, 특행기관은 그 사무의 전문성이나 구역의 특수성에 따라 설치되며 지방자치단체에 위임하여 처리하는 것이 적합하지 않은 경우에 중앙정부가 기관을 지방에 설치하여 국가사무를 수행하여야 하지만, 실질적으로는 각 부처의 할거주의·직할주의 및 부처 간 힘겨루기의 산물로 경쟁적으로 설치되고 있다(윤태웅, 2013). 그러한 경쟁적 설치가 가능한 제도적 이유는 특행기관의 설치가 〈정부조직법〉에 따라 단순히 '대통령령'으로 가능하도록 되어 있어, 설치에 실질적인 통제나 제한이 가해지기 어렵기 때문이다.

둘째, 특행기관은 지방자치단체와 기능이 중복되고 있는데, 지방중소기업청, 지방해양수산청, 지방식품의약청, 지방국토관리청, 지방노동청 등은 대표적 기능 중복 기관들이라고 하겠으며, 이들은 전국적인 업무 외에도 지방적인 업무까지 관할하고 있다(성경륭, 2003). 비록 최근 그 수는 줄고 있지만, 지자체와 기능이 중복되는 특행기관의 존재는 지방행정의 책임성, 종합성, 자율성 등에 위협이 될 수 있다.

셋째, 특행기관은 지방행정체제의 이원화로 인하여 불필요한 규제를 쉽게 만들 수 있으며, 기구존립에 치중하여 부처 간 갈등을 조장할 수 있고, 책임과 권한이 불일치되는 경우를 발생시킬 수 있다(이승종, 2004). 그 이유는 논리적으로 모순된 설치근거에 있는데, 정부조직법은 특행기관이 특별하고 지방적인 사무를 처리하도록 하고 있으나 실질적으로는 전국적으로 획일화된 기준에 따라 처리하기 때문이다.

넷째, 특행기관의 남설은 지방자치단체와의 기능의 중복문제뿐만 아니라 국가 전체적인 비효율성의 증가, 예산의 낭비, 인력의 낭비 등의 문제를 야기할 수 있다. 특행기관은 지방자치단체 및 유사 공공단체 등이 수행할 수 있는 유사·중복 기능을 수행함으로써 인력과 재원 역시 중복적으로 투자됨은 물론 업무가 지도·단속과 같이 지방자치단체가 수행 가능한 경미한 수준의 업무에 치중하여 옴으로써 본연의 정책기능이 약화되었고 지방자치단체와의 협력이 미흡한 구조를 그대로 유지하고 있다(전국시도지사협의회, 2009: 35-36).

다섯째, 하나의 특행기관이 여러 지방자치단체를 관할하는 경우가 많아 원스톱 서비스나 신속한 민원의 제공이 이루어지지 않는 경우가 많이 발생하고 있으며, 주민이나 고객집단이 유사한 사무를 중복 처리하는 특행기관이나 지방자치단체 중 어디를 찾아가야 할지 혼란스러운 경우가 발생하고 있다. 또한 지방자치단체가 주민불편을 이유로 특행기관 관할구역 조정이나 지역 내 추가설치를 요구하게 되면, 이를 명분으로 조직신설과 인력증원을 추진하는 경우가 발생하였다(전국시도지사협의회, 2009: 36).

3. 특별지방행정기관 정비의 추진상황

이러한 문제들을 해결하기 위하여 김대중 정부, 노무현 정부, 이명박 정부 및 현 정부는 특행정비와 이를 위한 기반 마련을 국정과제로 채택하는 등 개선의 노력을 해왔다.

1) 김대중 정부의 특별지방행정기관 정비

지방자치의 출범과 함께 김대중 정부 이전에는 특행정비의 필요성이 제기되기는 하였지만, 실질적으로 정비를 하거나 이를 위한 계획을 세우지는 못하였다.

그러나 김대중 정부는 특행정비를 100대 국정과제에 포함하여 구체적인 이관대상을 검토하였는데, 당시 검토되었던 분야는 병역자원관리, 식의약품, 보훈선양, 지방박물관, 중소기업, 고용안전, 환경보전, 국도하천, 해운항만, 국유림, 자치단체 관리, 경찰자치, 교육자치 등 13개 분야였다(지방자치발전위원회, 2013: 11). 또한 1999년 10개 부처 375개 특행기관을 대상으로 지방자치단체의 의견을 수렴하였으나, 중앙부처의 반발로 구체적인 정비결과를 이끌어내지는 못하였다(한표환, 2014: 82). 이 때 현행유지로 결정되었던 분야는 중소기업지원, 고용안정, 국도하천관리, 해양수산, 식의약품관리, 보훈 분야였으며, 정비대상은 병역자원관리, 통계관리, 환경보전, 국유림관리 분야였다. 이 당시 특행정비는 검토만 되었을 뿐, 그 구체적인 실행계획은 수립되지 못하였다.

2) 노무현 정부의 특별지방행정기관 정비

(1) 특행정비 추진근거 마련

노무현 정부는 이전 정부들에 비하여 보다 구체적인 지방분권을 위한 노력을 하였는데, 2004년 1월에 지방분권특별법을 제정한 것이 그것이다. 이로써 특행정비를 위한 제도적 기반은 마련하였으나, 구체적인 실행계획은 확정하지 못하였다. 그럼에도 불구하고 중소기업, 국토건설, 식의약·안전, 국유림, 국가보훈, 통계, 환경, 노동, 해운·항만 등 9개 분야에 대한 검토를 하는 성과를 올렸다.

(2) 제주특별자치도설치특별법(이하 제주특별법)에 따른 특행 기능 이관

노무현 정부는 지방분권의 강화를 위하여 시범적으로 제주특별자치도에 대한 행정권한을 대폭 이양하게 되었는데, 이를 위하여 2006년 2월 제주특별법을 제정하였으며, 특행정비와 관련하여 제주특별법 제141조에 6개 부처 7개 기관의 사무를 우선 이관대상 사무로 규정하였다.

┃ 표 3 ┃ 2006년도 제주특별자치도 이관사무·인력·기구

분 야	기존정원/ 이관정원	이관 사무 건수	비고 (미 이관사무 수행조직)
합 계	238/140	49개 분야 458건	
제주지방 해양수산청	99/35	13개 분야 131건	부산청 제주해양관리단
제주지방 중소기업청	17/12	4개 분야 8건	제주시험분석센터존치
제주지방 국토관리청	49/49	8개 분야 92건	완전 이관
광주지방 노동청 제주지청	33/10	11개 분야 97건	광주지방노동청
제주지방 노동위원회	9/9	1개 분야 4건	완전 이관
제주 보훈지청	23/23	8개 분야 122건	완전 이관
제주 환경출장소	8/2	4개 분야 4건	영산강유역청

자료: 지방자치발전위원회(2013).

〈표 3〉에는 그 당시 이관대상이었던 국토관리청, 중소기업청, 해양수산청, 보훈처, 환경, 노동, 노동위 등 7개 기관과 이관사무·인력·기구 및 이관현황이

나타나 있다. 특행기관의 사무이관에 대한 후속조치로써 2006년 7월 행정자치부가 주관하여 관계 부처 직제개정을 완료하였고, 이후 49개 분야 458개의 사무를 제주특별자치도로 이관하였다. 이 당시 사무이관 기준의 논거는 주민편의성이 요구되고 지방자치단체와 유사·중복사무를 취급하는 기관을 우선 이관 대상으로 한다는 것이었다. 또한 사무이관에 따라 부처인력 140명을 제주특별자치도로 이체하였고 예비비로 '06년에 758억원을 지원하였으며, 이후 '07년부터는 광특회계 중 제주계정으로 지원하였다.

3) 이명박 정부의 특별지방행정기관 정비

(1) 1단계 3개 분야(국도하천, 해양항만, 식의약품) 정비완료

〈표 4〉에 따르면, 이명박 정부의 특행정비는 2008년 7월부터 2010년 6월까지 국토하천, 해양항만 및 식의약품 등 3개 분야의 일부사무를 대상으로 이루어졌다. 이를 위하여 11개의 법과 16개의 시행령을 개정하였고, 인력 208명을 지방직으로 전환하였으며 예산 3,969억원을 이관하였다.

┃ 표 4 ┃ 이명박 정부의 특행기관 정비

분야	기능	이관 여부	비고
국도하천	국도(25.4%), (7대)하천관리	이관	간선기능 및 광역성 고려
	국도하천계획, 건설품질관리기능, 하천점용허가 등	존치	
해양항만	항만관리(항만개발, 공유수면관리 등)	이관	14개 무역항 제외
	항만계획, 해사안전, 선원선박, 해양환경영향평가 등	존치	
식의약품	시의약품 지도단속 업무	이관	현지 집행업무
	수입식품 관리 및 HACCP, GMP 등	존치	전문품질관리 기능

자료: 지방자치발전위원회(2013).

(2) 2단계 분권촉진위원회와 지방행정체제 개편추진위원회의 특행사무 정비

이후 이명박 정부에서는 특행정비를 위하여 지방분권촉진위원회와 지방행정체제 개편추진위원회의 두 위원회 차원에서 연구가 있었다.

「지방분권촉진법」 제11조에 따라 행정안전부에서 주관하던 특행정비를 지방분권촉진위원회에서 분권과제로 선정하고 핵심과제로 연구하였다. 또한 지방행정체제 개편추진위원회도 9개 분야의 특행사무에 대한 이양연구를 진행하였다. 그리하여 이명박 정부 말기에 두 위원회는 특행정비를 위한 특행사무 이양결정을 하였는데, 〈표 5〉에 그 결과가 나타나 있다.

┃표 5┃ 분권촉진위원회와 지방행정체제 개편추진위원회의 특행사무 이양의결 비교

특행분야	분권촉진위원회(안)		지방행정체제 개편추진위원회(안)		비고
	심의대상	정비안	심의대상	정비안	
계 (9개 분야)	296개	50개 (이양 28, 위임 22)	540개	219개 (이양 186, 위임 33)	
환경	90	이양 2, 위임 6	70	이양 8	중복 분야
노동고용	81	위임 16	89	이양 14	중복 분야
중소기업	73	이양 26	73	이양 50	중복 분야
보훈	37	현행유지	37	현행유지	
산림	15	현행유지	46	이양 4	
국도하천	-		47	위임 20	
해양항만	-		97	이양 74	
식의약품	-		49	이양 30 위임 13	
통계	-		32	이양 6	

자료: 지방자치발전위원회(2013).

지방분권촉진위원회는 2단계 특행정비로서 5개 분야(노동·보훈·산림·중소기업· 환경)에 대한 특행정비방안 초안을 2009년 6월에 마련하였고, 2012년 11월 심의· 의결하였다. 그 결과 산림·보훈분야는 현행유지하고, 환경·고용·중소기업분야 는 단위사무(소기능) 일부를 이관하는 것으로 결정하였다. 환경분야는 90개 소기 능 중 8개, 고용분야는 81개 중 16개, 중기분야는 73개 중 26개 사무를 이관하기 로 하였다. 이로써 지방분권촉진위원회는 5개 분야 총 296개 대상사무 중 3개 분 야 50개 사무를 정비(이양 28, 위임 22)하기로 결정하였다.

한편, 지방행정체제 개편추진위원회는 2011년 6월부터 9월에 걸쳐 중앙부처 를 대상으로 특행기관 사무 중 지방이양이 가능한 사무들을 파악하였으며,[1] 동 년 11월부터 2012년 1월까지 시·도의 의견을 수렴하였다.[2] 이후 지방행정체제 개편추진위원회는 2012년 4월부터 12월에 걸쳐 2개의 연구팀으로 하여금 9개의 특행기관 사무에 대한 지방이양 방안을 연구토록 하여, 2013년 2월 7일 제2기 위 원회에서 수정·보완 가능하다는 부대조건을 명기하여 특행정비방안(9개 분야)에 대한 심의·의결을 하였다. 즉, 9개 분야 540개 대상사무 중 보훈분야는 현행유 지, 나머지 8개 분야의 219개 기능은 지방이관(이양 186, 위임 33)으로 결정하였다.[3]

4) 현 정부의 특별지방행정기관 정비

박근혜 정부도 지방분권을 위한 노력을 꾸준히 진행하고 있으며, 특행정비 에 대하여 지방자치발전위원회를 중심으로 논의와 연구가 계속되고 있다.

지방자치발전위원회는 기존 위원회(분권촉진위원회와 지방행정체제 개편추진위원회) 의 의결사항을 고려하여 특행정비를 추진하기로 대통령에게 보고를 하였고('13. 10. 23), 제1기 특행정비TF(이하 특행정비TF(1))를 구성하여 2013년 12월부터 2014년 4월 까지 정비방안을 연구하였는데, 그 결과는 〈표 6〉과 같다.

---

1) 1차 연구결과는 총 1,391개 사무 중 국가존치 1,381개(99.3%), 지방이관 가능 10개(0.7%)로 나옴.
2) 1개 이상 시·도 이양요구 1,032개, 8개 이상 시·도 이양 요구 69개 사무.
3) 결정 결과: (대폭이양) 중소기업·해양항만(광역), 식의약품(광역 및 기초); (대폭위임) 국도하 천(광역); (일부이양) 고용노동·환경·산림(광역), 통계(기초).

표 6 | 특별지방행정기관 정비TF 이양의결 결과('14. 4. 4)

분야별	총 계	지방이양			현행존치	기 타
		소 계	공 통	한 쪽		
계	243	149	21	128	88	6
환경	15	12	1	11	2	1(기이양)
고용노동	25	15	0	15	9	1(폐기)
중소기업	56	46	20	26	9	1(폐기)
해양항만	74	46	0	46	26	2(중복)
국도하천	20	1	0	1	18	1(폐기)
식의약품	43	29	0	29	14	
산림	4	0	0	0	4	
통계	6	0	0	0	6	

자료: 지방자치발전위원회(2014b).

특행정비TF(1)에서 제시한 이양방안은 3단계의 회의를 거쳐 도출되었다. 1차 회의에서는 지방행정체제 개편추진위원회(안)과 분권촉진위원회(안)을 통합한 지방자치발전위원회 차원의 정비방안을 논의하여, 기존 양 위원회 의결대상 243개 사무 중 중복(공통)으로 이양 결정한 21개 사무(환경1, 중소기업 20)는 위원회가 승계하며, 한쪽 위원회에서만 이양사무로 결정한 167개 사무와 위임으로 결정한 55개 사무 등 222개 사무는 TF에서 재검토하기로 결정하였다. 2~4차 회의에서는 한쪽 위원회에서 이양 또는 위임으로 결정한 222개 사무 중 현지성이 강하고 자치단체와 중복되는 147개 사무를 지방이양사무로 우선 검토하고 71개 사무는 현행존치, 4개 사무는 폐기하기로 하였다. 5~7차 회의에서는 중앙부처(해양수산부, 고용노동부, 중소기업청 등)와 자치단체의 의견을 수렴하여, 2~4차 회의 시 지방이양사무로 검토한 147개 사무 중 128개 사무를 지방이양으로 최종 결정하고, 17개 사무는 현행존치, 2개 사무는 단위사무에서 제외하였다.

지방자치발전위원회는 특행정비TF(1)의 방안에 대하여 2014년 5월 심의를 하였는데, 그 결과 5개 분야(환경·고용노동·중소기업·국도하천·식의약품)의 103개 사무는 지자체와 업무가 중복된 집행사무로 지방이양을 결정하였고, 해양항만 분야

46개 사무는 안전에 대한 국민인식 변화와 국가 차원의 통일적인 대응 요구 등을 감안하여 향후 추가적인 검토를 거쳐 단계적으로 이양하기로 결정하였다. 이후 지방자치발전위원회는 이양대상 103개 사무에 대하여 기능분석을 실시하고 관계기관의 의견을 수렴하여, 2014년 11월 24일 기존 위원회가 의결한 103개 사무 중 지방이양대상사무를 89개 사무로 변경 수정(지방일괄이양 5개, 국회폐기 3개, 폐지사무 6개 등 14개 제외)하고, '지방자치발전 종합계획'에 반영하여 의결하였다.4) 향후 의결될 지방이양대상사무(89개)에 대해서는 실무위원회 → 분과위원회 → 본위원회의 3단계 심의와 각 단계에서 중앙부처와 협의를 거쳐 이양여부가 결정된다.

특행정비와 관련하여 지방자치발전위원회는 89개 사무의 이양뿐만 아니라, 제2단계의 추가 정비로서 해양·항만분야 등에 대한 지방이양사무 발굴을 추진하기 위하여 2015년 9월 '특별지방행정기관 정비TF(이하 특행정비TF(2))'를 구성하였다. 이 TF의 주요기능은 해양항만 분야 등 2단계 특행정비방안을 마련하고, 특행정비 대상범위 설정 및 추진방향을 논의하고, 정비대상 사무발굴 및 중앙부처 등 관계기관의 의견을 조회하는 것이다.

또한 지방자치발전위원회는 특행정비TF(2)를 운영하는 한편, 2015년 10월 제3실무위원회를 구성하고, 1단계 특행기관 정비사무(89건) 심의, 2단계 해양항만 분야 특행정비 대상사무 발굴·심의, 국가총사무 재배분 사무 중 특행기관 수행 사무(234건) 심의 등의 주요기능을 부여하였다.

4. 발전과제

특행정비에 대한 논의는 지방자치의 실시 이후 지속적으로 있어 왔지만, 실질적으로 정비가 이루어진 것은 노무현 정부의 특행사무 제주특별자치도 이관과

---

4) 지방이양대상사무(89개): 단순 집행적인 지도·점검 사무(환경분야 9개 사무) – 축산폐수 규제 및 정수장 지도점검, 환경기초시설 실태조사 등; 일자리 창출 등 현지성이 강한 사무(고용노동분야 13개 사무) – 지역경제단체와 협력사업 및 취업지원, 직업능력개발훈련 등; 지역경제 활성화 등 지자체와 유사·중복되는 사무(중소기업분야 41개 사무) – 중소기업 수출지원센터 운영 및 전통시장 환경개선, 공장설립 지원 등; 주민 식생활 안전과 밀접히 관련된 사무(식의약품분야 25개 사무) – 식중독 예방관리 및 어린이 식생활 안전, 수입식품 사후관리 등; 건설공사 준공검사 등 지자체 수행이 효율적인 사무(국토하천분야 1개 사무).

이명박 정부의 3개 분야 특행사무 정비가 전부일 정도로 성과는 높지 않았다. 김대중, 노무현 및 이명박 정부에서 특행정비와 관련하여 공통적으로 나타나는 문제점은 특행정비에 대한 관련 부처들과 이해집단의 거센 반발, 단순한 집행기능과 관련된 사무 혹은 사무 일부만의 불충분한 이관, 사무이관에 따른 행·재정 및 장비 지원의 미비 및 재정부담 가중, 특행기관과 지방자치단체의 협력구조 부재 등이다.

따라서 박근혜 정부에서의 특행정비에 대한 발전과제를 몇 가지 제시하면 다음과 같다.

첫째, 특행정비에 대한 중앙부처의 반발이나 거부에 대한 실효적인 대응방안 마련이 필요하다. 김대중 정부와 마찬가지로 노무현 정부와 이명박 정부 모두에서 중앙사무의 지방이양의 실질적인 집행은 관련 부처가 관장함으로써 이행력의 담보가 완벽하게 확보되지 못하였다. 즉, 노무현정부의 '정부혁신지방분권위원회'나 이명박 정부의 '지방분권촉진위원회'가 각각 특별법에 근거하여 지방분권정책의 이행상황을 점검·평가하는 기능을 보유하고 있었으나, 현실적으로 관련 부처가 각 위원회의 사무이양 결정을 준수하지 않을 경우에 효과적 대응방법이 부재하였다(한표환, 2014). 따라서 중앙권한 및 사무의 지방이양에 관한 「지방일괄이양법」을 제정하고 여기에 특행정비에 따른 이양사무를 명시하는 것이 필요할 것이다. 이와 더불어 특행기관의 설치가 〈정부조직법〉에 따라 단순히 '대통령령'으로 가능한 것을 법률로 격상시켜 법의 개정을 통하지 않고 특행기관을 만들지 못하도록 하여야 할 것이다.

둘째, 향후 특행기관 업무이양 시 이양업무의 기능과 업무에 비해 인력, 예산, 장비 등 지원규모가 적정한지에 대한 사전검토가 필요하며, 이양에 따른 실태파악 및 이양 이후 사무처리에 필요한 사항과 부차적으로 이양되어야 하는 기능 등을 파악할 필요가 있다. 보다 구체적으로는 사무이양 결정에 따른 후속조치로서 행·재정 지원 방안 마련 및 법제화가 필요하며, 이는 「지방일괄이양법」 추진과 연계시켜 실효성을 높일 필요가 있다.

셋째, 특행정비에 따른 지방자치단체에 대한 행·재정 지원의 구체적인 내용이 연구될 필요가 있다. 그 내용으로는 지방이양 기능 수행을 위한 인력, 예산, 조직에 대한 대책 마련과 조직과 인력에 대한 중앙정부의 표준안 제시, 예산에 있어서도 지자체에 대한 지원기준의 마련, 고용분야와 같이 일부 필요한 경우 차등이양 방식에 대한 정교한 설계, 지방공무원의 전문성 제고방안 및 시도의 시군구에 대한 재위임에 대한 기준 마련 등 보다 구체적인 방안이 필요하다.

넷째, 이전 정부에서 연구되고 결정된 특행정비 대상의 연속성이 유지될 필요가 있다. 그동안 매 정부 출범 시 특행정비정책을 수립하는 데 많은 시간을 소모하고도 실질적인 실행계획을 세우지 못하거나 실행에 많은 시간을 소모하여 성과를 창출하지 못하는 일이 반복적으로 되풀이 되어왔다. 따라서 이제는 이전 정부에서 이양대상으로 결정된 사항에 대하여 확정된 것으로 간주하고, 현 정부에서는 실천계획의 수립과 이행에 비중을 두어 정권 출범 시 특행정비정책을 새로 수립하는 데 소비되는 많은 시간을 줄여야 할 것이다(금창호, 2105).

다섯째, 지방자치발전위원회에서 최근 결정한 89개 특행기관사무와 연관된 사무들도 보완적으로 발굴이 필요하며, 그 외에 추가로 정비가 필요한 분야에 대한 사무발굴이 필요하다. 현재 지방자치발전위원회가 추진하는 특행정비라는 과업을 완료하기에 89개 기능만 정비하는 것으로는 부족하며, 연관된 사무 및 추가 발굴 등을 통하여 특행정비의 목적을 실현시켜야 할 것이다. 이를 위하여 특행기관 이관대상 기능을 사전에 검토할 수 있는 전문위원제를 운영하는 것이 필요하며, 전국적으로 통일된 사무만을 발굴하여 이양할 것이 아니라 지역특성에 맞는 차별적 이양의 방법을 채택하여 지역적으로 순차적인 특행정비가 이루어질 수 있는 방안의 모색도 필요하다.

여섯째, 지금까지는 특행기관의 사무 중 주로 지방자치단체가 집행할 수 있는 사무를 중심으로 이양을 결정하다 보니, 각 부처가 이양에 동의하는 사무가 조직과 기능 중심이 아닌 주로 단순 집행의 개별사무들이었다. 그러다 보니 지방자치단체 입장에서 업무의 부담만 가중되고 실질적으로 어떤 기능을 수행할 수 있는 권한도 없는 상황이 나타났으며, 특행기관과 지방자치단체의 협력도 제대로 이루어지지 않게 되었다. 따라서 향후에는 사무 중심이 아니라 조직과 기능 중심으로 특행정비가 이루어져야 할 것이다.

| 참고문헌 |

금창호 (2015). 역대정부의 특별지방행정기관 정비정책의 평가와 과제. 지방자치발전위원회 중앙권한 지방이양 워크숍 자료('15. 12. 4). 117-136.

성경륭 외 (2003). 지방분권형 국가만들기. 나남출판.

윤태웅 (2013). 특별지방행정기관 증가와 지자체에 미치는 영향. 공공정책, 87.

한표환 (2014). 역대정부의 특별지방행정기관 정비정책 비교평가. 지방행정연구. 28(4): 73-97.

전국시도지사협의회 (2009). 주요 선진국 국가관리지방청 특별지방행정기관 운영 연구.

지방분권촉진위원회 (2009). 특별지방행정기관 정비방안(5대분야).

지방분권촉진위원회 (2012). 제2기 지방분권촉진위원회 지방분권백서.

지방자치발전위원회 (2013). 특별지방행정기관 정비 TF 제1차 회의자료.

지방자치발전위원회 (2014a). 지방자치발전 종합계획.

지방자치발전위원회 (2014b). 특별지방행정기관 정비-의견수렴 결과 검토 및 향후 계획.

지방자치발전위원회 (2015). 2015년 지방자치발전 시행계획.

행정자치부 (2015). 정부조직관리시스템 정부조직통계 기구정원관련 통계(2015년 10월 8일 게시물).

5 자치경찰제도 도입

양 영 철

1. 문제제기

경찰은 사람의 생명과 재산을 지켜 주는 제도다. 사람의 생명과 재산은 사회생활에서 있어서 가장 근본적인 활동이기 때문에 행정은 이를 우선적 사무로 다루어 왔다. 다만 이 경찰사무를 중앙정부와 지방정부 중에 어느 정부에 맡기는 것이 보다 더 잘할 수 있는지에 따라서 사무의 수행의 범위와 역할을 달리하고 있다. 즉, 우리나라와 같이 지역치안까지 중앙정부가 모두 처리하는 국가가 있는가 하면, 미국처럼 지방자치단체가 지역치안을 중앙정부보다 더 큰 권한과 책임을 가지고 수행하기도 한다. 스페인 등 일부 국가처럼 강력범은 중앙정부가, 교통, 생활안전, 지역경비 등은 지방자치가 맡은 분업형 국가도 있다. 일본처럼 지역치안을 중앙정부인 국가경찰이 주도를 하되 조직상으로만 지방자치와 연계하고 있는 경우도 있다. 경찰업무는 각 국가가 자신들의 가지고 있는 역사, 행정문화 등에 따라서 천차만별의 형태를 지니고 있다. 다만 우리나라와 같이 지역치안까지 국가경찰이 독점하는 경우는 아주 드문 경우라고 할 수 있다. 더군다나 지방자치를 실시하는 나라 중에 지역치안을 국가경찰만이 담당하는 경우는 우리나라가 유일하다고 할 수 있다. 한마디로 말하면, 지방자치를 실시하는 나라 중에 자치경찰이 없는 나라는 한국뿐이라는 말이다.

우리나라도 자치경찰 실시를 시도하지 않았던 것은 아니다. 해방 후 미군정부터 자치경찰 실시에 대하여 정치권에서 격론을 벌여 왔다. 자치경찰 실시에 대한 격론은 크게 두 가지로 나눌 수 있다. 정치적 동기와 분권적 동기로 분류할 수 있다. 이를 노무현 정부 이전과 이후로 나눌 수 있다. 다시 말하면, 노무현 이전에 자치경찰 실시 동기는 정치적 동기였고, 노무현 정부 이후는 분권적 동기라고 할 수 있다.

정치적 동기에 의한 자치경찰실시 논의는 국가경찰이 중앙정치에 깊게 관여하여 국내정치를 문란 시키는 데 전위적 역할을 한 결과에 대한 반발에서 나온 것을 의미한다. 국가경찰은 이승만 정부에서부터 시작하여 박정희 정부, 전두환 정부시절에 정치의 독재화 과정에서 중요한 수단적 역할을 하였다. 선거에 관여하여 부정선거를 획책하는 데 큰 역할을 하였고, 인권을 유린하고 민주주의를 방해하였을 뿐만 아니라 이를 항의하는 국민을 향하여 총구를 돌리기까지 하였다. 국가경찰은 독재정권의 일등 하수인이라는 오명을 오랫동안 벗어나지 못한 시기였다. 여기서 논의의 초점은 어떻게 하면 국가경찰의 힘을 분산시켜 중앙정치에 개입할 여지를 주지 않을지에 대한 방안 마련이었다. 그 방안이 바로 자치경찰실시였던 것이다. 이 시기의 자치경찰 방안은 지역치안은 자치경찰이 맡는다는 자치경찰 설치 목적과는 달리 국가경찰의 힘을 분산하는 대안일 뿐이었다. 때문에 자치경찰 실시 방안은 국가경찰이 주도하는 자치경찰의 틀을 벗어나지 못하였다. 간부자치경찰관은 국가공무원일 뿐만 아니라 지역의 자치경찰책임자 임명도 국가경찰이 주도하는 형태, 즉 국가경찰에 종속된 자치경찰 모형이었다.

그러나 노무현 정부 이후의 자치경찰 논의는 지금까지 내용과는 전혀 다른 차원이었다. 이 시기는 국민이 열망했던 민선지방자치가 실시된 지 10년이 지나가고 있었던 때였다. 지방자치가 성숙하고 있었지만 그 때까지 지방자치의 핵심 제도인 자치경찰이 미 실시되고 있었다. 따라서 이 시기의 자치경찰 실시에 대한 논의는 지방자치의 보완적 차원에서 이루어 졌다고 할 수 있다. 그래서 이 시기의 자치경찰제도 방안은 지방자치 단체 조직으로서의 자치경찰, 즉 국가경찰과는 별개의 조직으로서 논의가 시작된 것이다. 사무와 자치경찰관, 지휘체제, 인사, 재정 등 모든 것이 지방자치단체의 여느 조직과 다름없이 설계되었다. 이 방안은 이명박 정부에 이어 이번 박근혜 정부에서도 마찬가지로 이 모형의 틀 내에서 자치경찰 실시방안을 만들고 있다. 박근혜정부의 자치경찰 실시 방안은 무엇인지를 알기 위하여 먼저 지금까지 자치경찰실시 방안에 대한 내용을 개괄적 차원에서 살펴본 후에, 박근혜 정부에서의 자치경찰 추진 과정과 그 내용, 그리고 과제에 대한 순으로 기술하고자 한다.

2. 역대 정부의 자치경찰 추진 실태

역대 정부의 자치경찰 실시에 대한 내용을 살펴보기 위하여 핵심 변수를 추진동기, 추진기구, 도입모델, 주요쟁점, 추진결과로 나누어서 살펴보았다. 추진동기는 자치경찰이 실시하게 된 배경을 말하며, 추진 기구는 누가 주도를 했느냐 하는 점이다. 도입모델은 국가경찰과 자치경찰과의 관계를 말하며, 주요쟁점은 자치경찰을 추진하는 과정에서 가장 논란이 되었던 점은 무엇인지에 대한 내용이다. 마지막으로 추진결과는 모든 자치경찰추진결과는 실패하였지만 실패한 모습이 무엇인가에 대한 내용이다. 이러한 변수를 중심으로 박근혜 정부 이전의 역대 정부들이 추진했던 자치경찰의 내용을 정리하면 다음 〈표 1〉과 같다(양영철, 2014: 148-9).

표를 정리하면 다음과 같은 정책적 함의를 찾아 볼 수 있다.

첫째, 추진동기 면에서 보면, 미군정에서는 내부자체적으로 추진되었던 내부 접근 형이었지만 장면정부에서 노태우 정부까지는 정부가 아닌 국회가 주도한 외부주도형, 김대중 정부 이후는 국민들이 요구하여 추진하는 동원형이다. 자치경찰 추진 기구는 처음에는 국회가 주도하는 정치형에서, 후반기부터는 대통령 또는 정부가 주도하는 행정형으로 전환되고 있음을 알 수 있다. 정치형은 경찰이 정치에 개입하는 적폐를 청산하기 위한 경우인 반면에, 행정형은 지방자치단체의 집행력 강화 차원이라고 볼 수 있다. 때문에 정치형은 경찰의 정치적 중립방안이 중심내용이 되었으며, 행정형은 지방분권적 내용이 주를 이루었다.

▎표 1▎ 역대 정부의 자치경찰 추진 내용

	추진동기	추진기구	도입모델	주요쟁점	추진결과
미군정	• 해방 • 미군정 규정	• 내부주도 • 미군정	• 초기기획안은 병렬형	• 도입단위	• 국가경찰독점 체계로전환
장면	• 4.19 • 국회안	• 국회주도 • 국회특위	• 종속형	• 정치적중립	• 입법화 실패
노태우	• 6.10민주항쟁 • 야3당안	• 국회주도 • 야당	• 종속형	• 정치적중립	• 상 동
김대중	• 대통령공약 • 국정과제	• 여당주도 • 여당위원회	• 중첩형	• 정치적중립 • 민주성	• 국회상정포기
노무현	• 대통령공약 • 국정과제	• 대통령주도 • 대통령위원회	• 병렬형	• 도입단위 • 운영체제	• 입법화실패 • 제주자치경찰실시
이명박	• 대통령공약 • 국정과제	• 초기청와대주도, 후기 대통령위원회	• 병렬형	• 도입단위 • 운영체제	• 입법화실패

* 일본형은 지방경찰위원회만 지방자치단체에 있고, 현장은 국가경찰이 지휘하는 형태임

둘째, 도입모형은 국회가 주도하는 경우는 행정과 경찰을 분리하여 경찰의 정치적 중립을 확보하려는 일본모형이 주다. 이 모델은 김대중 정부까지 지속되었다. 반면에 노무현 정부 이후는 자치경찰과 국가경찰을 분리하는 병렬형이 고착되고 있다. 도입단위도 노무현 정부 이전은 광역에, 그 이후에는 기초자치단체에 집중하여 생활중심형 자치경찰모형을 도입하려 하고 있다.

셋째, 주요 쟁점을 보면, 초기에는 정치적 중립의 확보에 초점을 두었기 때문에 의결기관인 지방경찰위원회의 구성과 권한, 그리고 국가경찰의 지휘범위가 주요 쟁점이었다. 노무현 정부 이후에는 도입단위와 사무, 자치경찰공무원의 소속, 재정 등이 큰 쟁점으로 되었으나 차츰 쟁점사항이 많이 수그러지고 있다.

넷째, 자치경찰 추진결과를 보면, 모두 실패했다. 다만 노무현 정부에서는 정부모형이 제주특별자치도에 8년째 실시되고 있다. 실패의 이유를 보면, 대부분 국회임기 만료로 인하여 자동폐기가 가장 많다. 이렇게 자치경찰의 추진 결과는 무의사결정으로 막을 내리고 있음이 큰 특징이라고 할 수 있다.

3. 박근혜 정부의 추진상황

1) 추진 동기

박근혜 정부의 자치경찰 추진 동기는 역대 정부처럼 대통령 공약에서 출발한 것이 아니다. 박근혜 대통령의 대통령 선거 공약에는 자치경찰에 대한 공약이 없었다. 박근혜 정부에서 자치경찰은 인수위원회에서 논의가 시작되었다. 통상적으로는 대통령 인수위원회는 이미 발표된 대통령 공약을 구체화하는 작업이 주인데도 불구하고 박근혜 대통령 인수위원회에서는 대통령 공약에 없는 자치경찰이 추가가 되었다는 점은 특이한 현상이라고 할 수 있다. 박근혜 정부 인수위원회 법질서사회안전분과위원회는 박근혜 정부의 지방분권 방향을 국가주도에서 '지방주도, 국가지원' 체제로 전환하기로 하였다. 이에 대한 세부추진계획으로 강력한 지방분권 추진, 자율역량 강화로 생산적 자치기반 확보, 지방재정 확충과 건전성 강화, 근린자치 및 시민사회·지역공동체 활성화로 정하였다. 자치경찰은 이중에 자율역량강화 분야에 속하였다. 인수위원회에서는 자치경찰을 제주에서 실시하고 있는 '생활중심의 자치경찰제'를 전국적으로 확대하여 실시하고, 시·군·구 단위로 실시하되 지방자치발전위원회에서 방안을 마련하고, 2014년에 시범으로 실시하여, 2015년에는 희망하는 지방자치단체에서 실시하는 선택적 모형으로 가닥을 잡았다(박근혜 정부 인수위원회, 2013: 3-5). 이와 더불어서 박근혜 정부는 지방분권 및 행정체제개편에 관한 특별법을 제정하여 자치경찰제 도입을 의무화하고 있다.[1]

2) 추진 기구

이명박 정부 시절 자치경찰을 다루었던 지방행정체제특별위원회와 지방분권촉진위원회가 대통령위원회인 지방자치발전위원회로 통합하여 현재 이 위원

---

1) 지방분권 및 행정체제개편에 관한 특별법 제12조, ③ 국가는 지방행정과 치안행정의 연계성을 확보하고 지역특성에 적합한 치안서비스를 제공하기 위하여 자치경찰제도를 도입하여야 한다.

회가 자치경찰도입을 주도하고 있다. 지방자치발전위원회는 성숙한 지방자치, 행복한 지역주민이라는 비전하에 지방분권을 추진하고 있다. 현재 위원회는 20개의 추진과제를 선정하여 이에 대한 종합개발계획을 수립하여 2014년 12월 2일에 국무회의에서 통과되어 정부안으로 확정 시켰다. 자치경찰은 이 중에 8대 핵심과제로 선정되어 우선순위에서 상위에 있다.

지방자치발전위원회는 이렇게 확정된 자치경찰제 실시를 준비하기 위하여 산하에 자치경찰추진 T/F팀을 10인의 전문가로 구성하여 추진하고 있다. 현재까지 실무지원은 위원회 산하에 자치경찰추진과를 신설하여 총경을 과장으로 3명의 국가경찰공무원과 1명의 사무관 등 4명의 직원이 맡고 있다.[2] 자치경찰추진 T/F는 그동안 22차례의 회의와 2차례의 현장조사, 1차례의 용역을 수행하였다. 회의는 자체 내의 회의도 있었지만 경찰청을 비롯한 자치경찰제를 실시하고 있는 제주특별자치도 경찰공무원과의 회의를 많이 했다. 지방자치발전종합계획이 확정된 올해(2015년도)에는 자치경찰추진기획팀을 구성하여 자치경찰제 도입에 따른 자치경찰법안 제정을 비롯한 쟁점 사항들을 정리해 나가고 있다(지방자치발전위원회, 2015).

3) 추진 모델

박근혜 정부의 자치경찰안의 모델은 이명박 정부의 안에 보강하는 수준이다. 이 모델의 주요 내용을 보면, 도입단위는 기초자치단체이며, 소규모 시·군·구 등은 필요시 인근 기초자치단체와 통합을 하여 규모의 경제를 살리도록 하고 있다. 이에 대한 추진 모델이 다음 〈그림 1〉이다.

〈그림 1〉에서 보면 중심은 점선 안에 있는 조직이다. 기초자치단체장인 시장·군수·구청장 산하에 자치경찰단이 있으며, 의결기관은 자치단체장, 의회의장, 해당 지역 국가경찰서에서 추천한 인사로 구성된 자치경찰위원회가 맡는다. 박근혜 정부의 안이 참여정부의 안과 다른 점은 광역자치단체장의 관여 여지를 두고 있다는 점이다. 그동안 광역자치단체가 자치경찰제를 운영하기 위해서는 재정이나 형평성면에서도 광역자치단체가 필요하다는 주장을 계속 해 왔고, 광

---

2) http://www.clad.go.kr/

┃ 그림 1 ┃ 박근혜 정부의 자치경찰 모델

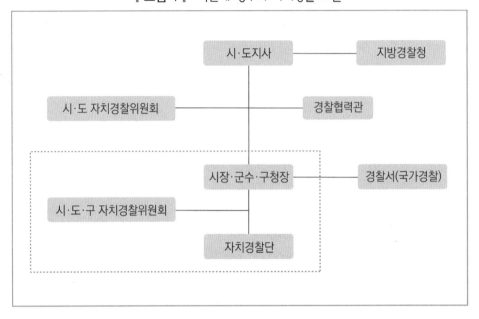

역과 기초자치단체간의 협력의 필요성도 제기되었기 때문에 광역자치단체의 관여 범위를 넓혔다. 광역자치단체장 산하에 자치경찰위원회를 두어 지역 내 자치경찰 간에 조정업무를 수행하도록 하였으며, 국가경찰에서 파견된 경찰협력관을 두어 국가경찰과 연계를 강화시키고 있다. 또한 광역자치단체산하에 자치경찰단장 추천위원회를 설치하여 자치경찰단장 후보 3명을 선출하여 해당 기초자치단체에 보내면 시장·군수·구청장이 이 중에 한 사람을 임명하도록 하고 있다. 단장은 개방형 직위로 인구규모, 업무량 등 고려해 적정 계급을 대우하는 것으로 하고 있다.

4) 재 정

재정은 앞에서 언급한 한국지방자치학회에서 산출하여 제시한 내용을 자치경찰 T/F팀에서 검토한 후에 지방자치발전위원회 본회의에서 확정하는 순으로 진행하였다. 용역진이 자치경찰관 14,000명으로 가정하여 제시한 소요예산은 다음 〈표 2〉와 같다.

┃ 표 2 ┃ 자치경찰소요예산 추정 액

(단위; 억원)

구 분	총 계 (①+②)	출범비용			유지비용(인건비 등)			
		소계(①)	사무실	장비	'15년(②)	'16년	'17년	'18년
총 계	25,916	16,385	11,676	4,709	9,531	9,817	10,111	10,415
국가 + 지방 추가 부담	18,512	11,704	8,340	3,364	6,808	7,012	7,222	7,440
기존(특사경 등 활용) *	7,404	4,681	3,336	1,345	2,723	2,805	2,889	2,975

＊특사경 등 기존인력 4천명이 흡수될 것으로 가정.
＊＊2016년부터 연간 인건비 등(경상비)이 3% 증가하는 것으로 계산.

　　부담원칙은 국가경찰에서 자치경찰로 이관되는 인력에 대한 소요재원은 국가에서 지방으로 이양하고, 그 외에는 자치단체에서 부담하는 것으로 하되 국가재원 이양 및 추가 재원을 확보하는 방안을 마련하였다. 이를 종합하여 제시한 재원조달방안은 다음 〈표 3〉, 〈표 4〉이다.

┃ 표 3 ┃ 출범비용재원확보 방안

		출범 비용
국가 + 지방	추가 소요재원 (18,512)	지방소비세 1%↑(4,000) + 법인지방소득세 10%↑(4,500) 재산세 세율 10%↑(5,000) + 부동산분 자치경찰세(4,000)
		약 17,500억 확보 가능 부족분은 과태료 징수 이관교부금(약 3,000억)으로 보충

┃ 표 4 ┃ 유지비용 조달 방안

		유지 비용(출범 후 2년차)
국가 + 지방	추가 소요재원 (7,012)	지방소비세 1%↑(4,000) or 지방소득세 10%↑(4,500) + 재산세 세율 10%↑(5,000) or 부동산분 자치경찰세(4,000)

5) 쟁점 사항

박근혜 정부의 자치경찰모델의 중심 내용은 노무현 정부와 이명박 정부로 이어져 내려오고 있기 때문에 쟁점사항은 비교적 적은 편이다. 자치경찰추진 T/F가 속해 있는 지방자치발전위원회 자치제도 분과위원회 자료에 의하면 역대 정부의 쟁점사항과는 달리 쟁점사항이 내부 운영에 집중되어 있다(지방자치발전위원회, 2014). 즉, 도입단위, 인사, 사무, 재정 등에 대한 쟁점이 거의 사라졌고 쟁점이 남아있는 사항은 다음과 같은 내용들이 대표적이다.

사무는 현재 제주자치경찰이 수행하고 있는 36개 사무에 29개를 추가하여 65개의 사무로 확대하였고, 특사경사무도 17개에서 23개로 확대하였다. 이에 대한 적용시기는 시범실시 후에 결정하도록 하고 있다.

각 부처마다 지방자치발전위원회의 안에 이의를 제기하거나 보완을 요구하는 사항들이 있었다. 행자부가 요구하는 사항은 지자체 인구규모에 따라 단장 직급을 자치경무관, 자치총경, 자치경정으로 다양화하고, 단장 후보를 '추천위'에서 복수 추천하면 의회동의 없이 기초단체장이 임명하는 것이 바람직하다는 의견을 제시하였다. 경찰청이 요구하는 쟁점사항은 시범실시를 충분하게 할 것과, 전면 실시가 아니라 선택적 실시를 요청하고 있었다. 이외에 자치경찰단장의 계급이 너무 높다, 사무는 추가보다는 제주자치경찰 사무와 동일하게, 그리고 자치경찰 감사에 참여하게 해 달라는 등이었다. 검찰은 자치경찰에게 즉결심판권 부여에 대하여 반대를 하고 있다. 이에 대하여 일부는 수용하고 일부는 조정하면서 계획 안을 확정 시켰다. 이러한 안들은 시행과정에서 조정이 가능하기 때문에 대체로 시범실시 이후에 평가를 통하여 보완하도록 하였다. 어쩌면 가장 큰 쟁점사항은 자치경찰의 인원 규모와 이를 어떻게 충원할 것인가라고 할 수 있다. 위원회에서는 한국지방자치학회에 용역을 의뢰하여 표준정원을 산출해 줄 것을 요구하였다. 이 결과 다음 〈표 5〉와 같은 표준 정원 산출 식을 제시하였다.

| 표 5 | 표준 정원 산출 식

○ 표준정원 도출(요인점수를 평균 61.49, 표준편차 25.64로 변환)

$$자치경찰표준정원_{(j)}^* = \alpha + \beta_1 112신고건수_{(j)} + \beta_2 반의수_{(j)} + \beta_3 인구_{(j)}$$

☞ $\alpha : 33.97, \quad \beta_1 = 0.0000771, \quad \beta_2 = 0.0027494, \quad \beta_3 = 0.0000825$

이 공식에 의하여 산출된 결과 소요인력은 12,000명에서 14,000명 내외로 산출되었다. 최대 자치경찰정원은 창원시로 180명이며, 최소는 울릉도로 29명이다. 이를 평균으로 계산하면 자치경찰단 당 자치경찰관은 61명이다. 인원을 어떻게 충원할 것인가에 대해서는 국가경찰의 인원을 최소한 이관한다는 선에서 마무리 하였다.

자치단체들은 경기, 서울, 전북은 아직까지 도입단위를 광역까지 확대하도록 요구하고 있지만 이전처럼 광역자치단체가 독자적인 자치경찰법안을 제시하지는 않고 있다. 이외에 자치단체들의 요구사항을 정리하면, 자치경찰에 범죄수사권 부여(경기), 특사경 사무에 대한 별도 전문 인력 충원(충북), 단장은 추천위원회에서 선정·임명, 의회동의 불필요(제주) 등이다.

4. 발전과제

기술한 바와 같이 우리나라에서 자치경찰이 필요하다는 인식은 대한민국정부 수립 이전인 미군정 시절부터 이루어졌다. 그럼에도 불구하고 자치경찰 실시는 현재도 논의 중이다. 무려 70년이나 논의만 하고 있는 것이다. 지방자치단체의 가장 기본적인 조직과 제도임에도 불구하고 아직도 실시되고 있지 않다는 것은 우리나라는 실질적인 지방자치를 실시하고 있지 않다는 하나의 증거가 된다. 사실 박근혜 정부에서도 출범 시에는 자치경찰실시를 국정과제로 선정하여 추진하였지만 박근혜 정부 3년이 지났지만 아직도 입법단계까지도 못 갔다. 노무현 정부가 자치경찰법안을 국회에 상정하였던 것과 비교해도 많이 지체되어 있다고 할 수 밖에 없다. 자치경찰실시는 대통령의 의지만 필요한 것이 결코 아님을 다

┃ 그림 2 ┃ 자치경찰실시 과정의 세력 간 찬·반 현황

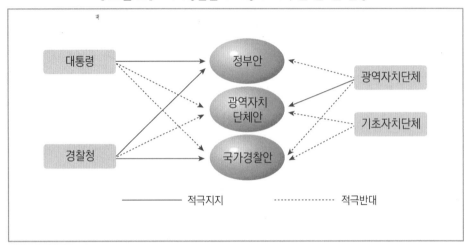

음 〈그림 2〉를 보면 알 수 있다. 수많은 세력들이 자치경찰실시 과정에서 충돌하고 있음을 알 수 있다(양영철, 2009: 168).

자치경찰실시를 위한 발전과제는 다음과 같다.

첫째는 바로 이 세력 간에 통합 내지 절충을 통하여 추진동력을 확보하는 일이다. 이 세력 중 어느 하나의 세력이 반대를 하면 자치경찰제 실시는 결코 성공할 수 없다는 경험을 우리는 수차례 하였기 때문에 절충형 모델이 나올 수밖에 없다. 박근혜 정부에서 광역자치단체에 조정 및 자치경찰단장 선발권을 부여한 이유도 이러한 차원에서 모색되었다.

둘째, 기초자치단체의 자세이다. 즉 자치경찰을 수행할 기초 자치단체들이 얼마나 적극적으로 이를 수용하려 하는가이다. 자치경찰을 도입하기 위해서는 도입단위인 기초자치단체들이 적극적이어야 함은 당연한 일이다. 그러나 현재 자치경찰도입에 적극적인 기초자치단체는 그렇게 많지 않다. 반면에 광역자치단체는 관심과 의지가 넘칠 정도이다. 기초자치단체는 재정과 인원부족으로 인하여 소극적일 수도 있다. 그래서 많은 기초자치단체들이 자치경찰을 도입하려면 정원과 예산을 반드시 주어야 한다고 전제조건을 달고 있다. 그러나 현재 우리나라 재정형편을 볼 때 인원과 재정을 중앙정부가 이관하기는 쉽지 않다. 자치경찰의 필요성을 적실히 느낀다면 자체 내의 재정 및 정원 조정을 통하여 일부 자체

부담을 하고 중앙정부에 지원요청을 하는 자세가 요구된다. 그렇지 않다면 자치경찰실시는 요원하다. 따라서 기초자치단체의 적극적인 자세가 필요한 시기다.

세 번째 발전과제는 국가경찰의 시각에 변화가 있어야 한다는 점이다.

자치경찰실시로 인하여 가장 영향을 받을 기관은 국가경찰이다. 국가경찰은 자치경찰이 실시되면 인원과 사무를 이관해야 한다. 조직축소가 당장 일어나기 때문에 국가경찰 내·외부에서 많은 저항이 일어날 것이다. 지금까지 자치경찰이 실시되지 못한 가장 큰 이유도 바로 여기에 있다고 해도 과언이 아니다. 그러나 강력범죄의 날로 증가, 대 테러 등 국제범죄의 급증, 사이버 범죄 증가 등 과거 국가경찰이 수행하지 않았던 범죄가 증가되고 있고 이를 적절하게 대응하지 못한다는 비판을 받고 있는 것도 사실이다. 이제 국가경찰도 지역교통, 지역경비, 지역생활안전에 관련된 업무는 자치경찰로 이관하고, 대신에 국가경찰은 상기에서 언급한 강력범과 국제적, 사이버 범죄에 집중해야 국가경찰의 존재감이 더욱 살아 날 것이라는 인식전환이 일어날 때 자치경찰의 실시 가능성은 매우 높다고 생각된다.

마지막 발전과제는 정치인의 인식전환이다. 자치경찰실시를 권력의 이동으로 보는 정치집단이 많다. 특히, 국회의원들이 해당 자치단체장의 힘이 자치경찰로 인하여 강해질 것을 우려하는 경우를 흔히 본다. 그러나 지자체의 장이 힘이 커지는 것이 아니라 지역치안의 힘이 커진다는 관점에서 자치경찰을 바라보아야만 한다. 또한 자치단체장이나 지방의원들도 자치경찰이 비용만 드는 제도라고 인식만 할 것이 아니라 지역발전의 기본은 치안이라는 인식을 우선 가져야 한다. 치안이 불안한 지역에는 투자를 비롯한 이주 대상으로 부적합한 지역으로 평가 받을 수밖에 없다. 따라서 자치경찰의 실시는 소비나 낭비가 아니라 가장 값진 투자인 동시에 완전한 지방자치실시를 위한 첫 걸음임을 인식해야 할 것이다.

| 참고문헌 |

박근혜 정부 인수위원회 (2013). 법질서사회안전분과위원회 보고서.

양영철 (2014). 역대 정부의 자치경찰도입 정책 추진과 정책적 함의에 관한 연구. 한국경찰
　　　연구, 14(1).

양영철 (2009). 참여정부의 자치경찰도입실패에 관한 연구, 지방자치학회보. 21(1).

지방자치발전위원회 (2014). 제14차자치제도분과위원회 회의자료(2014. 8. 29.).

지방자치발전위원회 (2015). 분과위원장 T/F 회의 자료.

2부

지방자치 발전과제
(자치역량)

6. 지방자치단체 기관구성 형태 다양화

7. 지방의회 활성화 및 책임성 제고

8. 교육자치와 지방자치의 연계·통합

9. 시·군·구 구역 개편

10. 대도시 특례 제도 개선

6 지방자치단체 기관구성 형태 다양화

임 두 택

1. 문제제기

    지방자치단체는 주민의 정덕이용후생(正德利用厚生)을 민주성, 효율성, 형평성이 있게 추진할 수 있도록 일정한 기관을 필요로 한다. 지방자치단체의 기관구성은 지방자치단체의 의사결정 기능과 집행기능을 누가 담당하는가를 중심으로 크게 기관대립형과 기관통합형, 절충형, 그리고 주민총회형으로 구분되어진다. 주민과의 대표성 여부에 관한 앞의 세 가지 형태는 간접민주주의 원리를 반영하고 후자는 직접민주주의 원리를 따르는 형태이다(조창현, 2005; 임승빈, 2013; 이규환, 2013).

    기관대립형은 권력분립의 원칙에 따라 지방자치단체의 의사결정기능을 담당하는 지방의회와 집행기능을 담당하는 자치단체의 장을 수장으로 하는 독임제 집행부를 별도로 독립시켜 견제와 균형(check and balance)을 통해 지방자치를 실현하고자 하는 형태이다.

    기관통합형은 지방자치단체의 의사결정기능과 집행기능을 한 기관에 통합하는 형태로 지방의회가 그 중심에 선다. 의회주의 정체를 추구하는 영국, 프랑스 그리고 미국 일부에서 활용하는 제도이다. 주민의 의사를 일원화하여 책임 있게 결정하고 집행하는 특성을 갖는다.

절충형은 기관대립형과 기관통합형의 장점을 취하고 단점을 보완하고자 하는 지방자치단체의 기관구성형태이다. 대체로 지방자치단체의 의사결정기관과 집행기관을 분리운영하되 서로 대립과 갈등을 지양하는 통합형의 요소를 갖는다는 점에서 절충형이라고 할 수 있다.

주민총회형[1]은 소규모 기초자치단체에서 채택되고 있는 것으로 일정 수의 주민이 직접 주민총회에 참여하여 자치단체의 정책, 예산, 인사 등의 의사결정을 하고 직접 집행도 하는 형태이다. 미국의 town이나 스위스의 농촌지역은 주민총회를 구성하여 운영한다.

우리나라는 1949년 7월 지방자치법을 제정한 이후 모든 지방자치단체에 의결기관인 지방의회와 집행기관인 장이 분립하는 기관대립형 기관구성을 하여 지방자치를 운영하여 왔다. 그나마 실제로 상당한 기간 자치단체장이 선거되지 않고 임명되거나 지방의회를 미구성한 채였다. 1988년 지방자치법 개정 이후 1991년 지방의원, 1995년 지방단체장이 주민의 직접선거에 의해 선출, 의회와 집행부가 구성되어 지방자치가 본격적으로 실시되었다. 그러나 획일적인 기관대립형 기관구성의 역사와 단체장 우위의 실제 운영이 지방자치발전의 본래의 취지와 목적을 제대로 달성하는 데 어려움을 주어왔다.

따라서 지방자치발전위원회는 실제적인 지방자치발전을 도모하기 위해 자치기관의 책임과 권한을 적정화하고 지역과 주민의 특성에 맞는 제도를 정착시킬 방안으로 기관구성 형태의 다양화를 검토하여 왔다. 기관구성 형태의 다양화 모색이라는 미래과제를 풀기 위해서 우리가 처한 지방자치단체 기관의 현황과 문제점을 분석하여 지방자치발전위원회가 추진하고 있는 기관구성 모형의 개발 상황을 살피고 기관구성 형태 다양화를 현실화하는 데 유념해야 할 발전과제를 고찰해 보고자 한다.

---

1) 지방자치발전위원회는 주민자치회로 별도 논의 중.

2. 실 태

1) 현 황

우리나라의 현행제도는 기관구성과 기능에 있어서 〈그림 1〉과 같은 기관대립형을 취한다. 지방자치법은 제5장에 지방의회, 제6장에 집행기관을 두고 있다. 지방의회와 지방자치단체장은 각각 주민들의 선거를 통하여 직선하여 권한과 책임의 정당성을 확보한다. 우리나라의 현행제도는 여러 가지 이유로 단체장 중심의 기관대립형이라고 평가된다. 미국의 강시장−의회형처럼 단체장 중심의 기관대립형이라고 할 수 있다.

지방자치단체장과 지방의원은 동일하게 주민의 직접선거에 의하여 지위를 확보하지만 지방자치단체장은 지방자치단체를 대표하고 지방자치단체의 사무를 총괄하여 이를 관리 및 집행하는 권한과 책임을 갖는다(지방자치법 제101조). 국가사무도 지방자치단체장에게 위임된다. 지방자치단체장은 광범위한 직원임면권을 갖고 전문 인력을 활용한다. 직속기관, 사업소, 출장소, 합의제행정기관, 자문기관 등 소속행정기관(지방자치법 제113조−116조), 하부행정기관의 구성원에 대한 임면권을 갖는다. 의장의 추천권이 인정되기도 하지만 의회직원의 임면권이 지방자치단체장에게 있다. 지방의회에 출석하여 의사를 개진하는 기회, 의회 의결사항

┃ 그림 1 ┃ 모형1 단체장중심형: 강단체장−부단체장−의회형(현행)

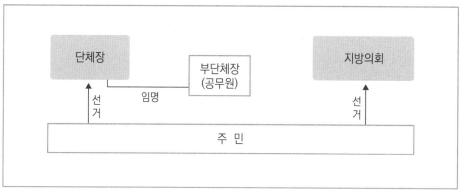

자료: 지방자치발전위원회(2015).

의 재의 요구권, 예산편성권 등을 갖는다.

부단체장은 단체장에 의해 임기 없이 임면되고 단체장을 보좌하여 자치단체 사무를 총괄하며 인사위원회의 위원장이 된다. 현행 인사위원회의 위원장은 일반직 공무원으로 부단체장(당연직)이 되며, 위원은 단체장이 임명 혹은 위촉한다. 실제적인 권한 행사는 단체장의 통제 밑에 있다.

지방의회는 지방자치법 제39조에 규정한 조례의 제정 및 개·폐, 예산의 심의·확정, 결산 승인 등의 의결권 외에 조례로 정하는 바에 따라 지방의회에서 의결할 사항을 정할 수 있다. 또한 지방의회는 행정감사와 통제권을 가지고 있으므로 집행기관에 대한 서류제출 요구와 감시, 결산서에 대한 승인권 등을 행사하고, 청원의 심사 처리권도 갖는다. 이외에도 지방의회는 지방의회의 조직과 운영에 대한 자율권과 원 구성을 위한 선거권을 갖는다.

2) 문제점

우리나라는 모든 지방자치단체가 획일적인 기관 대립형을 취한다. 단체장중심형(강단체장−부단체장−의회형)은 단체장의 강력한 리더십으로 행정의 안정성 및 책임성을 확보하는 데 장점을 갖고 있다. 전국적으로 획일화된 기관구성은 통일적이고 보편적이며 신속한 행정을 가능하게 한다.

그러나 전국적으로 획일화된 기관대립형 기관구성의 역사와 단체장 우위의 실제 운영이 지방자치발전의 본래의 취지와 목적을 제대로 달성하는 데 어려움을 주어왔다. 부단체장은 집행기능 등 어디까지나 단체장을 보좌하는 역할을 할 뿐이다. 의회는 지방정부의 대표권이 없고 단체장의 권한에 대한 견제기능이 미약하며 인사권의 독립성이 제한된다. 특히 지방의회 사무기구의 인사권이 독립되지 못하고 보좌관제의 미비 등 지방의회 의원의 전문성 확보 기회가 적다. 여기에 더하여 대통령제 중심의 중앙정부 체제와 권위주의적 정치행정문화도 단체장 중심의 기관대립형의 조성에 영향을 주고 있다.

이러한 단체장 중심의 기관대립형은 원래 의도했던 지방의회와 지방자치단체장간의 적절한 견제와 균형을 유지하지 못하고 지방자치단체장의 권한과 책임을 한 방향으로 강화시키는 측면이 컸다. 지방자치단체장의 과도한 지방정부 지배로 두 기관의 역할과 기능이 편향되어 지방정부의 민주성과 형평성이 훼손되기 쉽다. 또한 전국적으로 획일화된 기관구성 형태는 지방의 특색과 주민의 기관구성 형태의 선택권을 원천적으로 봉쇄하여 지방정부의 유연성을 제한하여 왔다.

3. 기관구성 다양화 추진상황

1) 주요경과

박근혜정부가 제시한 국정과제(105-4) 생산적 지방자치를 위한 제도개선 방안의 일환으로 대통령 소속 지방자치발전위원회는 2013년 2월 "자치단체의 기관구성 형태 다양화 방안 검토"를 지방자치발전 20개 과제에 포함시켰다.[2] 지방자치발전위원회는 이를 지방자치발전 종합계획에 반영하여 대통령에게 보고하고 ('13. 10. 23) 획일화 되어 있는 「단체장－의회 대립형 구조」 방식을 탈피하고자 기관구성의 표준모형 마련, 주민의 기관선택권 부여 방안을 검토, 논의하여 왔다.

지방자치발전위원회 행정체제개편분과위원회는 헌법에 근거한 기관구성 다양화 방안을 마련하기로 하고 소위원회를 구성하여 지방자치법 상 단체장과 의회의 관계 등을 고려한 4개의 안을 마련하였다. 1안은 단체장 중심형: 강단체장－부단체장－의회형(현행), 2안은 단체장 권한 분산형: 약단체장－부단체장－의회형, 3안은 직선단체장(의장 겸임)－책임행정관－의회형이고 4안은 의회중심형: 단체장(의장이 겸임)－책임행정관－의회형이었다.

그러나 우리나라에서의 적용 가능성을 고려하여 당초 제시되었던 3안을 폐기하는 대신, 2안을 세분화하여 (가칭) 제주형(감사위원회 독립)과 일본형(집행기관의 다원화)이라 하고, 기관구성 형태에 대한 장·단점과 운영사례, 실시방안을 검토하

---

2) 위원회 구성 전에도 지방행정체제 개편추진위원회는 지역유형별 자치제도 다양화를 위한 보완·발전과제로 선정하였다. 개편방안은 자치단체 기관구성 방식에 대한 주민선택권을 부여하고자 하였다. 이를 위해 정부에서 기관대립형·기관통합형·절충형 등 자치단체 유형별 표준모형을 제시하고 지역주민이 주민투표를 통해 해당 자치단체의 기관구성 방식을 스스로 결정하는 방안을 검토하였다(2012. 6.).

였다. 그 결과 행정체제개편분과위원회에서는 현행 헌법의 범위 내에서 적용 가능한 네 가지 개편모형 – ① 단체장 중심형(현행), ② 단체장 권한 분산형(부단체장·감사위원장 임명 동의형/부단체장·행정위원장 임명동의형), ③ 의회 중심형 – 을 마련하고, 이러한 개편안을 본위원회 의결을 거쳐 「지방자치발전 종합계획」에 반영하였다.

2) 지방자치단체 기관구성 형태 다양화 모형

지방자치발전위원회는 주민직선 단체장이 강력한 권한을 보유하며, 의회에 대해 우월적 지위를 갖는 현행의 단체장 중심형(모형1) 외에 단체장 권한 분산형(모형2)과 의회중심형모형(모형3)을 마련하였다. 단체장 권한 분산형은 다시 부단체장·감사위원장 임명동의형(모형2-1)과 부단체장·행정위원장 임명동의형(모형2-2)으로 나뉜다. 각 모형의 세부적인 내용은 아직 확정되지 않은 상태이므로 논의 중인 내용 중심으로 기술하고자 한다.

(1) 단체장 권한 분산형: 부단체장·감사위원장 임명동의형(모형2-1)

이 모형의 특징은 독립적 감사위원회를 설치하고 주민직선 단체장이 의회 동의를 받아 부단체장과 감사위원장을 임명하고 인사권·집행권 등을 보유하여 행사하는 방안이다. 조례가 정하는 바에 따라 단체장에게 부여된 임용권의 일부(특정 직급 임용권 – 신규임용, 징계 및 면직에 관한 사항 제외)를 부단체장에게 부여한다.[3] 지방의회는 주민직선에 의해 구성하고 부단체장·감사위원장 임명동의, 감사위원 추천권, 의결권 등을 갖는다. 감사위원회 위원장은 의회 동의, 위원은 의회 등이 추천하여 단체장이 임명하고 집행기관 감사권을 갖는다. 유사사례는 제주도이며,[4] 감사위원장에게는 소속 직원 추천권을 부여한다.

---

3) 임용권: 소속 공무원의 임명·휴직·면직과 징계를 하는 권한(지방공무원법 제6조)이다. 임용: 신규임용, 승진임용, 전직, 전보, 겸임, 파견, 강임, 휴직, 직위해제, 정직, 강등, 복직, 면직, 해임 및 파면을 말함(지방공무원임용령 제2조).

4) 제주도는 7인 이내의 감사위원 중 도의회가 3인, 도교육감이 1인을 추천하여 지사가 위촉하며, 그 외 위원은 단체장이 임명(제주특별자치도 설치 특별법 제66조).

|그림 2| 모형2-1 단체장 권한 분산형(부단체장·감사위원회 임명동의형)

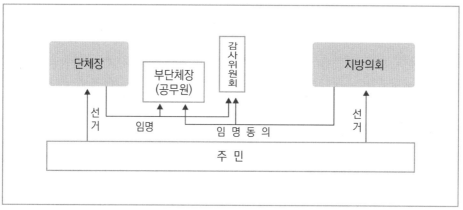

자료: 지방자치발전위원회(2015).

　단체장은 사무집행의 총괄책임자이며, 부단체장은 단체장을 보좌하여 사무를 총괄한다. 개편안은 단체장의 권한집중 방지를 위해 부단체장 전결권(상향)사항을 조례로 정하도록 한다. 부단체장과 감사위원회는 각각 독립된 권한과 지위를 부여하고 각 행정행위에 대한 독립된 책임을 갖도록 한다. 부단체장은 의회 동의를 받아 임기를 정하여 단체장이 임명하는 데 재적의원 과반수 출석에 출석의원 과반수 찬성, 인사청문회 실시 등을 할 수 있다.[5]

　감사위원회는 단체장 소속 하에 설치하되 단체장으로부터 직무상 독립하고, 합의제 행정기관의 지위 보유를 갖는다.[6] 임기 2년의 감사위원은 5명 이내로 구성, 구체적인 사항은 조례로 정한다. 감사위원은 지방의회, 법조계 등의 추천을 받아 단체장이 임명, 위원장은 임명시 사전 의회 동의를 받게 한다. 위원장은 상근으로 하되, 위원은 비상근으로 운영한다. 감사위원회 사무를 처리하기 위해 감사지원조직을 둘 수 있으며, 지원조직 소속 공무원은 위원장의 추천을 받아 단체장이 임명하고 자치단체의 사무와 소속 공무원, 단체장의 감독을 받는 기관 및 소속 직

---

5) (임기) 2년, 1회에 한해 연임 (직위해임) 지방공무원법 제61조(당연퇴직), 제65조의3(직위해제) 요건 준용, 직위해제 요건에 해당된 경우 단체장이 의회에 해임 통보, 또는 의회 재적의원 1/4 이상 발의, 재적의원 과반수 찬성으로 해임 건의 가능.
6) 제주(감사위원회): 단체장으로부터 직무상 독립(독립된 조사, 징계처분 요구), 서울(감사위원회): 부단체장으로부터 독립된 권한과 책임(시장 직속).

원 등에 대한 감사(조사) 실시, 감사(조사)결과에 따른 징계처분 요구권을 부여한다.[7]

(2) 단체장 권한 분산형: 부단체장·행정위원장 임명동의형(모형2-2)

모형의 특징은 감사위원회·인사위원회 등 다수의 독립적 행정위원회를 설치하고 주민직선 단체장이 의회동의를 받아 부단체장·행정위원(장)을 임명하여 단체장의 권한 분산을 확대하는 것이다. 부단체장은 일부 인사권(하위직) 등을 갖는다. 지방의회는 주민직선으로 구성하고 부단체장·행정위원(장) 임명동의권 등을 갖는다. 행정위원회는 단체장이 임명하고 인사·감사 등 고유권한을 행사한다.[8]

┃그림 3┃ 모형2-2 단체장 권한 분산형(부단체장·행정위원장 임명동의형)

자료: 지방자치발전위원회(2015).

임용권 및 사무관리는 단체장 권한분산형(2-1모형: 부단체장, 감사위원장 임명동의형)을 준용한다. 행정위원장에게는 소속 직원에 대한 추천권 부여하고 부단체장은 단체장을 보좌하여 행정위원회 기능을 제외한 사무를 총괄한다.

행정위원회의 종류는 감사위원회, 인사위원회, 자치경찰위원회를 두며 향후 지방자치와 교육자치 통합 및 기초단위 실시 시 교육자치위원회를 추가 설치하

---

7) 행정시책, 예산편성·집행, 민원 등 기관운영 전반에 대한 종합·부분 감사, 공무원의 복무상태 및 민원처리상황과 특정사항 조사 등 기강감사(현 감사부서 기능 수행).
8) 일본은 교육, 선거관리, 인사(공평), 감사, 농업, 고정자산평가심의위원회가 있으며, 단체장으로부터 직무상 독립된 회계관리관 제도 운영.

고, 행정효율성을 위해 기초자치단체에 3~4개의 행정위원회를 두도록 한다. 단체장 소속 하에 설치하되 단체장으로부터 직무상 독립하여 합의제 행정기관의 지위를 보유토록 한다. 구성 및 조직은 감사위원회(안)을 준용한다. 인사위원회의 독립성을 보장하여 위원(위원장 포함)은 자치단체장(1/3), 의회의장(1/3), 학계 등 전문가(1/3) 추천을 통해 의회 동의를 받아 단체장이 임명한다. 인사위원회는 승진임용의 사전 심의, 승진·전보임용 기준 사전의결, 공무원 징계의결 및 채용시험 실시, 인사행정 전반에 관한 조사·연구·기획·근무조건 개선 요구 등(임용권 제외)을 한다.9) 인사위원회의 승진임용의 사전 심의결과는 단체장에게 기속력을 갖는다(공무원 임용령 제38조의5).

(3) 의회 중심형(모형3)

의회중심형은 미국(약시장-의회형)처럼 주민직선의 지방의회 의장이 단체장을 겸임하고, 의회에서 선임한 책임행정관에게 대부분의 행정권한을 위임하거나 부여하는 방안이다. 단체장은 의장이 겸임하고 의례적·상징적 권한을 가지며 책임행정관의 실·국장(실·국장이 없는 자치단체는 실·과장) 임명에 대한 동의권(또는 의견 제출권)을 갖는다.10) 책임행정관은 의회 추천위원회의 심의절차를 거쳐 의회에서 선임하고 인사·예산 등 대부분의 행정사무를 실질적으로 총괄하고 집행한다.11) 지방의회는 주민직선으로 구성하고 책임행정관 선임 등의 권한을 갖는다.

책임행정관은 개방형 직위로 자치단체의 최고 행정책임자의 지위를 가지며 자치단체의 행정권과 임용권에 관한 일체의 사무집행 권한을 부여받는다. 개방형 임용제도·직위공모제 등의 요건이 준용되는 자격자(전문가)에 대해 의회의 책임행정관 추천위원회에서 2배수 후보를 추천, 의회에서 최종 결정한다.12) 임기는

---

9) 일본의 인사위원회(기능): 인사행정에 관한 조사, 연구, 기획, 입안, 권고 등을 행하고, 직원의 경쟁시험이나 선발실시, 직원근무조건에 관한 조치 요구, 직원에 대한 불리한 이익처분심사, 이에 대한 필요조치 강구.

10) 미국의 Council-Manager Model에서 단체장은 매년 의회의원들이 순환하여 역임하거나, 간선을 통해(보통 나이나 의원의 경력 순으로) 단체장의 의례적 역할을 진행할 대표자를 선정한다. 주로 소규모의 지방정부가 채택.

11) 책임행정관(council-manager)은 개방형 직위로 의회 추천위원회가 조례에서 정한 기준과 절차를 거쳐 2배수로 추천.

12) 추천위원회 구성·운영은 5~6인으로 의회에서 선임(의회1, 자치단체1, 외부전문가1, 주민대표 2~3)하며 신임 책임행정관 선출시에만 구성·운영하고 재신임시는 추천위원회를 미구성.

| 그림 4 | 모형3 의회중심형

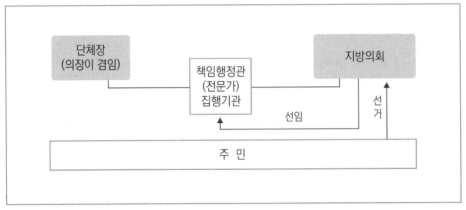

자료: 지방자치발전위원회(2015).

2년으로 의회 재신임을 통해 연임이 가능하다. 직위해제 요건에 해당된 경우는 의회 재적의원 1/4 이상 발의, 재적의원 과반수 찬성으로 해임(지방자치법 제55조 규정 준용)한다.

3) 기관구성모형(안) 실시방안

(1) 기관구성형태 변경의 선택

지자체의 기관구성 형태 변경은 의회 의결 또는 주민투표를 통해 최종 결정하도록 한다. 주민투표의 경우 기관구성 표준모형을 공표하고 자치단체가 신청하면 행자부장관의 권고에 따라 주민투표를 실시할 수 있다. 다만 한번 지자체의 기관구성 형태를 선택하면 선출직 공직자의 임기 등을 고려하여 기관구성 형태를 변경한 이후 4년 내 재변경을 금지한다.[13]

(2) 우선실시 방안과 인센티브

인구규모에 따른 모형별 장·단점 분석을 위해 인구규모가 비슷한 지자체에

---

13) 주민투표법 제7조(주민투표의 대상) 동일한 사항에 대하여 주민투표가 실시된 후 2년이 경과되지 아니한 사항은 투표의 대상이 되지 아니함.

다양한 모형을 적용하여 실시할 필요가 있다. 예를 들어 ① 인구규모 30만명 이상 지자체: 모형2-2 적용, ② 농촌(또는 도농 복합형): 모형2-1 적용, ③ 인구규모 10만명 이하 지자체: 모형3 적용하는 등의 방법이다.14) 인구규모별 적절한 수의 지자체를 선정하여, 우선 실시하되 해당 지역 주민들을 대상으로 공청회, 세미나를 통해 지자체가 자발적으로 참여토록 추진한다. 기관구성 형태 변경에 대한 장단점을 안내하고 우선 대상으로 고려한 지역에 대해 개편모형 및 실시방안에 대한 의견조사를 실시한다. 권역별 토론회·공청회 등 자치단체 및 주민의견 수렴방안도 필요하다. 지자체의 기관구성 형태 변경으로 행정효율화와 예산절감 등을 체감할 수 있는 인센티브 제공 등 지원책은 기관구성을 변경한 모든 지자체에 제공하되 여건을 고려하여 차별적으로 제공할 수 있다.

(3) 법제화 방안

현행 지방자치법의 기관대립형 구조와 기관별 권한 등을 고려하여 기관구성 형태 다양화 근거 및 단체장과 지방의회 간 관계 등 기본적인 사항은 지방자치법에 규정한다. 모형별 권한·책임, 행정위원회, 책임행정관, 기관구성 형태 변경절차 등에 관한 일반적인 사항은 별도 법률로 제정하고 그 외 세부사항은 조례로 규정하도록 각 지자체에 자율성을 부여해야 한다.

4. 발전과제

지방자치발전위원회에서 추가적으로 논의되어야 할 기관구성형태 다양화의 미래 발전 과제는 크게 기관구성의 모형(안)별 기관 간 권한·책임의 구체화 방안과 다양한 모형(안)의 지자체 실시방안 마련이다.

1) 기관구성모형(안)별 기관간 권한·책임 구체화

단체장 권한 분산형(모형2)의 개편안은 부단체장과 감사위원장 및 행정위원

---

14) 미국의 경우 인구 2만5천명 이하의 지방정부 중 60% 이상이 Council-Manager Model 채택.

회위원장이 의회의 동의를 받아 단체장이 임명하도록 하고 있다. 따라서 부단체장, 행정위원회(감사, 인사 등) 위원장(위원) 임명시 의회의 동의 방법·절차에 대한 구체화가 필요하다. 재적의원 과반수 출석에 출석의원 과반수 찬성 여부와 같은 의결정족수, 인사청문회 도입 여부 등 의회 동의 방법이나 절차에 대해서는 추가 논의가 필요하다.

의회중심형모형(모형3)의 경우 책임행정관은 개방형 직위로 자치단체의 최고 행정책임과 권한을 부여받고 의회에서 최종 결정된다. 책임행정관 선임은 조례에서 정한 기준과 절차에 따른 바 선임 시 의회 의원의 정치적 영향을 배제할 수 있는 방안의 마련이 필요하다. 또한 개방형 임용제도와 직위공모제 등 요건이 준용되는 책임행정관의 자격요건 및 책임행정관 확보방안[15]마련도 필요하다. 그 밖에 책임행정관의 해임 요건 중 관련 법 개정이 필요한 주민소환제도의 적용 여부도 검토가 필요하다. 현행 지방자치법과 주민소환에 관한 법률에 따라 주민소환의 대상은 선출직 지방공직자로 책임행정관의 주민소환 적용 시 관련법 개정이 필요하기 때문이다.

2) 기관구성모형(안) 실시방안

현 지방자치단체의 기관구성 형태를 사실상 절충형적인 의회 단체장 관계로 개혁하기 위해서는 먼저, 실시 시 모형 선택 방법 — 인구규모, 형태(도시형, 도농복합형 등)에 따라 실시 모형을 다르게 제시할 것인지, 또는 주민이 모든 모형에 대해 자유롭게 선택하게 할 것인지에 대해서는 추가 논의가 필요하다.

또한 기관구성 형태 전환에 따른 주민투표 비용 보전 등 인센티브 마련방안 등 세부방안(시안)을 보완하여 구체적 추진방안을 마련하기 위해 TF 구성 및 운영을 통해 추가 논의사항을 보완, 반영하고 지자체, 분권단체 등 관계기관을 대상으로 한 의견수렴도 필요하다.

무엇보다도 기관구성 다양화 제도 도입을 위한 법제화 방안 마련이 중요하

---

15) 행정책임자로서의 전문가 양성기관을 운영하는 나라도 있다. 미국 ICMA(International City/ Count Management Association): 책임행정관 또는 관리관 등의 이익을 대표하고 회원들에게 교육 및 네트워킹 기회를 제공하는 민간기관으로 미국 지방정부에서 인정하고 있는 행정책임자 인증제도 운영

다. 법률 제·개정(안), 법률 명칭 등 구체적인 법제화 방안에 대해서는 추가적인 논의가 필요하다. 기관구성형태의 다양화는 중앙-지방정부간 관계에 영향을 받는다. 중앙과 지방자치단체의 대등하고 협력적인 관계 형성 및 지방자치단체의 자율성 확대와 내실화 속에 기관구성 형태의 다양화로 지방자치 발전의 패러다임 전환의 계기가 되어야 한다. 따라서 거시 정치적 차원에서 주민과 의회, 학계 등 기관구성형태와 연계된 관련자 간의 다양하고 유기적인 검토가 필요하다.

| 참고문헌 |

김찬동 (2014). 지방의회제도의 재설계. 2014년도 한국지방자치학회 하계학술대회 발표논문.

김찬동 (2015). 지방자치발전위원회 지자체기관구성형태다양화추진 실행추진방향.

안영훈 (2015). 지방자치단체의 기관구성 다양화 방안.

이규환 (2013). 한국지방행정학. 서울: 법문사.

이관행 (2010). 다양한 지방자치단체의 기관구성 방안에 관한 연구, 강원법학 30.

임승빈 (2013). 지방자치론. 서울: 법문사.

조창현 (2005). 지방자치론. 서울: 박영사.

지방자치발전위원회 (2014). 지방자치발전 종합계획.

지방자치발전위원회 (2015). 지방자치발전위원회 활동 자료집(1기).

지방자치발전위원회 (2016). 2016년 지방자치발전 시행계획.

행정자치부·지방자치발전위원회·한국지방행정연구원 (2015a).

행정자치부·지방자치발전위원회·한국지방행정연구원 (2015b). 지방자치 패러다임 전환.

최현선 (2015). 지방자치단체 기관구성형대 실시를 위한 개편 "모형3 의회중심형"의 구체화
　　　방안 연구.

한국지방행정연구원 (2014). 지방자치발전 종합계획 수립연구.

7

지방의회 활성화 및 책임성 제고

김 순 은

1. 문제제기

　우리나라의 지방자치 역사가 가지는 의의는 지방의회의 발달과정을 통해 정확하게 파악될 수 있다. 지방자치는 지역의 민주성을 확보한다는 이념을 추구한다. 지역의 민주성은 주민의 대표가 공정하게 선거로 선출되고 지역의 다양한 이익이 적절히 반영되도록 조정함으로써 확보된다. 이러한 관점에서 지역주민의 대표기관은 지방의회로 볼 수 있으며, 우리나라의 헌법 역시 지방정부의 장에 관해서는 규정하지 않음에도 불구하고 지방의회의 설치에 관해서는 따로 규정하고 있다.

　역사적으로 볼 때 1948년 제헌헌법과 1949년 지방자치법에 따라 최초로 실시된 지방자치 선거에서도 지방의회는 주민의 직접선거에 의하여 구성되었지만 지방정부의 장(당시 읍·면장)은 지방의회에서 간선제로 선출하였다. 1961년 지방자치가 중단된 후 1991년 지방자치가 30년 만에 재개될 때에도 지방정부의 장은 임명제로 유지하고 지방의회만을 새롭게 구성하였다. 지방정부의 장이 직접 선거로 선출된 것은 그로부터 3년 뒤인 1995년 부터이다.

우리나라의 지방자치가 지니는 또 하나의 역사적 특징은 70-80년대 민주화 운동과 밀접하게 관련되어 있다는 점이다. 당시 민주화 세력은 대통령 직선제의 실시와 더불어 지방자치의 재개를 우리나라의 민주주의 발전을 위한 가장 중요한 실천방안으로 인식하여 이를 강력하게 요구하였다. 선거를 통해 지방정부의 장이 선출되고 지방의원에 의해 지방정부가 구성되지 않는 한 정권교체는 어렵다는 인식이 강했기 때문이다(김순은, 2015a).

당시 이러한 정치적 상황으로 인해 지방자치의 제도적 설계에 대한 충분한 논의가 이루어지지 못하였고 내무부의 제안대로 극강시장-극약의회의 구조를 지닌 지방정부가 출범하게 되었다. 지방자치의 재개에 소극적이었던 내무부는 지방정부의 장을 임명직으로 유지하면서 그 권한을 강화시키기 위한 제도를 도입하였다. 이로 인해 부과된 제도적 한계는 현재까지 지방의회를 활성화하는 데 걸림돌로 작용하고 있다. 1995년 지방정부의 장이 선출직으로 전환되었음에도 불구하고 극강시장-극약의회의 정부구조는 커다란 변화 없이 현재까지 지속되고 있다.

2. 실태(현황 및 문제점을 중심으로)

지방자치와 관련된 제도적인 한계에도 불구하고 1991년 재구성된 지방의회는 우리나라의 민주주의와 지방자치의 발전에 크게 기여하였다. 지방의회를 구성하기 위한 선거만으로도 커다란 변화가 나타나기 시작하였다. 대통령과 국회의원만 선출하던 유권자가 지역의 일꾼인 지방의원도 선거로 선출함으로써 유권자의 선거권이 확대되었다. 지방선거의 과정은 유권자들의 민주의식을 함양하는 계기가 되었다.

지방의회의 출범으로 1961년 이후 지속되어 온 관치적 지방행정에 변화가 나타났음에도 불구하고 지방자치법의 태생적 한계와 지방의원들의 경험 부족 및 사명감 결여로 인해 현재까지 많은 문제를 노정하고 있다. 이를 상론하면 아래와 같다.

1) 극강시장-극약의회의 지방정부 구조

자유 민주주의를 지향하는 국가들은 대부분 의회주의를 토대로 하고 있다. 중앙정부 수준에서는 의원내각제를 채택하는 한편 지방 수준에서는 기관통합형의 지방정부 구조를 채택한다. 유럽 대부분의 국가들은 기관통합형의 구조 하에서 지방정부의 장을 지방의회에서 선출하고, 이 경우 지방정부의 장은 의전역할을 수행하는 것이 관행이었다. 견제와 균형의 원리 하에 기관분리형을 채택하는 경우는 단체자치의 효율적 집행을 위하여 기관분리형을 채택한 일본과 대도시를 중심으로 기관분리형이 도입된 미국이 해당될 뿐이다.

우리나라 지방자치는 정치적 상황으로 인해 지방정부의 장의 권한이 지방의회가 견제할 수 없을 정도로 강한 극강시장-극약의회 구조를 채택하였다. 지방정부의 장은 지방의회의 의결 사항이 월권, 법령의 위반 또는 공익 위배에 해당된다고 판단되면 재의요구를 할 수 있다. 뿐만 아니라 지방의회의 의결이 법령에 위반된다고 인정되면 대법원에 소를 제기할 수도 있다. 또한 지방정부의 장은 지방의회가 예산상 집행할 수 없는 예산을 의결하는 경우 그에 대하여 재의를 요구를 할 수 있다. 게다가 지방정부의 장은 지방의회가 성립되지 않거나, 지방의회를 소집할 시간적 여유가 없는 경우 주민의 생명과 재산보호를 위하여 지방의회의 의결을 기다리지 않고 선결 처분할 권한도 가진다. 지방정부의 장은 지방정부의 예산을 편성할 권한 또한 있다. 지방의회의 예산심의와 의결에 증액이나 새로운 비목이 포함될 경우 지방정부의 장의 동의를 구하도록 규정한 것도 지방정부의 장의 권한을 강화시키는 제도에 속한다.

지방정부 장의 권한은 집행부 내에서도 강력하다. 지방정부의 장은 지방행정의 사무를 총괄하기 때문에 지방정부의 인사와 조직 및 예산에 대한 제왕적인 영향력을 가진다. "제왕적 단체장"이라는 용어도 지나친 표현이 아니다.

특히 지방정부의 장의 인사권이 비판의 대상이 되고 있다. 지방행정 내에 설치된 인사위원회가 소기의 목적대로 작동되지 못한 채 지방정부의 장이 공무원의 인사권을 전횡하고 있다. 그 결과 지방선거의 공무원 줄서기와 승진을 둘러싼 부패가 나타나고 있다. 무엇보다도 지방정부의 장이 지방의회에서 근무하는 공무원에 대한 인사권까지 가지고 있기 때문에 견제와 균형의 원리에 기초한 지방 민주주의의 구현은 한계를 보일 수밖에 없다(김순은, 2015b). 1991년 지방의회가 재출범한 이후 지방의회는 공무원에 대한 인사권의 독립을 꾸준히 요구하였으나 현재까지 실현되지 못하고 있다.

2) 선거제도의 문제점

지방의원은 지역주민을 대표한다. 올바른 선거제도는 선거의 정당성 및 주민의 대표성을 확보하기 위한 선결조건이다. 선거제도에는 다양한 내용들이 포함되어 있으나 선거구 획정과 공천제도가 그 핵심이라 할 수 있다.

현재 광역의원 선거에서는 소선거구제도를, 기초의원선거에서는 중선거구제도를 각각 채택하고 있으며 공히 10%의 비례대표제를 병용하고 있다. 소선거구제도에 의한 광역의회 선거는 여타의 선거와 같이 지역성이 뚜렷하게 반영된다. 선거행태에서 지방색이 반영되는 소선거구제도로 인해 지방의회 내에서 정당간의 경쟁적 토론이 어려워지고 그 결과 지방의회의 책임성이 저하되었다. 2005년 도입된 기초의원 중선거구제도로 당선인의 소속 정당이 다양해진 사실이 이를 반증한다(김순은, 2010). 광역 및 기초단체의 비례대표제는 여성의원의 참여를 제고하였으나 비례대표의 비율이 아직도 낮다는 점에서 한계가 있다는 비판을 받고 있다.

지방선거와 관련하여 가장 이슈가 된 것이 정당공천제도이다. 현대정치가 정당정치이기 때문에 선거과정에 정당이 관여하는 것은 지극히 자연스런 현상이다. 우리나라는 1991년 지방의회가 부활하면서 광역의원에게도 정당공천을 허용하였지만 기초의원은 여전히 정당공천에서 배제되었다. 그러나 2005년 기초의원 선거에서 중선거구제도가 도입되면서 기초의원에게도 정당공천이 허용됨에 따라 현재는 모든 지방선거에서 정당공천이 허용되고 있다.

정당정치가 지니는 장점에도 불구하고 우리나라 지방선거에서 정당공천은 몇 가지 커다란 문제가 있다. 무엇보다도 지역선거의 폐단을 지적할 수 있다. 특정 지역에서 특정 정당의 공천이 곧 당선을 의미하는 지역선거의 폐단이 지방선거에서도 재현되고 있다. 이러한 지역에서는 특정 정당의 공천경쟁이 지방선거의 경쟁보다도 치열하기 때문에 공천을 받는 과정에서 부조리가 나타나기 쉽다.

정당공천의 부조리는 하향식 정당공천의 산물이기도 하다. 우리나라의 지방의원 후보의 공천은 영국과 같이 해당 지역의 당원들이 후보자를 결정하는 체제가 아니라 실질적으로 해당 지역구 국회의원이 담당하기 때문에 해당 국회의원의 의향에 따라 공천이 결정되는 구조이다. 지방의원 후보들의 역량이나 자질보다는 국회의원과의 개인적 관계가 더욱 중시되는 상황 하에서는 금품수수나 자격미달의 후보공천 등의 부조리가 발생하기 쉽다(김순은, 2015b). 공천권을 가진 국회의원과 지방의원의 관계는 국회의원들이 지역정치에 관여하는 통로가 되어 지방자치의 건전한 발전을 저해하였다. 그들의 상하·복종관계로 인해 국회의원 선거 시 지방의원들이 국회의원 선거운동원으로 활동하기도 하였다.

3) 지방정부의 장에게 귀속된 사무기구의 인사권

1991년 지방의회가 재출범하면서 나타난 가장 비합리적인 제도는 지방의회 사무기구에서 근무하는 공직자에 대한 인사권을 집행부의 장에게 귀속시킨 것이다. 기관통합형의 지방정부는 의결기관과 집행기관이 동일하기 때문에 집행부의 공무원들이 지방의회를 보좌하더라도 문제가 되지 않는다. 그러나 기관분리형의 지방정부에서는 견제와 균형의 원리가 작동되어야하기 때문에 집행기관의 공무원들이 지방의회를 보좌하는 것은 기본원리에 위배되는 것이다. 집행기관의 장이 지방의회에서 근무하는 공무원들에 대한 인사권을 행사하기 때문에 지방의회 공무원의 소속감이 약해졌고 근무의욕 역시 저하되었다. 아울러 지방의회 공무원들을 통하여 지방의회의 활동정보가 사전에 집행기관에 유출되어 지방의회의 전략에 차질을 빚는 문제도 발생하였다.

지방의회가 출범한 이후 지방의원들이 가장 강력하게 시정을 요구한 것은 사무기구 공무원들에 대한 인사권의 독립이었다. 상기의 문제점을 고려하면 지방의원들의 요구는 매우 타당한 것이었다. 중앙정부도 지방의회의 의견을 수렴하여 초기에는 지방의회에 협의권을 부여하였다가 이후 이를 추천권으로 개선하였다. 요구가 지속되자 2006년에는 별정직, 기능직, 계약직 사무직원에 대한 인사권을 사무기구의 장에게 위임하는 등 인사권을 개선하였으나 인사권의 독립으로는 이어지지 못하고 있다.

4) 지방의원의 사명감 부족

지방자치의 제도적 요인뿐만 아니라 지방의원의 행태적 요인도 지방의회의 활성화를 저해하였다. 지방의원은 지역 정치가이면서 동시에 봉사자의 성격을 가지고 있다. 1991년 지방의회가 명예직 제도로 출범했던 배경에는 지방의원의 봉사적 성격에 대한 강조가 있었다. 그러나 시간이 경과됨에 따라 명예직 지방의회는 전문직 상근의회에 근접해지고 있다. 2006년도부터 월정수당제도가 도입되어 경제적 급부가 크게 증가하였기 때문이다.

그런데 지방의원의 의정활동은 그에 부응하지 못하여 아직까지도 지방의회의 무용론이 제기되고 있는 실정이다. 지방의원들이 지역에 대한 봉사와 공익보다는 사익추구의 유혹에 빠져 각종 이권에 개입하는 사례가 끊이지 않고 있다. 지방의회의 선거가 끝난 뒤 의장단 선거가 있을 때마다 반복되는 의장단 선거파동도 이러한 맥락의 현상으로 볼 수 있다. 지역의 봉사자라는 기본적인 철학보다는 개인의 정치적 출세 목적에 의한 파행적 사고가 지방의회의 신뢰를 떨어뜨리는 주된 원인이 되어 왔다. 매년 몇 차례 실시되는 국내·외 연수가 관광성으로 변질되는 사례를 이러한 맥락에서 파악할 수 있다.

5) 지방의원의 전문성 부족

지방의회의 또 다른 문제는 지방의원의 전문성이 부족하다는 점이다. 지방의원들이 정책이슈에 관한 전문성이 부족하다보니 지방의회에서의 논의가 피상적으로 이루어진다. 그 결과 집행부에 대한 의미있는 반박이 이루어지지 못하고 집행부의 정책적 대안을 그대로 승인하는 고무도장(rubber stamp)이라는 비판을 강하게 받아 왔다.

일반적으로 전문성은 크게 두 가지 차원에서 논의할 수 있다. 첫째, 특정분야에 관한 높은 수준의 심층적이고 과학적인 지식을 전문성이라고 할 수 있다. 의학, 법학, 간호학, 사회복지학 등 특정 분야의 지식을 겸비하고 있으면 실체적 전문성이 높다고 할 수 있다. 둘째, 특정분야를 분석하고 이해하기 위한 행태적 특성을 의미하기도 한다. 이때 전문성은 특정사안에 대한 접근방식을 의미하는 최고의 노력수준을 지칭하기도 한다. 일상생활에서 "프로다워야 한다"는 표현은 바로 이러한 절차적 전문성을 의미한다. 지방의원에게 요구되는 전문성은 후자의 전문성이라고 할 수 있다. 물론 전자의 전문성을 갖추고 있으면 더할 나위 없이 바람직하지만 국회의원에게도 요구하지 않는 전문성을 지방의원에게 요구한다는 것은 이치에 맞지 않는다.

다만 지방의원들은 후자의 전문성을 갖추어 매사 지방의회의 업무에 최선을 다할 것이 요구된다. 특정 정책 사안에 대한 분석과 이해를 위하여 자문, 연구와 연수, 현지답사 등의 다양한 노력을 다하여야 하는데 이렇게 노력하는 지방의원의 수는 매우 적다. 국내·외 연수가 관광성 연수로 변질되는 것도 후자의 전문성 부족과 맞물려 있다.

3. 추진상황[1]

박근혜 정부의 출범 이후 제정된 「지방분권 및 지방행정체제개편에 관한 특별법」에 따라 지방분권 및 지방자치의 발전을 위하여 지방자치발전위원회가 구성되었다. 지방자치발전위원회는 동법 제14조(지방의회의 활성화)에 따라 자치입법권을 강화하기 위하여 조례제정 범위를 확대하는 등의 필요한 법적 조치를 취하여야 하며, 지방의회의 심의·의결권을 확대하는 등 지방의회의 권한 강화와, 지방의회 소속 공무원 인사에 관한 지방의회 의장의 독립적인 권한 강화를 위한 방안을 마련하여야 한다.

이에 따라 지방자치발전위원회는 순차적으로 지방의회의 활성화와 책임성 강화를 위한 조치를 취해 왔다. 첫째, 지방의회의 전문성 강화를 위하여 (1안) 광역의회에 입법정책실을 (확대)설치하였고 기초의회의 총 정원 범위 내 전문위원(임기제 공무원)을 1~2명 증원하였다. (2안) 또한, 광역의회에 입법정책연구비를 신설하여 의원 1인당 일정한도 내에서 전문가 활용경비를 지원하는 안을 의결하였다.

둘째, 지방의회의 인사권 강화를 위하여 ① 지방의회 사무직원의 인사권을 지방의회 의장이 행사하도록 하였고, ② 의회사무처장(국·과장)은 의장 추천에 따

---

1) 본 절은 지방자치발전위원회 내부자료를 중심으로 작성되었음.

라 단체장이 임명하는 현행을 유지하되, ③ 자치단체가 단계적으로 전문위원을 임기제(舊계약직) 공무원으로 전환하도록 함으로써 의장에게 인사권을 부여하였다. ④ 또한 장기적으로 지방의회에 의회직렬의 신설을 추진하는 안이 의결되었다.

셋째, 지방의회의 자주입법권 강화를 위하여 법조문을 '법령의 범위' 내에서 '법령을 위반하지 않는 범위' 내(헌법 제117조,지방자치법 제22조 개정)로 개정하였고, 법령에서 조례로 위임한 사항을 다시 대통령령, 부령으로 규정하는 사례를 방지하기 위한 안(지방자치법 제22조 ②항 신설) 등에 대한 의결이 이어졌다.

넷째, 행정감사의 실효성을 높이기 위하여 지방의회가 시정요구의 처리결과를 보고 받은 후, 보고 내용에 대해 추가 조치가 필요하다고 판단할 경우에는 지방의회가 필요한 조치를 취할 수 있도록 권한을 부여하는 안(지방자치법 제41조의2 ③항 개정) 등이 의결되었다.

다섯째, 지방의원의 윤리의식을 고양할 목적으로 겸직금지의 규정안에 대한 의결도 이루어졌다. 규정 안에는 지방의회의원은 해당 지방자치단체가 출자·출연(재출자·재출연 포함)한 기관·단체 또는 해당 지방자치단체의 사무를 위탁받아 수행하고 있는 기관·단체의 대표, 임원, 상근직원 및 위원이 될 수 없다는 내용을 담고 있다.

4. 발전과제

1) 자주입법권의 강화

극강시장-극약의회의 지방정부 구조를 개선하기 위해서는 무엇보다도 지방의회의 자주입법권을 강화하여야 한다. 지방의회는 지방의 입법기관으로서 높은 수준의 형성권을 보유하여야 한다. 그런데 우리나라의 지방의회는 중앙정부의 법령은 물론 지방정부의 장의 거부권 행사 등에 의해 자주입법권이 크게 제약되고 있다. 특별법에 의하여 지방정부의 기능이 제약되고 있고 지방자치법의 제22조의 규정에 따라 주민의 권리도 제약된다. 또한 국민에게 새로운 의무를 부과할 경우 상위 법령의 위임이 요구된다. 지방의회가 제정한 조례의 실행을 담보하기 위한 벌칙부과도 행정벌인 과태료에 한정되어 있고 형사벌은 부과할 수 없도록 되어 있다.

향후 보충성의 원리에 의하여 지방정부 기능이 강화될 전망이다. 지방정부의 기능이 확대되면 지방의회가 제정하여야 할 조례의 범위도 증가한다. 법률에 위반되지 않는 범위 내에서 조례의 제정권을 확대하고, 일정한 범위 내에서 형사 및 조세권을 확보하는 것이 지방의회의 자주입법권을 강화하는 방안이 될 수 있다.

2) 사무기구의 인사권 독립

지방의회의 활성화를 촉진함과 동시에 지방의회의 책임성을 제고할 수 있는 최선의 제도적 방안은, 지방의회를 행정적·전문적으로 보좌하는 사무기구의 인사권을 지방의회에 귀속시키는 것이다. 우리나라의 지방자치법은 지방의회와 지방정부의 장을 직접선거로 선출하는 기관분리형의 구조를 채택하였다. 기관분리형의 지방정부 구조는 견제와 균형의 원리 위에 설계되어야 한다는 것이 정치학적인 기본원리이다. 그럼에도 당시의 정치적 상황으로 인해 지방정부의 장이 지방의회 사무기구의 인사권을 행사하는 형태의 기형적 구조가 나타났다. 이러한 기형적인 형태를 수정하고 정석을 세우는 일은 더 이상 지체될 수 없다.

경로의 의존성으로 말미암아 일단 제도가 도입되면 비록 그것이 비정상적인 내용이라도 개정하기는 쉽지 않다. 이 제도로 인해 사무기구의 장에 대한 직위도 집행부서의 인사관리 대상이 된다. 따라서 이를 독립시킬 경우 집행부 공무원의 직위가 하나 없어지게 되므로 집행부와 행정자치부는 사무기구의 독립에 적극적으로 반대하고 있다.

그러나 이러한 정치적 상황을 고려하여 해결책을 강구한다면 오히려 지방의회 사무기구의 인사권을 지방의회로 돌려주기 위한 방안을 쉽게 찾을 수 있다. 현실적인 대안으로 지방정부와 집행부 간에 신사협정을 추진하여 향후 일정한 기간 동안 집행부 직위의 수가 감소하지 않게 제한하는 것을 들 수 있다. 지방의회가 집행부의 고위 공무원을 지방의회 사무기구의 장으로 일정기간 임용하는 것에 대해 합의함으로써 집행부의 반대를 극복할 수 있을 것이다.

2030년이 되면 고령화와 인구의 감소로 인하여 군자치제를 현재와 같은 형태로 유지하는 것은 불가능할 것으로 예상된다. 고령화와 인구의 감소가 급속하게 진행되는 지역에서는 지방정부 구조를 기관통합형으로 개정하는 것도 적극적으로 검토하여야 한다. 이런 경우 지방의회 사무기구의 인사권 문제는 자연스럽게 해결될 수 있다.

3) 지방의회의 의회·감사직렬의 신설

지방의회 사무기구의 인사권 독립과 함께 고려하여야 할 것은 지방공무원 내 의회·감사직렬의 도입이다. 현재 지방의회에서 근무하는 공무원들은 지방정부의 장의 명령에 따르고 있다. 인사명령이 자의 또는 타의에 따라 이루어지기 때문에 사무기구의 인사권이 독립되면 대부분의 공무원들은 집행부로의 복귀를 희망할 것으로 보인다. 이럴 경우에 대비하여 지방의회의 의회직렬의 도입을 검토하여야 한다. 더불어 집행부의 현행 감사제도를 개선하고 동시에 지방의회의 감사기능도 제고하기 위하여 지방의회의 감사직렬을 도입할 것을 함께 제안한다.

4) 정당공천의 유보

현대정치가 정당정치에 토대를 두고 있기 때문에 정당의 선거참여는 매우 당연한 현상이다. 그럼에도 우리나라의 경우 정당의 지방선거 참여로 인한 긍정적 효과에 비해 부정적 효과가 매우 크다는 점을 앞에서 논의하였다. 정당의 민주화가 이루어지지 않은 상황 하에서 하향식 공천은 실질적 공천권자인 국회의원의 의지에 따라 비민주적인 방식으로 이루어지므로 지방자치의 발전을 저해하게 된다.

19세기말 미국에서도 도시기구정치에 있어서 정치계파 등의 부작용이 커지자 이를 해결하기 위한 개혁운동이 등장하였다. 도시 개혁운동의 주된 내용 중의 하나로 지방선거 후보자의 정당표시금지제도(non-partisan election)가 있다. 이 제도는 그 이후 많은 지방정부에서 도입하여 활용하고 있다. 가까운 일본의 경우 대부분의 지방선거에서 정당공천의 효력이 크지 않다. 대부분의 경우 한 명의 후보가 복수의 정당으로부터 추천을 받거나 무소속으로 출마한다. 이러한 현상이 발생한 것은 미국과 일본의 경우 이미 지방선거 과정에서 정당공천의 폐해를 경험했기 때문이다.

우리나라에서도 지방자치의 발전과 지방의회의 활성화를 위하여 정당 내 당비를 납부하는 진성당원이 증가하고 당원들 간의 경쟁 및 선거에 의하여 후보자가 결정되는 상향식 공천이 가능할 때까지 정당공천을 유보하는 것이 바람직할 것이다.

5) 전문 인력의 강화와 정책보좌관제도의 도입

지방정부에 따라 다소 상이하지만 지방정부가 처리하는 대부분의 과제와 행정은 고도의 전문성을 요하고 있다. 건축, 토목, 환경, 사회복지 등 지방정부가 담당하는 행정영역이 고도화됨에 따라 지방의회의 논의도 그에 걸맞는 수준에서 이루어져야 한다. 집행부의 공무원들은 상근직원으로서 다년간의 걸친 근무와 연수 등을 통하여 전문성을 축적한다. 반면 지방의원들은 일정한 임기 내에 비상근으로 근무할 뿐만 아니라 아마추어 정치인이 대부분이기 때문에 다양한 분야의 전문성을 갖추기가 매우 어렵다. 따라서 지방의원들은 의정활동을 수행함에 있어서 전문위원이나 기타 전문가의 정책적 보좌나 자문을 받아야 한다. 현재 지방의회의 사무기구는 주로 행정적 보좌에 초점을 맞추고 있어 정책적인 보좌를 위한 인력이 매우 부족하다.

앞에서 논의한 바와 같이 지방의회 사무기구에 대한 인사권이 독립된다면 지방의회의 전문성이 크게 제고되겠지만 그 이전에 지방의회의 전문 인력이 크게 보강되어야 한다. 광역지방의회가 다루어야 하는 행정 및 예산의 범위와 정책적 깊이를 고려할 때 특히 광역의회에서 정책보좌관의 도입을 적극적으로 검토하여야 한다.

6) 지방의원의 윤리의식 강화

지방의회를 활성화하고 책임성을 높이는 데 있어 최종적 책임은 지방의원에게 있음은 분명하다. 제도가 불완전하고 의정활동의 보좌가 미흡하더라도 지방의원들이 초심을 유지하고 열정을 가진다면 지방의회의 활성화는 가능하다. 반대로 제도가 완전하고 충분한 보좌가 이루어지더라도 지방의원들의 윤리의식이 희박하면 지방의회의 책임성 확보를 담보할 수 없다.

  따라서 지방의원들은 지역의 일꾼으로서 열정과 봉사정신이 필요하다. 지방의원의 신분을 이용하여 각종 이권에 개입하거나 부당한 인사 청탁을 하는 등의 행위를 지양하여야 한다. 제도상 상근직으로 명시하지는 않았으나 이미 유급직에 가까운 월정수당과 의정활동비를 받고 있다는 점을 감안하여 권위적인 행태를 지양하고 지역주민을 위한 봉사자로서의 초심을 잃지 말아야 한다. 지방의원들의 윤리의식이 공고해 진다면 논란이 되어 왔던 관광성 연수 등의 문제는 자연스럽게 해결될 것이고 지방의회가 지역주민의 존경과 믿음을 받게 될 지름길일 것이다.

| 참고문헌 |

김순은 (2010). 기초의회 중선구제의 효과분석. 한국지방자치학회보, 22(3): 27–55.
김순은 (2015a). 지방자치 20년의 평가. 입법과 정책, 7(1): 57–82.
김순은 (2015b). 지방의회의 발전모형. 서울: 조명문화사.

8

교육자치와 지방자치의
연계·통합

육 동 일

1. 교육자치와 지방자치

글로벌화, 인구감소와 고령화, 지방화, 다민족·다문화시대 등으로 표현되는 미래 교육환경의 변화는 지방교육 전반에도 예외 없이 새로운 개혁을 요구하고 있다. 지역이 필요로 하는 다양한 인재를 차별 없이 양성하고 활용해서 지역발전의 주역이 되도록 하는 일은 지역민의 삶의 질을 증진시키고 삶의 기회를 확대하기 위한 전제 조건이다. 그러나 지금까지의 지방교육은 국내·외적 환경변화에 부합하지 못한 채, 집권화된 교육의 틀, 그리고 획일적인 교육의 내용과 방법에서 크게 벗어나지 못하고 있는 것이 사실이다.

교육자치는 지방교육의 다양한 발전을 도모하고, 나아가 주민들에게 자신들의 교육문제를 스스로 결정하고 통제할 수 있는 권리를 보장하는 제도이다. 따라서 '교육자 자치' 내지 '교육관료 자치'로 잘못 이해·운영되고 있는 현 교육자치제를 과감히 청산해야 한다. 이제는 지방교육이 '교육의 주민자치'의 기본 틀로 완전히 새로 태어나야 할 때다. 문제해결의 출발은 지방교육의 토대가 되는 현

지방교육자치의 제도를 근본적으로 개선하는 것이다. 그리고 그 중심에 교육감 선거제도의 개선이 있다.

현 교육행정의 의사결정기구는 지방의회로 통합되었지만, 집행기구는 시·도지사와 별도로 주민직선으로 선출된 교육감이 담당하는 현 제도로는 지방교육에 대한 주민의 책임성 확보는 물론, 지방교육재정의 자주성 달성, 그리고 일반행정과 교육행정간의 협력을 통한 교육서비스의 향상도 기대하기가 어려운 실정이다. 중앙정치의 대리전으로 전락한 지방선거를 통해 함께 선출하는 교육감 직선제는 정치의 개입, 막대한 선거비용, 유권자들의 낮은 관심도 등의 심각한 문제점들이 이미 드러난 바 있다. 지난 선거는 앞으로 교육감 선거가 왜 달라져야 하는지, 어떻게 제도를 바꿔야 하는지에 대해서 다시 한번 경종을 울려주고 있다. 돈이 덜 들면서 일반행정과 교육행정간 정책과 재정의 실질적인 연계가 될 수 있어서 결국 교육자치에 충실할 수 있으려면 이제는 교육감 선거가 근본적으로 달라져야 한다. 선진국의 경우, 나라마다 제도가 다르지만 교육감 선출방식은 교육의 지방분권을 강화하는 방향으로 그리고 교육자치가 지방자치의 큰 틀 속에 자리잡는 방향으로 그 개선이 이루어져 왔음을 참고해야 한다.

지방자치가 실시된 지 25년째가 되어가는 시점에서, 지방자치와 교육자치의 제도적 연계와 조화를 모색하는 것을 비롯해서 교육자치의 틀을 재정비하는 일은 지방자치에 대한 지역민들의 관심과 신뢰를 회복하는 한편, 실질적인 교육분권을 통해 다양하고 창의적인 지방교육의 목표를 달성하는 차원에서도 중요하고 시급한 과제가 되고 있다.

2. 현 지방교육자치의 특징과 문제점

1) 교육자치제도 특징

현재 우리나라의 지방교육행정기관의 구성방식은 이례적이고 기형적이라고 볼 수 있다. 집행기관은 시·도와 시·도 교육청이 분리되어 독립적으로 운영되고 있다. 법규에 따르면, 시·도지사는 지방자치단체의 기관으로 규정(헌법 제118②)해서 지자체를 대표하고 사무 총괄(지방자치법 제101조)하며, 교육감은 시·도의 교육에 관한 집행업무를 총괄(지방자치법 제121조, 지방교육자치에 관한 법률 제18조)하도록 되어 있다.

반면에, 2014. 6. 30.까지 주민의 직접선거에 의해 선출된 교육의원과 시·도의회의원으로 구성하는 교육위원회 운영의결기관은 2014. 7. 1.부터 교육의원 제도가 폐지되어 교육행정의 의결기관인 교육위원회는 시·도의회로 통합 운영되고 있다(제주특별자치도는 교육위원회 존속). 뿐만 아니라, 지방교육자치의 실시단위에서 지방교육행정은 기초자치단체에서는 실시하지 않고, 광역자치단체인 시·도 단위에서만 실시하고 있다.

┃ 표 1 ┃ 외국의 지방 교육행정 체제

(미국): 주 단위는 지방자치와 교육자치를 통합 운영,
　　　　학교구(School District) 단위는 지방자치와 교육자치 분리 운영
(영국): 지방교육행정 및 교육권한을 기초 자치단체에서 수행
(일본): 일반자치와 교육자치 통합 운영
　　　　– 자치단체장은 교육예산 집행권과 교육위원 임명권을 가지며, 자치단체장 중심의 교육자치 형태
　　　　　가 강화되는 추세
(독일): 일반자치와 교육자치 통합 운영(주정부가 교육권한 및 책임 보유)
(프랑스): 일반자치와 교육자치 분리 운영(다만, 사실상 중앙정부의 통제)

2) 기관 분리에 따른 문제점

교육자치와 지방자치제도의 분리에 따른 문제점은 심각하다. 첫째, 교육감 선거의 부작용이다. 막대한 선거비용으로 인한 부정 소지가 계속해서 증가하고 있다. 현재 법적으로 허용된 선거비용은 시·도지사 432억원, 교육감 660억원('10년 지방선거 선거비용의 보전 청구액 기준)이다. 그러나 실제 선거비용은 그보다 훨씬 많이 든다고 한다. 교육감 선거비용 문제와 관련해서 2010년 이후 취임한 교육감 18명 가운데 9명이 검찰 수사를 받거나 감사원에 적발되었다.

그리고 교육감 선거는 교육관련 정책경쟁보다는 전면적인 정당참여 속에 치러지는 전국동시지방선거에 묻혀가고 있으며, 선거 인지도 부족으로 인해 소위 '로또선거'라는 비판을 받아오고 있다. 또한, 교육감과 지자체장을 주민이 직

접선거로 선출함에 따라 현재는 하나의 지방자치단체에 2명의 단체장이 존재하므로 정책 갈등이 곳곳에서 발생하고 있다. 이에 따른 교육자치제도에 대한 개선의 목소리가 높은 상황이다.

둘째, 행정 비효율이 초래되고 있다. 교육행정기관을 별도로 분리·독립시킴으로써 인건비는 물론 사무 관리비용도 증가하고 있다. 교육청은 지자체로부터 재원을 이전 받아 지출하면서도 지자체와의 협력이 미흡하기 때문이다.

셋째, 지방자치의 기본요건 상실이다. 헌법 제118조 ①항에 의하면 지방자치의 기본 요건으로 지방자치단체에 의회를 두도록 규정되어 있다. 하지만 2014. 7. 1.부터는 제주특별자치도만 제외하고 교육위원회가 폐지되고 시·도의회로 통합됨으로써 현행 교육자치는 자치단체의 요건이 상실된거나 마찬가지다.

넷째, 지방분권의 미흡이다. 지방자치단체로부터의 분리된 교육행정기관의 힘은 현저히 약화되며 중앙의 교육행정에 대한 부당한 간섭을 감당하기에는 역부족이다. 오히려 교육에 대한 중앙집권적 교육행정으로 인해 다양성보다 획일적인 지방교육만 양산하고 있는 실정이다.

끝으로, 교육의 정치적 책임이 불분명하다는 점이다. 지자체장은 교육에 권한이 없다는 이유로, 교육감은 지자체장의 지원 부족을 이유로 교육문제에 대해 책임 회피의 우려가 현실로 나타나고 있다. 또한, 교육감 직접선거 제도 등 현 지방교육자치 제도는 헌법이 보장하고 있는 교육의 자주성, 전문성, 정치적 중립성을 오히려 훼손하고 있는 상황으로 문제가 제기되고 있다.

3. 추진상황과 평가결과

2015년 지방자치발전위원회에서 수립한 이행 목표를 보면 다음과 같다. 교육자치와 지방자치의 연계·협력 강화를 위해 시·도−교육청 간 인사교류 활성화 추진(8월~, 행정자치부), 교육 관련 협의회 활성화 추진(~12월, 행정자치부), 시·도와 교육청 간 중기지방재정계획 사전협의 절차 도입(8월, 교육부), 지방교육재정부담금 전출시기 명확화(6월, 행정자치부), 주민참여예산위원회 운영 연계방안 마련(12월, 행정자치부), 연계·협력 강화를 위한 관계부처 협의체 구성·운영(5월~, 교육부), 교육장 공모직위 도입방안이 마련(12월, 교육부)되도록 되어있다.

교육의 지방분권 및 학교 자주성 강화를 위해서 교육부와 교육청 간 이양가능 사무 발굴(~12월, 교육부), 정책연구를 통한 기초단위 교육자치 확대방안 마련(12월, 교육부), 학교운영위원회 활성화 및 지역사회와 협력강화 방안을 마련(12월, 교육부)할 계획이다.

1) 이행상황

지금까지의 이행상황은 다음과 같다. 교육자치와 지방자치 연계·협력 강화를 위해 첫째, 시·도-교육청 간 인사교류가 활성화된 바 있다. 즉 인사교류 대상 직급이 확대(4~6급 → 4~7급)됐고, 지방공무원임용령이 개정('15. 11월)되었다.

둘째, 교육 관련 협의회가 활성화되었다. 교육행정협의회 관련 전 시·도교육청 조례 제정이 완료되었으며 '16년 시·도교육청 평가지표에 협의회 운영 실적이 반영됐다. 참고로, 충북(3. 27.), 충남(10. 30.)은 조례제정을 완료했고, 운영실적 지표를 신설한 바 있다.

셋째, 중기지방교육재정계획 수립 시 사전협의 절차가 도입되었다. 중기계획 수립시 시·도지사와 교육감이 사전협의 절차를 준수하도록 관련 지침을 마련했고, 중기지방교육재정계획 수립 지침을 확정·통보(교육부, 9월)했다.

넷째, 지방교육재정부담금 전출시기를 명확화했다. 교육비특별회계 전출시기 관련 자치단체 조례 제·개정을 권고했고(5월), 12개 시·도 관련 조례 제·개정을 완료('15. 9월)했다. 또한, 교육비특별회계 전출시기 관련 자치단체 조례 제·개정을 독려(10월)한 바 있다.

다섯째, 주민참여예산위원회 운영연계 방안을 수립·시달(11월)했다. 주민참여예산제도 활성화 방안(한국지방행정연구원, '15. 7월)도 마련했다.

여섯째, 연계·협력 강화를 위한 협의체를 구성·운영(7월~)하고 있다. 관계부처 및 유관기관 전문가로 구성된 평생교육, 교육환경 개선사업 등 교육정책 연계·협력협의체가 구성·운영중이다.

교육의 지방분권 및 학교 자주성 강화를 위해 첫째, 교육청으로 이양 가능한 사무 실태 및 수요 조사를 실시(10월~)했고, 둘째, 기초단위 교육자치 확대방안

정책연구를 추진(지방자치발전위원회)하고 있으며, 기초단위 교육자치 확대방안(사단법인 자치법연구원, '15. 9월)을 마련했다. 셋째, 학교 자주성 강화를 위한 학교운영위원회와 지역사회 협력 및 학교운영위원회 활성화 방안 연구가 추진 중이고, 학교운영위원 연수 등이 실시되고 있다.

2) 평 가

그 간의 성과를 평가해 보면, 교육자치와 지방자치 연계·협력 강화 차원에서 첫째, 시·도와 교육청 간 인사교류는 적합 직위 발굴 미흡, 각 기관의 인사교류에 대한 의지 부족 등으로 실적이 저조하다. 둘째, 평생교육, 학교안전 등 정책 협력분야는 여러 부처(행자부, 교육부 등)에 걸쳐 있는 사무로 부처 간 협업이 미비한 실정이다. 셋째, 교육장 공모제 임용은 법령에 근거를 마련한 후 도입하자는 소관부처 의견으로 과제이행이 지연되고 있다고 볼 수 있다.

교육의 지방분권 및 학교 자주성 강화 차원에서는 첫째, 교육부와 교육청 간 사무 재조정은 사무가 이미 충분히 이양되어 추가 사무 발굴에 한계가 있다는 교육부 의견으로 성과 창출이 미흡하다. 둘째, 기초단위 교육자치 확대방안 마련은 소관부처 이견으로 그 추진이 지연되고 있다. 따라서 기초단체 수만큼 교육지원청 신설, 기초의회단위 상임위원회 신설, 교육장 선출문제 등 현행 지방교육자치제도의 근간을 바꾸는 사안으로 재검토할 필요가 있다.

3) 개선·보완 방향

개선·보완 방향을 보면, 첫째, 기존 연계·협력 협의체 운영 내실화, 시·도와 교육청 간 인사교류 활성화 방안이 마련('16년 상반기)되어야 하고, 둘째, 교육장 공모직위 도입 방안 마련('16년 상반기) 및 법제화 추진('16년 하반기)이 필요하다. 셋째, 이미 이양된 사무의 실효성 제고를 위한 하위 법령 정비 및 행·재정 지원 조치가 병행('16년 상반기)되어야 하며, 넷째, 기초단위 교육자치 확대를 위해 지역사회와 연계한 구체적인 프로그램이 발굴 추진('16년 상반기)되는 것이 바람직하다.

4. 지방교육자치제도 발전과제

1) 기본방향

지방교육자치제도의 발전방향은 우선 교육자치와 지방자치의 원활한 일원화를 위해 「선 연계·협력, 후 일원화」로 구분하여 단계적으로 추진하되, 일원화 시 헌법의 가치인 교육의 자주성, 전문성, 정치적 중립성이 확보되어야 한다. 단계별로, 1단계는 연계협력 단계로 인사교류, 재정 연계, 교육권한 명확화 등 현행 제도 개선을 통해 연계 추진될 필요가 있다. 2단계인 일원화 단계에서는 2018년 이후 부터는 교육감 임명, 인사·재정 자율권 부여 등을 통해 교육자치와 지방자치를 일원화해야 한다. 그리고 3단계인 기초단위 교육자치 도입 단계에서는 장기적으로 기초단위에서의 교육자치와 지방자치 일원화하고, 학교 내 자치조직 활성화 등 학교자주성 강화 방안을 마련해야 할 것이다.

2) 연계·협력 추진

연계·협력의 원활한 추진을 위해서는 먼저, 행정 기능 연계가 이루어져야 한다. 구체적으로 첫째, 시·도-교육청간 인사교류가 활성화되어야 한다. 현재 교육청 공무원을 시·도에 일방 파견하는 '교육협력관제도'가 일부 운영되고 있기 때문에 시·도와 교육청간 상호 이해 증진을 통한 연계·협력 강화를 위해 시·도 공무원도 교육청에 파견하여 교류 활성화되도록 개선되어야 한다. 이를 위해 1단계로 교육협력관을 시·도에 미파견한 시·도 교육청의 파견 확대를 추진하고, 2단계로 시·도와 교육청간 상호 인사교류를 통한 실질적 협력을 실시토록 한다.

둘째, 시·도에 교육 전담부서를 확대해야 한다. 현재, 전담부서를 두고 교육 업무를 추진하는 시·도가 증가하고 있으나 아직도 담당(계) 체제로 운영하는 시·도가 잔존하고 있기 때문에 통합부서(교육법무담당관 등) 및 담당 형태로 운영하는 시·도는 교육업무를 분리하여 전담부서 체제(국 또는 과 단위)로 조직·운영토록 개선할 필요가 있다.

셋째, 일반행정과 교육행정 감사를 통합 운영한다. 현재, 제주도를 제외한 전 시·도가 일반행정은 시·도에서 교육행정은 교육청에서 각각 감사를 하고 있다. 앞으로는 직무에 있어 독립된 지위를 가지는 합의제 감사기구(감사위원회)를 설치하고 일반행정과 교육행정에 대한 감사 실시를 통합 운영토록 개선한다. 그러면, 시·도와 교육청 업무는 유사성이 높아 일방행정과 교육행정을 통합하여 감사를 시행하는 데 지장이 없으며 행정의 효율성을 높일 수 있다. 합의제 감사기구(감사위원회)에서 교육행정에 대한 감사를 할 수 있는 법적 근거는 마련(지방자치법 및 지방교육자치에 관한 법률 개정)해 두어야 한다.

넷째, 중복기능 수행 유사 협의회를 일원화한다. 이를 위해, 교육행정협의회, 교육정책협의회, 평생교육협의회, 교육지원사업협의회 등 유사·중복적인 교육 관련 협의회를 통합하고, 교육정책에 대한 종합적이고 융합적인 사항을 논의하는 (가칭) "교육자치정책융합위원회"를 두고 실무분과를 설치 운영한다. 그리고 지방교육자치에 관한 법률 제41조에서 규정하고 있는 '교육행정협의회'를 (가칭) '교육자치정책융합위원회'로 명칭을 변경하고, 지방교육 관련 조정 및 심의 최고기구로 설치한다. 기타 다른 법률이나 조례에서 설치하는 협의회는 분과로 운영토록 한다.

그리고 재정 기능의 연계를 위해서는 첫째, 중기지방재정계획을 연계 수립한다. 현 실태는 지방재정법 제33조(중기지방재정계획의 수립 등)에 의거 자치단체장·교육감은 매년 중기지방재정계획을 수립, 지방의회 보고하도록 되어 있다. 앞으로는 지자체 수준에서 일반행정과 교육분야에 대한 총괄적인 재정계획의 수립을 통해 중기적인 세입과 세출에 대한 효율적 배분이 제고되도록 개선해야 한다. 또한, 중기지방재정계획의 수립 과정에서 교육분야를 반드시 포함해야 할 것이다.

둘째, 예산편성 절차를 연계해야 한다. 일반행정과 교육행정의 총괄적 재정현황을 파악하고 향후 예산 통합의 초석을 도모할 필요성이 크기 때문이다. 교육청은 교육예산요구안을 시·도에 제출하고, 시·도는 시·도 전체적인 시각에서 예산 조정의견을 부기하여 시·도의회에 제출하도록 되어있다. 따라서 교육청이 예산을 제출하는 시점은 시·도의 예산과정에 따라 시·도 각 부서가 예산부서에 예산요구안을 제출하는 때로 맞추는 것이 바람직하다.

셋째, 주민참여예산위원회를 통합 운영한다. 현 실태는 지방재정법 제39조에 의거해서 시·도 및 교육청은 지방예산 편성과정에 주민이 참여할 수 있는 절차를 기관별 조례로 제정하고 기관별 주민의견서를 각각 지방의회에 제출토록 되어있다. 앞으로는 시·도와 교육청이 별도로 운영하는 주민참여예산위원회를 통합 운영토록 개선함으로써 비용 측면이나 효과 측면에서 시너지 효과의 극대화를 도모해 나가야 한다. 그 외에 조례 개정을 통해 주민참여예산위원회의 운영에서 교육을 하나의 분과로 운영하는 방안도 도입할 필요가 있다.

넷째, 국가와 지방자치단체에 대한 교육권한을 재조정할 필요가 있다. 현 실태는 교육의 권한이 본질적으로 누구의 권한인지 명확하게 규정되어 있지 않은 상황이다. 즉 교육의 기회 균등, 교육의 자주성, 학교교육 등의 권한을 국가·지자체 공동으로 포괄적 규정을 하고 있다. 따라서 교육기본법을 개정하여 교육권한을 명확히 구분해야 한다. 즉 교육부는 국가교육제도 수립, 학생의 보건·안전, 교육격차 해소 등의 권한으로 그리고 지방자치단체는 교육 관련 법령 제·개정, 국제법규 관련 사항 등 11개 사무외의 모든 유·초·중등 교육에 관한 행정 권한 등으로 명확히 구분할 필요가 있다.

3) 일원화 추진

교육자치와 지방자치의 일원화 추진을 위해서는 무엇보다 교육감 선출방식을 근본적으로 개선해야 한다. 개선방안으로 세 가지 대안들이 검토되고 있다. 제1안은 「교육감 후보추천위원회」가 교육감후보를 추천하고 의회의 동의를 거쳐 시·도지사가 임명하는 방안이다. 제2안은 시·도지사가 교육감후보를 지명하고 의회의 동의를 거쳐 시·도시가 임명하는 안이다. 제3안은 교육감과 시·도지사 런닝메이트제이다. 각 안들의 특징과 장·단점을 요약하면 다음과 같다.

○ (제1안) 교육감 후보추천위원회 추천-의회 동의-시·도지사 임명
　- (선출방법) 교육감후보 추천위에서 복수의 후보자를 추천하고 시·도지사는 추천 후보자 중 1명을 선택, 의회의 동의를 얻어 임명
　- (교육감 후보추천위원회 구성) 추천위원 구성 및 규모 등 세부사항은 조례로 정함
　- (심의방법) 추천위는 1·2차 심의*후 지자체장에게 추천할 교육감후보 2명 확정

    * (1차 심의) 서류심사 및 교육발전계획서 평가 등, (2차 심의) 정책토론회 등
– (의회 동의) 재적의원 과반수 출석과 출석의원 과반수의 찬성
– (장점) ① 후보자의 자질과 지도력을 공개적으로 검증 가능, ② 시·도지사
    의 개인적 인맥 중심의 인선 최소화, ③ 주민 대표성 확보
– (단점) ① 다소 많은 시간 소요, ② 의회 다수당에 의해 교육감 임명이 결
    정될 가능성이 높음

○ (제2안) 시·도지사 지명-의회 동의-시·도지사 임명
– (장점) ① 시·도지사 중심으로 일관된 교육정책 수립·집행 가능, ② 주민
    대표성 확보
– (단점) ① 후보자의 자질과 지도력 검증 미흡, ② 의회 다수당에 의해 교육
    감 임명이 결정될 가능성이 높음

○ (제3안) 시·도지사 – 러닝메이트제
– (선출방법) 시도지사 후보가 정 후보, 교육감 후보가 부 후보로 단일팀을
    구성하여 등록
– 일반행정과 교육행정이 통합된 상태로서 교육부단체장의 지위를 부여
– (장점) ① 주민이 직접 선출하기 때문에 교육에 대한 통제가 가능, ② 4년
    임기동안 안정적인 교육정책을 독자적으로 운영
– (단점) 교육의 정치적 중립성 훼손과 교육의 전문성 저하 우려

┃표 2┃ 교육감의 자주성, 전문성, 정치적 중립성 확보방안

◆ (자주성) 교육감 임기 보장, 인사권 및 예산 편성권 부여
◆ (전문성) 교육감 교육경력 기준 강화(5년 이상)
◆ (정치적 중립성) 당적 보유 제한 기준 강화(3년 이상)

    둘째, 지역교육지원청 교육장 임용방식이 개선되어야 한다. 현 실태는 교육
공무원법 제58조 및 교육공무원인사관리규정 제14조 제1항에 근거하여 임용권자
의 인사방침에 따라 임명제(53.4%),* 추천제(38.3%), 공모제(6.3%) 등 세 가지 유형으
로 임용되고 있다.

- (임명제) 교육감이 적임자를 직접 임용
- (추천제) 교육장 추천심사위원회가 추천한 후보자 중에서 임용
- (공모제) 교육장 후보자를 공개 모집 후 심사절차를 거치는 방식

그러나 교육장에 대한 임용방식이 법률에 구체적으로 명시되어 있지 않아 임용권자에 의해 자의적으로 시행되는 등 문제점이 많은 것으로 평가된다. 따라서 교육장 임용방식(추천제 또는 공모제)을 법률에 명시해서 개선할 필요가 있다. 제주특별자치도 설치 및 국제자유도시 조성을 위한 특별법 제98조③에서 교육장의 임명에 있어 후보자를 공개모집할 수 있는 근거 규정을 두고 있다. 추천제와 공모제를 실시할 경우 다음과 같은 절차가 바람직하다.

- (추천제) ① 교육장 후보추천위원회 구성(시·도) → ② 서류심사 및 복수의 후보자를 교육공무원인사위원회 추천 → ③ 결격사유 검증(인사위원회) 및 추천 → ④ 임용권자 추천자 중 1명 선택·임명
  ※ 교육장 후보추천위원회 구성 등 세부사항은 조례로 정함
- (공모제) ① 공모 계획 발표 → ② 공모심사위원회 구성 → ③ 서류심사 및 인사위원회에 추천 → ④ 결격사유 검증(인사위원회) 및 추천 → ④ 임용권자가 추천자 중 1명 선택·임명

셋째, 일반행정의 교육기능을 교육기관으로 이관해야 한다. 현재 지방자치단체장이 추진하고 있는 교육관련 업무를 교육감 업무로 일원화하여 행정의 효율성을 도모할 필요가 있다. 즉 지방자치단체장이 추진하는 평생교육, 도서관 업무와 교육관련 자체사업 꿈나무안심학교(방과 후 학생 돌봄/경기도, 학교보안관 제도 운영/서울시) 등을 교육감의 업무로 이관하여 교육의 전문성을 강화한다.

넷째, 예산편성 절차를 연계 유지한다. 교육자치와 지방자치를 일원화하더라도 교육예산에 대한 편성권을 교육감에 부여토록 한다. 다만, 교육청은 교육예산요구안을 시·도에 제출하고, 시·도는 시·도 전체적인 시각에서 예산 조정 의견을 부기하여 시·도의회에 제출하도록 한다.

4) 기초단위 교육자치 일원화 추진

지역 특성에 맞는 지방교육의 활성화를 위해 기초단위에서의 교육자치와 지방자치 일원화가 필요하기 때문에 광역단위에서의 교육자치와 지방자치 일원화를 우선 추진하고, 장기적인 검토를 통해 기초단위로 확대하는 방안을 마련토록 한다.

| 참고문헌 |

육동일 (2015). 지방자치와 국가·지역발전론. 충남대학교 출판문화원.

육동일 (2012). 지방자치와 교육자치의 연계를 위한 교육감 선거제도 개선에 관한 연구. 한국지방자치연구. 14(2): 129-159.

이덕난 (2010). 교육감 직선제 폐지 및 교육·일반자치 통합 논의에 대한 검토. 국회입법조사처, 이슈와 논점.

이덕난·이정진 (2011). 주요국의 교육감 선출제도 및 시사점. 이슈와 논점. 291호.

최영출·정영수·윤유진·이인회·김민희 (2009). 해외 지방교육행정체제에 관한 연구. 한국지방교육연구센터.

최진혁·육동일 (2010). 사회통합과 지방자치 활성화를 위한 지방선거제도 개선방안 도출. 사회통합위원회.

지방교육자치에 관한 법률 일부개정. 2002. 1. 26 법률 제6626호.

지방교육자치에 관한 전부 개정 법률안. 2005. 4. 19.

중앙선거관리위원회 (2014). 교육감선거 결과.

지방분권촉진위원회 (2014). 지방자치발전 종합계획.

지방분권촉진위원회 (2015). 지방자치발전 시행계획.

Lunenburg, F., & Ornstein, A. (2008). *Educational Administration* (5th ed.). Belmont, CA: The Thomson Cor.

Mc Carthy, M, Langdon, C, Olsen, J. (1993). *State Education Governance Structure*. Education Commission of the States.

9

시·군·구 구역 개편

남 기 헌

1. 문제제기

　　자치행정구역은 지방자치단체의 자치권이 미치는 지역적 범위(경계)를 의미
한다. 지방자치제도가 정착하려면 여러 가지 조건들이 성숙되어야 하지만, 자치
행정구역의 적정규모 문제도 매우 중요하다. 이는 능률적이고 합리적인 행정공
간이라야 자치단체의 역할이 증대되며 주민만족의 자치행정을 수행할 수 있기
때문이다.

　　일반적으로 행정구역문제는 시대적인 배경과 해당 국가의 정치·경제·사회·
문화적인 특성에 따라 그 관점 및 양상을 달리한다(최창호, 1980: 17). 우리나라는
1896년 갑오개혁 당시의 지방행정제도를 유지하여 오다가, 시·군(기초자치단체)의
경우 도시와 농촌의 기능적 분리정책 기조를 통해서 군의 중심부를 시로, 외곽을
군으로 분리하였으며, 일부 도의 대도시를 도와 분리하여 광역시(직할시)로 승격
시키는 행정구역의 개편을 단행하여 왔다.

　　이후 우리나라의 행정구역개편(시·군 통합)은 민선자치단체장 시대의 재출범

을 앞둔 1994년과 1995년에 본격화 되었다. 당시 행정구역은 인구·면적·재정규모 면에서 그 격차가 매우 심하고, 계층 또한 다양하여 행정수행에 적지 않은 문제가 촉발되어 왔다. 이는 그간 지속되어온 산업화와 도시화로 인하여 인구의 도시집중현상이 촉발되었을 뿐만 아니라, 교통·통신의 발달로 생활권과 경제권, 그리고 행정권간의 심한 괴리현상이 발생하였으며, 도시와 농촌의 광역적 행정수요에 대한 해결책 미비, 재정력 양극화 등으로 경쟁력 저하를 가져왔다(남기현, 1998: 1). 정부는 이러한 문제점을 해소하고 주민생활편익증진 및 삶의 질 향상, 규모의 경제 실현, 미래 성장기반 마련, 효율적인 자치행정수행 등을 위하여 시·군·구 통합을 추진하게 된 것이다(지방자치발전위원회, 2015a: 127).

이후 지방자치제도가 전국에 전면적으로 도입된 지 20여년이 지났지만 아직도 자치단체 규모(면적, 인구, 예산)의 편차로 인한 대응책을 논의하는 과정에서 자치단체 통합 문제가 주요 논의과제로 부각되고 있는 것이 현실이다. 박근혜정부도 대통령소속 지방자치발전위원회에서 '시·군·구 통합 및 통합 지자체 특례 발굴'을 주요과제로 선정하여 행정구역재편에 노력하여 왔다.

이하에서는 지나온 통합과정을 살피고 지방자치발전위원회 설치 이후의 통합 추진상황 및 발전과제를 중심으로 살펴본다.

2. 시·군·구 통합의 실태

1) 개 요

정부는 시·군·구의 지리적 조건, 인구규모, 생활권과 경제권의 여건, 지역의 특수성, 역사적 문화적 동질성, 통합 후 발전가능성 등을 고려하여 통합을 추진하도록 하고 있다. 또한 특별시 및 광역시의 관할구역에 있는 구 중에서 인구 또는 면적이 과소한 구의 통합을 유도하고 있다.[1]

그간 우리나라 시·군·구 통합은 도시와 농촌 지역의 통합을 기조로 대략 다섯 차례의 통합이 진행되었다. 첫 번째 통합(1994-1995)은 전국의 41개 시와 38개

---

1) 지방분권 및 지방행정체제개편에 관한 특별법, 제19조·제22조.

군을 통합하여 40개의 통합시를 출범시켰다. 두 번째 통합(1997)은 1차 통합과정에서 실패한 여수시, 여천시, 여천군이 주민주도의 통합을 성사시켰다. 세 번째 통합(2005)은 제주도의 제주특별자치도로의 승격을 위한 통합이다. 네 번째 통합(2010)은 마산시, 창원시, 진주시의 통합이다. 다섯 번째 통합(2012-2014)은 청주시와 청원군의 통합이다. 이하에서는 당시 적용되었던 통합원칙, 통합관련법 및 주요특례, 통합현황, 통합과정의 문제점 등을 중심으로 기술한다.

2) 통합원칙

1995년 시·군 통합 당시 내무부가 발표한 통합의 기본원칙은 주민의견조사와 지방의회의견 청취를 통해서 통합여부를 결정한다는 것이다. 주요 원칙을 보면 첫째, 통합여부는 지역주민의 의사를 최대한 존중하여 결정한다. 주민의 의사 수렴방법은 정례반상회에서 주민의견 일제조사를 실시한다. 다만 시·군 통합작업이 진행되고 있는 중간에 주민투표 절차법이 제정되면 시기 등을 고려하여 그 적용여부를 결정한다. 둘째, 통합지역의 지위는 시로 하되, 도·농 통합형으로 추진한다(시에 읍·면을 두고 종래 농촌지역으로 누리던 특례 인정하기 위함). 셋째, 통합이 되더라도 통합시에는 국 설치와 기구인력보강, 과대 동 분동의 조치 등으로 공무원의 신분을 절대 보장한다. 넷째, 통합시의 재정확충을 위해서 특별대책을 강구한다. 다섯째, '95년도 단체장선거 실시를 감안, 통합작업을 연내에 완결한다(내무부; 남기헌, 1998: 12) 등이 제시되었다.

또한 여수시와 여천시, 여천군의 통합과정은 주민주도의 통합으로 주민투표법이 제정되지 않은 상황에서 주민투표를 통한 통합결정을 인정하였으며, 각종 통합 혜택은 그대로 유지하였다. 제주도 통합의 경우 제주특별자치도의 출범에 걸맞게 각종 인센티브와 지원을 약속했으며(제주특별자치도법 참조), 주민투표결과를 적용하기로 하였다.

마산시와 창원시, 진해시의 통합과정은 2010년 지방선거를 앞두고 정부의 자율통합정책에 따라 진행되었다. 통합 창원시는 주민투표를 생략한 채 지역별 여론조사의 결과를 인정하는 형식을 취했다. 청주시와 청원군의 통합과정은 청주시는 지방의회의결로 통합의사를 결정하고, 청원군의 경우는 찬·반 의견이 팽

팽하여 주민투표방식을 선택하여 통합여부를 결정하였으며, 청주시설치법에 추가 지원 조항을 명시하였다.

3) 통합 관련법 및 주요특례

(1) 통합 관련법

정부는 시·군·구 통합의 방식과 통합에 필요한 주요내용을 담은 법률 및 내부규정을 제정하여 자치단체의 행정구역통합을 지원하여 왔다.

첫째, 자치단체(시·군·구)의 통합은 법률로 정하고, 통합방식은 지방자치법과 주민투표법을 적용하였다. 즉, 지방자치법은 '통합을 하고자 하는 자치단체는 소속 지방의회의 의견을 들어야 하고, 주민투표를 통해서 통합절차를 수행할 경우 지방의회의견을 듣지 않아도 된다'고 명시하고 있다.[2]

둘째, 처음으로 실시한 도·농 통합은 1995년에 제정된 '도·농 복합형태의 시 설치에 따른 행정특례 등에 관한 법률'을 적용하였다. 2010년 10월에는 '지방행정체제개편에 관한 특별법' 및 통합 특례규정을 신설하여 시·군·구 통합 및 지방행정체제 개편에 대한 의지를 강화하였다. 박근혜정부는 2013년 5월에 '지방분권 및 지방행정체제개편에 관한 특별법'을 제정하여 시·군 통합시 설치 및 특례 주요내용을 담아서 통합지원의 근거로 제시하고 있다.

셋째, '지방교부세법', '지방자치단체의 행정기구와 기구정원기준 등에 관한 규정' 등에도 통합에 관한 내용을 규정하고 있다.

(2) 주요특례

통합자치단체에게 지원되는 주요특례는 1995년에 제정된 '도·농 복합형태의 시 설치에 따른 행정특례 등에 관한 법률'에 명시된 내용과, 2010년도에 제정된 '지방행정체제 개편에 관한 특별법'에 규정한 특례내용이나, 지방분권 및 지방행정체제개편에 관한 특별법에 명시된 특례내용이 대동소이하다.[3] 또한 '지방자

---

2) 지방자치법 제4조, 주민투표법 제8조 참조.
3) 주요 특례내용은 관련법과 본문 '3. 시·군·구 통합 추진상황 4) 통합 지방자치단체 주요특례' 내용을 참조.

치단체의 행정기구와 기구정원기준 등에 관한 규정' 제32조는 '통합시 설치 등에 따른 한시기구 등에 대한 특례'도 명시되어 있다. 즉, 통합시의 경우 관계규정에 따라 한시기구를 설치하고 한시정원을 운영하는 기간을 통합 후 8년의 범위 내에서 지방자치단체 조례로 제정하여 운영하도록 하였다.

4) 통합 현황

첫 번째 시·군(도·농)통합은 내무부 주관으로 1994년부터 1995년 사이에 진행되었다. 제1차 통합대상으로 총 47개 시와 43개 군을 선정하고, 주민의견조사와 지방의회의견을 청취한 결과, 33개 시와 32개 군에서 통합의견이 개진되어, 33개의 도·농 복합형태의 시가 탄생되었다. 또한 울산시의 경우 1997년부터 광역시화 한다는 계획 아래 예비단계로서 울산시와 울산군을 통합시켰으며, 1단계에서 무산되었던 광양군과 동광양시를 통합하여 광양시로 승격시킴에 따라 1995년 1월 1일자로 출범하는 도·농 통합시는 총 35개로 나타났다. 재차 시·군 통합을 추진한 정부(내무부)는 추가로 10개 시와 9개 군을 통합시화 하기 위해서 주민조사를 의뢰한 결과 천안시와 천안군을 비롯한 6개 시와 5개 군이 통합에 응함으로써 5개의 통합시가 1995년 5월 10일자로 출범하였다. 따라서 민선자치단체장 출범 이전에 시·군 통합은 총 40개의 통합시가 탄생한 것이다.

두 번째로 재통합을 시도한 자치단체는 여수시·여천시·여천군이다. 주민투표제도가 실시되기 이전 임에도 불구하고 주민발의와 주민투표과정을 걸쳐 통합을 이루어낸 최초의 주민주도 시·군 통합이다. 소위 3려 통합은 지방자치의 중심이 주민에 있음을 일깨운 '주권재민'의 실천으로서 향후 시·군 통합의 지침서 역할을 제시한바 있다.

세 번째 통합은 제주특별자치도의 탄생이다. 당시 전국에 여러 곳의 통합추진 자치단체가 있었으나, 대표적으로 제주시와 소속 4개 시·군이 제주특별자치도와 2개 행정시로 통합여부를 결정하는 주민투표가 있었고, 청주시와 청원군의 두 번째 통합여부를 묻는 주민투표도 있었다. 결론은 청주시와 청원군은 통합에 실패하고, 제주도가 제주특별자치도와 2개 행정시로 통합하는데 성공하였다.

네 번째 통합은 행정안전부 주도로 2009년에 시도되었다. 자율통합의 형식으로 추진된 시·군 통합은 전국 18개 지역 46개 시·군이 통합을 건의했고, 이 중 여론조사와 지방의회 의결을 최종적으로 거친 마산시·창원시·진해시가 통합하여 2010년 창원시로 출범하였다.

다섯 번째 시·군 통합은 통합 청주시의 출범이다. 청주시와 청원군은 1995년 1차 통합 실패, 2005년 2차 통합실패, 2009년 3차 통합실패를 거듭해왔다. 그러나 20여년의 집요한 주민운동과 자치단체의 노력으로, 2012년 6월 27일 주민투표(청원군)와 의회의결(청주시)에 의해 통합을 이루게 된 것이다. 2014년 7월 1일에 출범한 통합 청주시는 18여년의 통합과정과 2년 여의 준비과정을 통해서 박근혜 대통령이 참석한 가운데 통합시 출범식을 가졌다.

5) 통합과정의 문제점

첫째, 제1차 통합(1995년)의 경우 주민투표가 아닌 세대주 투표형태를 취했다는 점이다. 이는 주민의 의사가 정확하게 반영되지 않고 일부의 경우 이장단이 자의적 여론조사를 조장했다는 주장도 있다. 또한 관련법에 통합후의 불이익 배제, 지원규정 등이 있음에도 충분한 홍보를 하지 못하고 밀어붙이기식 통합에만 급급했다는 지적도 있다. 통합 실패지역의 경우 국회의원 선거구, 95년부터 실시 예정인 자치단체장 선거구와 관련 있는 정치인들의 지역구 수호를 위한 간접적인 통합반대를 시도하였다는 지적이다.[4]

둘째, 시·군·구 통합의 획일화 정책에 대한 문제가 있다. 학자들의 행정구역설정기준을 보면 단순히 인구규모만을 제시하지는 않았다. 지방자치의 다양성을 보장하고 지역의 현실을 반영하는 자율적 통합을 해야 하는데, 인구규모의 방향만을 제시하여 정부불신을 조장하고 통합반대의 명분을 제공하였다는 평가도 있다. 실제 청주·청원 통합과정은 행정권과 생활권의 불일치 해소가 중요한 이슈임에도 전국의 획일적 통합운동이 문제라는 점을 부각시켜 통합을 반대한 사례가 있었다(남기헌, 2012: 10-12).

셋째, 자율통합이라 강조하지만 관주도 통합운동이 이루어지다보니, 통합의 장·단점에 대한 논의보다는 자치단체장과 기타 정치인의 이해관계로 비화되어,

---

4) 청주문화방송, [보도특집: 청주·청원의 통합가능성을 진단한다](1998년 4월 27일).

통합의 본질을 벗어난 소모적 통합운동이 지속되어 통합실패의 원인을 제공하였다는 점도 제기되었다.

넷째, 통합을 위한 주민투표 관련 비용집행의 문제이다. 주민운동으로 주민투표가 이루어지면 이에 필요한 홍보 및 운영에 필요한 예산이 필요한데 현행법으로서는 공무원 활동에만 지원되고 민간에 지원되는 예산은 전혀 없다. 자율적 시·군 통합지원이라는 정부정책과는 괴리가 있다. 실제로 통합운동은 주민단체가 하는데 예산이 지원되지 않으니 통합운동에 한계가 있음을 지적하지 않을 수 없다.

다섯째, 주민들은 찬성과 반대의 홍보활동을 해당 거주지역으로 한정하고 있어 문제이다. 이는 찬성지역은 찬성논리만, 반대지역은 반대논리만 무성하고, 상대의 주장에 대한 찬반이론을 비교·분석하는 기회가 없어, 합리적인 통합 찬반의 의사결정이 어렵다는 것이다. 청주·청원 통합과정에서 보면, 청원지역은 이장단 중심의 반대운동단체와 청주시는 시민사회 중심의 찬성단체가 주도하고 있어, 청원지역에서는 찬성논리를 설파할 수 있는 여건이 전혀 마련되지 않아 이해와 설득의 과정이 없이 주민투표를 하다 보니 통합에 실패한바 있다.

여섯째, 통합 절차와 과정의 조급성이다. 마·창·진의 경우 지역주민의 이해와 설득의 충분한 설명과정이 필요함에도, 지방선거를 앞두고 주민투표과정을 거치지 않고 지역주민여론조사 결과만을 가지고 통합하였다. 또한 통합시의 명칭 및 위치선정도 3개 지역 지방의원들로만 구성된 통합준비위원회에서 결정하여 오늘날까지 통합 후유증을 앓고 있는 등 통합의 문제점도 적지 않다(조유묵, 2012: 39-45).

이밖에도 기초자치단체의 거대화 문제제기, 자율적 시·군통합의 기준 및 절차의 문제점 등, 통합정책에 대한 정부의 신뢰부족이 통합 반대의 근원이 되었다는 분석도 있다.

3. 시·군·구 통합 추진상황

1) 개 요

박근혜정부의 '시·군·구 통합 및 통합 지방자치단체 특례 발굴' 정책은 1995년부터 추진해온 시·군 통합정책의 연속선상에서 추진하는 정책이다.5) 기존에는 '도·농복합형태의 시 설치에 따른 행정특례 등에 관한 법률'과 '지방행정체제개편에 관한 특별법'에 의해 추진되어왔다. 박근혜정부 출범 후 제정된 '지방분권 및 지방행정체제개편에 관한 특별법(이하 특별법)'은 '지방분권촉진에 관한 특별법'과 지방행정체제 개편에 관한 특별법을 통합하여 제정·공표한 것이다(2013. 5. 28).

이 특별법에 따라 구성된 '대통령 소속 지방자치발전위원회'는 대통령 주재 연석회의를 통하여 시·군·구 통합을 포함한 지방자치발전 20개 정책과제의 하나로 '시·군·구 통합 및 통합 지방자치단체 특례 발굴에 대한 추진 방안'을 마련하였다(2014. 4. 18). 주요 내용을 보면 추진배경, 추진경과, 기본계획상 통합방안, 향후 통합방안, 구체적 추진일정 등을 제시하였다(지방자치발전위원회, 2015b).

2) 통합기준 및 절차

(1) 통합기준

지방자치발전위원회의 전신인 지방행정체제 개편추진위원회는 시·군·구 통합에 필요한 법령을 개정하고, 시·군·구 통합에 필요한 기준을 마련하여 공표하였다. 지방행정체제개편에 관한 특별법 제17조는 '시·군·구 통합절차로 시·군·구

---

5) 이명박정부에서 '시·군·구 통합기준'을 마련하여 공표하고(2011. 9), 시·군·구 통합방안과 지방행정체제개편 기본계획을 국회 등에 보고(2012. 7)하는 등 시·군·구 통합정책을 진행하여 왔다. 박근혜정부의 '지방분권 및 지방행정체제에 관한 특별법 부칙 제4조 3항'은 이전 관계법인 '지방행정체제개편에 관한 특별법' 제9조 대통령과 국회에 제출한 기본계획은 유효한 것으로 본다는 내용에 따라 '통합방안의 지속적 추진 및 통합 지자체 발굴' 정책은 연속하여 추진하게 되었다.

통합을 위한 기준을 작성해 공표'하도록 규정하고 있어, 위원회는 시·군·구 통합기준 마련을 위해 연구용역을 실시했다. 권역별 토론회와 전문가·지역주민 등의 다양한 의견을 수렴한 후 심층적인 논의를 통해 '시·군·구 통합기준'을 마련하여 2011년 9월에 공표하였다.

　　통합기준의 주요 내용을 보면 통합의 1차적 기준은 인구 또는 면적이 작은 지역이고, 2차적 기준으로는 1차 기준 선정지역 중에서 ① 지리·지형적 여건상 통합이 불가피한 지역, ② 생활·경제권이 분리되어 주민생활의 불편을 초래하거나 지역발전을 저해하는 지역, ③ 역사·문화적 동질성이 큰 지역, ④ 통합으로 지역경쟁력이 강화될 수 있는 지역으로 제시하였으나 강제성은 없었다. 또한 시·군·구 통합기준의 예시적 해설을 함께 제시하였는데, 기준의 판단은 1차적으로는 해당 지방자치단체가 하고 2차적으로는 위원회가 하도록 하여 지자체의 자율성을 강화했다는 자체평가이다.

(2) 통합 절차

　　지방분권 및 지방행정체제개편에 관한 특별법 24조는 시·군·구의 통합절차에 대한 규정을 하고 있다. 이를 요약하면 〈표 1〉과 같다.

▮ 표 1 ▮ 통합 절차 과정

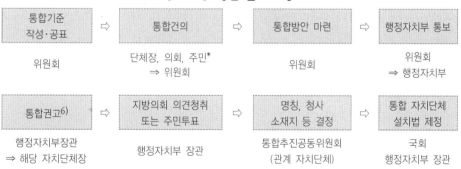

통합기준 작성·공표	⇨	통합건의	⇨	통합방안 마련	⇨	행정자치부 통보
위원회		단체장, 의회, 주민* ⇒ 위원회		위원회		위원회 ⇒ 행정자치부

통합권고6)	⇨	지방의회 의견청취 또는 주민투표	⇨	명칭, 청사 소재지 등 결정	⇨	통합 자치단체 설치법 제정
행정자치부장관 ⇒ 해당 자치단체장		행정자치부 장관		통합추진공동위원회 (관계 자치단체)		국회 행정자치부 장관

* 주민 통합건의는 주민투표권자 총수의 50분의 1 이상의 연서로 할 수 있음(특별법 시행령 제3조 1항).

---

6) 통합 권고에 대한 세부적 규정은 없으며, 행정자치부에서 통합대상 지역의 여건 성숙도 등을 종합적으로 고려하여 결정한다(행정자치부 내부자료).

3) 통합 예정지역 심의 및 확정[7]

자율적 통합론을 내세운 정부(지방행정체제 개편추진위원회)는 권역별로 해당지역 자치단체에 통합건의를 받았다. 2011년 12월부터 2012년 4월까지 통합건의를 접수한 결과 20개 지역 50개 시·군·구의 통합건의가 들어왔다. 권역별로는 수도권 4개, 강원권 5개, 충청권 3개, 호남권 3개, 영남권 5개로 대부분 통합 논의가 진행되었던 자치단체(지역)들이 건의를 한 셈이다.

다음으로 심의대상 선정 및 심사가 진행되었다. 건의가 접수된 모든 지역을 심의대상에 포함하였으며, 새만금권, 광양만권, 도청 이전 예정지역은 국가정책적인 측면에서 심의대상에 포함시켰다. 또한 특별시와 광역시 구의 경우 지방행정체제개편에 관한 특별법 제12조 규정에 의거 인구 또는 면적이 해당 특별 광역시 평균의 50% 이하인 자치구와 통합할 경우 인구 또는 면적이 해당 특별 광역시 자치구 평균 이하인 자치구도 심의대상에 포함시켰다.

위원회는 4대 권역별 통합심의 TF팀, 과소 자치구 심의 TF팀을 구성하고 현황, 역사적 발전과정, 생활 및 경제권 등의 관련 전문자료를 심사하고, 현장방문 및 여론조사도 병행하였다. 18개 지역 45개 시·군·구 통합 대상지역을 직접 방문해 주민·단체장·의회 등과의 간담회를 통해서 지역여론을 수렴하였다.

최종 확정된 통합대상 지역은 건의 지역(6), 도청 이전지역(2), 새만금권(1), 광양만권(1), 과소 자치구(5), 기타(1) 등 16개 지역, 36개 시·군·구이다(〈표 2〉 참조). 기타 지역인 청주·청원은 통합건의는 없었으나 지역주민 중심의 통합운동을 지속적으로 하여온 지역으로 위원회에서 특별법상의 통합특례를 인정하기로 결정하여 통합 대상지역에 포함시켰다.

---

7) 대통령 소속 지방자치발전위원회, 시·군·구 통합 및 통합 지자체 특례 발굴 보고자료(2015) 참조.

┃표 2┃ 통합대상 시·군·구: 16개 지역 36개 시·군·구

구 분		통합대상 시·군·구	비 고
건의 지역(6)		의정부 + 양주 + 동두천, 안양 + 군포, 전주 +완주, 구미 + 칠곡, 통영+고성, 동해 + 삼척 + 태백	여론조사 결과(50% 이상) 및 기타 통합 여건 등 고려
미건의지역(10)	도청 이전지역(2)	홍성 + 예산, 안동+예천	대규모사업 추진지역: 2개 이상 시·군·구에 걸친 대규모 사업으로 통합이 불가피한 경우
	새만금권(1)	군산 + 김제 + 부안	
	광양만권(1)	여수 + 순천 + 광양	
	과소 자치구(5)	종로구 + 중구(서울), 중구 + 동구(부산),중구 + 동구(인천), 중구 + 남구(대구), 수영구 + 연제구(부산)	인접 자치구와 통합시 인구 또는 면적이 해당 특별·광역시 자치구 평균 이하
	기타(1)	청주+청원	위원회 결정으로 특별법상 통합 특례를 인정한 점을 감안 통합 상 지역으로 선정함

자료: 대통령 소속 지방자치발전위원회 내부자료(2015).

4) 통합 지방자치단체 주요 특례

시·군·구 통합정책은 지방행정체제개편의 한 분야로서 주민의 편익을 증진하고 자치단체의 경쟁력을 강화시켜 국가발전으로 승화하자는 것이다. 따라서 시·군·구의 자율통합을 촉진하기 위해서는 통합 지방자치단체가 안정적이고 효율적으로 운영될 수 있도록 지원하고 자립기반 확충을 돕기 위한 정부의 노력들이 필요하다. 지방자치발전위원회가 중점사업으로 추진 중인 통합 자치단체 특례발굴도 이러한 자율적 통합추진의 촉매제 역할을 하는 것이다.

그간 여러 법에서 부분적으로 도시와 농촌 등에 대한 행정지원 차등화 사업(관련규정)이 있어왔다. 그러나 통합시에 대한 설치법 및 특례조항을 제도화 한 것은, 1995년 1월 도·농통합시의 출범 당시 만들어진 '도·농복합형태의 시 설치에 따른 행정특례 등에 관한 법률' 제정이 처음이다. 그리고 2010년 10월에 제정된 '지방행정체제개편에 관한 특별법'에는 통합에 소요된 직접비용과 통합에 따른 국비 운영경비 절감분 중 일부를 지원할 수 있도록 하는 등 특례대상도 확대하였다.

박근혜정부의 통합 자치단체에 대한 주요 특례는 '지방분권 및 지방행정체제 개편에 관한 특별법' 제30조에서 제39조에 명시하고 있다. 즉 불이익 배제의 원칙(30조), 공무원에 대한 공정한 처우보장(31조)(42조), 통합 자치단체에 대한 특별지원(33조), 예산에 관한 지원 및 특례(32조)(34조)(35조)(36조), 지방의회 특례(37조)(38조), 기타 특례로 여객자동차 운수사업법 특례(39조) 등이 있다. 자세한 특례내용은 〈표 3〉과 같다.

┃표 3┃ 시·군·구 통합시 자치단체에 대한 특례

분 야	근거(특별법)	주 요 내 용
지역주민 특례	불이익 배제의 원칙(30조)	• 행·재정상 이익이 상실되거나 새로운 부담 추가 금지 • 면허세·재산세·지방교육세의 기존세율 적용(5년 범위 내)
행정적 특례	공무원에 대한 공정한 처우보장 (31조)	• 통합에 따른 초과 정원을 정원 외로 인정
행정기구 특례	통합시 설치 등에 따른 한시기구 등에 대한 특례	• 도농복합형태의 시와 인구 100만 이상 통합시는 설치기준을 초과하여 한시기구 설치 가능(지방자치단체의 행정기구와 정원기준 등에 관한 규정 제32조)
재정적 특례	예산에 관한 지원 및 특례 (32조)(34조)(35조)(36조)	• 통합직전 보통교부세 산정액의 100분의 6을 매년 10년간 지원 • 통합에 사용된 직접 경비 지원과 재정 투·융자 심사 시 우대 • 보통교부세의 재정부족액이 통합 전보다 적을 경우 차액보장(4년) • 통합되는 시·군당 특별교부세 50억원 지원
지역개발 특례	통합 자치단체에 대한 특별지원 (33조)	• 관련 법률에 따른 지구·구역 지정 시 우선 지정 가능 (지역균형개발 및 지방중소기업 육성에 관한 법률) (신발전지역 육성을 위한 투자촉진 특별법) 등 • 각종 시책사업 추진 시 우선 지원(대통령령으로 정함)
지방의회 특례	지방의회 특례 (37조)(38조)	• 차기의회 구성 시까지 폐지 지자체별 각 1명의 부의장 선출 • 지역 선거구 확정시 폐지 지자체의 인구 등가성 반영
기타 특례	여객자동차 운수사업법 특례 (39조)	• 여객자동차 운임기준·요율은 폐지 지자체 기준 적용(1년내 개정) • 시계 외 할증 폐지, 면허·등록기준은 과거 기준 적용

자료: 지방자치발전위원회 내부자료 및 지방분권 및 지방행정체제개편에 관한 특별법의 내용을 재구성.

5) 지방자치발전위원회의 노력[8]

(1) 통합 청주시 출범 지원 및 전주·완주 통합시도

지방행정체제 개편 기본계획에 따라 시·군·구 통합 추진사례를 보면, 통합 청주시 출범지원과 전주시·완주군 지역의 통합절차 지원이다. 청주시와 청원군은 이미 2012년 6월에 주민투표(청원군)와 지방의회결정(청주시)으로 통합이 결정되었으며, 2013년 1월에 청주시 설치법이 제정되고, 2014년 7월 1일에 통합 청주시를 출범시키는 데 역할을 하였다. 다음으로 전주시·완주군은 안전행정부의 통합권고로 2013년 6월에 통합을 시도하였다. 전주시는 지방의회 찬성의결을, 완주군은 주민투표를 실시하여 53%의 투표율을 보여 개표요건은 충족되었으나, 통합찬성 45%, 통합반대 55%로 통합이 무산되었다.

(2) 건의 지역 「시·군·구 통합방안」에 대한 후속조치

지방자치발전위원회는 〈표 2〉에 명시된 시·군 건의 자율통합 대상지역(6개 지역 14개 시·군)에 대해, 지방자치단체의 공식 입장과 지역여론 등을 확인하고, 통합 여건의 성숙도를 고려하여 후속조치를 실행하였다. 다만 2014년 6월 지방선거를 감안하여 2014년 8월 이후부터 현장방문을 통해서 추진여건을 파악하고, 통합 필요성에 대한 홍보전략을 수립해 통합 활동을 지원하기도 하였다.

(3) 미 건의 지역 통합추진계획 수립

〈표 2〉에서 보는 바와 같이 지난 정부 여론 수렴 시 미 건의 지역 중에서 대규모 사업추진 지역으로 선정된 4개 지역 10개 시·군, 과소 자치구 지역(5개 지역 10개 자치구) 및 기타 지역(1개 지역, 2개 시·군)에 대한 통합 추진계획을 마련하였다. 대규모 사업추진 지역은 통합 여건을 고려하여 추진하고, 과소 자치구는 특별·광역시 자치구 지위 개편과 연계하여 추진한다는 방침을 정하였다. 또한 추가 통합 대상지역을 발굴하여 동향을 파악한다는 계획도 수립해 실천하고 있다.[9]

---

8) 지방분권 및 지방행정체제개편에 관한 특별법 부칙 제4조 3항은 종전의 기본계획상 통합방안에 대하여 지속적으로 추진 및 통합 지방자치단체를 발굴 하도록 법적근거를 명시하였다.

9) 추가통합대상지역은 남양주+구리, 수원+화성+오산, 포천+연천+철원, 김포+강화 등이다.

2015년 9월에는 안동시와 예천군의 통합을 위한 시민 대토론회에 참석하고 지역 주민과 통합을 희망하는 지방자치단체의 여론을 수렴하여 정책에 반영하려는 노력도 하고 있다(지방자치발전위원회, 2016).

(4) 통합대상지역 추가발굴을 위한 계획수립

통합대상 지방자치단체의 추가 발굴을 위한 계획도 수립하였다. 기존의 통합권고 지방자치단체 외에 대상지역, 추진방향, 방법, 시기 등에 대한 기준을 제시하였다. 먼저 통합여건 변화 등을 고려, 자치단체의 추가 통합 건의 및 자체 발굴 등을 통한 통합 대상지역을 선정하기로 하였다. 추진 시기는 기존 통합 시·군 건의지역의 후속조치와 같이 지방선거 일정 및 자치단체장들의 공약 및 정책 등을 고려하여 2014년 7월 이후에 추진하되, 차기 지방선거가 있는 2018년 6월 전까지 추진하기로 했다.

(5) 시·군·구 통합 제도개선 과제 연구

자율적 시·군·구 통합을 유도하기 위해서 기존 통합지역을 대상으로 통합효과분석을 통하여 통합의 장점과 문제점을 발굴하여 대안을 제시해야 한다. 지방자치발전위원회는 특별법상 보통교부세 지원 특례의 한시적 규정을 연장하는 내용을 개정하여 시·군·구 통합을 유도한다는 방침이다. 또한 기존 통합 지자체를 대상으로 특례에 관한 추가의견을 수렴하여 제도개선 방안도 마련하고 있다. 특히, 통합지역에 대한 통합효과(주민편익 증진, 행정효율성, 지역경쟁력) 분석(연구용역)을 통하여 특별법상 현행 통합 관련 제도의 절차·방식 등에 대한 개선방안을 마련하기로 했다.

4. 시·군·구 통합의 발전과제

첫째, 시·군·구 통합 추진의 기본방향에 대한 재검토이다. 단순히 인구중심의 기초 자치단체 규모를 늘리는 방향에서, 지역의 특성 등을 종합하여 자치단체의 자율성과 다양성을 살리는 차원에서의 재검토가 필요하다.

둘째, 과소구 통합정책은 정부의 행정구역 계층화 연구와 연계하여 추진되어야 할 것이다.

셋째, 기존 통합 자치단체의 통합 효과분석을 통해서 통합 발전방안을 제시해야한다. 통합 추진과정 및 통합 전·후 효과의 실증적 비교·분석을 통해서 통합의 문제점과 성공 및 실패 요인을 도출하여 통합예정 자치단체에 지원을 지속해야 한다.

특히 여수시('98), 창원시('10), 청주시('14.7) 등의 통합 성공 지역과 전주·완주('13)의 통합실패 지역의 통합과정을 정밀 분석하여 통합과정의 문제점과 착안점, 그리고 통합후의 기대효과 등을 분석하여 장점은 적극 홍보하고 문제점의 경우 이를 극복할 수 있는 방안을 강구하고, 정부지원이 필요하면 추가로 관계법에 담아내야 한다.

넷째, 통합과정에서 제시한 정부의 특례 및 각종 지원정책이 기존 통합지역에 잘 스며들어 통합의 효과가 극대화 되도록 사후관리를 하여, 통합을 준비하는 지방자치단체 주민에게 통합의 기대효과를 체감하도록 해야 한다.

다섯째, 통합의 시너지 효과로 제시하였지만 민감한 분야에 대한 정부의 노력이 요구된다. 특히 공무원 감축방안 구체화, 행정조직 슬림화, 각종 공공시설, 축제 및 지원정책 통합화 등에 대한 원칙적 대안을 제시해야 한다.

여섯째, 지방자치단체 간 협의절차 의무화, 상생협력 방안, 자율통합 한계 보완 등 제도개선을 위한 통합 이행력 제고 방안 연구를 지속적으로 추진하여야 한다.

끝으로 기존 통합 건의지역을 포함한 통합 여건변화들을 고려하여 추가 통합건의 및 자체 발굴을 통해서 통합 대상지역을 선정해야 한다.

| 참고문헌 |

남기헌 (1998). "청주·청원 행정구역의 재편 방향," [행정구역재편을 위한 언·학·연 특별 세미나] (1998. 2. 18).

남기헌 (2009). "청주·청원통합의 여건분석 및 추진전략," [자율적 시·군 통합 추진을 위한 전국 순회 정책토론회 자료집] (한국행정학회, 2009. 7. 20).

남기헌 (2012). "청주 통합과정 평가와 시민사회의 역할," [청원·청주통합 결정과 시민사회의 역할 모색 정책토론회 자료집], (2012. 7. 18).

조유묵 (2012). "통합 창원시 갈등과 행정구역 개편의 문제," [청원·청주통합 결정과 시민사회의 역할 모색 정책토론회 자료집], (2012. 7. 18).

최창호 (1980). 지방행정구역론. 서울: 법문사.

청주문화방송 (1998). [보도특집: 청주·청원의 통합가능성을 진단한다] (1998. 4. 27).

도·농 복합형태의 시 설치에 따른 행정특례 등에 관한 법.

지방행정체제 개편에 관한 특별법.

지방분권 및 지방행정체제개편에 관한 특별법 및 시행령.

지방교부세법 및 시행령.

내무부 내부자료. (1998).

지방행정체제 개편추진위원회 (2012). 지방행정체제 개편 기본계획.

지방자치발전위원회 (2014~2016). 운영계획, 추진자료, 기타 내부자료.

지방자치발전위원회 (2015a). 지방자치종합계획: 2015년 시행계획 추진상황 및 향후 추진 과제.

지방자치발전위원회 (2015b). 활동자료집(1기).

10 대도시 특례 제도 개선

강 재 호

1. 문제 제기

지방자치발전위원회가 추진 중인 대도시 특례 제도 개선이란, 이명박 정부 때인 2010년 10월에 제정된 「지방행정체제 개편에 관한 특별법」 제4장 제2절의 규정을 이은 현행 「지방분권 및 지방행정체제개편에 관한 특별법」 제3장 제3절의 제40조(대도시에 대한 사무특례), 제41조(인구 100만 이상 대도시의 사무특례), 제42조(인구 100만 이상 대도시의 보조기관 등), 그리고 제43조(대도시에 대한 재정특례)의 규정에 따른 것이다. 구체적으로는 종전의 특별법 제33조의 자구를 그대로 되풀이하며 2013년 5월에 제정된 현행 특별법 제41조의 "① 특별시와 광역시가 아닌 인구 50만 이상 대도시 및 100만 이상 대도시의 행정·재정 운영 및 지도·감독에 대하여는 그 특성을 고려하여 관계 법률에서 정하는 바에 따라 특례를 둘 수 있다. 다만, 인구 30만 이상인 지방자치단체로서 면적이 1천 제곱킬로미터 이상인 경우 이를 인구 50만 이상 대도시로 본다. ② 위원회는 제1항에 따른 특례를 발굴하고 그 이행방안을 마련하여야 한다"에 따른 것이며, 이러한 연혁에서 알 수 있듯이 종전의 특별법에 의거해 활동한 지방행정체제개편 추진위원회로부터 물려받은 과제이다.

　　우리는 1949년 7월의 제정 「지방자치법」 이후 오랫동안 동종의 지방자치단체에 대해서는 사무를 획일적으로 배분해 왔다. 그래서 5.16 군사정변 직후인 1961년 9월에 제정되어 시행하고 있던 「지방자치에 관한 임시조치법」을 1988년 4월에 이르러 폐지하면서 「지방자치법」을 전부개정할 때까지 기초자치단체이었던 약 200개의 시·군은 그 규모나 능력에 관계없이 꼭 같은 사무를 수행해 왔던 것이다. 또한 이들 시·군을 포괄하던 광역자치단체인 도 사이에도 소관 사무에 차이는 없었다.

　　다만, 제정 「지방자치법」 때부터 1988년 4월까지 기초자치단체와 광역자치단체의 지위를 함께 가지고 있던 서울특별시에 대해서는 1962년 1월에 제정된 「서울특별시 행정에 관한 특별조치법」에 따른 약간의 특별조치가 있었다. 이 특별조치법은 군사혁명위원회 포고 제4호에 의해 1961년 5월에 해산된 서울특별시의회가 30년 만에 재개되기에 앞서 1991년 5월에 「서울특별시 행정특례에 관한 법률」로 대체되었는데, 서울특별시장은 이 법률의 규정에 따라, 다른 법령에서는 국가 사무로 되어 있던 몇 가지 사무를 예외적으로 수행할 수 있었다. 그런데 이 법률은 이후 여러 차례에 걸쳐 개정되어 서울특별시 특례는 지금은 「상훈법」에 의한 서훈의 추천 등에 그쳐 사실상 형해화해 있다.

　　1988년 4월의 「지방자치법」 전부개정에서 도입된 사무배분의 특례가 자치구와 인구 50만 이상의 시에 대한 특례이었다. 이 「지방자치법」과 이에 근거해 동년 5월에 전부개정한 「지방자치법 시행령」은, 특별시·직할시에 두는 자치구의 위상을 시·군과 동종의 기초자치단체로 삼으면서, 시·군에 배분한 인사 및 교육 등에 관한 사무를 비롯한 16개 분야 52개 사무를 자치구에는 배분하지 않고 자치구를 포괄하는 특별시·직할시가 처리하게 하였다. 그리고 이와는 거꾸로 인구 50만 이상의 시에 대해서는, 기초자치단체의 위상에도 불구하고, 인구 50만 미만의 시나 군의 지역에서는 광역자치단체인 도가 수행하던 의료보호에 관한 사무를 비롯한 11개 분야 18개 사무를 직접 처리할 수 있도록 하였다. 이들은 당시 일본의 「지방자치법」에서 정하고 있던 특별구 특례와 지정도시 특례를 원용했던 것이라고 생각된다.

　　이어 2004년 1월에 「지방자치법」을 개정할 때 종래의 사무배분의 특례에 덧

붙여 제161조의2(대도시에 대한 특례 인정)를 신설해, "서울특별시와 광역시를 제외한 인구 50만 이상 대도시의 행정, 재정 운영 및 국가의 지도·감독에 있어서는 그 특성을 고려하여 관계 법률이 정하는 바에 의하여 특례를 둘 수 있다"고 하였다.

▎그림 1▎ 우리나라 정부간관계의 표준과 사무배분의 특례

구분	제주특별자치도 특례	서울특별시 특례	세종특별자치시 특례	자치구 특례	표준형	인구 50만 이상의 시 특례	인구 100만 이상 대도시 특례
정부간관계	국가 (중앙정부)	국가 (중앙정부)	국가 (중앙정부)	국가 (중앙정부)	국가 (중앙정부)	국가 (중앙정부)	국가 (중앙정부)
	지방자치단체 / 제주특별자치도	지방자치단체 → 서울특별시 / 자치구	지방자치단체 → 세종특별자치시	지방자치단체 → 특별시 광역시 / 자치구	지방자치단체 → 광역시 도 / 시·군	지방자치단체 → 도 / 인구 50만 이상의 시	지방자치단체 → 도 / 인구 100만 이상 대도시

이후 2006년 1월의 개정 「지방자치법」과 동년 2월에 제정된 「제주특별자치도 설치 및 국제자유도시 조성을 위한 특별법」에 따른 제주특별자치도 특례와, 2010년 12월에 제정된 「세종특별자치시 설치 등에 관한 특별법」과 2011년 5월의 개정 「지방자치법」에 따른 세종특별자치시 특례가 추가되었다. 이들 지방자치단체는, 1988년 4월 이전의 서울특별시나 직할시와 같이, 기초자치단체와 광역자치단체의 지위를 함께 가지고 있다. 그러나 제주 특별법은 노무현 정부 이후 여러

차례에 걸쳐 개정되어 다른 지역에서는 국가 사무인 약 4,000개의 사무를 제주특별자치도로 폭넓게 이양해 왔다(강창민, 2015). 이에 비해 세종특별자치시 특례 사무는, 제주특별자치도를 제외한 다른 시·도에는 없는 시의원선거구의 자기 결정권 등 극히 일부에 그치고 있다. 〈그림 1〉은 현행 「지방자치법」과 「지방분권 및 지방행정체제개편에 관한 특별법」에 의거한 여러 사무배분의 특례를 「지방자치법」에 따른 사무배분의 표준형에 비추어 정부간관계의 틀로써 시각적으로 러프하게 형상화한 것이다.

2. 실 태

1988년 이후 「지방자치법 시행령」의 [별표 3]에서 열거하고 있는 특례 사무외에도, 「지방자치법」을 비롯한 17개의 법률이 자치구가 아닌 구를 둘 수 있는 등 84개의 사무를 인구 50만 이상 대도시에 특례로 부여하고 있다.[1] 그리고 현행 특별법이 12개, 「지방자치단체 출연 연구원의 설립 및 운영에 관한 법률」이 8개로 총 20개의 사무를 인구 100만 이상 대도시에 특례 사무로 인정하고 있다. 대도시 특례의 과제는 이와 같은 인구 50만 및 100만 이상 대도시에 대한 사무배분의 특례를 지금보다 더욱 확충하자는 것이다.

「지방자치법 시행령」의 대도시 특례 사무는 1988년 5월에 처음으로 구체화된 이후 다소 확충되었다. 즉 당초의 11개 분야 18개 사무에서 2016년 2월 현재 〈표 1〉의 18개 분야 42개 사무로 늘어난 것이다. 주민등록 인구통계에 의하면, 2016년 2월 29일 현재, 인구 50만 이상 100만 미만 대도시는 경기도 성남시 등 12개다.[2]

---

1) 지방자치발전위원회의 최근 조사에 의하면, 이는 「지방자치법」(1), 「온천법」(3), 「지역문화진흥법」(2), 「산업집적 활성화 및 공장설립에 관한 법률」(1), 「대기환경보전법」(7), 「수질 및 수생태계 보전에 관한 법률」(2), 「악취방지법」(16), 「환경영향평가법」(1), 「국토의 계획 및 이용에 관한 법률」(16), 「도시개발법」(10), 「도시 및 주거환경 정비법」(4), 「도시재정비 촉진을 위한 특별법」(2), 「산업입지 및 개발에 관한 법률」(2), 「주택법」(5), 「지적재조사에 관한 특별법」(7), 「공간정보의 구축 및 관리 등에 관한 법률」(4), 그리고 「지방분권 및 지방행정체제개편에 관한 특별법」(1)에 의한 것이다(지방자치발전위원회, 2016b).
2) 12개는 경기도 성남시(975,817), 부천시(848,545), 용인시(976,424), 안산시(695,941), 안양시

┃표 1┃ 인구 50만 이상 대도시에 대한 사무배분의 특례

1. 보건의료에 관한 사무
   병원급 이상 의료기관 설치 및 지도·감독
2. 지방공기업에 관한 사무
   가. 지방공사의 설립·운영
   나. 지방공단의 설립·운영
3. 주택건설에 관한 사무
   가. 시·도 조례로 정하는 일정 규모 이상의 주택건설사업계획의 승인(지방자치단체가사업시행
       자가 되는 경우는 제외한다)
   나. 대지조성사업계획의 승인 및 준공검사(지방자치단체가 사업시행자가 되는 경우는 제외한다)
4. 토지구획정리사업에 관한 사무
   가. 토지구획정리사업에 따른 환지계획 인가
   나. 부담금 및 보조금의 집행잔액 허가
5. 도시계획에 관한 사무
   가. 행정청이 시행하는 도시계획사업 실시계획인가 및 변경인가와 행정청이 아닌 자에 대한 도
       시계획사업시행허가 승인 및 변경승인
   나. 도시계획사업 실시계획 인가 고시
   다. 경미한 도시계획의 변경 결정
   라. 도시계획의 지적승인사무
   마. 도시계획사업에 대한 준공검사
6. 도시재개발사업에 관한 사무
   가. 재개발사업 시행자 지정 신청
   나. 재개발사업 시행의 지도·감독
7. 환경보전에 관한 사무
   가. 배출시설의 설치허가 및 변경허가
   나. 환경오염물질의 제거명령
   다. 산업폐기물 재생이용업자의 신고수리 및 관리
   라. 축산폐수정화시설의 설계시공업의 등록 및 지도·감독
   마. 비산먼지시설의 개선명령
   바. 비산먼지시설사업의 중지 및 시설 등의 사용중지·사용제한명령
8. 건설기계관리에 관한 사무
   가. 건설기계 등록 및 등록말소
   나. 건설기계등록사항의 변경신고 등
9. 자동차 운송사업에 관한 사무
   가. 자동차 운송사업(전세버스·일반구역화물자동차 및 특수여객자동차 운송사업만 해당한다)
       면허와 이에 관련되는 사무
   나. 자동차 운송사업(택시만 해당한다) 계획변경인가
10. 지방공무원 인사 및 정원관리에 관한 사무
    행정자치부령으로 정하는 기준 정원 범위에서의 6급 이하 정원 책정 사무

(597,341), 남양주시(657,011), 화성시(606,508), 충청북도 청주시(832,555), 충청남도 천안시
(606,759), 전라북도 전주시(653,259), 경상북도 포항시(518,902), 그리고 경상남도 김해시
(528,461)다(행정자치부, 주민등록 인구통계).

11. 지적에 관한 사무
　가. 토지의 지번경정승인
　나. 지적공부의 반출승인
　다. 축척변경승인
　라. 지적측량검사
　마. 지적측량 대행법인의 지도·감독
12. 열 사용 기자재에 관한 사무
　열 사용 기자재 제조업의 허가
13. 식품제조업(유가공품제조업 및 식육제품업만 해당한다)에 관한 사무
　가. 허가·변경허가 및 시정명령
　나. 시설의 개수명령
　다. 폐기처분
　라. 허가취소
14. 묘지·화장장 및 봉안당의 운영관리에 관한 사무
　가. 묘지·화장장 및 봉안당의 허가
　나. 묘지·화장장·봉안당의 구역 및 시설 변경과 폐지의 허가
　다. 시체운반업의 허가
15. 사회복지시설에 관한 사무
　사회복지시설 수혜자로부터의 비용 수납의 승인
16. 고압가스에 관한 사무
　고압가스제조업 허가
17. 도시가스에 관한 사무
　도시가스 공급시설의 설치공사계획 승인 및 변경승인
18. 지방채 발행 승인 신청

　　그리고 현행 사무배분의 특례 중에서 「지방자치법」에 근거가 없는 유일한 특례인 인구 100만 이상 대도시에 대해서는, 〈표 1〉의 특례에 덧붙여 종전의 특별법 제34조와 현행 특별법 제41조에 따라 다음의 〈표 2〉와 같은 사무가 배분되어 왔다. 즉 2010년 10월에 제정된 종전의 특별법에서 지금까지 한걸음도 나아가지 못한 것이다. 참고로, 2016년 2월 29일 현재, 인구 100만 이상 대도시는 경기도 수원시(1.186,083), 고양시(1,028,724), 그리고 경상남도 창원시(1,069,331)의 3개다.

1. 「지방공기업법」 제19조 제2항에 따른 지역개발채권의 발행. 이 경우 미리 지방의회의 승인을 받아야 한다.
2. 「건축법」 제11조 제2항 제1호에 따른 건축물에 대한 허가. 다만, 다음 각 목의 어느 하나에 해당하는 건축물의 경우에는 미리 도지사의 승인을 받아야 한다.
   가. 51층 이상인 건축물(연면적의 100분의 30 이상을 증축하여 층수가 51층 이상이 되는 경우를 포함한다)
   나. 연면적 합계가 20만 제곱미터 이상인 건축물(연면적의 100분의 30 이상을 증축하여 연면적 합계가 20만 제곱미터 이상이 되는 경우를 포함한다)
3. 「택지개발촉진법」 제3조 제1항에 따른 택지개발지구의 지정(도지사가 지정하는 경우에 한한다). 이 경우 미리 관할 도지사와 협의하여야 한다.
4. 「도시재정비 촉진을 위한 특별법」 제4조 및 제12조에 따른 재정비촉진지구의 지정 및 재정비촉진계획의 결정
5. 「박물관 및 미술관 진흥법」 제18조에 따른 사립 박물관 및 사립 미술관 설립 계획의 승인
6. 「소방기본법」 제3조 및 제6조에 따른 화재 예방·경계·진압 및 조사와 화재, 재난·재해, 그 밖의 위급한 상황에서의 구조·구급 등의 업무(창원시에 한해 시범 실시 중)
7. 도지사를 경유하지 아니하고 「농지법」 제34조에 따른 농지전용허가 신청서의 제출
8. 「지방자치법」 제112조에 따라 지방자치단체별 정원의 범위에서 정하는 5급 이하 직급별·기관별 정원의 책정
9. 도지사를 경유하지 아니하고 「개발제한구역의 지정 및 관리에 관한 특별조치법」 제4조에 따른 개발제한구역의 지정 및 해제에 관한 도시·군관리계획 변경 결정 요청. 이 경우 미리 관할 도지사와 협의하여야 한다.

3. 추진 상황

대도시 특례 사무를 발굴하고 그 이행방안을 마련해 온 지방자치발전위원회의 실적은 저조하다. 위원회는 구 지방행정체제개편추진위원회가 선정한 62개 특례 사무 외에, 연구용역 등을 통해 발굴한 494개 사무를 관계 공무원 등의 의견을 들은 다음에 종합적으로 검토해 2015년 7월에 122개의 특례 사무를 결정하고 이를 소관 부청에 통보했다. 50만 이상 대도시에 93개, 100만 이상 대도시에 29개 사무를 배분하는 것으로 33개 법률, 2개 대통령령, 그리고 2개 부령의 개정을 수반하는 내용이었다. 여기서는 〈표 3〉과 〈표 4〉로 나누어 대도시 특례 사무를 살펴보고자 한다.

그리고 위원회는 2015년 9월에 이들 소관 부청에 특례 사무의 법제화를 독려하고 11월까지는 추진 상황을 회신하도록 요청했다. 그런데 2015년 12월 31일 현재 입법 완료 0, 입법 추진 20, 입법 미 추진 56, 미 회신 56이었다. 이런 부진한 상황은, 구 지방행정체제개편추진위원회가 2012년에 관계 부처에 입법화를 촉구한 대도시 특례 사무 62개 중 지금까지 입법이 완료된 것이 「대기환경보전법」 제21조에 의한 대기환경규제지역 지정의 해제(1개)에 그치고 있는 데서 충분히 예견할 수 있는 것이었다. 이때 함께 추진된 동법 제43조의 비산먼지의 규제와 제58조의 공해유발자동차량에 대한 개선명령의 2개 사무는 시·도에서 시·군·자치구 전체로 이양되었다(지방자치발전위원회, 2016a).

┃표 3┃ 인구 50만 이상 대도시 특례 사무

소 관	관계 법률과 사무
국토 교통부 (49)	• 「도시공원 및 녹지 등에 관한 법률」 제9조, 제17조, 제28조에 의한 기본계획 제출 수리 등(1), 공원결정 고시(2), 공원구역 취락지구 지정(3) • 「국토의 계획 및 이용에 관한 법률」 제39조에 의한 시가화조정구역의 지정 등의 고시(4), 토지거래계약에 관한 허가구역 지정 등(5) • 「도시 및 주거환경정비법」 제69조, 제73조, 제74조, 제77조, 제78조에 의한 정비사업전문관리업의 등록 등(6), 정비사업전문관리업의 등록취소 등(7), 정비사업전문관리업자에 대한 조사 등(8), 도시·주거환경 정비사업 점검반 구성 등(9), 정비사업전문관리업 등록 취소 등에 따른 청문(10) • 「여객자동차운수사업법」 제4조, 제7조, 제8조, 제9조, 제13조, 제14조, 제15조, 제19조, 제80조, 제84조, 제86조, 제87조, 제88조, 제94조에 의한 한정면허의 발급 등(11), 수송시설 확인 등(12), 운임·요금의 기준 등 신고 수리(13), 운송약관 신고 등 수리(14), 사업 관리위탁신고 수리(15), 사업 양도·양수신고 수리 등(16), 사업 상속신고 수리(17), 교통사고보고 수리 및 처리(18), 사업 면허 등의 수수료 부과(19), 사업 사용자동차차령 연장(20), 사업용 자동차차령 초과운행 허용(21), 사업 등 면허·등록취소 청문(22), 운수종사자 자격취소·효력정지(23), 과징금부과징수 등(24), 과태료 부과·징수(25) • 「자동차등록령」 제5조, 제10조, 제16조, 제17조, 제18조, 제20조, 제22조, 제24조, 제25조, 제27조, 제28조, 제31조, 제32조, 제33조, 제43조, 제44조, 제45조에 의한 등록(26), 멸실·훼손 등록원부복구 등 공고·보고(27), 신청인에 대한 자동차제시 요구(28), 등록 수리 거부(29), 등록신청서 접수(30), 등록말소자동차 등록신청서 접수(31), 등록변경신청서 접수(32), 등록번호 변경·부여 통지(33), 시·도간 변경등록(34), 이전등록(35), 공매처분이전등록촉탁 수리(36), 말소등록(37), 수출이행여부신고서 접수(38), 등록말소 통지 등(39), 경정등록 통지 등(40), 예고등록촉탁 수리(41), 예고등록말소촉탁 수리(42), • 「자동차관리법」 제43조, 제45조, 제45조의2, 제45조의3, 제46조, 제47조에 의한 신규·정기·구조변경검사 실시 등(43), 지정정비사업자 지정 등 신고 수리(44), 종합검사지정정비사업자 지정(45), 지정정비사업자 등에 대한 지정취소 등(46), 직무정지 명령 등(47), 택시

	미터 수리·사용 검정기관 지정 등(48) • 「물류시설의 개발 및 운영에 관한 법률」 제9조에 의한 일반물류터미널사업 경영자에 대한 물류터미널 건설공사시행인가 등(49)
중소 기업청 (4)	• 「중소기업진흥에 관한 법률」 제31조에 의한 중소기업협동회실천계획 승인받은 자 등의 단지조성사업 실시계획 승인 등(1) • 「벤처기업 육성에 관한 특별조치법」 제18조, 제18조의4, 제26조에 의한 벤처기업집적시설의 지정 등(2), 벤처기업육성촉진지구 지정 요청(3), 벤처기업집적시설에 대한 입주현황 제출명령 등(4)
환경부 (12)	• 「건설폐기물의 재활용 촉진에 관한 법률」 제38조, 제39조에 의한 순환골재의 사용계획서 접수 등(1), 순환골재의 사용권고 등(2) • 「폐기물관리법」 제25조, 제27조, 제28조에 의한 사업계획서 접수(3), 허가취소 등(4), 과징금 부과 등(5) • 「하수도법」 제7조에 의한 방류수수질기준 제정(6) • 「환경교육진흥법」 제5조, 제6조에 의한 지역환경교육계획 수립(7), 지역환경교육계획 반영 등 실적제출 요청(8) • 「환경기술 및 환경산업 지원법」 제15조에 의한 시설업 등록 등(9) • 「환경분야 시험·검사 등에 관한 법률」 제16조, 제17조에 의한 측정대행업 등록 등(10), 측정대행업의 등록취소 등(11) • 「자연환경보전법」 제60조에 의한 자연환경학습원 설치(12)
산업통상 자원부(2)	• 「도시가스사업법」 제39조의2에 의한 시설 설치·변경승인 등 • 「석유 및 석유대체연료사업법 시행규칙」 제12조에 의한 등록 등
보건 복지부 (10)	• 「공중위생관리법」 제15조의2, 제13조에 의한 감시원 위촉(1), 평가계획 수립(2) • 「국민기초생활보장법」 제38조, 제39조, 제40조에 의한 급여 처분 등 이의신청 접수(3), 이의신청 각하 등 처분·통지(4), 이의신청 각하 등 처분 이의신청 접수(5) • 「사회복지사업법」 제16조, 제24조, 제26조, 제30조, 제43조의2에 의한 사회복지법인의 설립허가(6), 법인의 재산취득보고 접수(7), 법인의 설립허가 취소(8), 법인의 합병(9), 시설의 평가 및 조치(10)
교육부 (3)	• 「평생교육법」 제11조, 제13조, 제18조에 의한 평생교육진흥시행계획 협의·수립·시행 및 제출(1) 시행계획 필요자료 요청(2), 기초자료 등 통계조사 실시·공개(3)
문화체육 관광부 (9)	• 「도서관법」 제15조에 의한 시행계획 수립·추진(1) • 「독서문화진흥법」 제6조에 의한 시행계획 수립 등(2) • 「박물관 및 미술관 진흥법」 제16조, 제17조, 제22조, 제26조, 제27조, 제29조에 의한 등록·변경등록 신청수리 등(3), 등록증 교부(4), 신고수리 등(5), 시정명령 등(6), 등록취소(7), 승인취소 등의 청문 실시(8) • 「체육시설의 설치·이용에 관한 법률」 제13조에 의한 사업계획 승인의 제한(9)
여성 가족부 (4)	• 「청소년기본법」 제41조, 제56조에 의한 단체협의회 설립인가(1), 육성기금 설치(2) • 「청소년보호법」 제51조에 의한 사무소 설치(3) • 「청소년활동진흥법」 제41조에 의한 수련시설협회설치 승인(4)

자료: 지방자치발전위원회, 2016b.

∎ 표 4 ∎ 인구 100만 이상 대도시 특례 사무

소 관	관계 법률과 사무
국토 교통부 (11)	• 「국토의 계획 및 이용에 관한 법률」 제8조, 제22조에 의한 5 제곱킬로미터 미만 구역의 지정 등(1), 시·군기본계획의 확정(2) • 「여객자동차운수사업법」 제49조의2, 제49조의4, 제49조의5, 제49조의6, 제53조, 제54조, 제56조, 제57조에 의한 운송가맹사업 면허 등(3), 운송가맹약관신고 수리(4), 운송가맹사업자에 대한 개선명령(5), 운송가맹사업자에 대한 면허취소 등(6), 운수사업자조합설립 인가(7), 운수사업자조합 정관변경 인가(8), 운수사업자조합 정관변경 등 명령(9), 운수사업자조합사업 감독(10) • 「건설기술진흥법」 제5조에 의한 지방건설기술심의위원회의 설치(11)
보건 복지부 (12)	• 「응급의료에 관한 법률」 제13조의3, 제13조의6, 제14조, 제30조, 제51조, 제533조, 제54조에 의한 시행계획 수립·시행(1), 위원회 설치·운영(2), 교육명령 등(3), 지역응급의료센터 지정(4), 이송업 허가·변경허가(5), 이송업 휴업 등 신고(6), 이송업 영업승계 신고(7), • 「의료급여법」 제25조, 제26조, 제27조에 의한 기금 설치·운영(8), 기금 여유자금 운용(9), 급여비용 지급기관 예탁(10) • 「응급의료에 관한 법률 시행령」 제5조에 의한 시행계획·실시계획 결과 제출(11) • 「응급의료에 관한 법률 시행규칙」 제13조에 의한 심사의견서 제출(12)
문화체육 관광부(1)	• 「문화예술진흥법」 제7조에 의한 전문예술법인·전문예술단체의 지정·지원·육성(1)
환경부 (5)	• 「건설폐기물의 재활용 촉진에 관한 법률」 제8조에 의한 시행계획 수립 및 통보(1) • 「자원의 절약과 재활용 촉진에 관한 법률」 제7조, 제13조에 의한 시행계획 수립·통보·시행(2), 분리수거지원 등(3) • 「폐기물처리시설 설치촉진 및 주변지역지원 등에 관한 법률」 제30조에 의한 권한 위임(4) • 「환경교육진흥법」 제16조에 의한 교육센터 지정(5)

자료: 지방자치발전위원회, 2016b.

4. 발전과제

지방자치발전위원회는 김대중 정부 때인 1999년의 「중앙행정권한의 지방이양 촉진 등에 관한 법률」에 의해 설치된 지방이양추진위원회 이후 면면히 추진되어 온 지방분권화와 더불어 대도시 사무의 특례화를 1999년의 「지방분권일괄법」을 비롯해 그동안 일본에서 여러 차례에 걸쳐 제정된 일괄법(內閣府 자료)의 형식을 따라 가칭 「지방일괄이양법」의 입법화를 통해 추진해 왔지만 성취하지 못했다. 일괄이양법의 추진과 무산은 안타깝게도 노무현 정부의 정부혁신지방분권

위원회와 이명박 정부의 지방분권촉진위원회의 전철을 이어받은 것이다. 하나의 법률을 제정하는 형식으로 실제로는 일본처럼 수백 또는 수십 개의 관계 법률을 한꺼번에 개정하는 일괄이양법은 우리 정부와 국회의 관계를 살펴보건대 당분간은 무망하고, 따라서 이들 과제는 지금까지처럼 개개 법률의 개정을 통해 추진할 수밖에 없을 듯하다.

종전의 특별법에 따라 2010년 10월 이후 5년이 지난 지금까지 도의 사무를 대도시 사무로 특례화한 것은 앞에서 언급한 대로 하나뿐이다. 2013년 8월 31일 현재, 국회를 비롯해 법원, 헌법재판소, 선거관리위원회, 감사원 등을 제외한 행정부의 국가 사무가 31,161개, 시·도 사무가 7,701개, 그리고 시·군·자치구 사무가 7,143개로 우리나라에 모두 46,005개의 행정사무가 있다는 한국지방행정연구원의 보고서에 비추어보면, 이양을 통한 대도시 사무 특례화의 실적은 매우 저조하다(한국지방행정연구원, 2014). 대도시 사무 특례의 정도가 일본의 지정도시는 물론이고 중핵시[3]에도 미치지 못하고 있는 실정에서 위원회와 정부는 특별법의 취지를 좇아 앞으로 도의 사무를 더욱 많이 대도시로 이양해 대도시 사무 특례의 확충에 노력해야 할 것이다.

이와 같은 사무 특례와는 별도로 현행 특별법 제42조는 인구 100만 이상 대도시에는 부시장을 2명으로 하고 그 행정기구와 정원을 대통령령으로 따로 정할 수 있도록 했다. 그리하여 행정자치부 장관은 「지방자치법」 제112조(행정기구와 공무원)에 따른 「지방자치단체의 행정기구와 정원 기준 등에 관한 규정」 등을 통해, 현재 실·국 및 실·과·담당관의 설치·직급 기준과 기준인건비(=기준 인력×단가) 산정 때의 기준 인력에서 100만 이상 대도시 행정운영의 특례를 인정하고 있다.

이와 같은 행정운영의 특례에 더해 특별법 제43조는 인구 50만 이상 대도시에 대해 재정운영의 특례도 인정하고 있다. 이에 의하면, 도지사는 「지방재정법」 제29조에 따라 배분되는 재정보전금과 별도로 인구 50만 이상 대도시에는 해당 시에서 징수하는 도세(원자력발전에 대한 지역자원시설세, 특정 부동산에 대한 지역자원시설세

---

3) 일본의 「지방자치법」 제2편 제12장(대도시 등에 관한 특례)의 규정에 따라, 인구 50만 이상의 시 중에서 내각의 행정명령인 政令으로 지정하는 지정도시는 2016년 3월 현재 홋카이도(北海道)의 삿포로(札幌)시를 포함해 20개이며, 인구 20만 이상의 시의 신청에 의거하여 내각이 정령으로 지정하는 중핵시는 2016년 3월 현재 홋카이도(北海道)의 아사히가와(旭川)시를 포함해 45개다. 總務省 자료.

및 지방교육세는 제외한다) 중 100분의 10 이하의 범위에서 일정 비율을 추가로 확보하여 해당 시에 직접 교부하여야 하는데, 이에 따라 대도시에 추가로 교부하는 도세의 비율은 사무이양 규모 및 내용 등을 고려하여 대통령령으로 정한다.

한편 상기 〈표 2〉의 제6호 업무는, 본문의 규정에도 불구하고 특별법 부칙 제3조 제2항에 의해 현재 창원시에 한해 시범적으로 실시하고 있는 것인데, 이를 위해 「지방세법」 제11장에 따라 소방시설에 충당하는 지역자원시설세는 「지방세기본법」 제8조 제2항 제2호 가목의 규정에도 불구하고 창원시세로 하고 있다. 이밖에도 행정자치부 장관은 「지방재정법 시행령」에 의거해 대도시에 지방채 발행 비율을 높이고 재정투자의 심사를 완화하는 등 재정운영의 특례를 더하고 있다. 그런데 이와 같은 여러 행정·재정운영의 특례는 기본적으로는 사무 특례에 수반하는 것이어야 하고 그 정도에도 비례하여 이루어져야 할 것이다.

마지막으로 지적하고 싶은 것은, 대도시 특례와 관련해 도에서 대도시로의 사무 이양과 함께 추진해야 할 것이, 2004년 이후 「지방자치법」과 2010년 이후 특별법에서 줄곧 명문으로 규정해 왔는데도 불구하고, 지금까지 정부를 비롯해 구 지방행정체제개편 추진위원회와 지방자치발전위원회가 다루지 않았으며 학계에서도 주장하지 않은 대도시에 대한 지도·감독의 특례이다(지방자치발전위원회, 2016c). 대도시가 현재 수행하고 있는 사무의 처리에 대해서는 그 행정·재정 능력을 감안하면, 다른 시·군·자치구에 대해서처럼 「지방자치법」 제9장에 의한 지도·감독을 비롯해 여러 작용 법령에서 정하고 있는 도지사에 의한 허가·인가·승인 등의 사전 관여와 시정명령·정지·취소 등의 사후 관여를 일일이 존치할 필요는 없을 것이다.

앞으로 대도시 특례는 이처럼 사무의 이양과 지도·감독의 철폐 또는 완화라는 투 트랙으로 나누어 추진하며 이들의 특례에 걸맞은 행정·재정운영의 특례를 수반해야 할 것이다.

| 참고문헌 |

강창민 (2015). 제주특별자치도 10주년을 위한 준비와 과제. 제주발전연구원.

지방자치발전위원회 (2016a). 대도시 사무특례 과제별 입법 추진상황.

지방자치발전위원회 (2016b). 대도시 특례사무 현황.

지방자치발전위원회 (2016c). 대도시 특례제도 개선을 위한 자치현장 토론회.

한국지방행정연구원 (2014). 새로운 판별기준에 따른 국가 총사무 재배분 조사표 작성.

행정자치부. 주민등록 인구통계. http://rcps.egov.go.kr:8081/jsp/stat/ppl_stat_jf.jsp

內閣府 자료. http://www.cao.go.jp/bunken－suishin/index.html

總務省 자료. http://www.soumu.go.jp/main_sosiki/jichi_gyousei/bunken/index.html

2부

지방자치 발전과제
(주민자치)

11. 주민 직접참여제도 강화
12. 읍·면·동 주민자치회 도입
13. 소규모 읍·면·동 행정체제 정비
14. 지방선거제도 개선
15. 자치단체 간 관할구역 경계조정

11

주민 직접참여제도 강화

이 기 우

1. 문제제기

한국에서 직접민주주의가 지방차원에서 논의된 것은 지방자치가 부활된 이후이다. 지방자치는 결국 지방자치단체를 구성하는 주민의 자치이다. 지방자치단체의 장이나 지방의회가 주민의 의사와 다른 결정을 하거나 주민이 원하는 사항을 입법하지 않는 경우에 지방자치의 주체인 주민이 최종적인 결정을 할 수 있어야 한다. 주민의 최종적인 결정권을 보장하는 방법으로 직접민주제도를 들 수 있다. 선거가 사람에 대한 주민결정권을 보장하는 제도인 데 비하여 직접민주제도는 안건에 대한 주민의 직접결정권을 보장하는 제도이다. 미국에서는 주민소환이나 주민직선제도도 직접민주주의로 분류하는 경우도 있으나 스위스에서는 안건에 대한 주민결정만을 의미하는 것이 일반적이다. 주민의 직접참여제도로는 주민소환과 주민감사청구, 주민소송, 주민참여예산제도 등 여러 가지가 있으나 여기서는 지면관계상 안건에 대한 주민결정인 주민투표와 주민조례청구제도에 한하여 논의를 하고자 한다.

1994년 3월 16일 개정된 지방자치법에서 주민투표제도를 도입하였으나 이를 구체화하는 법률을 10년 동안이나 제정하지 않았다. 2004년 1월 29일 주민투표법을 제정하였다. 또한 1999년 8월 31일의 지방자치법 개정으로 주민조례청구제도가 도입되었다. 2004년 주민투표법이 제정되어 실시된 지 10년이 지났음에도 불구하고 순수한 자치사무에 대한 주민투표는 단 3번 실시되는 데 그치고 있으며, 주민투표 요건을 충족하지 못하여 주민들이 법외의 사실상의 주민투표를 실시하는 경우가 적지 않게 나타나고 있다. 또한 주민조례청구제도도 활용빈도는 낮은 편이며 지방의회가 응하지 않는 경우에 주민들이 대응할 수 있는 수단이 없다는 점에서 그 한계를 드러내고 있다. 이에 주민투표와 주민조례청구의 활성화에 장애요인이 무엇인지를 분석하여 근본적인 개선방안을 도입하는 것이 필요하다.

2. 실태와 문제점

1) 주민투표의 실시현황과 문제점

주민투표법상 주민투표가 실시된 것은 2005년 이후 총 8건에 이른다. 제주도 기초자치단체폐지 주민투표, 청주시와 청원군 통합 주민투표, 전주시와 완주군 통합에 관한 주민투표, 방폐장부지선정을 위한 주민투표, 남해군 석탄화력발전소 유치에 관한 주민투표, 서울특별시 무상급식 관련 주민투표, 진주의료원 재설립에 대한 주민투표, 경상북도 영주시 평은면사무소 부지선정에 관한 주민투표 등이 이에 속한다. 그 중에서 국가정책에 대한 것이 5번이고, 자치사무에 대한 것은 3번에 불과하다. 또한 주민투표법상의 주민투표를 실시하지 못하고 사실상의 주민투표가 실시되어 정부와 주민간의 갈등이 해결되지 못한 것도 몇 건 있다. 예컨대, 삼척시와 영덕군의 원전유치에 관한 주민투표 등이 이에 속한다. 여기서는 몇 가지 사례를 들어 문제점을 살펴본다.

(1) 제주도 기초자치단체폐지 주민투표

2004년 주민투표법이 제정된 후 처음 실시된 주민투표는 제주도의 기초자치단체인 시·군을 폐지하고 이를 도의 하급기관인 2개의 시로 전환하기 위한 것이었다. 제주도 주민투표는 2005년 7월 27일 실시되었다. 지방자치계층을 축소하여 광역자치단체만 남기고 기초자치단체를 폐지하는 방안을 혁신안이라고 하고, 기존의 도와 시·군을 자치단체로 유지하면서 기능을 조정하는 안을 점진안이라고 하여 두 개의 안 중에서 선택하는 주민투표를 실시하였다. 중앙정부와 지방자치단체의 장들이 주도적인 역할을 하면서 주민들은 주민투표과정에서 소극적인 역할을 하는 데 그쳤으며, 선거가 끝난 후에 주민들간의 갈등이 해소되기보다는 오히려 증폭되는 결과를 가져왔다. 주민투표결과 혁신안이 채택되고 시·군이 폐지되었다. 그 후 기초지방자치단체의 부활을 공약으로 내건 후보자가 당선되기도 했다. 타당성이 의심스러운 중앙정부의 정책을 정당화하기 위해서 중앙정부가 주민투표제도를 악용하였다는 점에서 제주도 주민투표는 많은 과제를 남겼다. 주민투표제도 특히 중앙정부기관인 선거관리위원회가 선거를 관리함으로써 많은 비용을 지방자치단체가 부담해야 했고, 지역실정에 부합한 선거관리도 하지 못하였다(양영철, 2005).

(2) 방폐장 부지선정을 위한 경쟁적 주민투표

2004년 부안 방폐장 설치에 실패한 중앙정부는 방폐장입지를 선정하기 위하여 주민투표제도를 이용하였다. 방폐장 부지에 관한 공모를 한 전라북도 군산시와 경상북도 포항시·경주시·영덕군 등 4개 지역에 대해서 2005년 11월 2일에 주민투표를 실시하고 그 중에서 찬성률이 가장 높은 경주지역을 방폐장부지로 선정하였다.

막대한 지역지원금을 둘러싸고 각 지역에서는 투표율과 찬성율을 높이기 위한 무리하고 맹목적인 경쟁이 벌어졌다. 관권투표, 금권투표, 부정투표 등의 논란이 끊이지 않았다. 중앙정부가 막대한 지역지원금을 미끼로 주민의 찬성률을 높이도록 경쟁시켜 방폐장 유치분위기를 띄우고 반대여론을 억누르는 데 주민투표제도를 악용한 것이다(최봉기, 2006, 16). 혐오시설의 부지를 선정하면서 주민투표를 통하여 결정한 사례는 국내외에서 적지 않게 찾아볼 수 있다. 하지만 주민투표를 실시하고 찬성률 경쟁을 통하여 부지로 선정한 사례는 유래를 찾기 어렵다. 이는 주민투표의 목적과 기능을 넘어서는 주민투표제도의 왜곡에 해당한다. 중앙정부가 유치지역에 막대한 재정지원을 약속하고 지역간 경쟁을 유도함으로써 방폐장을 반대하는 것은 지역발전을 저해하는 주범이라는 낙인을 찍어 합리적인 토론이 불가능하게 했다(하승우, 2006, 45, 52). 비이성적이고 선동적인 구호가 주민투표의 순기능인 합리적인 토론과 설득을 불가능하게 했다. 이러한 주민투표는 갈등을 극복하기보다는 갈등을 조장하는 데 일조를 했다는 점에서 최악의 주민투표사례로 기록될 것이다. 주민투표가 중앙정부의 정책을 정당화하고 밀어붙이는 수단으로 악용한 또 하나의 사례에 해당한다.

(3) 서울시 무상급식 주민투표

2010년 12월 1일 서울시의회는 '서울특별시 친환경 무상급식 등 지원에 관한 조례'를 의결하였다. 이에 대해서 서울시장은 12월 20일에 시의회에 재의를 요구했다. 서울시의회는 12월 30일에 위 조례안을 재의결하였고 서울시장에게 이송하였으나 공포를 하지 않아 2011년 1월 6일 서울시의회 의장이 조례안을 공포했다. 민간단체인 '복지포퓰리즘추방국민운동본부'는 81만 5,817명의 서명을 받아 2011년 6월 16일에 전면무상급식에 대한 찬반여부를 묻는 주민투표를 청구하였다. 지원범위에 관한 복수안을 두고 선택하도록 하였다. 또한 오세훈 시장은 2011년 8월 21일에 기자회견을 통하여 주민투표실시결과 투표율이 개표요건인 1/3에 미달하거나 개표결과 자신이 주장하고 있는 단계적 무상급식안이 채택되지 않는 경우 시장직에서 물러나겠다고 했다. 2011년 8월 24일 주민투표결과 총투표권자 838만 7,278명 중에서 215만 9,095명이 투표하여 투표율은 25.7%였으며, 투표율이 개표요건에 미달하여 주민투표는 무산되었다. 오세훈 서울시장은 주민투표실패의 책임을 지고 8월 26일 시장직에서 사퇴하였다.

서울시의 무상급식 주민투표는 정책사안에 관한 주민투표를 사람에 대한 신임투표로 변질시킴으로써 주민투표의 본질을 왜곡시켰다. 또한 지방의회의 무상급식에 관한 조례제정에 대한 주민의 비토권 행사로서 주민투표를 왜곡하여 지원범위에 관한 주민선택으로 변질시킨 것이 주민투표의 취지에 부합하는지에 관한 근본적인 의문을 남겼다.

(4) 진주의료원 재설립에 대한 주민투표

경상남도는 적자누적과 경영악화를 이유로 진주의료원을 폐쇄하겠다는 방침을 정하고 이를 추진하였다. 진주의료원 폐업철회 경남진주시민대책위는 2013년 7월 주민투표를 추진하기 위한 주민투표청구인 대표자증명서교부신청을 하였으나 경상남도는 주민투표의 대상이 되지 않는다고 거부했다. 이에 시민대책위는 경남지사를 피고로 거부처분에 대한 취소소송을 제기했다. 대법원은 원고의 주장을 인용하였다. 주민투표청구대표들은 14만 4387명의 서명을 받아 2015년 7월 8일에 경상남도지사에게 주민투표청구를 하였다. 경상남도는 9월 22일 주민투표청구심의회를 열어 서명의 유효와 무효 여부를 심의한 결과 47.02%가 무효 처리되면서 주민투표 청구 요건인 13만 3826명보다 5만 7237명의 서명이 부족하다고 확인했다. 경상남도는 주민투표 청구요건에 미달로 주민투표청구를 각하했다.

진주의료원 재개원을 위한 주민투표에서는 주민투표의 절차가 문제가 되었다. 주민투표청구인 대표자증명서를 받아야 주민투표청구요건을 충족하는 서명을 받을 수 있는데 경상남도가 이를 거부함으로써 문제가 야기된 것이다. 대법원은 주민투표 청구인대표 증명서교부가 지방자치단체장의 재량이 아니라 요건을 구비하는 경우에 교부해야 하는 기속행위임을 확인하고 주민투표의 대상에 해당된다는 것을 확인함으로써 문제는 일단락되었다. 지방자치단체장이 주민투표를 저지하거나 지연시켜 주민동력을 약화시키기 위하여 주민투표절차를 악용하는 경우가 나타남으로써 주민투표절차에 대한 근본적인 검토가 요구된다. 주민투표를 청구하기 위한 서명요건이 지나치게 엄격한 것이 아닌지에 대해서도 재검토를 요한다.

경상남도는 2015년 2월 5일에 민간단체에 의해 청구된 무상급식지원 주민투표에서도 주민투표의 대상이 아니라는 이유로 주민투표절차의 진행을 저지함으로써 주민투표절차에 심각한 문제가 있음을 다시 한 번 확인시켰다.

(5) 삼척시 원전유치에 관한 사실상의 주민투표

2010년 12월 16일 당시 삼척시장이 시의회의 동의를 얻어 원자력발전소 유치신청을 하면서 삼척시에서 다시 원전과 관련된 문제가 불거졌다. 이에 근거하여 정부와 한수원(한국수력원자력)은 2011년 12월 23일에 삼척과 영덕을 신규 원자력발전소 건설후보지로 발표하였다. 삼척시장이 제출한 삼척원전유치신청철회주민투표 동의안을 삼척시의회는 2014년 8월 26일에 만장일치로 통과시켰다. 삼척시의 주민투표요구에 대하여 삼척선거관리위원회는 2014년 9월 1일 원전은 국가사무이기 때문에 주민투표의 대상이 되지 아니한다고 하면서 주민투표를 실시하지 않겠다는 입장을 밝혔다. 이에 대응하여 원전유치를 반대하는 주민들은 민간차원의 주민투표를 실시하기로 하고 2014년 9월 '삼척시 원전유치 찬반 주민투표 관리위원회'를 조직하여 10월 9일 주민투표를 실시했다.

원래 삼척시가 주민투표법상의 주민투표를 실시하려고 하였으나 삼척 선거관리위원회가 주민투표의 대상이 아니라고 함으로써 역시 주민투표의 대상이 문제가 되었다. 원전자체에 대한 주민투표가 아니라 원전유치신청의 철회에 대한 주민의사를 묻는 주민투표였고, 신청의 철회여부는 삼척시의 고유한 권한이라는 점을 감안하면 원전이 국가사무라고 하여 주민투표의 실시를 거부한 삼척선관위의 조치가 적절하였는지에 대해서는 의문의 여지가 있다. 주민투표절차의 적정성에 대한 근본적인 재검토가 필요하다.

2) 주민조례청구의 실태와 문제점

2000년부터 실시된 주민조례청구제도를 통해 2014년 말까지 총213건의 주민청구가 제기되었다. 213건 중에서 원안대로 의결된 것은 39건에 이르며 수정의결된 것은 70건, 부결된 것은 27건, 각하된 것이 22건, 철회된 것이 8건, 나머지 41건은 임기만료로 회기 내에 처리 되지 못하여 폐기되었다. 2003년부터 2005년까지 3년 동안은 해마다 30건 내지 48건으로 다른 해에 비하여 조례청구건수가 매우 높다. 이는 전국적인 이슈가 된 학교급식에 대한 주민청구조례가 많았기 때문이다. 2006년부터는 청구건수가 급격하게 감소한다. 전국적인 이슈가 없고 지역

| 표 1 | 주민조례청구현황(2000-2014)

연 도	합 계	원안의결	수정의결	부결	각하(반려)	철회	폐기	진행중
합계	213	39	70	27	22	8	41	6
2000	4			1	2		1	
2001	12	2	1	2	3	2	2	
2002	2				1		1	
2003	48	8	25	4	4	1	6	
2004	30	8	10	6	1	1	4	
2005	47	6	10	6	4	2	19	
2006	7	3	3	1				
2007	11	1	6	2		2		
2008	4	1	1	1			1	
2009	9	2	2	1			4	
2010	15	5	5	1	3		1	
2011	6	1	3		2			
2012	5		2	1	1		1	
2013	7	1	2		1		1	2
2014	6	1		1	1			4

자료: 행정자치부(2015). 수정 작성.

현안문제가 중심이 되었다. 2010년 청구건수가 15건이 되어 약간 증가한 것은 전국적인 이슈가 된 무상급식에 관한 조례가 9건에 이르기 때문이었다.

우선 문제가 되는 것은 지난 15년간 주민조례청구제도가 실시되면서 회기중에 처리되지 못하여 폐기된 건수가 41건으로 전체의 20%에 근접한다는 점이다. 조례청구를 위하여 주민들이 많은 노력과 비용을 들여서 준비를 하고 적법한 요건을 갖추었음에도 불구하고 지방의회의 진지한 심의와 의결과정을 거치지 못한 채 폐기되었다는 점이다. 또한 청구요건을 구비하지 못하여 각하(반려)된 것이 22건으로 10%가 넘는다. 이는 지방자치단체의 조례규칙심의위원회의 심사결과 부적합 판정을 받은 것이다. 그 중에서 서명요건을 갖추지 못한 것도 있지만 조례청구의 대상이 되지 못한다는 이유로 각하된 것도 적지 않다. 후자에 대한 논의는 의회의 심의과정에서 논의되어야 할 것임에도 불구하고 의회에 회부되기도 전에 집행기관이 원천적으로 차단하는 것은 주민참여를 집행기관이 봉쇄하는 결과를 초래한다.

　주민청구 213건 중에서 39건이 지방의회에서 의결되어 18%정도를 차지한다. 지방의회에서 가결되는 비율이 낮은 것은 아니다. 문제는 총청구건수 중에서 거의 1/3 정도를 차지하는 70건이 수정의결되었다는 점이다. 주민이 청구한 내용을 왜곡하여 의결해 버리는 경우 주민들의 의도가 왜곡될 수 있는 측면이 있다. 가장 큰 문제는 주민들이 청구한 조례가 부결되거나 폐기되거나 혹은 주민들 의도와 달리 왜곡되어 처리되어도 주민들은 속수무책이라는 점이다. 독일, 스위스 등에서는 이러한 경우 직접 주민들이 투표를 통해서 결정할 수 있도록 한다.

　지난 15년간 213건의 조례청구가 있었다는 것은 조례청구가 15년 동안에 지방자치단체별로 1건에도 미치지 못한다는 것이 된다. 이는 조례청구제도를 통한 주민의 직접참여가 활성화되지 못하고 있다는 것을 의미한다. 주민참여 중요성에 비추어 활용사례는 매우 저조한 편이다. 주민조례청구제도 자체에 주민의 직접적인 참여를 억제하는 요인이 없는지를 살펴볼 필요가 있다.

3. 추진상황

　지방분권 및 지방행정체제개편에 관한 특별법 제15조 제1항에 국가 및 지방자치단체는 주민참여를 활성화하기 위하여 주민투표제도·주민소환제도·주민소송제도·주민발의제도를 보완하는 등 주민직접참여제도를 강화하여야 한다고 규정되어 있다. 이에 따라 지방자치발전위원회에서는 주민투표제, 주민조례청구제도, 주민소환제도, 주민참여예산제도, 주민감사청구제도 등에 대한 개선을 위해 노력을 기울이고 있다.

　주민투표제도에 대해서는 사전투표 활성화를 통하여 개표요건을 충족하도록 하는 방안이 논의되었다. 주민조례청구제도의 개선에 관해서는 의원임기만료로 폐기되지 않도록 하는 심사특례제도 도입, 청구요건 완화 등의 논의가 있었다. 행정자치부에서는 정책학회에 용역을 발주하여 주민참여제도 활성화방안을 연구하게 했다(정정화·김찬동 외, 2015).

4. 발전과제

1) 주민투표의 활성화를 위한 제도개선과제

주민투표를 활성화하여 지역의 중요한 현안문제나 갈등을 주민들이 최종적으로 결정하여 갈등을 해결하고 주민의 의사에 부합되는 지방정책을 실현할 수 있도록 하고, 주민투표법상의 주민투표가 어려워 주민들이 임의로 실시하는 사실상의 주민투표를 실시할 필요가 없도록 주민투표법의 개정이 필요하다.

(1) 국가정책에 대한 주민투표

중앙행정기관의 장이 필요에 따라 국가정책에 대해 주민투표를 실시할 수 있도록 규정한 주민투표법 제8조는 국가가 일방적으로 수립한 정책을 정당화하는데 악용될 소지가 크므로 삭제하고 대신에 지방자치단체의 폐치분합이나 원전설치 등과 같이 지방자치단체의 주민에게 중요한 영향을 미치는 사안에 대해서는 필요적 주민투표사항으로 법률에 규정하는 것이 바람직하다(하승수, 2005). 이는 중앙정부와 지방정부, 주민간에 야기되는 갈등을 완화하는 데 기여할 것이다. 필요적 주민투표로 하는 것이 가장 바람직하지만 일정 수 이상의 주민이 요구하면 주민투표를 실시할 수 있도록 임의적 주민투표로 하는 것도 차선의 방안으로 고려할 수 있다.

(2) 주민투표의 금지대상의 삭제 또는 대폭적인 축소

주민투표의 금지대상을 법률로 규정할 것인지 여부에 대해서는 여러 가지 입법례가 있다. 예컨대, 직접민주주의가 가장 발전된 스위스에서는 주민투표의 대상에 제한을 두지 않는다. 즉, 금지대상이 없다. 이에 대해서 독일의 각 주에서는 주민투표의 금지대상을 규정하고 있으나 많은 비판이 제기되고 있다. 예컨대,

지방재정에 관한 사항을 제외할 것인지, 아니면 포함시킬 것인지 여부에 대해서 많은 논란이 있다. 스위스에서는 재정에 관한 주민투표를 통하여 성당한 성과를 거두고 있으며 스위스의 정부역량을 강화하고 예산 낭비를 방지하는 데 상당한 성과를 거두고 있다. 우리나라의 주민투표법 제7조는 지방자치단체의 예산·회계·계약 및 재산관리에 관한 사항과 지방세·사용료·수수료·분담금 등 각종 공과금의 부과 또는 감면에 관한 사항, 행정기구의 설치·변경에 관한 사항과 공무원의 인사·정원 등 신분과 보수에 관한 사항 등을 주민투표대상에서 제외하는 등 주민투표 금지대상을 지나치게 넓게 규정하여 주민투표를 활용할 수 없도록 가로막고 있다.

일정사항에 대해서 주민투표를 금지한다는 것은 그 사항에 대해서 지방의회의 전결적인 결정권을 인정하여 최종결정을 하게 한다는 것이다. 주민투표 금지사항은 주민을 지방자치단체의 최고기관으로 인정하지 않는다는 것을 의미한다. 주민투표제도는 주민을 최고기관으로 인정하고 최종적인 결정권을 부여하는 제도인데 일정한 사항을 제외한다는 것은 주민투표제도의 취지에 본질적으로 반한다. 주민은 중요한 문제일수록 직접적인 최종적 결정권을 가져야 한다. 이에 주민투표법 제7조의 주민투표금지사항은 전면적으로 삭제하거나 대폭적으로 축소하여야 한다. 주민이 지방자치단체의 납세자임에도 불구하고 자신이 낸 세금과 공과금의 결정, 그 사용에 대하여 관여할 수 없도록 주민투표를 금지한 것은 주민의 납세자로서 지위를 부정한 것이고, 주민에 대한 불신에 근거하고 있다. 지방재정에 관련된 사항은 주민에 직접 영향을 미치는 중요한 결정사항이므로 당연히 주민투표를 허용하여야 한다(안성호, 2004, 26). 주민들이 지방세와 공과금에 대해서 최종적인 결정권을 가질 때 조세의 효율성과 서비스의 질적 향상을 기할 수 있음이 스위스 사례에서 입증되고 있다(이기우, 2014, 114).

(3) 서명요건의 완화

주민이 주민투표를 청구하기 위해서는 주민투표청구권자 총수의 20분의 1 이상 5분의 1 이하의 범위 안에서 지방자치단체의 조례로 정하는 수 이상의 서명을 받아야 한다. 서명기간은 당해 지방자치단체조례로 정하도록 하고 있으나 통상 3개월로 제한하고 있는 지방이 적지 않다. 주민투표의 청구를 위한 서명자

요건이 지나치게 엄격하다. 서명기간도 제한되어 있는 상황에서 지나치게 많은 서명을 요구하는 것은 주민투표의 실시가능성을 차단하는 결과를 초래할 수도 있다(안성호, 2004, 28). 이에 주민투표의 실시를 위한 서명요건을 대폭적으로 완화할 필요가 있다. 예컨대, 주민투표청구권자의 1/50 이하의 범위 내에서 당해 지방자치단체가 조례로 정하는 숫자의 서명을 얻도록 하는 것이 바람직하다. 다만 조례에 의하여 요구되는 서명자 수가 10만 명을 넘는 경우에는 10만 명을 상한으로 하는 것이 주민투표를 활성화하기 위하여 바람직하다. 스위스에서는 국민투표청구를 위하여 연방의 경우 투표권자 50,000명의 서명을 요한다. 현재 투표권자가 530만 가까이 되므로 스위스에서는 1%미만의 서명으로 국민투표의 청구가 가능하다. 주민투표를 활성화하기 위해서는 주민투표법에서 최소한 6개월 내지 1년 이상의 서명요청기간을 보장하는 입법조치가 필요하다.

(4) 개표요건의 완화

주민투표에 부쳐진 사항은 주민투표권자 총수의 3분의 1 이상의 투표와 유효투표수 과반수의 득표로 확정된다. 전체 투표수가 주민투표권자 총수의 3분의 1에 미달되는 때에는 개표를 하지 아니한다(주민투표법 제24조). 서울시 무상급식주민투표와 같이 투표율이 전체투표권자의 1/3에 미달하여 주민투표가 성과를 거두지 못한 사례들이 나오고 있다.

독일의 경우에는 최소투표율을 두는 경우가 있으나 스위스에는 그러한 제한을 두지 않고 있다. 최소투표율을 두는 경우에 투표에 참여한 능동적인 주민의 의사가 투표에 참여하지 않은 소극적인 시민의 의사에 의해 압도되는 현상을 초래한다. 또한 반대자들은 투표불참운동을 벌이려는 동기를 갖게 한다. 이는 주민참여를 약화시켜 민주주의의 존립을 위협하는 결과를 가져온다. 이를 극복하기 위해서는 최소투표율 요건을 삭제하는 것이 바람직하다. 적극적이고 능동적으로 투표에 참여하는 주민이 수동적이고 소극적인 주민보다 우선적인 지위가 부여되어야 하며 반대가 되어서는 안된다. 선거에서는 최소투표율에 제한을 두지 않으면서 유독 주민투표에만 그러한 제한을 두는 것도 모순이다. 따라서 개표요건은 삭제하는 것이 바람직하다.

(5) 근본적인 개선과제

주민투표법이 규정한 주민투표는 지방의회의 의결에 대한 것이 아니라 주민이 적극적으로 안건을 발의하는 주민발의형식을 취한다. 예컨대, 서울시무상급식, 진주의료원주민투표 등이 이에 해당한다. 주민투표와 주민발안이 혼동되고 있다. 지방의회의 의결에 대해서 주민들이 거부권을 행사해서 지방의회를 통제하고 주민들이 직접 최종적인 결정권을 행사하는 주민투표제도의 본래취지를 살리기 위해서는 지방의회의 결정을 전제로 이에 대한 찬반을 묻는 주민결정에 한정하는 것이 바람직하다. 이에 대해서 주민이 의안을 설정하고 이에 대한 주민결정을 하는 주민발안은 별도로 규정하는 것이 바람직하다. 정치기관의 결정에 대한 거부권으로서 주민투표와 주민의 새로운 의안의 발의로서 주민발안은 내용적으로 상이하고, 그 요건과 절차를 다르게 규정할 필요가 있기 때문이다.

지방자치단체장이나 지방의회가 주민투표제도를 이용해 정치적인 기반을 강화하거나 정책을 정당화하는 데 이용하고, 포퓰리즘적인 방향으로 흐를 우려가 있기 때문에 주민투표법에서 이에 해당하는 부분은 삭제하고 주민이 주도하여 청구하는 주민투표만 인정하는 것이 바람직하다.

주민투표제도가 이러한 방향으로 정비된다면 서울시의 무상급식지원에 관한 주민투표는 서울시의회가 제정한 학교급식지원에 관한 개정조례에 대한 주민투표로, 진주의료원에 대한 주민투표는 '경남도 의료원 설립 및 운영 조례 일부개정안'에 대한 주민투표로, 삼척시와 영덕군의 주민투표는 원전유치에 대한 지방의회의 동의의결에 대한 주민투표로 실시될 수 있었을 것으로 보며, 혼란과 갈등, 주민투표 추진상의 어려움과 관리상의 문제점들은 상당히 감소되었을 것으로 보여진다. 방폐장 유치에 관한 2005년의 경쟁적 주민투표는 현행법상으로도 주민투표가 아니다. 자유롭고 합리적인 주민여론형성과 결정기회를 박탈한 이러한 변칙적이고 왜곡된 주민투표는 더 이상 되풀이 되어서는 안 된다. 이렇게 되면 지방자치법에서 규정하고 있는 주민조례청구제도는 주민발안으로써 주민결정에 의해 주민입법이 가능하게 될 수 있을 것이다.

2) 주민조례청구제도의 개선과제

대의민주주의의 결함을 보완하고 주민에 의한 의사결정을 보장하기 위해서는 보다 진전된 국민발안제도 내지 주민발안제도를 도입할 필요가 있다. 현행 주민투표법에 의한 주민발안이 가능할 것으로 보기는 하지만 주민투표법 자체가 앞에서 논의한 것처럼 문제가 적지 않다. 이에 지방의회에서 주민조례청구를 일정기간 심의하여 의결하지 않거나 부결하는 경우에는 직접 주민투표에 회부할 수 있도록 법률을 보완할 필요가 있다. 주민투표법을 주민투표와 주민발안에 관한 절차로 구분하고 그 내용을 앞에 논의한 것처럼 보완하여 하나의 법률로 체계적으로 개정하는 것이 요구된다.

| 참고문헌 |

전학준·김학린 (2013). 공공갈등 해결기제로서의 주민투표의 활용현황과 특징, 분쟁해결연구, 11(3): 5-26.

김명용·안영진·문은영 (2012). 풀뿌리 민주주의 실현을 위한 실질적 주민참여방안으로서 주민투표 및 주민소환제도 개선방안에 관한 연구, 2012년도 중앙선거관리위원회 용역보고서.

김성호 (2004). 주민주표제도와 단체장과 의회의 대응, 지방행정, 53(610): 31-37.

김회창 (2007). 주민조례청구의 사례와 개선방안: 인천광역시 사례를 중심으로.

김영기 (2008). 미국과 스위스, 한국의 주민발의제도 비교연구. 지방행정연구, 22(2): 117-144.

김희곤 (2015). 우리 지방자치법상 조례제정개폐청구제도. 국가법연구, 11(2): 155-192.

박현희 (2010). 주민발의 제도의 운영현황과 특성: 참여주체, 이슈, 효과를 중심으로, 한국행정학회 하계학술대회 자료집, 1-26.

백승주 (2004). 주민조례청구제도에 대한 소고 - 일본제도와의 비교검토를 중심으로, 토지공법연구, 22: 195-221.

안성호 (2004). 주민주표제도의 운용과 발전방향, 지방행정, 53(610): 25-30.

안성호 (2001). 주민투표법제정의 논거와 개혁과제, 한국사회와 행정연구, 12(1): 3-20.

양영철 (2007). 주민투표제도론, 이론과 사례연구, 이론과 사례연구, 대영문화사.

이기우 (1998). 주민투표제도의 입법방향, 공법연구 제27(1): 485-504.

이기우 (2014). 분권적 국가개조론. 한국학술정보.

임승빈 (2004). 주민투표제도의 논리적 개념과 유형 및 활용, 지방행정, 53(610): 16-24.

정일섭 (2006). 주민투표제도에 대한 평가, 한국지방자치학회보, 18(4): 5-23.

정정화 (2012). 주민투표제도의 운영실태와 개선방안, 한국지방자치학회보, 24(4): 89-113.

정정화·김찬동 외 (2015). 주민참여제도 현황 및 활성화방안 연구, 행정자치부 용역보고서, 2015. 12.

최봉기 (2006). 중앙정부에 의한 지역 간 경쟁적 주민투표제도의 개선과제, 한국지방자치학회보, 18(2): 5-26.

하승수 (2004). 부안주민투표의 경과와 의의, 향후 발전방향, 도시와 빈곤, 67: 130-156.

하승수 (2005). 주민투표법의 문제점과 개정방향, 국회귀빈식당에서 개최된 정책토론회 자료집 (2005. 11. 16).

하승우 (2006). 정부의 주민투표제도 악용과 시민사회의 역할, 시민사회와 NGO, 4(2): 37-75.

12 읍·면·동 주민자치회 도입

오 재 일

1. 문제의 제기

　　인간은 태어나면서부터 공동체적 자아를 지니고 있다. 인간은 공동체 의식을 본능적으로 지니고 있으며, 이는 인간 삶의 통로이기도 하다. 이러한 공동체 생활은 커다란 조직보다는 자기의 삶 가까이에 있는 가족·마을·지역사회 등 작은 조직에서 체험되고 습득된다. 그리하여 '작은 것이 아름답다'고 하지 않았던 가? 그러나 현대 사회에 있어서 정보통신과 교통기술의 발달에 힘입어, 인간 생활의 활동 범위가 확대됨에 따라 공동체적 삶의 영역도 확대되고 있음 또한 사실이다. 따라서 원시 공동체와 같은 폐쇄적이고 배타적인 한정된 지연 공동체만으로 현대 사회의 복잡다단(複雜多端)한 사회생활을 영위하기 어렵다. 우리는 지금 '지구촌' 사회에 살고 있는 것이다.

　　따라서 우리는 '인간다움'을 느낄 수 있는 '자치공동체'를 어느 규모로 하는 것이 바람직한가에 대한 '적정규모의 활동 공간'에 질문을 제기할 수밖에 없다. 그런데 근대화 이후, 사회적 동물로서의 인간 활동의 '적정규모'를 제도화한 것이

다름 아닌 '자치(행정)계층'인 것이다. 자치공동체와 관련하여, 이명박 정권하에서는 읍면(동) 중심의 근린자치로서의 '주민자치회' 도입을 규정하고 있다. 뒤이어 등장한 박근혜 정권에서는 지방분권화 정책에 대해서 이명박 정권의 정책을 거의 그대로 계승·답습하고 있다.

여기에서는 2010년 제정된 '지방행정체제개편 추진에 관한 특별법' 제정 이후, 주거단위의 근린자치 활성화의 일환으로서 제도화가 추진되고 있는 '읍면동의 주민자치회' 제도화의 과정과 그 주요 과제에 대하여 살펴보고자 한다.

2. 이명박 정권과 주민자치회

2010년 9월 16일 제정되어 동년 10월 1일 시행된 '지방행정체제 개편에 관한 특별법'은 지방행정체제개편 개편추진의 기본방향 중 하나로서 '주거단위의 근린자치 활성화'를 열거하고 있다. 이에 따라 특별법은 '읍면동 주민자치'를 주요 정책과제로 선정하고, 특별법 제4절에 주민자치회의 설치(20조)·주민자치의 기능(21조)·주민자치회의 구성(22조), 그리고 주민자치회의 시범실시(부칙 4조) 등을 규정하고 있다. 이 특별법은 개편 과제를 추진하기 위하여 범정부적 차원의 대통령 소속의 '지방행정체제 개편추진위원회'(이하, 위원회라고 칭한다)를 설치하도록 하였다.

위원회는 한국지방자치학회에 주민자치회 모델 확립을 위하여 '읍면동 주민자치모델개발 연구용역'을 의뢰하였다. 한국지방자치학회에서는 선진국 주민자치조직 운영 사례분석 등을 통하여, 우리나라에 적합한 주민자치회 모형으로서 약한 준지방자치단체 모형Ⅰ·약한 준지방자치단체 모형Ⅱ·강한 준지방자치단체 모형·주민자치단체 모형의 네 가지 모형을 제시하였다(한국지방자치학회, 2011: 194-8). 위원회는 한국지방자치학회가 제시한 모형을 중심으로 현장방문·토론회·관련 기관 협의 등을 통하여 주민자치회의 지위와 기능, 읍면동사무소와의 관계에 따라 〈그림 1〉과 같이, 협력형·통합형·주민조직형의 세 개 모델을 확정하고, 주민자치회 시범실시 기본방향을 확정하여 '지방행정체계 개편 기본계획'에 반영하였다.

| 그림 1 | 주민자치회의 모델

모델명 / 구분	협력형	통합형	주민조직형
모형도			
조직형태	주민자치회, 읍면동사무소 병존	주민자치회와 읍면동사무소 통합	주민자치기구
주민자치회와 읍면동 사무소 관계	협의·심의	지휘·감독	관계없음 (읍면동사무소 폐지)
주민자치회 사무	• 읍면동 행정사무 협의·심의 • 주민화합·발전 • 위임·위탁사무	• 읍면동 행정기능 수행 • 주민화합·발전 • 위임·위탁사무	• 주민화합·발전 • 위임·위탁사무 ※ 읍면동 행정기능 시군구 직접수행

자료: 행정자치부(2015:11).

위원회에서는 세 개 모델 모두를 시범실시 대상으로 제시하였지만, 관계 부처와의 협의과정에서 현행법과의 배치 문제가 제기되어 우선적으로 협력형 모델을 시범실시하되, 통합형과 주민조직형 모델은 특별법 개정 이후에 실시하기로 하였다. 그리하여 위원회에서는 주민자치회 시범실시 기본방향을 안전행정부에 통보하여 협력을 요청하였다. 한편, 위원회는 통합형과 주민조직형 모델의 시범실시를 위한 특별법 개정(안)을 마련하여 '의원입법'으로 추진하고자 하였으나, 위원회의 임기가 종료됨과 동시에 정권의 교체로 특별법 개정의 진전이 이루어지지 못하였다.

한편, 위원회가 도출한 주민자치회 모델의 시범실시를 앞두고, 주민자치회 모델이 특별법 및 지방자치법 등에 저촉된다는 주장이 법제처 및 행정안전부로부터 제기되었다. 즉 2012년 6월 21일 법제처 및 행정안전부는 주민자치회가 지방자치단체 행정사무를 직접 수행하는 행정기관 성격을 갖도록 하는 사항, 읍면동 사무소를 주민자치회 사무기구화 하는 사항, 읍면동 소관사무의 변경, 읍면동장의 지휘감독권자 변경에 관한 사항 등이 지방자치법 등 관련 타 법률과 충돌해, 이들의 정비 없이는 특별법 부칙 제4조만을 근거로 모델의 시범실시가 곤란하다는 검토의견을 제출하였다. 그리하여 위원회에서는 정권 말이고, 특별법 개정에 시간이 소요되는 만큼 특별법을 개정하지 않고 시범실시가 가능한 협력형 모델에 대하여 우선 시범실시를 진행하고, 통합형과 주민조직형은 특별법 개정 후 시범실시를 추진하기로 하였다(지방행정체제 개편추진위원회, 2012: 213).

3. 박근혜 정권과 주민자치회

박근혜 정권의 등장과 함께 지방분권정책 추진을 위한 기구 정비의 일환으로 이명박 정권 시 이원화 되었던 지방분권화 정책 관련 법률을 '지방분권 및 지방행정체제개편에 관한 특별법'으로 일원화하였다. 특히, 이 특별법은 부칙 제4조에서 이명박 정권의 위원회가 마련한 지방분권화 정책을 계승한다고 밝히고 있음에 따라, 박근혜 정권하에서 2013년 9월 발족한 지방자치발전위원회는 위원회가 근린자치 활성화 방안으로서 확정한 '주민자치회의 모델'을 이어 받아, 시범실시에 따른 모니터링 등을 통하여 주민자치회의 제도화 방안 마련에 들어갔다.

1) 주민자치회 모델 시범실시

지방분권화 정책 추진의 주무부처인 행정자치부(당시 안전행정부)는 새 정권의 출범과 함께 지방자치발전위원회가 의결하였던 주민자치회 도입과 관련하여, 먼저 시범실시를 시행하였다.

행정자치부는 위원회가 확정한 주민자치회 관련 세 개의 모델 중, 비교적 법적 논쟁이 적은 협력형 주민자치회 모델의 시범실시를 추진하였다. 행정자치부는 시범실시 기간으로서 2013년 7월부터 2014년 12월까지 설정하고, 이에 따른 준비를 하였다. 지방자치단체의 추진의지와 수행능력 등을 고려하여 3,400여개 읍면동 중 시범실시 신청을 받은 결과 166개 읍면동이 신청을 하여, 그 중 읍 4곳·면 7곳·동 20곳 등 총 31개 지역을 선정하였다(지방자치발전위원회, 2014a: 11-2). 행정자치부는 지방자치단체의 주민자치회 운영의 실효성을 담보하기 위하여, '표준 조례(안)'을 통한 조례 제정을 지원하였으며, 시범 실시 읍면동에 각 1억 원의 재정 지원을 하였다.

한편, 지방자치발전위원회는 읍면동 시범실시에 따른 주민 및 전문가 등 관련 이해 당사자들의 의견을 수렴하기 위하여 자치현장 체험과 토크를 실시하고, 시범실시의 적실성과 실효성을 확보하기 위하여 주민자치회 시범 실시에 따른 현장 점검과 평가를 한국지방행정연구원에 의뢰하였다. 지방자치발전위원회는 현장방문과 주민자치회 모니터링을 통한 성과분석 및 평가를 통하여 주민자치회 도입방안을 확정하여, 2014년 12월 국무회의를 통과한 '지방자치발전 종합계획'에 반영하였다.

2) 주민자치회의 모델

지방자치발전위원회는 위원회의 결정에 따라 행정자치부가 시범 실시한 협력형 모델의 모니터링과 평가를 통하여, 주민자치회의 실시 모델을 마련하였다. 즉, 시범 실시되고 있는 협력형을 참고로 하면서, 〈그림 2〉와 같이 네 개의 검토모델을 설정하여 이해 당사자의 의견과 내부 토론을 거쳐, 이 네 모델 중 분회가 가능한 협력형 보완모델과 통합형 모델을 실시모델로 확정하여 주민자치회의 제도화를 추진하기로 하였다.

| 그림 2 | 주민자치회의 검토 모델

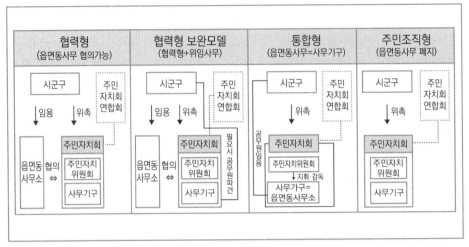

자료: 지방자치발전위원회(2015: 11).

위 네 종류의 주민자치회 모델 중 협력형과 협력형 보완모델의 성격에 대하여 논란이 있었다. 원래 위원회가 확정한 협력형 모델에서는 〈그림 1〉에서 보는 바와 같이, 주민자치회에 읍면동 사무소가 처리하고 있는 일부 행정사무에 대하여 위임이 가능하도록 하였다. 그러나 당시 안전행정부가 시범실시를 위한 표준 모델과 그 지침에는 협력형 모델의 시범실시를 추진하면서도, 원래의 협력형 모델과는 달리 위임사무 처리를 할 수 없도록 하였다.

현장 체험을 통하여 시범실시의 문제점을 인지한 지방자치발전위원회에서는 기존에 시범 실시되고 있는 협력형과의 차별성을 위하여 수정된 협력형의 모델로서 '협력형 보완 모델'이라는 명칭을 사용하기로 하였다[1].

(1) 주민자치회의 실시모델

지방자치발전위원회는 시범실시의 사례를 통하여 검토모델로 제안했던 네 모델 중, 〈그림 3〉과 같이 협력형(협력형 보완모델)과 통합형을 실시하도록 하되, 당해 지방자치단체의 조례로서 실시 모델을 선택하도록 하였다. 다만, 분회는 협력

---

1) 이하에서는 이 수정된 협력형 보완모델을 원래 제안했던 협력형 모델이라는 차원에서, 행정자치부가 시범실시용으로 사용했던 '협력형 모델과는 다른 의미의 협력형 모델'이라고 하고자 한다.

┃ 그림 3 ┃ 주민자치회의 실시 모델

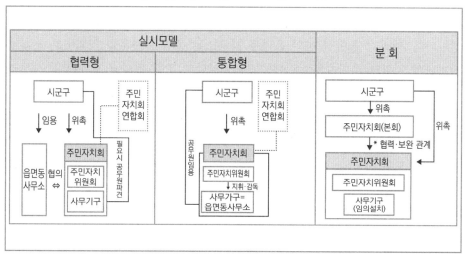

자료: 지방자치발전위원회(2015: 12).

형이든 통합형이든 모두 설치 가능하도록 함과 동시에 모델의 형태는 주민조직
형 형태를 적용하되, 본회에서 수행하는 협력형의 협의 기능과 통합형의 읍면동
사무소의 기능을 제외한 주민자치사무, 일부 위임·위탁기능을 수행할 수 있도록
하였다.

　① 협력형 주민자치회 모델

　주민자치회 모델로서의 협력형은 읍·면·동사무소의 존치를 전제로 한다.
이 모델의 성격은 주민자치(근린자치) 기구이면서 일부 위임·위탁사무를 수행하는
범위 내에서 하부행정기관의 지위를 가진다(행정심판법 제2조 4호 참조). 이 모델 하
에서 주민자치회에는 민간인력 등으로 구성되는 사무기구를 두되, 필요시에는
지방자치단체에 공무원의 파견을 요청하도록 하였으며, 주민자치회 회장이 주민
자치회 위원 중에서 사무기구의 장을 선임하도록 하였다. 협력형의 주민자치회
는 근린자치사무는 직접 수행하고 관계 법령이나 지방자치단체 조례·규칙으로
위임 또는 위탁한 사항을 수행하도록 하였다. 이 모델의 특징은 주민자치회에 읍
면동 행정기능 중 지역개발·생활안전·복지·금전적 부담·편의시설 운영 등 주
민생활과 밀접한 관련이 있는 사항에 대하여 협의기능을 부여하였다는 점이다.

② 통합형 주민자치회 모델

　통합형 주민자치회 모델에서의 읍면동 사무소는 주민자치회의 사무기구로
전환된다. 따라서 통합형 하의 읍면동 사무소는 읍면동 사무를 처리하는 하부행
정기관의 지위와 주민자치(근린자치) 기구로서의 지위를 동시에 보유한다. 사무기
구는 현행 읍면동 사무소를 주민자치회의 사무기구로 전환하여, 소속 공무원이
집행기능을 담당하도록 하였으며, 필요한 경우에는 민간인력도 활용할 수 있도
록 하였다. 주민자치회가 수행하는 기능은 읍면동 행정기능과 주민자치회 사무
를 수행하도록 하였다. 이 모델의 특징은 단체장이 사무기구의 장(현행 읍면동장)을
임용할 때, 주민자치회와의 협의를 가지도록 하였으며, 주민자치회 회장은 소속
직원의 업무나 복무에 대하여 지휘·감독권을 가진다는 점이다.

③ 분　회

　분회는 협력형 모델이든 통합형 모델이든 지방자치단체가 선택한 실시 모
델의 모두에 적용된다. 분회가 수행하는 사무는 주민자치 사무 또는 위임·위탁
사무에 한정한다. 따라서 분회는 협력형이나 통합형이 가지고 있는 사무 처리 등
에 있어서의 협의 기능은 가지지 않는다. 분회가 설치 가능한 지역은 도서·벽지
지역, 대동제 또는 책임 읍면동 지역 등이다. 분회의 설치 시, 그 위원은 20명 내
외로 구성할 수 있으며, 사무기구는 분회의 재량에 맡기는 임의성을 가진다.

　지방자치발전위원회가 제시한 주민자치회(협력형과 통합형)와 현재 읍면동에서
실시되고 있는 주민자치위원회, 그리고 행정자치부가 시범실시하고 있는 주민자
치회(협력형)를 비교하여 보면, 〈표 1〉과 같다.

┃ 표 1 ┃ 주민자치회 실시모델과 시범실시 모델·주민자치위원회 비교

구 분		시범실시 (행자부)	주민자치회 실시 모델		주민자치 위원회
			협력형	통합형	
읍면동 사무소		존치	존치	주민자치회의 사무기구	존치
수행사무		1. 주민자치사무 2. 위탁사무 3. 읍면동 일부 　 행정사무 협의기능	1. 주민자치사무 2. 위임·위탁사무 3. 읍면동 일부 　 행정사무 협의기능	1. 주민자치사무 2. 위임·위탁사무 3. 읍면동 행정기능	1. 주민자치사무 2. 주민자치센터 　 운영프로그램 등
법적 성격		주민자치기구 (민간단체)	주민자치기구 + 하부행정기구(일부)	주민자치기구 + 하부행 정기구	읍면동장의 자문기구
위원	위원의 신분	민간인	민간인	민간인	민간인
	위원 위촉권자	시장·군수·구청장	시장·군수·구청장	시장·군수·구청장	읍·면·동장
	위원선정 위원회 구성	1. 읍면동장 추천 2. 이통장연합회 　 추천 3. 해당 지역대표 　 연합단체 추천	1. 시·군·구청장 추천 2. 시·군·구의회의장추천	1. 시·군·구청장추천 2. 시·군·구의회 　 의장 추천	없음
사무 기구	사무기구 구성	규정 없음	민간 유급직원 ※공무원 파견 가능	읍면동 소속 공무원	없음 (읍면동 지원)
	사무기구 의장	없음	주민자치회 위원 중 선임	현행 읍면동장	없음
회원		없음	당해 읍면동에 주소를 가진 주민, 가입절차를 거 친 사업장 또는 단체 근무자	당해 읍면동에 주소를 가진 주민, 가입절차를 거친 사업장 또는 단체 근무자	없음
재원		• 자체재원(수익·위탁 사업 수입, 사용료 등), 의존재원(보조금), 　기부금 등으로 다양하게 구성			자치단체 지원

자료: 지방자치발전위원회(2015: 39).

(2) 주민자치회의 설치·운영방안

① 설치단위 및 위원 구성

주민자치회는 읍면동 단위로 1개의 주민자치회 설치를 원칙으로 하되, 도서·산간 지역 등 특별한 경우에는 조례로써 분회를 둘 수 있도록 한다. 위원의 지위는 무보수 명예직 봉사로 하고, 그 정수는 20-30명의 범위 내에서 해당 지방자치단체의 조례로 규정하도록 하고 있다. 또한 위원의 연임제한 여부도 조례로 규정하고, 회의 참석 등에 따른 수당은 지급할 수 있도록 하였으며, 위원 정수도 인구 과소 지역과 과다 지역에 대해서는 위원 수 조정이 가능하도록 하였다.

② 위원의 선출 및 위촉

ⓐ 위원의 자격 요건

위원의 피선거권은 당해 읍면동에 주민등록이 되어 있는 주민이거나 지역 내 소재한 사업장 또는 단체 근무자로 하고 있다. 이 경우 외국인 등록자도 가능하다. 지역 주민에 한정하지 않은 이유는 사업장 또는 단체 근무자를 포함시킴으로써 전문가 확보가 보다 용이하고, 지역 소재 사업장과의 원활한 관계 형성을 고려한 것이다. 다만 공직선거법 제19조의 피선거권이 없는 자는 위원의 자격이 허용되지 않는다.

ⓑ 위원의 선출방법

위원의 선출방식이나 구성 비율의 결정을 위한 선거관리 등 위원선출을 위하여 시군구 단위로 9인 내외의 위원선정위원회를 구성하도록 하고 있다. 선정위원회 위원은 시군구청장·시군구 의회 의장 등이 추천하며, 선정위원회 위원이 된 자는 주민자치회 위원이 될 수 없도록 하고 있다. 선정위원회의 위원 정수는 지역사회의 의견 등이 반영될 수 있도록 조례로써 탄력적으로 구성·운영이 가능하며, 인구 수 등을 고려하여 1개 읍면동 또는 2-3개 읍면동을 한 단위로 묶어 구성이 가능하다. 위원의 선출 방식은 공모·직능·추천을 통하여 공정하며, 성·연령·소득수준 등을 고려한 균형 있는 선출이 되도록 하고 있다. 다만, 공개 모집으로 선출된 공모위원이 주민자치회 위원의 1/2을 넘지 않도록 하고 있으며, 공모위원 선정시 10인 이하의 예비후보를 선정하여, 결원에 보충하도록 하고 있다. 주민자치회의 대표는 위원 중 호선하도록 하고 있다.

ⓒ 위원의 위·해촉

주민자치회의 위원은 위원선정위원회 선정 → 단체장 위촉 → 본인 통보의 절차를 거치도록 하고 있다. 특히 단체장의 자의적 위촉을 방지하고, 위원 선출의 공정성 확보를 위하여, 단체장의 위촉은 선정위원회의 결정에 기속되도록 하였다. 위원의 해촉도 해촉사유 발생 → 위원회 2/3 동의 → 단체장 해촉 → 본인 통보의 절차를 받도록 했으며, 위원 위촉과 같이 단체장의 자의적 해촉을 방지하기 위하여 해촉에 있어서도 주민자치회의 결정에 기속되도록 하였다.

③ 회의운영 및 분과위원회 구성

주민자치회, 임원·분과위원회 등의 구성과 회의 개최시기, 개최요건, 의사결정 방식 등 회의운영에 필요한 구체적인 사항은 지역 특성 등을 고려하여 당해 지방자치단체의 조례 혹은 자체 규약으로 정하도록 하고 있다. 또한 주민의 의견수렴이 필요하다고 생각되는 경우에는 주민전체 또는 일부를 대상으로 주민총회 소집 또는 문서회람 방식의 활용이 가능하다.

(3) 사무기구

① 협력형

주민자치에 두는 사무기구는 민간인력을 활용하여 구성하되, 위임·위탁사무 처리 등을 위하여 필요시에는 공무원의 파견 요청이 가능하다. 다만, 사무기구의 장은 위원 중에서 선임하도록 하고 있다. 주민자치회에서 지방자치단체에 공무원의 파견 요청이 있을 경우에 지방자치단체는 최대한 협조하여야 한다.

② 통합형

읍면동 사무소가 사무기구의 역할을 수행하면서 주민자치회가 의결한 사항에 대한 집행기능도 담당한다. 이 경우, 주민자치회의 사무를 처리하기 위한 민간인력의 채용이 가능하다.

(4) 재정 및 회계

① 재원 구성

주민자치회 재원은 자체재원·의존재원·기타재원으로 구성한다. 자체재원은 회비·자체 수익사업이나 위탁사업의 수입·사용료 등이며, 의존재원은 사업보조금이나 운영보조금 등이고, 기타재원은 주민 또는 기업의 기부금품 등이다.

② 재원 확보 및 운영

주민자치회 운영에 소요되는 재원은 법령과 조례에 국가 및 지방자치단체의 지원 근거를 명시하도록 하고, 회계처리 및 감사 기준 등 세부적 사항은 조례에 규정하도록 하고 있다. 위탁사무는 대등한 관계에서 계약 등에 따라 위탁하고 시군구청장이 회계감사를 실시한다.

(5) 읍면동과 주민자치회 간 사무배분(안)

지방자치발전위원회에서는 읍면동과 주민자치회 간의 사무배분에 대해서는 기초자치단체가 어떠한 모델을 선택하느냐에 따라 달라질 수 있으므로, 모형 선택에 대한 대안을 준비하고 있다. 다만, 읍면동이 수행하고 있는 사무 중, 규제적 성격을 지닌 행정 사무에 대해서는 주민자치회에 사무를 대행시키는 데에 신중을 기하고 있다.

위원회는 이 밖에도 주민자치회 회원의 가입과 권리·의무, 국가 및 지방자치단체의 지원, 현재 운영되고 있는 주민자치센터(주민자치위원회)와의 관계, 연합조직, 법인격 여부 등에 대해서도 규정하고 있다.

4. 과 제

근린자치로서의 주민자치회는 풀뿌리 민주주의 구현을 위한 중요한 제도적 장치 중 하나이다. 풀뿌리 민주주의로서의 지방자치를 언급할 때, 관념상의 민주주의가 아닌 생활상의 민주주의를 의미한다. 주민들이 일상적인 생활을 할 때,

이웃들과의 대면적인 관계를 통하여 상호간의 이해와 협력의 중요성을 알게 되고, 이것은 자치공동체로서의 동네민주주의(Neighborhood Democracy)를 통하여 구현된다. 따라서 우리가 생활상의 민주주의를 몸에 체득하기 위해서는 동네민주주의가 활성화되어야 한다. 동네민주주의를 제도화한 것이 다름 아닌 자치공동체로서의 주민자치회인 것이다.

그런데 우리나라는 1961년 5.16군사 쿠데타에 의하여, 기초자치단체를 시읍면에서 시군구로 변경시킴으로써, 〈표 2〉에서 보는 바와 같이 기초자치단체의 규모가 세계에서 그 유례를 찾아볼 수 없을 정도로 비대해져 버렸다. 그리하여 동네민주주의 구현을 위한 제도로서의 자치공동체의 규모가 적절한가에 대한 의문이 제기되고 있다. 따라서 근린자치로서의 주민자치회의 제도화를 도입하고자 할 때, 무엇보다도 중요한 것은 주민들의 생활상의 민주주의가 어느 정도 규모에서 잘 구현될 것인가에 대한 '적정규모의 활동 공간'에 대한 국민적 합의이다.

첫째, 이명박 정권 시에 명문화된 주민자치회는 원래 현재 2계층의 자치계층을 변화시키고자 하는 측면에서 특별법상에 명문화 되었다. 즉, 선진국과 비교해 보면, 우리나라 자치계층이 너무 많다는 것이다. 그러나 기초자치단체(특히, 농촌지역)의 국제적 규모를 비교해 보면 알 수 있듯이, 우리나라의 기초자치단체의 규모는 세계 어느 국가와 비교해 보아도 너무나도 비대하다. 따라서 어떠한 차원에서 주민자치회를 도입할 것인가에 대한 '제도화의 목표'를 명확히 할 필요가

| 표 2 | 기초자치단체의 국제 비교

국 가	기초자치단체 수(개)	총인구(백만 명)	기초자치단체당 주민수(천 명)
프랑스	36,679	60.2	1.6
독일	16,068	82.0	5.1
이탈리아	8,074	57.0	7.1
일본	1,750	127.2	72.7
영국	481	59.2	123.1
한국	228	50.6	221.9

자료: 地方自治總合硏究所(2015: 86).
* 한국의 경우는 행정자치부의 『지방자치단체 행정구역 현황』 2015년 통계자료와 통계청 국가통계포털 2015년 추계인구를 바탕으로 작성함. 또한 제주특별자치도와 세종특별자치시는 기초자치단체 수에 포함.

있다.

둘째, 제도화의 목표와 밀접한 관련이 있는 문제로서, '주민자치회의 법적 성격'을 어떻게 할 것인가에 대한 국민적 합의가 필요하다. 지방자치발전위원회에서는 주민자치회는 법인격 없는 사단으로 하되, 시범운영 및 실시과정 등을 거쳐 중장기적으로 법인격 부여를 검토하고 있다고 하고 있다. 즉 주민자치회는 법률에 설립 및 그 구성근거가 마련되어 있고, 따라서 일종의 '행정위원회' 성격을 가지고 있기 때문에, 충분히 현재 읍면동 사무소가 수행하고 있는 행정업무에 대해서도 위임·위탁이 가능하다는 것이다. 다만, 주민자치회가 재정 관리를 수행하는 현 실정 등을 고려하여 시범운영 및 실시과정 등을 거쳐 중장기적으로 검토하고, 결정한다는 것이다. 주민자치회의 법적 성격을 명확하게 정리하지 않는 제도화 추진은 또 다른 논란을 제기할 수 있으므로, 지방자치발전위원회는 주무부처인 행정자치부와의 충분한 논의를 거쳐 주민자치회의 법적 성격을 분명하게 할 필요가 있다.

셋째, 현재 시범실시되고 있는 협력형의 경우, 위원회가 제시하였던 협력형 모델과도 많은 차이가 난다. 가장 중요한 것은 '위임' 여부에 관한 것이다. 이것은 주무부처인 행정자치부가 시범실시를 하면서, 지방자치발전위원회가 제시하였던 '협력형'의 모델 내용을 제대로 전달하지 않았기 때문이다.[2] 그리하여 시범실시하고 있는 현장에서는 기존에 운영되고 있는 주민자치위원회(주민자치센터)와의 차별성을 느끼지 못하고, 정책에 대한 불신감만 조장시킨 면이 있었다. 주민자치회의 시범실시에서 알 수 있듯이, 어떠한 정책의 제도화를 위해서는 주무 부처의 적극적인 협력이 매우 중요하다.

넷째, 특별법은 여야 합의에 의하여 성립한 법이다. 그럼에도 불구하고 지방자치발전위원회가 추진하고 있는 분권과제들에 대한 정치권의 협력이 수반되고 못하고 있다. 그 좋은 사례가 지방자치발전위원회의 노력에 의하여 국회에 설치된 '지방자치 특별위원회'가 아무런 성과도 없이 종료되고 있는 현실에 있다. 따라서 제도화의 문제는 결국 국회로 귀결된다는 점에서, 정치권의 협력을 어떻게

---

2) 당시 안전행정부가 2013년 4월 10일 대전광역시청 3층 대강당에서 실시한 '읍면동 주민자치회 시범실시 설명회 자료'에 의하면, 주민자치회의 기능으로 열거한 항목 중 '위임'에 관한 사항은 완전히 배제되어 있다. 또한 행정자치부가 제시한 〈표준조례안〉 제8조 권한 항목 중 '위임'에 관한 사항이 일체 없다.

이끌어내느냐 하는 문제는 매우 중요하다고 할 것이다.

5. 결 론

주민자치회의 제도화는 많은 문제점들을 안고 있다. 무엇보다도 우리나라 지방자치의 골격에 직결되는 문제이다. 지방자치발전위원회에서 추진하고 있는 주민자치회의 기본 단위는 읍면동이다. 특히, 읍면은 5.16군사 쿠데타가 발발하기 전에는 기초자치단체 단위였다. 1961년 이래 기초자치단체로서의 시군구가 과연 근린자치 단위로서 적정한 것인가에 대한 논란은 꾸준하게 제기되어 왔다. 그리하여 민주주의가 복원된 김대중 정권하에서 읍면동의 지위에 관한 문제가 제기되어, 결국은 읍면동의 기능전환 차원에서 읍면동의 사무 조정과 함께 '주민자치센터'로 명명하고, 그 운영을 위하여 주민자치위원회를 설치하였다[3].

그런데 주민자치위원회는 법적 근거가 미약하여, 그 역할과 성격에 대하여 논란이 제기되어 왔다. 그리고 현장의 주민들 또한 기능 전환된 읍면동에 대하여 변화의 실감을 하지 못하고 있었다. 그러한 과정에서 민주성 추구보다 효율성 추구에 더 주안점을 두었던 이명박 정권의 등장과 함께 자치계층 변화 문제가 제기되었고, 자치계층 변화의 한 축으로서 주민자치회 제도화 문제가 특별법에 규정되었다.

근린자치 구현을 위한 제도로서의 주민자치회의 도입 문제는 주민의 제일 가까이에 있는 최첨단 기관으로서의 읍면동의 법적 성격을 근본적으로 변화시키는 것이다. 따라서 읍면동의 주민자치회로의 전환 문제는 무엇보다도 지방자치에 대한 올바른 인식 위에 국민적 합의 속에서 그 제도화가 추진되어야 한다. 즉, 국가 통치 차원을 뛰어 넘어, 시민 자치 구현이라는 차원에서의 제도 설계가 추진되어야 한다.

---

3) 행정자치부는 2016년 3월 17일 보도자료를 통하여, 현행 읍면사무소와 동 주민센타를 읍면동 행정복지센타(약칭, 행복센타)로 바꾼다고 하고 있다.

| 참고문헌 |

오재일 (2014). 지방자치론, 오래.

이종수 (2015). 공동체; 유토피아에서 마을만들기까지, 박영사.

지방행정체제 개편추진위원회 (2012). 대한민국 백년대계를 향한 지방행정체제 개편.

한국지방자치학회 (2011). 읍·면·동 주민자치회 모델 개발연구 최종보고서.

지방자치발전위원회 (2014a). 주민자치회 시범실시 모니터링 및 성과분석 최종보고서.

지방자치발전위원회 (2014b). 지방자치발전 종합계획.

지방자치발전위원회 (2015), 읍면동 주민자치회 도입방안 토론회 자료집, 통계교육원.

안전행정부 (2013). 읍·면·동 주민자치회 시범실시 설명회 자료.

행정자치부 (2015). 생활자치구현을 위한 주민자치회 시범실시 워크숍 자료집, 새만금 컨벤
     션 센타.

한국지방행정연구원 (2013). 읍면동 주민자치회 시범실시 모니터링 및 성과분석연구.

국회입법조사처외 (2016). 시대정신과 헌법개정 세미나 자료집.

地方自治總合硏究所 (2015).「昭和の大合併」再訪. 自治總硏 第437号.

13 소규모 읍·면·동 행정체제 정비

최 호 택

1. 문제제기

그동안 교통·정보통신 발달에 따른 생활권 광역화로 좁은 구역의 읍·면·동의 생활권 중심지 기능이 약화되었다는 지적과 행정효율과 주민편익 증진을 위해 소규모 읍·면·동의 규모를 적정화할 필요가 있다는 문제제기가 지속적으로 있어왔다. 이같은 주장의 이유를 보다 구체적으로 제시하면, 첫째, 소규모 읍·면 지역의 경우, 해당 지역의 인구가 꾸준히 감소하고 있는 상황이 통합필요성이 제기되는 주요 원인이 되고 있다. 이에 더하여 노인인구 증가도 하나의 원인으로 작동한다. 즉, 읍·면 지역 인구의 노령화 현상이 가속화되고 있으며, 노인복지서비스에 대한 수요도 급증하고 있어 이에 대한 대처가 필요한 것이다. 가구형태의 변화도 중요한 요인이 된다. 특히, 핵가족화가 심화되면서 1인 가구 및 부부가구가 세대의 대부분을 차지하게 되었다. 이는 공공행정서비스 수요의 증가요인으로 작용한다. 이에 더하여 장기간 지속되는 경제위기로 인한 기초생활보장, 긴급복지지원 등의 지역복지 수요가 증대되고 있고, 교통, 주거, 문화예술,

정보화 등 기초생활여건의 보완 필요성이 커지고 있는 등 공공서비스 수요가 급증하고 있어 적절한 행정대응이 요구되고 있다. 문제는 소규모 읍·면의 행정역량으로 이같은 수요변화에 적절히 대응하기 힘들어 통합에 기반한 효율제고가 요청된다는 점이다.

둘째, 소규모 동의 경우도 소규모 읍·면의 경우와 크게 다르지 않지만, 소규모 동의 경우 특히 인구밀집도가 가장 중요한 문제점으로 제기된다. 좁은 면적에 많은 인구가 거주하게 되면 행정의 효율성 확보와 행정서비스 제공의 다양성 확보 차원에서 통합의 필요성이 높아진다. 또한 소규모 동과 주민의 생활권 불일치가 심하여 그만큼 행정구역의 조정이 요구된다. 즉, 동 규모를 적정화하여 문화, 복지 등 주민밀착형 행정서비스를 제공하는 한편, 생활권과 행정구역의 불일치에 따른 비효율을 제거하는 노력이 필요하다.

요약하자면, 지방자치단체 소규모 읍·면·동 통합은 변화하는 행정환경에 적절히 적응하려는 노력으로서 행정의 효과성을 제고하여 주민복지의 증진에 기여하는 것을 목적으로 한다.

2. 실   태

1) 읍·면·동 현황

2015년을 기준으로 전국 읍·면·동 수는 3,496개이며, 이 중 읍이 218개, 면이 1,195개, 동이 2,083개이다(〈표 1〉). 인구 평균은 읍이 약 2만명, 면이 약 4천명, 동이 약 2만명 수준이다. 전체 읍·면·동 중에서 평균 인구에 미치지 못하는 읍면동은 2,128개소로 전체의 61%이다. 나아가서 평균 인구의 1/2미만은 817개소로 전체의 23%에 이른다. 읍의 32%(70개), 면의 24%(282개), 동의 22%(1465개)는 평균 인구 미만이다. 상당한 비중의 읍·면·동이 소규모 상태에 있는 것으로 판단된다.

구 분		계	읍	면	동
읍·면·동 수		3,496	218	1,195	2,083
평균	인구(명)	14,681	20,920	4,123	20,087
	면적(㎢)	28.70	68.13	62.64	5.10

자료: 한국지방행정연구원(2014).

■ 표 2 ■   소규모 읍·면·동 현황

구분	합계		읍		면		동	
	인구 기준	면적 기준	인구 (5천미만)	면적 (10㎢)	인구 (1천미만)	면적 (10㎢)	인구 (5천미만)	면적 (0.5㎢)
읍면동수	198	144	12	1	31	5	155	138

〈표 2〉는 특히 과소규모의 읍·면·동 현황을 보여준다. 즉, 읍의 경우, 5천명 미만인 지역이 12개, 면의 경우, 1천명 미만인 지역이 31개, 동의 경우 5천명 미만인 지역이 155개로 나타나고 있다. 면적으로 보면 읍의 경우 10㎢미만 지역 1개, 면의 경우 10㎢미만 지역 5개, 동의 경우 0.5㎢미만 지역 138개이다. 과소 읍·면·동을 통합한다면 이들 지역이 보다 일차적인 대상이 될 것이다.

2) 소규모 읍·면·동 특성

소규모 읍·면·동의 특성을 인구변화와 공무원 수의 측면에서 살펴보면 다음과 같다. 첫째, 인구변화이다. 〈표 3〉에서 보는 바와 같이 읍·동 인구는 전체적으로는 증가추세인 반면, 소규모 읍·동의 인구는 반대로 감소추세이다. 면의 경우, 전반적으로 인구가 감소추세에 있지만 소규모 면의 인구는 전국 평균 인구 감소비율보다 더 큰 폭의 감소비율을 나타내고 있다.

둘째, 소규모 읍·면·동의 노년인구 비율은 전국평균 노년인구비율보다 매우 높은 특징을 보이고 있다. 소규모 읍과 동의 노년인구 비율은 전국 읍과 동의 노년인구 비율의 거의 두배 수준으로 높게 나타난다. 소규모 면의 노인인구 비율과 전국 면의 노인인구 비율 격차는 그보다는 적지만 상대적으로 높은 실정이다.

┃표 3┃ 소규모 읍·면·동 특성 요약

구 분	변화내용
인구증감률	• 소규모 읍: △2%∼△61% ※ 읍 전국 평균 1% 증가 • 소규모 면: 1%∼△41% ※ 면 전국 평균 16% 감소 • 소규모 동: △7%∼△36% ※ 동 전국 평균 6% 증가
노년층(65세 이상) 인구 비율	• 소규모 읍: 24∼45% ※ 읍 전국 평균 13% • 소규모 면: 26∼54% ※ 면 전국 평균 28% • 소규모 동: 15∼22% ※ 동 전국 평균 9%

자료: 한국지방행정연구원(2014).

셋째, 공무원 수이다. 〈표 4〉에서 보는 바와 같이 소규모 읍·면·동의 공무원 수는 각각 평균 16명, 12명, 9명으로 전국 읍·면·동 평균 각각 23명, 14명, 12명에 비하여 적은 규모이다. 다만, 공무원 1인당 담당주민수는 소규모 읍·면·동의 경우가 전국 읍·면·동의 경우에 비하여 적은 상태이다. 공무원 1인당 주민수로 보면 소규모 읍·면·동이 전국 읍·면·동에 비하여 근접서비스 제공에 유리한 형편이지만, 공무원 수의 절대적 규모가 작아 행정효율상 규모의 경제를 살리기 어려워 보인다.

┃표 4┃ 소규모 읍·면·동의 공무원 수의 전국비교

구 분	변화내용
평균 공무원 수	• 소규모 읍: 16명(12∼20명) ※ 읍 전국 평균 23명 • 소규모 면: 12명(7∼15명) ※ 면 전국 평균 14명 • 소규모 동: 9명(7∼15명) ※ 동 전국 평균 12명
공무원 1인당 주 민 수	• 소규모 읍: 228명 ※ 읍 전국 평균 1인당 주민수 893명 • 소규모 면: 71명 ※ 면 전국 평균 1인당 주민수 284명 • 소규모 동: 448명 ※ 동 전국 평균 1인당 주민수 1,665명

자료: 한국지방행정연구원(2014).

3) 소규모 읍·면·동의 문제점

소규모 읍·면·동의 문제점을 살펴보면 크게 행정기능의 약화, 다양성에 기반한 행정서비스 수요증가, 행정인력관리의 문제 등으로 요약할 수 있다. 첫째, 행정기능의 약화이다. 전산화, 정보화, 교통·통신발달 등 여건변화에 따른 생활권역 확대로 읍·면·동 중심의 행정기능이 약화되었다. 주민들은 행정구역과 무관하게 가깝고 편리한 인근 도심지를 이용하는 경향이 크다. 이같이 행정구역과 생활권의 불일치 경향은 행정구역이 작을수록 커진다. 그러므로 행정효율성 차원에서 소규모 읍·면·동의 통합이 필요하다.

둘째, 다양성에 기반한 행정서비스 수요증가이다. 읍·면·동 기능전환, 전산화 등으로 일반 행정사무는 감소한 반면, 주민자치센터 설치로 교육, 여가, 문화, 복지 등 행정서비스는 수요가 증가하는 실정이다. 특히, 1999년 읍·면·동 기능전환에 즈음하여 환경위생, 상·하수도, 도로, 하천관리 등 일반 행정사무를 시·군·구청으로 이관하면서 읍·면·동의 소관 처리사무가 감소한데다, 주민등록등·초본, 인감, 전출입 신고 등 전국 On-line 전산화에 따라 창구민원이 감소함에 따라 소규모의 읍·면·동에서의 행정서비스 제공상 효율성이 문제시된다.

셋째, 행정인력관리의 문제이다. 읍·면·동 기능전환에 따른 소관 행정사무의 변화, 인력감축에도 불구하고, 시·군·구의 행정사무처리 요구 등에 따라 주민접근 서비스에 한계를 나타내고 있다. 특히, 증가된 다양한 복지수요를 충족할 전문인력이 부족한 실정으로 소규모 읍·면·동의 경우 통합으로 행정효율을 제고할 필요가 있다.

3. 추진상황

1) 추진방향

지방자치단체 소규모 읍·면·동 통합과 관련된 추진방향은 크게 ⅰ) 합리적 통합기준, ⅱ) 읍·면·동 통합 관련 제도개선 ⅲ) 단계별 통합 추진이라는 세 가지의 관점에서 설명될 수 있다. 세부적인 내용을 살펴보면 다음과 같다.

첫째, 합리적 통합기준의 관점이다. 통합이 필요한 지역의 현장을 직접적으로 방문하고, 자치현장토론회 등을 통해 다양한 의견을 수렴하여 갈등을 최소화할 수 있는 합리적인 통합의 기준을 마련하는 것이다. 여기에는 기본적으로 주민들의 자율통합을 우선으로 하면서도 불가피한 지역은 통합을 적극적으로 유도한다는 점이다.

둘째, 통합과 관련된 제도개선이다. 이와 관련해서는 우선적으로 읍·면·동의 설치기준을 신설하여 합리적인 읍·면·동의 분리의 기준을 마련하는 것이다. 또한 통합을 저해하는 요인들을 제거하고, 지원방안과 관련된 특례를 마련한다. 즉, 통합과 관련한 불이익을 사전예방을 통해 최소화하면서 행정과 재정적인 손실을 최소화하는 것이다.

셋째, 단계별 추진방식이다. 통합과 관련된 갈등과 저항을 최소화하는 전략으로 1단계에서는 소규모 동 통합을 추진하고, 2단계에서는 소규모 읍·면의 통합을 추진하는 것이다. 또한 행정자치부가 추진 중인 책임읍면동제의 시범실시 결과와 연계하는 추진을 시도할 수도 있다.

2) 추진상황

소규모 읍·면·동의 통합을 지원하기 위하여 다양한 노력을 기울여 지방자치단체별로 지속적으로 꾸준히 통합이 추진되고 있는데 구체적인 내용을 살펴보면 다음과 같다

첫째, 행정안전부에서 소규모 동 통합지침을 마련하였다. 구체적으로, 2007년 7월 행정안전부에서는 교통·통신의 발달, 온라인 민원처리 등 행정여건이 변화된 상황에서 소규모 동 운영의 비효율성을 해소하기 위해 적정규모 통합대상 동 선정 기준을 인구 2만 미만, 면적 3㎢ 미만으로 정하여 지방자치단체가 자율적으로 통합을 결정하도록 지침을 전달하였고 지방자치단체에서는 동의 기능·역할에 따른 행정수요와 지역특성을 고려하여 추진한 결과 2007~2009년 108개, 2010~2013년 26개 등 153개동을 통합하였다.

둘째, 국회에서 지방자치법 일부개정을 위한 의원입법 발의(2012년 11월 1일)가

| 표 5 | 면·동 설치기준 신설(안)

면	동
• 농·어촌의 형태를 갖추고 인구 2천 이상 • 인구 2천 미만인 경우, ① 면적이 30㎢ 이상이거나, ② 역사적·지리적으로 인접 지역과 하나의 면으로 기능하기가 불가능하다고 지방자치단체가 판단 하는 경우	• 도시의 형태를 갖추고 인구 1만 5천 이상 • 도시의 형태를 갖추고 면적이 2㎢ 이상 • 인구 1만 5천 미만인 경우 ① 상업지역의 면적이 전체 면적의 80% 이상이거나 ② 유동인구가 1일 100만명 이상

있었다. 시·읍의 설치기준 정비와 군·자치구 및 면·동의 설치기준 신설을 통한 지방자치단체 소규모 행정구역 통폐합 및 행정의 효율성 제고를 위하여 김영주 국회의원 외 13명 의원이 입법 발의하여 국회 안전행정위원회에 심의 보류 중에 있다(⟨표 5⟩ 참조).

셋째, 지방자치발전위원회는 지방자치단체 소규모 읍·면·동 통합을 지방자치발전 과제로 채택하였다. 2013년 1월 전국시장군수구청장협의회에서 지방자치법에 읍·면·동의 설치기준을 개정 및 신설하고, 설치기준에 미달되는 경우 인근 지역으로 통합할 수 있는 근거를 (구)지방행정체제 개편추진위원회에 건의한 바 있는데, 이어 2013년 10월 지방자치발전위원회가 지방자치단체 소규모 읍·면·동 통합을 지방자치발전 20대 정책과제로 확정하였다.

넷째, 지방자치발전위원회는 지방자치발전 종합계획안을 수립하면서 지방자치단체 소규모 읍·면·동 통합 추진방향(안)을 동 종합계획에 반영하였는 바, 이는 2014년 11월 지방자치발전위원회 의결에 이어 2014년 12월 국무회의 의결을 거쳐 확정되었다. 이를 배경으로 현재 지방자치발전위원회가 소규모 읍·면·동 통합 세부추진 방안을 마련 중에 있다.

4. 발전과제

지방자치단체 소규모 읍·면·동 통합은 변화하는 환경에 적극적으로 대응하면서 국가발전의 효율성을 높이기 위한 것이라고 할 수 있다. 지금까지 추진되어

왔던 성과를 바탕으로 향후 보다 질적으로 발전하기 위한 과제를 제시해보면 다음과 같다.

첫째, 소규모 읍·면·동 통합기준 및 모델을 보다 세부적으로 마련해야 한다. 즉, 인구수·면적·지역적 특성(생활권·주민편의성 등)과 향후 읍·면·동 기능개편 방향을 고려하여 통합기준을 보다 세부적으로 마련하고 현재보다 발전시켜나가야 한다. 이를 통해 주민의 참여를 확대할 수 있는 통합을 유도할 수 있다.

둘째, 보다 구체적인 통합지원방안을 마련하고 발전시켜나가야 한다. 즉, 통합유휴인력 전환·재배치(복지·문화 등 신규행정수요, 주민생활 지원 등)가 보다 효율적으로 이루어질 수 있어야 하며, 잉여청사 타 용도 활용지원(문화복지센터, 주민사랑방, 주민자치회 등)이 보다 효율적으로 이루어져야 한다. 아울러 통합에 의하여 위축될 수 있는 주민참여의 진작을 위하여 주민자치회의 실시 및 정착을 포함하여 필요한 보완책도 마련되어야 한다.

| 참고문헌 |

김병국 외. (2012). 지방자치단체의 통합 매뉴얼. 서울: 한국지방행정연구원.
안전행정부. (2014). 지방자치단체 행정구역 및 인구 현황. 서울: 안전행정부.
한국지방행정연구원. (2014). 지자체 소규모 읍면동 통합방안.
행정자치부. (2007). 소규모 동 통폐합 추진계획. 서울: 행정자치부.

14

지방선거제도 개선

송 기 복

1. 문제제기

　　정당은 대의민주주의 정치과정에서 대중의 참여를 조직화하고 의회구성의 다양성을 대표하는 데 중요한 역할을 하며, 특히 후보자 추천을 통해 의회의 대표성과 선거에 대한 대중의 참여수준에 중요한 영향을 미친다(Williams and Paun, 2011: 9). 이 점에서 한 때 정당은 대의제 원리에 기반한 '현대정치의 생명선'(life line)이라 불릴 정도로(Neumann, 1956: 1), 국민들이 정당 없이 그 정치적 의사를 형성하고 영향력을 행사하는 것은 불가능하다는 평가를 받기도 했다.

　　그러나 새로운 대안적 정치 조직체와 매개기능의 등장은 정당의 쇠퇴에 지대한 영향을 미치고 있다(Lawson and Merkl, 1988: 3). 이러한 새로운 조직체를 중심으로 쟁점 이슈들이 제기되고 온라인을 통해서도 이익표명과 이익결집 기능이 구현되고 있으며 정부와 지방자치단체가 이를 수렴하고 정책을 입안하는 일이 보편화 되고 있어, 이제 정당의 입지는 근본적으로 흔들리고 변화의 위기에 직면하고 있다.

뿐만 아니라 이런 정당의 위기상황에 더하여 정당활동의 본질에 있어서도 지방자치와는 일정한 긴장관계가 형성되고 있다. 정당은 본원적으로 정권의 형성, 즉 정부를 책임질 리더십 획득을 목표로 하고, 그 수단으로 입법부를 조직하거나 정부 수반의 공직을 선거참여를 통해 쟁취하는 조직체로서, 이념과 정책을 바탕으로 유권자의 충성심을 조직화하여 가치투표(value-voting)에 임하게 하는 기술을 구사한다(Hofferbert, 1998: 430). 반면에 지방자치는 주민들이 당해 지역사회의 주인이 된 입장에서 공무를 수행할 대리인을 선임하는 행위를 통하여 주민대표기관을 구성하고 정책과정에 참여하는 자율적·주체적 자치(self-governing) 활동이므로 정당의 이념과 정책에 구애됨이 없는 주민의 자발적 참여와 의사표시의 자율성이 강조된다(최봉기·이순자, 2007: 3).

특히 중앙집중적이고 지역독점적 정당 운영이 체계화된 한국의 정당은 모든 지방자치 선거의 공직후보자 추천권을 갖고 있으며 이를 통해 지방자치까지 장악함으로써 지방자치가 정당에 예속되는 경향도 보이고 한국 정당의 지역할거 특성으로 인해 지방자치 선거의 왜곡 현상마저 보이고 있어, 지방자치 선거에 대한 정당의 참여, 즉 정당후보자의 공천과 캠페인의 주도를 그대로 수용할 수 있을 것인가에 대해서 많은 회의론이 제기되고 있다.

한국 사회에서 이러한 정당의 쇠퇴 경향과 지역독식으로 인한 지방자치 정치과정의 왜곡현상 등과 관련하여 여러 요구사항들이 제기되고 있다. 그 중의 하나가 정당의 지방선거 참여에 대한 변화 요구이다. 즉, 지방자치의 이상을 제대로 구현하기 위해서 일정한 수준(생활권 중심으로 전통과 공동체 의식이 결속된 기초자치단체의 장 선거와 그 의회를 구성하는 의원 선거)에서 정당의 공천을 배제하자는 요구이다.

또 다른 요구는 선거구제와 정당정치의 역학에 관한 것으로, 양대 정당 구조에 유리한 선거구제 운영은 기초지방의원 선거가 정당정치화 되는 경향(강재호, 2002: 34)을 벗어나기 어렵다는 점에서 이에 대한 변경의 요구이다.

이와 함께 지방자치의 건전한 발전을 위하여 지방선거의 책임성을 증진해야 한다는 국민적 요구도 있다. 2000년 이후 2015년까지 7명의 시·도지사 재·보궐선거와 118명의 기초단체장 재·보궐선거가 있었으며, 광역과 기초의원을 포함하면 전체 853명에 대한 지방 재·보궐선거가 있었다. 대개 뇌물수수, 불법선거운동, 총선출마 등의 사유에 기인한 것이었는데, 빈번한 재·보궐 선거는 그 비용을 당해 지방자치단체가 부담함으로써 지방재정 악화의 한 요인이 되고 있다. 이에 따라 재·보궐 선거의 원인을 제공한 자나 그 소속 정당으로 하여금 선거관리 비용의 일부를 부담하게 하자는 요구, 그리고 보궐선거 당선자는 그 전임자의 잔여 임기에 한하여 직무를 수행하게 함으로써 주민 직접선거에 의해 전국동시지방선거와 동일한 절차를 거쳐 정당하게 당선된 자가 차등적인 임기 적용을 받아 형평성에 어긋나므로 새로이 임기를 시작하도록 해야 한다는 요구가 있다.

이상과 같은 요구들은 그간 정당과 지방자치 사이에 존재하는 긴장관계 속에서 나온 많은 논의와 성찰의 결과이다. 이와 관련하여 「대통령소속 지방자치발전위원회」는 기초 지방자치단체장과 지방의회의원의 선출방법의 개선, 선거구의 합리적 조정, 선거공영제 확대 등 지방선거제도의 주요 과제들에 대하여 개선방안을 수립하였는데, 이 글에서는 지방자치발전 종합계획으로 확정된 지방선거제도 개선 방안이 마련되는 과정에서 나타난 쟁점들에 대하여 여러 시각과 논점들을 정리하고 종합계획 상의 지방선거제도 개선을 위한 발전방안과 그 의의를 설명하고자 한다.

2. 지방선거제도 개선과제와 실태

지방선거제도의 개선에 대한 논점은 첫째, 정당공천제 폐지 여부에 대한 논의로서 현대정치에서 정당의 선거 참여가 당연한 정치과정이라는 점에서 지방선거라고 예외일 수는 없지만, 그동안의 경험에 비춰 정당의 선거 참여가 긍정적 효과보다는 부정적 효과를 더 야기했다는 지적 때문에 정당의 내부혁신을 통한 민주적 운영과 공천의 투명성이 담보되고 특정 정당의 지역독점구조가 해소될 때까지는 최소한 기초단체장 선거와 기초의회 의원 선거에 대한 정당공천은 폐지해야 한다는 것이다. 이 점은 정당의 역할과 기능이 쇠퇴하고 있는 경향과 지방자치의 정당정치 예속화 경향 등과 맞물려 논란을 확대시켜 왔다.

둘째, 선거구 조정에 대한 논의는 기초의원 선거구 중 2인 선거구가 전체의 60%나 되는 현행의 중선거구제가 특정 정당의 지역 독식현상이 있는 한국정치에서 지방의회의 정당 예속성을 강화하고 지방자치 정치과정을 왜곡시킬 우려도 있다는 점에서 소선거구제 또는 4인 확대 선거구제 등 대안을 모색하자는 것이다.

셋째, 고비용 선거제도로 인한 정치신인의 진입 어려움을 해소하기 위해 꾸준히 선거공영제가 확대되어 왔으나, 아직 미흡한 점이 있고, 선거공영제의 확대에 걸맞는 합리적인 책임성 강화 방안을 마련함으로써 불법행위로 인한 선거비용의 낭비 요소를 제거하고, 나아가 재·보궐선거의 원인을 제공한 당선인을 공천한 정당에 대해서도 상응하는 책임성을 부과하자는 논의이다.

넷째, 재·보궐선거 당선자의 잔여임기 승계제도 개선 논의는 주민의 직접선거에 의해 동일한 절차로 정당하게 선출된 보궐선거 당선자는 전임자의 잔여임기에 한하여 직무를 수행하도록 차등 적용하는 것은 형평성에 맞지 않으므로 이에 대한 개선 방안을 모색하자는 것이다.

1) 정당공천제 폐지 논란

가장 최근에 치러졌던 2014년 6월 4일 지방선거를 앞두고 학계뿐만 아니라 정치권에서도 많은 관심이 집중된 것은 기초선거에서의 정당공천제 폐지 여부에 대한 논란 때문이었다. 물론 이 논란은 2006년 제4회 전국동시지방선거에서 기초의원 선거를 포함한 모든 선거에서 정당공천제가 전면 허용된 후부터 꾸준히 제기되어왔으나, 정치권의 이해타산 때문에 심도 있는 논의에 이르지는 못했다. 논의가 진전된 계기는 2012년 12월 대통령선거에서 여야 대통령후보들이 정치쇄신을 위해 기초선거 정당공천제 폐지를 공약한 데서 비롯되며, 뒤이어 여야가 2013년 1월 31일 국회정치쇄신특별위원회를 구성하기로 합의함으로써 정당공천제 폐지 문제가 국회 차원의 정식 의제가 되었다. 그러나 동 특별위원회는 지방선거 정당공천제 개선에 관한 실질적 논의를 진척시키지 못하고 9월 30일 활동을 종료하고 말았다.

한편 대통령선거에서의 공약사항 이행논란 때문에 정당차원에서도 이에 대한 대응 논의가 있었다. 민주당의 경우 '기초자치선거 정당공천제 찬반검토위원회'를 구성하여 정당공천제 폐지가 바람직하다는 결론을 내리고 전당원투표를 실시하여 67.7%의 찬성으로 폐지방침을 확정하였다. 새누리당 역시 당 차원의 '정치쇄신특별위원회'를 구성하여 기득권 포기 차원에서 정당공천제 폐지를 논의한 결과, 왜곡된 한국정치의 현실에서는 기초자치단체의 본래의 취지 달성이 어려워 중앙정치로부터 차단할 필요가 있으므로 2014년부터 12년간 폐지해본 뒤 다시 판단해보는 게 의미가 있다며 한시적 폐지 일몰제를 주장했으나 당론을 최종 결정하지는 못했다.

전국시장·군수·구청장협의회가 실시한 지방자치에 대한 국민 인식조사(한국리서치, 2015: 7-8)에 따르면, 응답자의 67.6%가 정당공천제 폐지를 주장했으며, 이들이 정당공천제를 폐지해야 한다고 보는 이유는 지역정치의 중앙정치 종속 방지(41.4%), 공천비리 방지(30%), 정당간의 정쟁 방지(25.8%) 등이었는데, 이러한 국민 다수의 인식은 정당공천제 폐지를 둘러싼 학계와 정치권의 논의에서도 주요한 논거로 자리 잡고 있다.

정당공천제를 찬성하는 측은 첫째, 정당공천이 소속 정당 후보자의 정치적 견해나 정책 성향에 대한 차별성을 유권자들이 인지하기 용이하게 해준다는 점(강원택, 2005: 17), 둘째, 지방정치에 대한 정당참여 배제는 정당민주주의 발전에 바람직하지 않은 점(가상준, 2009: 216-217), 셋째, 정당공천을 하면 소속정당이 대표하는 이념적·정책적 입장 때문에 후보자가 무책임하게 공약하기 어려워 책임정치 구현이 가능해진다는 점(손혁재, 2013: 9-14), 넷째, 정당배제를 제도화한다 하더라도 정당이 사실상 '내천'을 통해 선거에 관여할 수 있고 후보자 역시 소속 정당을 표방할 수 있으므로 정당공천제 폐지의 실익이 없다는 점(이승종, 2005: 311-321) 등을 든다.

반면 정당공천제 폐지 주장의 논거는 위의 인식조사에서 나타난 지역정치의 중앙정치 예속화, 공천비리, 정당 간 과도한 경쟁 이외에도 다음과 같은 사항들이 추가로 제시된다. 첫째, 현재의 정당구조에서 지방선거 정당공천은 지역분할구도를 고착화시킨다는 점, 둘째, 정당공천제는 당 성격과 유력정치인의 취향에 맞는 인물들을 공천하게 되므로 유능한 인물들의 지방정치 진입을 어렵게 하고(김도종, 2013: 3-6), 셋째, 시민사회의 급속한 성숙과 성장에 따라 정당을 대체하는 기능과 조직체들이 활성화되면서 정당의 위기국면이 조성되고 있는 점(황주홍, 2009: 54) 등이다.

이처럼 정당공천제의 존폐 논의는 나름의 논리적 기반과 경험을 토대로 전개되어온 것이기에 쉽사리 결론이 내려질 성질은 아니었다. 국회에서도 2013년 정치쇄신특별위원회와 정치개혁특별위원회를 잇달아 구성해서 논의했음에도 불구하고 결론을 내리지 못했으며, 여야를 막론하고 각 정당의 여성위원회는 지방선거에서 여성의 대표성 하락을 우려하여 한 목소리로 정당공천제 폐지를 반대하고 나서기도 했다. 또한 정당정치와 선거와 관련된 여러 학회와 법조계에서도 서로 이견이 첨예하게 대립되어 이와 같은 찬반 논란은 매번 지방선거를 앞두고 되풀이 되어왔다.

2) 기초의원 선거구제 조정과제

선거구제란 유권자의 표를 의석으로 전환하는 메커니즘으로서(Powell and Vanberg, 2000: 383), 여기에는 의석배분 방법, 선거구당 의원정수, 선거구의 크기 등의 규칙이 포함된다. 의석을 배분하는 방법은 다수득표순으로 정할 수도 있고(plurality system), 정당투표에 따른 비례 방식(proportional system)으로도 할 수 있다. 또 일정한 선거구 내에서 선출할 의원 정수를 대·중·소선거구로 다양화 할 수 있다. 현행 기초의원 선거제도는 유권자가 한 후보자만을 선택하고 후보자는 다수표를 얻는 순서대로 2~4인의 정수 범위 내에서 당선되는 방식인 단기비이양식(single non-transferable voting system) 선거제도를 취하고 있다.

1991~2002년 실시된 4번의 기초의원 선거는 단순다수대표제인 소선거구제였으나, 2006년부터는 중선거구제가 도입되어 선거구별로 2~4인을 선출하게 되었다. 중선거구제를 도입한 취지는 지역주의가 강한 정당정치 구조 하에서 소선거구제는 지역독점적인 특정 정당의 의석 독식 현상이 빚어지고 대정당 위주의 후보 선출로 소수정당에 불리하므로 지역주의 완화와 소수정당의 진출이 용이하도록 하자는 것이었다(강민제·윤성이, 2007: 5-6; 황아란, 2009; 31; 정준표, 2010: 348).

그러나 결과적으로 2006년부터 2014년까지 세 차례 기초의원선거 모두 소수정당의 진출이 기대되는 4인 선거구보다 2~3인 선거구가 압도적으로 많아 본래의 취지를 달성하는 데 한계가 있어 중선거구제 도입에 따른 정치적·제도적 실익을 얻지 못했다. 또한 특정 정당이 여러 명의 후보를 추천하여 같은 당 소속 후보자들 간에 과잉 경쟁이 유발되기도 하고 지역 장악력이 큰 특정 지역에서는 특정 정당이 지방의회를 독식하는 폐단도 발생했다. 특히 기초의원선거를 제외한 모든 지방선거에서 소선거구제를 채택하고 있는데, 유독 기초의원선거만 중선거구제를 적용한 것은 일관성이 결여된다는 주장도 제기됨에 따라, 19대 국회에서 기초의원선거를 소선거구제로 변경하거나 또는 현행제도를 보완하자는 개정안이 다수 발의되기도 했다.

그러나 현실적으로 정당의 이해관계와 지역구도 완화 명분 때문에 소선거구제로 복귀하기는 쉽지 않을 것이며 현행 제도의 보완 방안으로 정당의 공천권을 1선거구 1인으로 제한하기도 쉽지 않을 전망이다. 결국 기초의원 선거구제 조정 문제는 기초선거 정당공천제 폐지와 결부될 경우에는 선거비용, 사표방지, 공직선거제도의 일관적 적용, 후보의 지역대표성 등의 요소들을 복합적으로 검토하여 유연하게 선택할 수 있겠으나, 이런 연계가 불가능한 상황에서는 현행제도 도입의 취지를 최대한 살릴 수 있는 대안의 검토가 필요할 것이다.

3) 선거공영제 책임성 강화 과제

선거비용은 공정한 기준이 마련되지 않으면 돈 많이 쓰는 후보가 유리해진다. 선거에서 정치자금의 불평등한 사용은 유권자에게 불균등한 영향력을 행사하게 하고 결국은 규칙을 침해하는 선거부패(electoral corruption) 행위로 이어지며(Nye, 1967: 426), 이 결과는 엄청난 정치·사회적 비용 지출을 유발하게 한다(Birch, 2011: 3). 이 때문에 선거부패를 방지하고 후보자 간 공정한 경쟁을 보장하는 제도적 수단이 요청되었던 바, 이 일환으로 도입된 제도가 선거공영제이다.

선거공영제는 1994년 공직선거 및 선거부정방지법 제정으로 처음 도입되었는데, 선거관리위원회에서 선전벽보 첩부, 선거공보 발송, 합동연설회 등의 선거운동을 직접 관리하게 하였고, 당선된 자, 사망자, 유효투표총수를 후보자수로 나눈 수의 50% 이상 득표자는 후보자 등록시 납부한 기탁금을 반환받을 수 있고 선전벽보와 선거공보 작성비용도 선거 후 보전 받을 수 있도록 했다.

2002년 지방선거에서는 기탁금 반환 기준을 20% 이상 득표하거나 유효투표총수를 후보자수로 나눈 수 이상 득표한 자로 변경하였고, 이들에 대해서는 선전벽보·선거공보·소형인쇄물 작성비용과 신문·방송·광고비용 등 열거된 항목에 한해 선거비용을 보전하도록 했다. 2005년 공직선거법이 전면 개정되어 선거비용의 보전을 강화하는 한편, 선거비용의 항목별 보전방식에서 선거제한액의 범위 내에서 보전하는 총액보전 방식으로 변경했다. 특히 2006년 지방선거에서는 반환받은 기탁금과 선거보전비용에 대한 환수 조항을 신설하였는데, 당선이 무효로 된 자에 대하여 반환받은 기탁금과 보전받은 선거비용을 환수하도록 하였다. 이에 더해 2010년부터는 당선되지 않은 자도 당선 무효에 해당하는 형이 확정된 경우 환수 대상자가 되도록 함으로써, 선거공영제 실시에 따른 책임성을 한층 제고하게 되었다.

선거공영제가 확대 실시되는 동안 그 효과는 상당하다고 보여 진다. 특히 선거공영제 실시에 따른 책임성 강화 차원에서 도입된 기탁금과 선거비용에 대한 환수 제도를 실시한 2006년 제4회 동시지방선거부터 2014년 제6회 동시지방선거까지 지속적으로 선거사범이 감소했다. 환수 제도가 실시되지 않았던 2002년 제3회 동시지방선거에서는 8,685건이었던 검찰 적발 선거사범수가 2006년 6,094건, 2010년 4,370건, 2014년 3,731건으로 현저히 줄어드는 추세를 보였던 것이다(박상철 외, 2015: 70).

그러나 선거공영제 실시에 따른 책임성 강화 방안인 현행 기탁금과 선거비용 환수제도는 그 실적이 매우 저조하여, 이 제도 시행 10년간 반환대상액 180억 원 중 반환된 금액은 37.7%인 68억에 불과했다. 따라서 반환 대상자에 대한 환수 효과를 높이는 방안 마련이 필요하게 되었으며, 당선 무효자 또는 당선 무효의 형이 확정된 비당선인 이외에도 현직 수행 중 다른 공직선거 후보자로 입후보하기 위해 사퇴한 자에 대해서도 반환 대상자로 규정해야 한다는 요구가 제기되고 있다. 또한 잦은 재·보궐선거는 결국 국가와 지방자치단체에 재정적 부담을 안기므로 재·보궐선거 원인을 제공한 자에 대해 엄격한 책임을 물어야 한다는 요구도 제기되고 있다.

4) 보궐선거 당선자의 잔여임기 승계제도 개선과제

공직선거법 제14조는 동시지방선거를 통해 당선된 지방자치단체장의 임기는 전임자의 임기 만료일의 다음 날부터 개시하고 지방자치법 제95조에 따라 그 임기를 4년으로 규정하고 있다. 다만 전임 지방자치단체장의 임기가 만료된 후에 실시하는 보궐선거의 당선자는 전임자의 잔임기간을 임기로 정하고 있다.

보궐선거는 선거일부터 임기만료일까지 기간이 1년 미만인 경우에는 실시하지 않도록 하는데, 현행법에 따른 최단 잔여임기는 1년 2개월 정도이다. 이 경우 보궐선거를 통해 취임한 단체장은 1년여의 임기를 수행하는데 업무와 현안 파악에만도 상당한 기간이 소요되어 효율적이고 성과있는 임기를 보내기가 쉽지 않다.

또한 공직선거법에 따라 4년 임기를 보장받은 전임자의 선거 방법과 절차를 동일하게 적용받아 뽑힌 사람임에도 불구하고 전임자의 잔여임기에 한하여 직무를 수행하도록 차등적으로 적용하는 것은 형평성에도 어긋난다는 문제가 제기된다. 물론 전국동시선거 제도를 도입한 취지가 행정력의 낭비를 막고 효율적인 선거관리와 잦은 선거로 인한 국론분열을 방지하자는 것은 그 의미의 타당성이 있다고 보여 진다. 그러나 보궐선거는 예외적인 선거이며 전국동시선거 제도를 위협할 만큼 그 횟수도 많지 않으므로 새로 뽑힌 단체장이 안정된 임기제도의 기반에서 직무를 수행할 수 있도록 제도적 장치를 검토해 볼 필요가 있다.

3. 지방자치발전위원회의 개선과제 추진사항

1) 기초선거 정당공천제 폐지와 후속 보완방안 마련

지방자치발전위원회가 여러 지방자치 발전 방안을 마련하는 데 있어 맞닥뜨린 첫 번째 난제는 기초의원과 기초단체장에 대한 정당공천제 폐지 여부였다. 지방자치발전위원회 내에서 이 과제를 담당하는 자치제도분과위원회는 지방선거제도 개선과 관련하여 기초선거 정당공천제 문제를 이듬해 2014년 6월 4일 실시되는 전국동시선거로 인한 시의성을 감안하여 우선적 논의사항으로 간주하고 지방선거제도개선 소위원회를 구성하였다.

자치제도분과위원회는 정당공천제의 해외 사례와 국내 각계의 논의를 바탕으로 소위원회에서 심도있는 검토를 한 결과, 기초의원과 기초단체장 선거의 정당공천제 폐지를 결론 내리고, 정당공천제 폐지로 인한 우려 사항과 여성 진출의 위축 문제를 해소하기 위해 여성명부제 도입, 정당표방 허용, 기표방식 개선, 광역의회 비례대표제 확대, 전국동시지방선거방식 개선 등 5건의 보완방안을 의결했다. 이어 지방자치발전위원회 본위원회에서 이 안건이 상정되어 논의되었으나 최종 결론을 내리지 못하고 국민적 합의를 거쳐 추진하는 것으로 하고 그 의결을 보류하는 대신, 종합계획상으로는 폐지를 전제로 이에 따른 보완방안을 확정하게 되었다.

이처럼 논의의 우여곡절을 겪게 된 것은 국회, 정당, 지방자치 유관기관 등 다양한 지방자치발전위원회의 구성 성격이 갖는 한계 때문이기도 하지만, 이 과제가 정치권에서도 결론을 내리지 못할 정도로 이해관계가 치열하게 얽혀있는 것이기 때문이기도 했다. 국회정치쇄신특별위원회는 2013년 6월 24일 정당공천제 폐지에 대해 유관기관에 의견조회를 실시한 바 있는데, 한국정치학회와 한국선거학회는 헌법 제8조 정당활동의 자유와 상충하므로 위헌이라는 의견을, 대한변호사협회와 한국공법학회는 정당표방 자체를 금지하는 것이 아닌 한 입법자의 재량에 속하므로 합헌이라는 의견을 제시했다.

결국 지방자치위원회는 제1회~제3회 동시지방선거에서는 기초의원선거에 대하여 정당공천제를 배제한 반면, 제4회~제5회 동시지방선거에서는 정당공천제를 허용한 역대의 실시 상황에 비춰 정당표방을 허용하는 방향에서 정당공천제를 배제하는 것은 입법재량권에 해당한다는 논거, 국민 다수가 기초선거 정당공천제를 반대한다는 여러 조사결과에 대한 논거, 정치권이 정당공천제 폐지를 정치혁신의 일환으로 공약했다는 논거 등에 입각하여 기초선거 정당공천제 폐지 방향을 확인하였고 이의 실시로 인한 문제점을 보완하는 방안을 수립하기에 이른 것이다. 지방자치발전위원회가 확정한 기초의원 및 기초단체장 선거의 정당공천제 폐지에 따른 보완방안은 다음과 같다.

- 여성진출 강화: 여성명부제, 여성할당제 등을 통해 현행보다 여성의원의 선출비율이 상향되도록 적극적으로 대책을 강구한다
- 정당표방 허용: 과거의 당적보유 이력 및 현재 당원 여부, 후보자가 지지하는 정당을 선거공보와 연설 등을 통해 대외적으로 표명하는 것을 허용한다.
- 기표방식 개선: 현행 번호가 부여되는 방식의 투표용지 대신 후보자 게재

순위에 차별이 없도록 원형투표지를 도입한다.

- 광역의원 비례대표 확대: 여성과 사회적 약자 등 정치적 소수자 참여를 확대하기 위해 광역의회 비례대표제를 현행 10%에서 30%까지 단계적으로 확대한다.
- 전국동시지방선거 방식 개선: 기초선거 정당공천제가 폐지되는 경우 정당공천제가 허용되는 광역선거와, 정당공천제가 배제되는 기초선거 및 교육감 선거를 분리하여 선거일을 달리하는 실시하는 방안을 장기 검토과제로 한다.

2) 중선거구제 도입취지에 따른 합리적 정수 조정방안 마련

현행 기초의원 중선거구제는 2~4인의 정수 범위 내에서 선출하는 제도로서 한국정당 정치의 독특한 지역독점 구도를 해소하고 소수 정파의 진출을 용이하게 하자는 취지에서 도입된 것이다. 이 제도의 특징은 선거구 당 선출할 의원의 정수가 많을수록 특정정당의 의석 독점현상 약화가 기대된다는 점이다. 그러나 역대 선거에서 보여주듯 2인 선거구의 수가 60%로 압도적인 반면, 3~4인 선거구의 수는 40%에 머물러 있어 당초의 취지에 부합하지 않고 있다.

지역독점 구도 해소의 측면에서 보더라도, 2010년 기초선거에서 민주당은 전남에서 전체 지역구 기초의원의 69.2%를 차지하였고, 한나라당은 경북에서 65.58%를 차지했을 뿐만 아니라, 2014년 기초선거에서는 민주당의 후신인 새정치민주연합이 전남에서 74.46%, 한나라당의 후신인 새누리당은 경북에서 74.9%를 차지함으로써 오히려 지역독식 구도가 더욱 심화되는 현상까지 나타났다. 특히 2014년 기초선거에서 통합진보당과 정의당 등 소수정파는 지역구 기초의원 총수의 1.5%만을 당선시킨 데 그쳐 현행의 중선거구제가 소수정파의 진출을 용이하게 한다는 본래의 취지에도 역행하는 결과를 보여주고 있음을 알 수 있다.

따라서 지방자치발전위원회는 본래의 도입 취지를 살리지 못하고 정치적 실익도 거두지 못하는 현행의 선거구제 변경 문제를 집중적으로 검토하였는데, 우선 국회에서 의원입법으로 발의된 소선거구제로의 변경은 위와 같은 지역독점 구도가 해소되지 않는 한 도입하기 곤란하다는 결론을 내렸다. 물론 광역의원선거, 국회의원 선거 등 다른 선거에서 모두 소선거구제를 채택하고 있는 점에 비춰 일관성과 형평성이 결여되어 있다는 지적도 있었으나 선거구제의 채택과 적용은 입법재량권에 해당한다는 의견이 우세했다. 이에 따라 지방자치위원회는 현행 중선거구제가 사표를 방지하고, 운영 여하에 따라 군소정당에게 진출 기회를 부여할 수 있으며, 유권자의 인물선택 범위를 확장하는 등의 장점도 있으므로, 이를 발전적으로 수용해서 기초의원 선거구 단위에서 선출할 의원의 정수를 현행제도를 유지하면서 3~4인을 선출하는 지역구가 대폭 확대하는 방향으로 추진하기로 결정했다.

3) 선거공영제 책임성 강화의 실질화 방안 마련

지방자치발전위원회는 선거공영제 실시에 따른 책임성을 보다 실질화 하기 위하여 당선무효 및 당선무효에 해당하는 형이 확정된 자는 30일 이내에 이를 납부하지 않을 경우 관할 세무서에 징수를 위탁함과 동시에 국세체납자와 동일하게 대상자 명단을 일반인에게 공개하도록 하는 개선방안을 마련했다.

또한 지방의원이나 단체장이 다른 선거에 출마하기 위하여 사퇴하거나 피선거권 상실로 인한 당선무효 등으로 보궐선거를 실시하는 경우 그 선거관리비용은 해당 지방자치단체가 부담하고 있어 지방재정 건전성에 악영향을 미치고 선거에 따른 행정공백은 고스란히 지역 주민의 피해로 다가온다는 점에서, 재·보궐선거 원인 제공 행위에 대해서도 책임을 물어야 한다는 여론이 비등하다.

이와 관련하여, 정치권에서도 재·보궐선거 원인제공행위에 대하여 책임을 묻기 위해 그 원인을 제공한 당선인을 추천한 정당은 당해 재·보궐선거에 후보자 추천을 금지하거나, 재·보궐선거 실시비용의 일부를 그 원인 제공자의 소속 정당에 부담토록 하자는 논의가 있었다. 이 중 재·보궐선거 원인을 제공한 당선인을 추천한 정당에 대하여 당해 재·보궐선거의 후보추천을 금지하는 것은 과잉금지원칙 위배 등의 논란이 있으므로, 이는 정당이 자율적으로 정함이 적절할 것으로 보인다.

지방자치발전위원회는 재·보궐선거 원인 제공에 대한 책임성 강화 방안으로, 첫째, 당선무효의 사유로 인하여 재·보궐선거를 실시하게 된 경우에는 그 원인을 제공한 지방의원 및 지방자치단체장, 또는 소속정당이 해당 재·보궐선거비용의 일부 부담하도록 하되, 정당추천으로 당선된 자는 정당이, 무소속으로 당선된 자는 본인이 재·보궐선거의 선거관리경비 중 관리준비와 선거실시에 필요한 경비를 부담하는 방안을 결정하였다. 정당이 비용을 부담하는 경우 당해 정당은 원인제공자에게 고의·과실이 있는 경우 구상청구가 가능할 것이며, 이의 실행방식은 정당 내부 규칙으로 정할 수 있을 것이다.

이 밖에 현행 후보자의 출판기념회가 자신의 저서를 알리는 본래의 목적보다 선거출마 홍보와 정치적 세력과시에 활용된다는 비판 여론, 또 출판기념회가 선거관리위원회의 관리를 받지 않으므로 그 사용내역을 공개할 의무가 없고 출판물의 가격이나 판매한도가 정해져 있지 않아 정치자금 마련 수단으로 악용될 수 있다는 비판 등이 제기되는 바, 지방자치발전위원회는 출판기념회의 지출 및 수입내역에 대한 선관위 제출을 의무화 하고, 선관위는 지출 및 수입내역을 검증한 후 투명하게 공개하도록 출판기념회의 회계 투명성을 강화하는 방안도 마련했다.

4) 보궐선거 당선자의 잔여임기 승계제도 개선방안 마련

현행 제도 하에서 보궐선거 당선자는 전임자의 잔여 임기 동안만 직무를 수행하도록 하고 있다. 그러나 당선자의 잔여임기가 1년여에 그치는 경우도 있어 행정역량을 제대로 발휘하기 어려울 뿐만 아니라 보궐선거 자체도 본 선거와 하등 다를 바 없는 법령과 절차에 따라 정당하게 실시되므로 임기의 차등 적용은 형평성에 어긋난다는 지적이 있다.

일본의 경우, 지방의회의원 선거는 우리나라와 같이 재·보궐선거제도가 있으며, 보궐선거로 선출된 의원의 경우 그 전임자의 잔여임기를 승계하도록 하고 있으나, 자치단체장 선거는 단체장의 궐위 또는 퇴직신청이 있을 때 재선거를 실시하며, 이때 단체장 임기는 전임자의 퇴직일 다음날부터 새롭게 시작한다. 다만, 단체장이 재신임을 목적으로 사퇴하여 재선거를 치르는 경우는 다시 당선되더라도 새로운 임기를 시작하지 않고 잔여임기만을 승계 하도록 하고 있다.

지방자치발전위원회는 위와 같은 문제점을 개선하기 위하여 기초 및 광역단체장 보궐선거는 전임자 잔여임기 승계제도를 폐지하여, 보궐선거로 당선된 자라 하더라도 새로 임기가 개시되도록 하였다. 다만, 기초 및 광역의회의원 보궐선거는 현행대로 유지하여 전임자의 잔여임기를 승계하도록 하였는데, 지방의회의원의 경우 잔여임기 승계제도를 폐지할 경우, 원 구성 및 상임위 배정 등이 원활하지 못해 의회운영에 문제가 발생할 소지가 있기 때문이다.

4. 발전방향의 모색

지방자치발전위원회가 종합계획으로 확정한 지방선거제도 개선 방안들은 정치권에서도 오랫동안 합의를 이루지 못해 입법화가 지연되어온 '장기 숙제'나 다름없는 과제들이다. 기초선거 정당공천제 폐지는 국민과의 약속인 대통령선거의 여야 공통 공약 사항임에도 막상 지방선거를 앞두고서 정당의 이해관계 때문에 입법화에 실패했다. 선거공영제에 확대 실시에 대한 책임성을 강화하기 위하여 재·보궐선거 원인 제공자나 그를 추천한 정당에 대하여 정치적 책임과 재정적 책임을 물려야 한다는 학계와 여론의 요구는 관련 법안들이 다수 발의되었음에도 심사의 진전을 보지 못하고 임기만료로 폐기처분될 상황에 놓였다. 기초의원 선거구의 선출 의원 정수를 중선거구제를 도입한 취지에 맞게 2~3인보다는 3~4인으로 확대 변경하자는 요구 역시 정치권의 당리당략에 막혀 실현되지 못하고 있다. 오히려 정치권에서는 정당 독점 구조를 강화하는 소선구제로 환원해야 한다는 목소리마저 나오고 있다.

그럼에도 불구하고 지방자치발전위원회는 정치권에서 다루기 어려운 과제들에 대해서 심도 있는 논의를 통해 발전방안이란 이름으로 결론을 내렸다. 이런 정도에 이른 것만으로도 대단한 진전이 아닐 수 없다. 각계의 인식을 대표하면서도 양식에 따라 심의해온 위원들이 만든 고심과 숙의의 산물이었기에 지방자치발전위원회가 확정한 지방선거제도 개선방안들은 앞으로의 논의에 중요한 방향타가 될 것이다.

이러한 노력이 보다 더 충실한 결과를 낳기 위해서는 정당과 지방자치 간의 긴장관계를 푸는 제도적 기반이 필요하다. 지방정치의 중앙정치 예속성이 강화되고, 특정 정당의 특정 지역에 대한 독점적 영향력이 우세한 지역구도가 고착되는 상황에서는 입법권을 독점하는 정치권이 이해관계에 영향을 미치는 리스크를 감내하고 지방선거제도 개선방안들을 제도화 해내기는 쉽지 않을 것이다. 그러나 사고의 틀을 조금만 바꿔볼 수 있다면, '국가 정치'와 '지방 정치'를 합리적으로 분리하여 해법을 찾을 수도 있을 것이다. 그렇다면, '지방정당제'를 인정하는 서구 민주주의 국가들에서 정당과 지방자치 간에 포용적이며 상생적 발전을 이루고 있음을 유의해서 살펴보는 것도 가능할 것이다. 지방정당을 통해 지방정치의 활성화를 도모한다면, 대의민주주의 하의 정당정치는 한층 더 그 역할과 기능이 충실해질 것이며, 민주주의 토대로서의 풀뿌리 자치 실현, 지역 동질성을 갖는 지역 정치인들 간의 균질한 경쟁에 의한 '정치자치'의 구현, 지역 현안에 대한 숙의문화의 증진 등을 기대해 볼 수 있기 때문이다.

| 참고문헌 |

가상준 (2009). "지방선거에서 정당공천제: 새로운 변화를 위한 올바른 선택." OUGHTOPIA: The Journal of Social Paradigm Studies. 24(1): 207-231.

강민제·윤성이 (2007). "선거구획정과 선거결과의 왜곡: 2006년 지방선거를 중심으로." 「한국정당학회보」. 6(2): 5-28.

강원택 (2005). "지방자치 선거제도 개정방향에 대한 의견." 국회정치개혁협의회. 「정치관계법 개정에 관한 간담회 자료집」. 17-22.

강재호 (2002). "지방의원선거를 둘러싼 논점의 비교론적 고찰." 「지방정부연구」 6(3): 31-47.

김도종 (2013). "지방선거에서 정당공천제 폐지에 대한 의견." 국회정치쇄신특별위원회. 「지방선거 정당공천제 개선 공청회 자료집」. 3-6.

박상철 외 (2015). 「선거부패의 양태분석 및 방지방안: 유권자매수를 중심으로」. 2015년도 중앙선거관리위원회 연구용역보고서.

손혁재 (2013). "2014 지방선거 정당공천제를 어떻게 할 것인가." 국회정치쇄신특별위원회. 「지방선거 정당공천제 개선 공청회 자료집」. 9-14.

이승종 (2005). 「지방자치론」. 서울: 박영사.

정준표 (2010). "현행 기초의원 선거의 선거구제: 문제점과 그 개선 방향." 「한국정치학회보」. 18(1): 347-370.

최봉기·이순자 (2007). "한국 지방선거에 관한 비교고찰." 「한국지방자치연구」 9(2): 1-24.

한국리서치 (2015). 「지방자치에 대한 국민 인식조사 보고서」.

황아란 (2009). "중선거구제 도입의 기대효과와 실제." 『월간 자치발전』. 30-36.

황주홍 (2009). "정당공천제 폐지 반대론에 대한 반론." 한국지방자치학회. 「정당공천 정책토론회 자료집」.

Birch, Sarah. 2011. "Electoral Corruption." IDCR(Institute for Democracy & Conflict Resolution) Briefing Paper (IDCR-BP-05/11).

Hofferbert, Richard I. 1998. "Introduction: Party Structure and Performance on New and Old Democracies." *Political Studies*. Vol. 46: 427-431.

Lawson, Kay and Peter H. Merkl. 1988. "Alternative Organizations: Environmental, Supplementary, Communitarian and Anti-Authoritarian." in Kay Lawson and

Peter H. Merkl, eds., *When Parties Fail: Emerging Alternative Organizations.* Princeton: Princeton University Press.

Neumann, Sigmund. 1956. *Modern Political Parties: Approaches to Comparative Politics.* Chicago: University of Chicago Press.

Nye, Joseph. 1967. "Corruption and Political Development: A Cost−Benefit Analysis." American Political Science Review. 61(2).

Powell, Bingham and Georg Vanberg. 2000. "Election Laws, Disproportionality and Median Correspondence: Implications for Two Visions of Democracy." *British Journal of Political Studies*, Vol. 30: 383−411.

de Tocqueville, Alexis. 1838. Democracy in America. Translated by Henry Reeve. New York: George Dearborn & Co.; A Penn State Electronic Classics Series Publication by The Pennsylvania State University. 2002.

Williams, Rhys and Akash Paun. 2011. *Party People: How do and how should British political parties select their parliamentary candidates?* London: Institute for Government.

15

지방자치단체 간 관할구역 경계조정

손 혁 재

1. 경계조정의 필요성

한 마을이 어느 날 둘로 갈라졌다. 마을 한 복판으로 커다란 도로가 뚫렸기 때문이다. 신설 도로의 통행량이 많아지면서 둘로 갈라진 마을 주민들의 왕래와 교류가 줄어들었다. 마을 한 쪽의 어린이들은 등하굣길이 위험해졌다. 마을 다른 쪽에 있는 학교에 가기 위해 날마다 차량통행량이 많은 도로를 건너야하기 때문이다. 한 쪽 마을 주민들은 장을 보기 위해 위험한 도로를 건너기보다 다른 마을의 마트와 시장을 이용하기 시작했다. 이처럼 도로 개설로 마을 경계가 생활권과 달라지고 이로 말미암아 생활이 불편해지면 이 문제를 어떻게 해결해야 할까. 당연히 지방자치단체 간 관할구역의 경계를 조정해야 할 것이다.

자치단체 관할구역이 생활·경제권과 일치하지 않아 주민들이 불편을 겪는 사례들이 늘어나고 있다. 자치단체의 관할구역이 생활권과 맞지 않는 지역의 주민들은 행정서비스를 제대로 받지 못하는 등 크고 작은 불편들을 겪고 있다. 교통 통신이 발달하고 도시계획사업이 다양하게 추진되면서 새로운 도로가 건설되거나 신도시 등 새로운 대규모 주거단지가 건설되면서 이런 지역들은 계속 늘어날 것이다.

복수의 지자체 관할의 땅에 단일 건물이나 아파트 단지, 학교 등이 들어서면서 같은 건물이나 같은 아파트 단지에 사는데도 관할구역이 달라지는 경우들도 있다. 이런 경우 주민들의 생활이 불편해지고 또 행정도 비효율적으로 집행될 수밖에 없다.

2. 관할구역 경계 불일치 현황

1) 경계조정 필요 지역

경계조정이 필요한 경우는 크게 네 가지 유형으로 나누어 볼 수 있다. 첫 번째로 하나의 건물이나 아파트단지·산업단지 또는 학교 등 공공시설이 2개 이상의 지방자치단체의 관할구역으로 분리된 경우, 두 번째 토지정리와 택지정리, 도로정비와 하천정비 등을 하는 바람에 지방자치단체 간 관할구역의 형태가 기형적으로 바뀌게 된 경우, 세 번째 2개 이상의 지방자치단체의 땅을 하나로 묶어서 개발을 추진하다 보니 경계가 애매해져 버린 경우, 네 번째 생활권과 관할구역이 일치하지 않아 주민의 불편과 행정의 비효율이 상당히 큰 경우 등이다. 이와 같은 조건에 해당되는 지역은 다음과 같은 것으로 조사되었다.[1]

관할구역을 조정해야 할 필요가 있는 지역은 모두 63곳으로 집계되었다. 이 가운데 동일 시·도 내에 있는 48개 지역은 상대적으로 조정이 손쉬울 수 있다. 여기에 해당되는 지자체는 11개 시·도 56곳이다. 시·도별로 보면 서울특별시 9곳(11개 지자체)을 비롯해서 부산광역시 2곳(4개 지자체), 대구광역시 1곳(2개 지자체), 인천광역시 6곳(5개 지자체), 대전광역시 6곳(2개 지자체), 경기도 10곳(10개 지자체), 충북 1곳(5개 지자체), 충남 2곳(2개 지자체), 전남 3곳(6개 지자체), 경북 4곳(3개 지자체), 경남 4곳(6개 지자체)이다.

동일 시·도안에 있지 않아 광역자치단체 간 조정이 필요한 지역은 15곳이

---

1) 2013년 11월 현재. 그 뒤 몇 건이 조정 완료되어 2015년 11월 현재 미해결 안건은 60건.

구 분	소계	시·도 경계 수반	동일 시·도 내
총 계	63	15	48
단일 건물, 아파트, 학교 등이 2개 이상의 지자체 관할로 분리	22	3	19
도로·하천 등에 의한 기형적 관할구역	19	4	15
2개 이상의 지자체에 걸친 도시개발사업	14	2	12
생활권과 관할구역의 불일치	7	5	2
미등록 토지	1	1	–

다. 여기에 해당되는 자지체는 11개 시·도와 23개 시·군·구이다. 지역별로 보면 서울시와 경기도에 걸쳐 있는 지역 5곳(9개 지자체), 부산과 경남에 걸쳐 있는 지역 4곳(2개 지자체), 인천과 경기도에 걸쳐 있는 지역 1곳(2개 지자체), 경기도와 강원도에 걸쳐 있는 지역 1곳(2개 지자체), 경기도와 충남에 걸쳐 있는 지역 1곳(2개 지자체), 충북과 경북에 걸쳐 있는 지역 1곳(2개 지자체), 충남과 전북에 걸쳐 있는 지역 1곳(2개 지자체), 전북과 전남에 걸쳐 있는 지역 1곳(2개 지자체)이다.

　63개 지역 가운데 32곳은 주민이 살고 있는 지역이다. 이 지역에 살고 있는 주민은 약 5만 여명에 이른다. 31곳은 주민이 살고 있지 않은 지역이다.

2) 경계조정 요구의 근거

　경계조정이 요구되는 지역에 살고 있는 주민들이 가장 많은 불편을 느끼는 점은 관할 행정기관이 달라서 치안 소방 보건 등의 민원 처리가 늦어지는 것이다. 또한 재난이 발생하여도 신속하게 대처하거나 처리하기가 쉽지 않다. 같은 지역임에도 관할 지방자치단체가 달라 세금부담이 달라지는 것도 불만을 불러일으키는 요소이다.

　교육 문제도 주민들이 경계 조정을 요구하는 사유 가운데 적지 않은 비중을 차지하고 있다. 관할구역이 다르다는 이유로 사는 곳 가까이 있는 학교에 배정받지 못하고 먼 곳에 떨어져 있는 학교에 배정 받으면 얼마나 불편하겠는가. 원거리 등하교를 하다 보면 아무래도 차비도 비싸지고 할증을 받지 못하는 등 교통비 부담도 커지게 될 것이다. 통학거리가 길어지면서 시간의 낭비도 만만치 않고 교통안전의 문제도 대두될 수 있다.

독서실 수영장 등 생활권과 가까운 곳에 있는 문화시설들을 관할 지방자치단체가 다르기 때문에 이용하지 못하거나 이용할 수 있다 하더라도 할인 등의 혜택을 받지 못하는 경우도 발생한다.

주민이 살고 있지는 않은데 경계 조정의 요구가 발생하는 지역은 주로 기업 경영상에 여러 가지 애로가 발생하고 있다. 기업체의 사업장이 두 곳 이상의 자치단체, 특히 광역자치단체에 걸쳐 있으면 각종 행정절차 때문에 기업의 업무가 매우 복잡해진다. 세금도 분리 납부해야 하고 재산권 행사도 토지의 관리도 이중으로 해야 하는 등 불편한 사안이 한두 가지가 아니다. 사업 분야가 축산분뇨 등 환경오염원일 때 조치기관의 행정 조치가 상충하는 경우도 있을 것이다.

3) 경계조정이 어려운 현실

주민들이 불편을 해소하기 위해 경계를 조정해달라고 건의하더라도 조정이 이뤄지는 경우는 드물었다. 지금까지 지방의회나 지방자치단체가 소극적인 태도를 보였기 때문이다. 경계를 조정하기 위해서는 광역의회나 기초의회의 의견을 청취하여야 한다. 따라서 지방의회가 반대하면 사실상 경계를 조정하기가 쉽지 않은 것이 현실이다. 해당 지방자치단체도 경계조정에 소극적인 태도를 보인다. 주민불편 해소보다 경계조정으로 세수가 줄어들거나 관할구역이 축소되는 것에 대한 우려가 앞서기 때문이다. 또한 지방자치단체 간 이견을 좁히지 못할 때에는 조정이 매우 어렵다. 또 지방자치단체 간 손실보전도 현실적으로 곤란한 부분이다.

경계를 조정하기 위해서는 지금까지는 다섯 단계의 절차를 거쳐야 했다. 첫 번째로 이해관계 주민들이 건의하거나 경계조정의 필요성을 느낀 시·군·구가 필요지역을 선정하여야 한다. 필요지역이 선정되면 관계 지방의회의 의견을 청취하거나 주민투표를 실시하여야 한다. 지방의회가 긍정적인 의견을 제출하거나 주민투표에서 통과가 되면 시·군·구는 시·도지사에게 경계 조정을 건의하게 된다. 그러면 시·도지사가 행자부에 경계조정을 요구하고, 행자부는 대통령령으로 경계조정을 하게 된다.

경계 조정의 근거가 되는 법 조항은 두 개다. 하나는 지방자치단체의 명칭과 구역을 규정한 「지방자치법」 제4조이다.[2] 다른 하나의 조항은 지방자치발전위원회의 기능을 규정한 「지방분권 및 지방행정체제개편에 관한 특별법」 제45조의 제9호이다.[3] 근거 조항은 있지만 경계조정의 요건이나 절차 등 구체적인 규정이 미비하므로 경계조정 관련 제도를 개선할 필요가 있었다.

3. 관할구역 경계 조정 추진

1) 이명박 정부 아래서의 추진 경과

'시·군·구 간 경계조정 제도개선'은 이명박 정부에서부터 추진해온 과제였다. 구 지방행정체제 개편추진위원회의 구역분과위원회가 경계조정이 쉽지 않은 현행제도의 합리적 효율적 개선이 필요하다고 판단하여 2011년 6월 '경계조정 제도개선'을 자체 추진과제로 채택하였다.

지방행정체제 개편추진위원회 구역분과위원회는 경계조정 제도개선 방안에 대한 연구용역을 실시(2011년 8월 지방행정연구원)하였다. 또한 제도개선 T/F팀을 구성해 운영(5회)하였다. 경계조정이 필요한 지역을 대상으로 사례분석도 하였다. 지방행정체제 개편추진위원회 구역분과위원회가 분석한 사례는 모두 63건이었는데 동일 시 도내 시·군·구간의 경계조정이 필요한 안건이 48건, 시·도간 경계조정도 함께 이뤄져야 할 시·군·구간 경계조정 필요안건이 15건으로 나타났다.

이런 과정을 거쳐 구역분과위원회에서 '경계조정 제도 개선방안'을 만들어 지방행정체제 개편추진위원회 본위원회에 보고한 것은 제18대 대통령 취임을 한 달 남짓 앞둔 시점(2013년 1월)이었다. 지방행정체제 개편추진위원회는 곧 출범할 박근혜 정부의 '지방자치발전위원회'에서 최종 의결을 하도록 유보하였다.

---

2) 「지방자치법」 제4조 ① 지방자치단체의 관할구역 경계변경과 한자 명칭의 변경을 대통령령으로 정한다. ② 구역을 변경할 때에는 관계 지방자치단체 의회의 의견을 들어야 한다. 다만, 「주민투표법」 제8조에 따라 주민투표를 한 경우에는 그러하지 아니하다.

3) 「지방분권 및 지방행정체제개편에 관한 특별법」 제45조 위원회는 다음 각 호의 사항을 심의·의결한다. 9. 그 밖에 지방분권 및 지방행정체제 개편 등 지방자치 발전을 위하여 필요하다고 위원장이 인정하는 사항.

2) 박근혜 정부에서의 추진 경과

박근혜 정부에서 출범한 지방자치발전위원회는 구 지방행정체제 개편추진위원회로부터 넘겨받은 '경계조정 제도개선 방안'의 수정 보완을 추진하였다.

출범 직후(2013년 9월) 지방자치발전위원회는 경계조정 제도개선 추진방안을 보고받았다. 지방자치발전위원회 행정체제개편분과위원회는 소위원회가 검토한 뒤 분과위원회에[4] 보고하도록 결정하였다.

제3소위원회는 다섯 차례에 걸쳐 '경계조정 제도 개선방안'을 논의하였다. 외부 법률 전문가의 자문을 받아 법률(안) 마련을 위한 단기과제 연구를 추진하고 경계조정이 필요한 지역을 현장방문(2014년 3월)하였다. 이를 토대로 제3소위원회는 2014년 4월 '지자체 간 관할구역 경계조정 제도개선 방안(안)'과 법률(안)을 마련하였다.

'지자체 간 관할구역 경계조정 제도개선 방안(안)' 및 「지자체 간 관할구역 경계조정에 관한 법률(안)」은 행정체제개편 분과위원회와 본위원회 의결을 거쳐 지방자치발전 종합계획에 반영되었다. 지방자치발전 종합계획은 국무회의 의결 ('14. 12)을 거쳐 국회 보고('14. 12)까지 완료되었다.

4. 기본 추진계획

1) 기본방향

경계조정의 기본방향은 지방자치단체 간 관할구역 경계의 생활·경제권 불일치로 말미암은 행정의 비효율성을 극복하고 주민생활의 불편을 해소하여 주민의 복리증진에 이바지하는 것이다.[5]

경계조정범위는 동일 시·도내 시·군·구간 경계조정에 한정되지 않고 필요하면 시·도간 경계조정도 함께 추진하기로 하였다. 다만 공유수면과 매립지 관

---

4) 이 과제를 맡은 분과위원회 내의 제3소위원회는 지방자치발전위원회 위원 2명 자문위원 3명 외부위원 1명으로 구성하였다.

5) 「지방자치단체 간 관할구역 경계조정에 관한 법률(안)」(이하 '법률(안)') 제1조.

할 결정은 중앙분쟁조정위원회의 권한 축소 및 경계조정과 성격이 다르다는 점을 고려하여 제도개선 범위에 포함시키지 않기로 하였다.

2) 경계조정 전담기구 설치·운영

① 경계조정위원회 설치

경계조정 업무를 전담하는 경계조정위원회를 시·도 및 행정자치부에 설치하기로 하였다. 행정자치부에 설치되는 중앙경계조정위원회는 시·도 간 경계조정을 수반하는 시·군·구 간 경계조정을 담당한다. 시·도에 설치되는 지방경계조정위원회는 동일 시·도 내 시·군·구 간 경계조정을 담당하게 된다.

② 경계조정위원회 구성

경계조정위원회는 관련 전문가 등 9인 이내로 구성한다. 9인 가운데 당연직은 3명 위촉직은 6명이다.[6] 위원의 임기는 2년으로 하고 위원장은 위촉직 위원 중에서 호선한다. 당연직은 시·도 및 행자부 공무원을 임명한다. 위촉직은 경계조정에 관한 지식과 경험이 풍부한 전문가에게 위촉한다.[7]

③ 경계조정위원회의 기능

경계조정위원회의 기능은 경계조정 신청사항에 대한 접수·조사·권고·조정, 필요지역에 대한 직권조사·권고·조정, 경계조정에 따르는 손실보상 또는 인센티브 제공의 권고조정 등이다. 그 밖에 경계조정에 관하여 필요하다고 위원회에서 결정하는 사항 등을 심의 의결한다.

경계조정위원회는 재적위원 과반수 출석으로 개회하고 출석위원 3분의 2 이상의 찬성으로 의결한다.

④ 자율조정협의체 설치

경계조정 심의 사전절차로 대상지역 자율조정협의체를 구성·운영토록 하였다. 경계조정위원회는 심의 시 동 협의결과를 존중하여야 한다. 원칙적으로 지방

---

6) 중앙경계조정위원회 위원은 행정자치부장관이, 지방경계조정위원회 위원은 시·도지사가 임명(당연직)하거나 위촉(위촉직)한다(법률(안) 제5조).

7) 전문가는 대학에서 부교수 이상으로 재직한 사람, 판사검사 또는 6년 이상의 변호사 경력이 있는 사람, 행정기관의 4급 이상 공무원으로 5년 이상 재직한 사람들 등으로 예시하고 있다(법률(안) 제5조).

자치단체간 자율조정협의체 합의로 해결하되 합의가 이뤄지지 않았을 때는 경계조정위원회에서 권고안을 제시한다.

자율조정협의체는 시·도 및 행자부에 설치한다. 협의체는 20명 이내로 구성하며 의장은 민간인 전문가 중에서 호선한다. 협의체 위원의 자격은 관계 지자체 소속 공무원, 대상지역 기초광역지자체 의회의 해당 지역구 의원, 대상지역 주민, 경계조정에 관한 지식과 경험이 풍부한 전문가 등이다.

자율조정협의체의 기능은 경계조정 범위에 관한 사항, 손실보상 및 인센티브 제공과 경계조정 일정 절차, 그 밖에 경계조정에 관하여 필요한 사항 협의 등이다.

3) 경계조정 대상

사례 분석을 통해 도출된 경계조정 필요지역 유형은 다음과 같다.

- 단일 건물, 아파트 단지, 학교 등이 2개 이상의 시·군·구 관할로 분리된 경우
- 도로 하천 택지 정리 등으로 말미암아 관할구역이 기형적인 형태를 갖게 된 경우
- 2개 이상 시·군·구에 걸친 도시개발사업으로 말미암아 새로운 경계획정이 필요한 경우
- 기타 생활권과 관할구역의 불일치로 주민 불편과 행정비효율이 상당히 초래되는 경우

앞의 세 가지는 「(가칭)지방자치단체간 관할구역 경계조정에 관한 법률」에 규정하고 네 번째 것은 대통령령에서 구체화하도록 위임한다.

4) 경계조정 신청

① 신청의 주체

경계조정위원회에 경계조정을 신청할 수 있는 주체는 주민, 기초단체장 및 광역단체장이다. 주민비거주지역에 대한 경계조정은 해당 지역의 여러 가지 여

건을 고려하여 관계 자치단체장이 신청할 수 있도록 하였다.

② 주민신청의 요건

주민이 경계조정을 신청하려면 일정한 수의 주민동의가 필수적이다. 동의를 받아야 할 주민의 수는 주민투표권자 총수의 3분의 1 이상으로 정하였다. 인구가 적은 지역에 대해서도 별도의 요건을 정하지 않고 주민투표권자 총수의 3분의 1 이라는 요건을 똑같이 적용한다. 인구가 적은 지역이라 기준을 설정하기 곤란할 경우에는 기초단체장도 신청 주체에 포함시키도록 한다.

주민 동의를 받는 범위는 경계조정이 필요한 소규모 지역으로 설정하도록 하였다. 해당 시·군·구 전체 또는 해당 읍·면·동 전체 등도 고려할 수 있으나 경계조정이 필요한 소규모 지역(마을이나 아파트 단위)으로 범위를 국한시켰다. 대부분의 경계조정이 소규모 지역에서 이해관계가 형성되고 있기 때문이다.

③ 서명부 유효성 판단

주민신청을 받으면 경계조정위원회는 주민들의 동의를 받은 서명부가 유효한지 판단하여야 한다. 다만 해당 기초자치단체장에게 사전에 검토할 수 있는 기회를 주기로 하였다.

주민들이 서명부를 경계조정위원회에 접수시키면 위원회는 기초단체장에게 검토를 요청한다. 검토를 마친 기초단체장이 위원회에 의견을 제출하면 위원회가 유효성을 판단하게 된다. 이때 기초단체장이 경계조정에 반대한다면 판단의 공정성을 확보하기가 곤란해질 수 있다.

④ 심의 여부 결정

주민 등으로부터 신청 접수 후 경계조정위원회는 심의대상 적합 여부(형식적 요건 및 경계조정 필요 여부 등)를 결정하여야 한다. 경계조정 신청이 없는 경우에도 경계조정위원회가 직권으로 경계조정 필요지역을 조사하고 이를 토대로 자율협의를 하도록 요청할 수 있는 권한을 갖는다.

⑤ 지방의회 의견 청취

경계조정 활성화를 위해 필수 요건은 아니지만 경계조정위원회는 심의과정에서 지방의회가 제출한 의견을 참고자료로 활용할 수 있다. 지방의회가 의견을 제출하고 싶으면 경계조정위원회가 의결하기 이전에 제출하여야 한다.

⑥ 주민투표

경계조정의사 확인 절차로서의 주민투표는 실시하지 않는다. 경계조정은 해당지역 일부 주민에게 관련된 사항이라 어느 지역에서 주민투표를 실시할 것인지 범위를 정하기가 곤란하기 때문이다.

다만 주민투표법 제8조에 따른 주민투표 실시근거는 유지하기로 하였다. 따라서 중앙행정기관의 장은 자치단체의 구역변경(폐치분합)에 관해 필요할 때 관계 자치단체의 장에게 주민투표를 요구할 수 있다.

⑦ 경계조정 절차 이행기한

경계조정의 신속한 처리를 위해 경계조정 신청 후 1년 이내에 조정절차를 마무리하는 것을 원칙으로 하였다.

세부절차별로 이행기한은 다음과 같다. 주민 또는 기초단체장과 광역단체장이 경계조정 신청을 하면 경계조정위원회가 접수하여 심의대상으로 적합한지 여부를 결정하고 주민서명부의 유효성을 판단하는 즉시 협의체 구성을 권고한다. 관계 지방자치단체간 자율협의를 위해 30일 이내에 협의체를 구성하여야 하고 협의체는 구성된 날로부터 120일 이내에 자율 협의하여 결과를 보고한다. 이를 바탕으로 경계조정위원회가 150일 이내에 심의·의결을 하여야 한다. 경계조정위원회가 조정안을 제출하면 대통령령으로 경계조정을 실시한다.

⑧ 손실보전과 인센티브

관할구역 경계조정을 함으로써 해당 지방자치단체가 재정적으로 또는 그 밖의 손실을 입을 경우 보상하기로 하였다. 보상의 규모는 원칙적으로 지방자치단체간 자율조정협의체 협의로 해결하되 협의가 안 되면 경계조정위원회에서 권고안을 제시하도록 하였다.

또 경계조정을 촉진하기 위하여 혜택을 제공하는 방안도 논의되었다. 사안마다 특성이 다르므로 구체적인 손실보전이나 인센티브 규정을 두는 대신 최소한의 합리적 근거규정만 마련하기로 하였다.[8]

---

8) 예를 들면 조문에 "국가 및 광역지방자치단체는 행정적 재정적 지원을 할 수 있다"고 예시하기로 하였다.

⑨ 경계조정 결과에 대한 이의 제기

경계조정 결과에 대하여 행정심판법 또는 행정소송법의 일반 원리에 의해 이의제기가 가능하도록 하였다.

5. 이행 상황

1) 개별법 제정

특별법이라는 명칭을 쓰지는 않지만 경계조정의 중요성과 상징성을 위해서 지방자치법의 개정을 통해서가 아니라 별도의 개별법으로 제정하기로 하였다. 법의 명칭은 「(가칭)지방자치단체 간 관할구역 경계조정에 관한 법률」로 정하였다. 이 법이 제정되면 기존 지방자치법상의 경계조정에 관한 규정은 삭제 등 정비하기로 하였다.

2) 현재까지의 추진 경과

① 개별법 입법 지연

경계조정은 주민불편 해소와 직결되어 중요도와 난이도가 높은 문제이다. 그러나 집행과정에서 원래 계획보다 추진 일정이 지연되어 주민불편 해소와 행정 비효율성 극복이 미뤄졌다.

지방자치발전위원회가 법률(안)을 만들었으나 행자부의 정부입법(안)이 마련되지 않아 법제화 추진이 지연되었다. 행정자치부가 지방자치발전위원회(안)을 바탕으로 하면서도 별도의 정부입법(안)을 추진하는 것은 지방자치발전위원회와 행정자치부의 의견이 일치되지 않는 부분이 있기 때문이다.

② 행정자치부 제도개선(안)[9]

행정자치부 제도개선(안)의 법형식상 특징은 개별법 입법을 추진하지 않고

---

9) 행자부는 2015년 11월에 전문가 자문, 외국 사례 등을 종합하여 지방자치발전위원회(안)과는 별도의 제도개선(안)을 만들었다.

지방자치법을 개정하겠다는 데 있다. 경계조정 수요가 60여 건[10] 밖에 되지 않을 뿐만 아니라 법체계의 일관성이나 입법효율성 등을 고려할 때 개별법 입법보다는 지방자치법 개정이 손쉽다는 것이다.

지방자치발전위원회의 법률(안)에는 별도의 조정기구를 만드는 것으로 되어 있으나 행정자치부는 별도의 조정기구를 만들지 않고 중앙분쟁조정위원회에서 경계조정을 수행하자는 안을 제시하였다. 관련 법령상[11] 성격과 기능이 중복되는 위원회의 설치가 제한되고 유사위원회의 통합이 필요하다는 이유에서였다.

행정자치부의 제도개선(안)은 경계조정 신청자의 범위를 확대시켜 중앙행정기관과 사업시행자까지 포함시켰다. 다양한 신청 주체를 인정하여야 경계조정이 활성화된다는 이유에서였다.

결과의 처리에 대해서도 지방자치발전위원회 법률(안)과 행정자치부 제도개선(안)은 차이가 있다. 행정자치부는 대통령령을 제정하려면 입법예고 등에 여러 달이 걸려 그만큼 처리 기간이 길어지므로 중앙분쟁조정위원회가 심의·의결에 따라 행정자치부장관이 결정·통보하면 미결상황이 장기화되는 것을 막을 수 있다는 주장이다.

③ 지방자치발전위원회의 추진 노력

지방자치발전위원회의 법률(안)과 행자부의 제도개선(안)이 부분적으로 차이가 나는 바람에 입법이 지연되자 지방자치발전위원회는 의원입법의 형식으로 추진하고자 하였다. 법률제정 취지가 주민불편 해소와 직결되는 민생법안이기 때문이다. 지방자치발전위원회는 국회 소관 상임위원회 위원들에게 의원입법 협조를 구하고, 정당 정책 관계자들에게 중점처리법안에 포함시켜주기를 요청하였다. 이런 노력으로 「지방자치단체 간 관할구역 경계조정에 관한 법률(안)」을 국회에 제출하였으나 제19대 국회의 임기가 종료되는 시점과 맞물려 법제화가 이뤄지지 않았다.

개별법 제정은 미뤄졌지만 지속적인 경계조정 노력으로 위례신도시(서울 송파구-경기도 성남시-경기도 하남시)와 부산 유림아시아드 아파트(부산진구-연제구) 2개 지

---

10) 대상 지역 가운데 불필요하거나 해결 곤란한 지역이 34곳이나 되어 실질적으로 합의가 가능하거나 대안이 필요한 지역이 24곳에 지나지 않는다.
11) 행정기관 소속 위원회의 설치·운영에 관한 법률 제7조.

역은 경계조정이 완료되었다.[12]

3) 앞으로의 추진 계획

지방자치발전위원회는 현재 국회에 계류 중인 「지방자치단체 간 관할구역 경계조정에 관한 법률(안)」의 입법을 지원하고 있다. 그러나 제19대 국회의 임기 만료로 처리가 무산된다면 행정자치부에서 경계조정 제도개선 관련 법률 제정을 재추진할 예정이다. 그렇게 되면 행정자치부의 제도개선(안)과 지방자치발전위원 회의 법률(안)을 조정한 법률안을 마련하여 제20대 국회 첫 번째 정기국회가 열 리는 2016년 9월까지 국회에 제출할 계획이다.[13]

---

12) 이 지역은 관계 자치단체 협의, 주민의견 수렴, 지방의회 의견 청취 등 몇 년 동안 다양한 의 견수렴을 통해서 합의를 이룰 수 있었다.
13) 행정자치부의 '2016년 지방자치발전 실천계획'.

2부

지방자치 발전과제
(자치기반)

16. 도의 지위 및 기능 재정립

17. 특별·광역시 자치구·군의 지위 및 기능 개편

18. 국가와 지방자치단체의 협력체제 정립

19. 지방자치단체 간 행정협력체제 정립

20. 지방자치단체 평가제도 개선

- 자치기반 -

도의 지위 및 기능 재정립

신 윤 창

1. 문제제기

본 연구는 지방자치발전종합계획의 각론에 해당하는 분야, 즉, 20개 과제 중, 미래발전 과제인 도의 지위 및 기능 재정립에 대한 과제이다. 미래발전과제 란 박근혜 정부 5년 안에 이를 구체화하거나 실현하기보다 주로 큰 방향성을 제 시하는 데 목적을 둔 과제를 말한다. 특히 본 과제는 지방자치발전위원회가 추진 하는 다른 과제, 예컨대, 자치사무와 국가사무의 구분체계 정비, 중앙권한 및 사 무의 지방이양(국가사무 재배분, 기관위임사무·공동사무 폐지 등), 교육자치와 지방자치의 연계·통합 노력, 자치경찰제 도입, 특별행정기관 정비(특행기관사무 지방이양 문제), 대도시 특례제도 개선 등의 과제와 밀접하게 연결된 과제이기 때문에 다른 과제 의 해결이 선행되어야 도의 지위 및 기능 재정립을 할 수 있다는 점을 미리 밝혀 둔다.

그렇다면 박근혜 정부에서 도의 지위 및 기능 재정립을 해야 하는 특별한 이유와 논거는 무엇인가? 아울러 도의 지위란 무엇이며, 또한 기능 재정립이란 무엇을 말하는가?

첫째, 도의 지위 및 기능 재정립을 하는 본질적인 이유는 ① 과학기술(정보통신기술의 융합, 나노, 에너지 기술 등)의 발전 및 교통·통신의 발달, ② 국내·외 인간의 안전문제(재난, 환경, 테러 등), 수평적 협력, 그리고 자치와 분권을 위한 거버넌스의 확대, ③ 인구감소(특히 농촌인구 등)와 고령화로 인한 저성장. ④ 다문화 사회, 여성의 지위향상, 그리고 개인주의의 심화에 따른 가치의 다원화, ⑤ 정치·경제·사회·문화 등 글로벌 거버넌스의 확산, ⑥ 통일대비 등을 들 수 있다. 즉, 아나로그 시대에서 디지털 시대로의 변화는 도의 지위 및 기능 재정립이라는 문제에도 영향을 미치게 된다. 이로 인해 사무 역시 국가에서 도, 그리고 도에서 시·군으로 새로이 이양하는 문제가 발생하게 된다. 따라서 사무이양으로 도의 지위는 자연스럽게 변할 수밖에 없다.

둘째의 논거[1]는 지방분권 및 지방행정체제개편에 관한 특별법 제21조이다. 여기서 ①항 도(道)는 지방자치단체로서 존치하되, 위원회는 이 법에 따른 시·군의 통합 등과 관련하여 도의 지위 및 기능 재정립 등을 포함한 도의 개편방안을 마련하여야 한다. ②항은 도의 지위 및 기능 재정립에 관하여는 따로 법률로 정한다. 이렇게 규정하고 있다.

따라서 도의 지위란 광역자치단체(상급지방자치단체), 그리고 특별자치도(제주도)의 지위를 갖고 있다. 또한 도의 기능 재정립이란 사무구분 체계와 기준 및 기능배분의 원칙을 통해 도의 기능을 새롭게 부여하는 것을 말한다.

본 연구에서는 첫째, 도의 지위 및 기능 재정립의 실태, 둘째, 추진상황, 그리고 셋째, 발전과제에 대해 알아보기로 한다.

---

1) 대한민국 헌법 8장에서 지방자치에 관한 규정은 이렇게 정의하고 있다. 헌법 제117조 ①항은 지방자치단체는 주민의 복리에 관한 사항을 처리하고 재산을 관리하며, 법령의 범위 안에서 자치에 관한 규정을 제정할 수 있다. 또한 ②항은 지방자치단체의 종류는 법률로 정한다. 아울러 지방자치법 제2조 ①항은 지방자치단체는 두 가지 종류, 즉, 첫째, 특별시, 광역시, 특별자치시, 도, 특별자치도, 둘째, 시, 군, 구로 구분한다. 헌법과 지방자치법에 근거해서 도의 지위 및 기능이 부여된다.

2. 실 태

1) 역사적·제도적 실태

우리나라는 역사적으로 또는 제도적으로 중앙집권제적인 행정체제를 지향[2]해 오고 있었다. 신라가 삼국을 통일한 이후 통일 신라는 왕권통치의 효율성을 강화하기 위해 고구려, 백제, 그리고 신라 지역에 오늘날 도(道; province)와 비슷한 9주(州)를 설치[3]하였다. 고려 역시 후삼국을 통일(936년)하고 성종 14년(995년) 중국(당나라)의 관료제도를 도입하여 전국을 10개 도(道)[4]로 개편하여 중앙집권제적인 행정체제를 확립하였다. 역성혁명(易性革命)으로 창업된 조선은 태종 13년(1413년) 전국을 8개 도(道)[5]로 나누어 왕권통치를 강화하였다. 고종 33년(1896년) 을미개혁의 일환으로 8도 중 5개의 도(경상도, 전라도, 충청도, 평안도, 함경도)가 남·북으로 나뉘어 13개 도[6]가 되었으며, 대한제국 및 일제 강점기 동안 이 체제는 변함없이 유지되어 한국 지방행정체제의 모태가 되었다(최창호·강형기, 2014: 104-108).

1945년 해방 이후 남과 북이 분단되자 미군정[7]은 군정법령 제94호(1946년 7월

---

2) 우리나라가 중앙집권제적인 행정체제를 지향하는 이유는 첫째, 지정학적 요인(우리는 강대국들 사이의 틈바구니에 위치하여 무수히 생존을 위한 전란을 겪으며 투쟁하는 가운데 자치와 분권을 생각할 여유가 없었음). 둘째, 기후적 요인(몬순 기후성 집중호우로 홍수가 반복되어 그 대비를 위한 대대적인 수리사업(대대적인 노력동원)이 실시되는 과정에서 왕권은 신장되고 지방은 황폐화 됨). 셋째, 사상적(思想的) 요인(사군이충과 사친이효, 즉, 임금에게 충성하는 충과 부모에게 효도를 다하는 효를 강조하는 유교문화의 영향으로 지방은 당연히 중앙에 복종해야 한다는 통치체제를 생각하고 있었음). 이한빈 교수는 우리나라가 자치와 분권보다 중앙집권제적인 행정체제로의 지향을 위의 요인으로 설명한다(이한빈, 1969, 113-115).

3) 9주제는 신문왕 5년(685년)에 정비되었으며, 9주의 명칭은 경덕왕 16년(757)에 개칭되었다. 9주는 고구려 영토에 한주, 삭주, 명주, 백제 영토에 웅주, 전주, 무주, 그리고 신라에 상주, 양주, 강주를 설치하였다.

4) 고려 성종이 도입한 전국 10도(道)는 관내도, 중원도, 하남도, 강남도, 영남도, 영동도, 산남도, 해양도, 삭방도, 패서도이다.

5) 태종이 확립한 조선 8도(道)는 경상도, 전라도, 충청도, 경기도, 강원도, 황해도, 평안도, 함경도이다.

6) 고종은 을미개혁으로 13개 도를 설치하였다. 경상남도, 경상북도, 전라남도, 전라북도, 충청북도, 충청남도, 강원도, 경기도, 황해도, 평안남도, 평안북도, 함경남도, 함경북도이다.

7) 미군정은 제주도를 전라남도에서 분리해 도로 승격시킨 것 외에 서울시를 경기도의 관할에서 분리하여 도와 동등한 지위로 승격시키고 서울특별시로 개칭하였다. 또한 도회·부회·읍회·

2일 공포)를 공포하여 제주도(島)를 전라남도에서 분리하여 도(道)로 승격시켜 남한은 9개의 도(道)가 되었다. 2006년 7월 1일 노무현 대통령은 제주도를 제주특별자치도로 변경하여 자치와 분권의 상징으로 만들기 위한 노력을 보여주었다. 제주특별자치도는 시·군을 폐지하고, 도(道)안에 자치단체가 아닌 행정시(제주시와 서귀포시)를 두며, 시장은 도지사가 임명하는 것으로 한다. 행정시에 읍·면·동을 두고 읍·면·동에 주민자치센터를 설치해 행정과 주민의 소통관계를 원활하게 하도록 한다. 또한 제주특별자치도 안에 있는 국가 특별지방행정기관 중 국토관리, 중소기업, 해양수산, 보훈, 환경 및 노동사무를 담당하는 기관을 통폐합하여 도에 이관하며, 그 외 기관의 통폐합을 추진하였다. 제주특별자치도의 사례는 한국의 자치와 분권을 한 단계 격상시키는 계기로 작용 할 토대를 마련했다고 볼 수 있을 것이다. 따라서 현재 남한은 8도(道) 1특별자치도의 체제를 유지하고 있다. 현재 도(道)는 교통·환경 등의 광역적 행정수요를 처리함으로써 광역자치단체로서의 위상을 확보하고 있다(조성호·송상훈 외, 2012: 1).

2) 일반 실태

〈표 1〉을 보면 2016년 2월 현재 8도 및 1특별자치도의 체제를 갖춘 우리나라의 도(道)는 첫째, 면적은 경상북도가 가장 넓으며, 다음으로 강원도, 그리고 제주특별자치도가 가장 작음을 알 수 있다. 둘째, 인구는 경기도가 가장 많고, 다음으로 경상남도이고, 반면, 제주특별자치도가 가장 적음을 알 수 있다. 셋째, 재정규모 및 GRDP는 경기도가 가장 많고, 제주특별자치도가 가장 적음을 알 수 있다. 넷째, 제주특별자치도를 제외한 시의 규모를 보면 경기도는 대도시를 포함해서 29개로 가장 많음을 알 수 있으며, 반면 전라남도는 5개의 시를 갖고 있다. 강원도와 전라남도는 인구 50만 이상의 대도시를 갖고 있지 않음을 알 수 있다. 다섯째, 군의 규모를 보면 전라남도가 17개로 가장 많고, 반면 경기도는 3개로 가장 적음을 알 수 있다. 이것은 시의 규모와 반대로 나타난다. 이유는 전라남도는 농촌지역이 많기 때문이며, 반면 경기도는 도시화가 진행되어 농촌이 거의 남아

면협의회를 해산하였으며, 도지사와 부윤, 그리고 읍·면장이 집행기관과 의결기관의 기능을 겸하도록 하였다. 아울러 교육구와 교육위원회를 설치하였다.

있지 않기 때문이다. 여섯째, 특별지방행정기관의 지방청은 강원도가 가장 많고, 반면 충청북도와 제주특별자치도가 가장 적음을 알 수 있다. 이것은 강원도는 인구는 적고 면적이 넓기 때문에 특별지방행정기관의 지방청이 많을 수밖에 없다. 또한 특별행정기관 지방사무소 역시 강원도는 29개로 제일 많으며, 경상북도는 20개로 다음이고, 경상남도와 전라남도가 18개로 그 다음을 차지하고 있다.

┃ 표 1 ┃ 도의 일반적 현황

도별	인구 (천명)	면적 (㎢)	재정규모(억원)		GRDP(억원)		시 (대도시)	군	특별 지방청*등
			본청	시군 포함	시도별	1인당 (십만)			
경기	12,235	10,173	148,065	29,4192	3,132,433	259	28(9)	3	5(14)
강원	1,542	16,826	37,393	77,646	347,900	231	7	11	6(29)
충북	1,573	7,407	33,336	63,250	467,353	299	3(1)	9	1(11)
충남	2,048	8,214	43,502	87,045	971,839	452	8(1)	7	2(11)
전북	1,873	8,067	44,431	85,111	422,528	234	6(1)	8	5(14)
전남	1,907	12,309	53,775	104,741	610,953	347	5	17	2(18)
경북	2,699	19,029	63,650	132,730	885,527	335	10(1)	13	2(20)
경남	3,334	10,538	60,870	123,212	1,010,159	310	8(2)	10	3(18)
제주	594	1,849	31,305	31,305	131,135	234	2(행정시)	0	1(1)
총계	27,805	94,412	516,327	999,232	7,979,827	2,701	75(15)	78	27(136)

자료: 대통령 소속 지방자치발전위원회, 2015, 내부자료.
* 9개 특행기관(보훈, 노동, 환경, 산림, 중기, 국도하천, 해양항만, 식의약품, 통계)의 지방청 소재지를 조사. ()은 지방사무소.
* 제주특별자치도는 행정시 2개를 갖고 있음.
※ 인구(2014 안전행정통계연보), 면적(2014 통계청), GRDP(2013 통계청).

3. 추진상황

1) 지방행정체제 개편추진위원회

이명박 정부의 지방행정체제 개편추진위원회는 다양한 기관 및 단체의 의견 수렴, 전문가 참여 토론회, 분과위, 그리고 본회의 논의 과정을 거쳐 도의 지위 및 기능개편 방안을 마련하였다. 기본 방향으로는 "도는 존치하되, 합리적 기능 재정립에 중점을 두고 도는 광역 행정기능, 시·군은 주민생활 기능 중심으로 개편"하기로 하였다.

이것을 좀 더 구체적으로 이야기 하면, 첫째, 도의 지위는 광역자치단체이면서 상급자치단체로서의 지위는 유지하되, 국가행정기관의 지위는 약화되는 방향으로 개편하는 것이다. 둘째, 중복사무의 최소화, 보충성의 원칙에 의한 국가-지방 간, 도-시·군 간 기능조정을 통해 국가사무의 7.7%를 지방(광역 3.1%, 기초 4.6%)으로 이양하고 또한 도 사무의 22.8%를 시·군에 이양하기로 하였다. 아울러 사무이양에 따라 인력 및 재원을 동시에 이관하기로 하였다(지방행정체제개편추진위원회, 2013).

2) 지방자치발전위원회

지방자치발전위원회는 (구)지방행정체제 개편추진위원회의 개편방안을 수정·보완하여 추진하기로 하였다. 소위원회 논의 및 전문가 자문 등을 거쳐 도의 지위 및 기능 재정립 방향(안)을 마련하여(2014년 3월), 이의 내용을 지방자치발전종합계획 수립(2014년 11월 24일)에 담아 국무회의 의결(2014년 12월 2일)을 거쳐 국회에 보고(2014년 12월 8일)하였다. 또한 지방자치발전종합계획에 근거한 시행계획을 수립(2015년 3월 20일)하였다(지방자치발전위원회, 2015).

이것의 세부 추진사항을 살펴보면 기본 방향으로는 국가사무의 지방이양, 교육·지방자치 통합 등과 연계하여 개편(안)을 마련하되, 단기적으로는 도 존치를 전제로 국가-지방, 도-시·군 간 기능 재정립 및 지위 조정을 하며, 장기적으로는 남북통일 등 미래대비 개편방안을 검토하기로 하였다. 첫째, 도의 지위는 기관위임사무 폐지, 그리고 공동사무의 폐지 등에 따라 도의 국가 행정기관으로서의 지위 및 상급자치단체로서의 지위는 원칙적으로 배제[8]된다. 이것은 국가와 도(道), 도와 시·군의 관계는 상하관계에서 사실상 대등한 동반자적 관계로 변화되는 것을 의미한다. 둘째, 도의 기능은 광역적 기능을 중심으로 사무를 수행하며, 반면, 시·군의 기능은 주민생활 밀접기능 중심으로 사무가 수행되는 것을 말한다. 단, 국가 통합적 기능[9]은 국가, 그리고 지역 통합적 기능은 도가 직접 수행한다.

〈표 2〉는 국가와 지방 간, 그리고 광역과 기초 간 이양확정 사무 수를 제시한 것이다.

┃ 표 2 ┃ 국가-지방 간, 광역-기초 간 이양확정 사무 수(2015년 8월 말 기준)

과제명		국가 → 지방			시·도 → 시·군			비고
		계	국가 → 시·도	국가 → 시·군	계	도→ 대도시	시·도 → 시·군·구	
1. 자치사무와 국가사무 구분체계정비		633	456	115	62		62	
2. 중앙권한 및 사무의 지방이양		2,122	1,378	480	264		264	
3. 특별지방행정기관 정비		89	64	25				
4. 대도시 특례	지방행정체제개편추진 위원회	62			62	62		2기 지속 추진
	지방자치 발전위원회	122			122	122		
5. 자치경찰제도 도입		제도 도입에 따른 세부 사무이양 미확정						
6. 교육자치와 지방자치의 연계·통합		연계·통합에 따른 세부 사무조정 미확정						
합계		3,028	1,898	620	510	184	326	

자료: 지방자치발전위원회(2015).

---

8) 다만, 법령 위반시 사후교정, 재난대응·분쟁조정 등을 위한 지도감독업무는 예외적으로 존치한다.
9) 국가 통합적 기능으로는 전국 통일 사무의 필요성 및 고도의 전문성이 요구될 때, 그리고 지역 통합적 기능은 광역성, 경제성, 효율성을 말한다.

4. 발전과제

　　도의 지위 및 기능 재정립을 위한 미래 바람직한 발전과제는 무엇인가? 매우 어려운 질문이다. 도의 지위 및 기능 재정립의 발전과제는 단기적으로는 도의 존치를 전제로 하면서 다른 과제, 즉, 자치사무와 국가사무의 구분체계정비, 중앙권한 및 사무의 지방이양, 특별지방행정기관정비, 대도시 특례제도, 자치경찰제도 도입, 그리고 교육자치와 지방자치의 연계·통합 등의 과제와 밀접하게 연결되어 있다. 이 말은 도의 존치를 전제로 연관된 과제의 진행상황이 어떻게 진행되고 있느냐에 따라 도의 지위 및 기능 재정립의 방향이 달라질 수 있다는 의미를 내포한다. 그런 이유로 도의 지위 및 기능 재정립이라는 과제는 박근혜 정부 지방자치발전위원회 20개 과제 중에서 미래과제, 즉, 장기과제로 분류되고 있다는 사실을 염두에 두면서 지위 및 기능이 재정립되어야 할 것이다.

1) 단기적 발전과제: 도의 존치를 전제

① 도의 지위

　　현재 도의 지위는 지방분권 및 지방행정체제개편에 관한 특별법 제21조,[10] 그리고 지방자치법 166조[11] 및 167조[12]에 근거하고 있다. 이런 근거로 도의 지위란 광역자치단체이면서 상급지방자치단체, 그리고 특별자치도(제주도)의 지위를 갖고 있다. 그런데 21세기 디지털 시대 저출산 및 고령화, 정치·경제·사회·문화

---

10) 특별법 21조 ①항 도(道)는 지방자치단체로서 존치하되, 위원회는 이 법에 따른 시·군의 통합 등과 관련하여 도의 지위 및 기능 재정립 등을 포함한 도의 개편방안을 마련하여야 한다. ②항 도의 지위 및 기능 재정립에 관하여는 따로 법률로 정한다.

11) 지방자치법 166조 ①항 중앙행정기관의 장이나 시·도지사는 지방자치단체의 사무에 관하여 조언 또는 권고하거나 지도할 수 있으며, 이를 위하여 필요하면 지방자치단체에 자료의 제출을 요구할 수 있다. ②항 국가나 시·도는 지방자치단체가 그 지방자치단체의 사무를 처리하는 데에 필요하다고 인정하면 재정지원이나 기술지원을 할 수 있다.

12) 지방자치법 167조 ①항 지방자치단체나 그 장이 위임받아 처리하는 국가사무에 관하여 시·도에서는 주무부장관의, 시·군 및 자치구에서는 1차로 시·도지사의, 2차로 주무부장관의 지도·감독을 받는다. ②항 시·군 및 자치구나 그 장이 위임받아 처리하는 시·도의 사무에 관하여는 시·도지사의 지도·감독을 받는다.

등 다양한 분야에서 글로벌 거버넌스를 통한 세계화, 다문화 가정의 증가, 그리고 과학기술 및 교통·통신의 발달 등의 영향으로 도의 지위는 새롭게 변화되어야 한다.

첫째, 도(道)가 광역자치단체이면서 상급지방자치단체의 근거가 되는 지방자치법 166조 ①항 및 167조 ①항과 ②항, 즉, 광역자치단체가 상급지방자치단체로서 시·군 및 자치구에 대해 가지고 있는 지도·감독의 권한과 지위를 어느 정도 내려놓아야 한다. 특히 자치와 분권의 확대라는 측면에서 도(道)는 지도·감독의 권한과 지위를 조정과 지원이라는 형태로 전환하여야 한다. 이런 맥락에서 지방자치법 166조 ①항 및 167조 ①항과 ②항의 지도·감독의 권한과 지위에 관한 내용의 개정이 필요하다.

둘째, 정치·경제·사회·문화 등 거버넌스가 확산되는 트렌드 속에서 도(道)의 상급지방자치단체로서의 지위 역시 장기적으로 변화될 수밖에 없다는 점을 염두에 두어야 한다. 그런데 상급지방자치단체로서의 도(道)의 지위는 시·군 간의 지원이나 조정이 필요한 환경, 도시, 교통, 경제, 혐오시설의 입지, 그리고 지역계획의 문제 등이 대두될 경우 광역행정을 해 나갈 수 있는 조정자로서의 역할과 기능으로 변화될 가능성이 클 것이다.

② 도의 기능 재정립

㉮ 방향과 원칙

도의 기능 재정립이란 사무구분 체계와 기준 및 기능배분의 원칙을 통해 도의 기능이 새롭게 부여되는 것을 말한다. 이런 맥락에서 첫째, 도의 기능 재정립 방향은 도의 지위와 연계해 검토되어야 할 문제일 뿐 아니라 지방분권 및 행정체제개편특별법에 의한 사무배분의 원칙(특별법 제9조), 권한이양 및 사무구분체계의 정비(특별법 제11조), 특별지방행정기관의 정비(특별법 제12조), 특별시 및 광역시 관할구역 안에 두고 있는 구와 군의 지위(특별법 제20조), 시·군·구의 개편(특별법 제22조), 통합 지방자치단체의 설치(특별법 제23조), 주민자치회의 설치·기능·구성(특별법 제27조, 제28조, 제29조), 대도시 사무특례(특별법 제40조, 제41조, 제42조, 제43조)에 근거하여 국가-도-시·군 간의 기능을 재정립해야 한다.

둘째, 도의 기능 재정립에는 기능중복을 최소화하면서 보충성을 유지하는 즉, 기능중복 최소화의 원칙과 보충성의 원칙이 지켜져야 한다. 예컨대, 국가-도의 관계에서는 고도의 기술적 전문성이나 전국적으로 통일되게 처리하는 사무를 제외하고 국가보다는 도(道)로 기능을 이양하는 것이 바람직하다는 원칙(기능중복 최소화)에서 기능이 재정립되어야 한다. 또한 도-시·군의 관계에서도 도(道) 단위의 광역성, 경제성, 그리고 효율성을 갖는 사무를 제외한 사무를 보충성의 원칙에 충실하게 즉, 주민 편리성과 대응성이라는 측면에서 도(道)보다는 시·군으로 기능을 가급적 이양해야 할 것이다.

㉯ 시행령으로 규정하는 지방자치단체 종류별 사무(기능)배분의 문제점과 개선방안(한국 지방행정연구원, 2012: 265)

첫째, 지방자치단체의 종류별로 관장하는 사무는 지역주민의 권리·의무와 직·간접적인 관계에 있기 때문에 이런 사무의 배분에 관한 사항을 국회에서 제정하는 법률의 규정사항으로 하지 않고 대통령령의 규정사항으로 하는 것은 많은 문제를 노정한다. 예컨대, 다른 개별 법률에서 이 시행령과 다르게 사무배분에 관하여 규정한다면 개별 법률의 사무배분에 관한 규정이 시행령보다 우선하는 효력을 가지게 되기 때문에 사무배분의 기본법으로서의 지방자치법 및 시행령이 실효성을 가지게 되지 못하는 문제점이 있을 수 있다. 일본에서는 도도부현과 시정촌이 처리할 수 있는 법적 수탁사무의 예시를 시행령이 아니라 지방자치법 별표에서 각 개별법의 근거에 따라 구체적으로 분류해서 상세하게 규정함으로써 명확성과 실효성을 확보하고 있다. 이런 맥락에서 우리 역시 지방자치단체 종류별 사무에 대한 사무(기능)배분 기준과 예시를 지방자치법 시행령이 아니라 지방자치법에 규정하여 사무(기능)배분 기준의 명확성과 실효성을 확보할 필요가 있다.

둘째, 사무(기능)이양과 재원이양의 연계성 부족하다. 이것은 사무이양이 1차적으로 권한배분 중심의 이양에 있고, 2차적으로 단위사무 중심으로 이양이 이루어지고 있다. 결국 사업과는 무관한 부분적 단위사무 중심의 권한이양이 이루어짐에 따라 중앙정부 입장에서는 재원이양의 여지가 많지 않다는 인식과 느낌을 갖고 있을 수 있다. 이런 문제를 해결하고 사무이양과 재원이양의 연계성을 강화하기 위해서는 적어도 단위 기능상의 이양 및 사무이양의 포괄성의 원칙이 지켜져야 실효성을 확보할 수 있을 것이다(지방행정체제개편추진위원회, 2012: 45).

2) 장기적 발전과제: 도의 존치와 무관

① 도의 지위: 광역시와 도의 통합

남·북한 간의 통일은 도(道)[13]의 지위 및 기능 재정립에 크나큰 영향을 줄 것이다. 멀지 않은 시기에 통일이 이루어진다고 가정하면 우리는 남·북통일 등 미래를 대비한 새로운 국가운영체제의 틀(framework) 속에서 지방행정체제의 개편을 폭넓게 생각해 봐야 할 것이다. 또한 남북한 간의 통일이 이루어지기 전이라도 국제경쟁력을 강화하기 위한 방안으로 광역시와 도의 통합을 통해 인구 500만 내외의 도(道)의 설립 필요성이 현 시점에서 검토되어야 할 대안이라 생각한다. 이것은 우리나라의 지방행정체제개편의 근본적인 변화뿐 아니라 수도권이 아닌 지방이 국가 발전의 모멘텀으로 작용할 수 있는 계기를 마련해 준다는 점에서 중앙-지방 간의 새로운 상생·협력의 관계, 즉, 동반자적 관계나 거버넌스를 확립하는 데 도움이 될 것이다. 이런 맥락에서 광역자치단체 간(광역시와 도)의 통합은 통일 이전과 이후 등 여러 가지 측면에서 여러 가지 함축적인 의미를 담고 있다 할 것이다.

② 기능 재정립

첫째, 저출산·고령화 및 복지수요의 증대로 도의 기능이 장기적으로 재정립되어야 한다. 저출산·고령화는 국가 생존이나 국가 경쟁력과 직접 연결되는 문제이다. 2017년부터 도래하는 생산가능인구[14] 감소는 출산율 저하(10년 간 1.1명-1.2명)와 함께 한국사회를 침체기로 몰아넣는 중요한 요인 중 하나이다. 또한 의료기술의 발달과 함께 인간의 삶의 질 향상은 고령인구의 증가로 이어지는 또 다른 문제를 야기한다. 저출산·고령화는 서울·경기·인천의 수도권이나 광역시보다 농·산·어촌, 즉, 지방에 부정적 영향을 줄 것은 자명한 일이다. 이런 맥락을 고려해 보면 장기적으로 도의 기능은 재정립 되어야 할 것이다.

---

13) 현재 남한은 8도(강원도, 충청남도, 충청북도, 경상남도, 경상북도, 전라남도, 전라북도, 제주특별자치도)체제를 유지하고 있으며, 반면 북한은 9도(강원도, 황해남도, 황해북도, 평안남도, 평안북도, 함경남도, 함경북도)체제를 유지하고 있다.

14) 생산가능인구는 경제활동을 할 수 있는 15세-64세의 인구로 2016년 3천 74명을 정점으로 2017년 3천 72만명으로 줄어든다. 생산가능인구의 감소는 이민정책의 장려로 메꾸어 나간다 할지라도 이것은 일시적 처방책이지 근본적인 대책은 아니다.

저출산·고령화가 가져오는 또 다른 요인은 복지수요의 증대이다. 생산가능인구가 줄어들면서 나타나는 고령화로 인한 복지수요의 증대는 지방자치발전의 근본적인 패러다임 전환을 요구한다. 이것은 현재까지 거의 겪어보지 못했던 지방자치발전의 양적·질적 변화에 우리가 어떻게 대응해야 하는가에 대한 본질적인 질문을 던져준다. 이런 맥락에서 고령화 문제를 해결하기 위해서는 도의 기능이 새롭게 재정립되어야 할 것이다.

둘째, 새로운 기술 발달 및 세계화로 인해 도의 기능이 새롭게 변화되어야 할 것이다. 새로운 기술의 발달 및 세계화는 시·공간의 영역을 압축시킬 뿐 아니라 도의 기능 재정립에도 큰 영향을 미칠 것이다. 우선 새로운 기술의 발달 및 세계화라는 외부 환경조건의 변화는 내적인 행정체제개편을 유도할 것이다. 내적인 행정체제개편 중에서도 도의 기능 재정립이라는 문제에 미치는 영향은 매우 클 것이다. 이런 맥락에서 새로운 기술의 발달 및 세계화는 장기적으로 도의 기능 재정립, 특히 사무배분의 방향과 원칙을 정하는 데 중요한 요인으로 작용할 것이다.

| 참고문헌 |

이한빈 (1969). 국가발전의 이론과 전략. 서울: 박영사.

조성호·송상훈 외 (2012). 도의 지위 및 기능 재정립에 관한 연구(연구보고서), 수원: 경기
　　개발연구원.

최창호·강형기 (2014). 지방자치학. 서울: 삼영사.

한국지방행정연구원 (2012). 도의 지위 및 기능 재정립 방안(연구보고서).

지방자치발전위원회 (2015). 내부자료.

지방행정체제 개편추진위원회 (2012). 행정계층별 기능분석 연구(연구보고서).

지방행정체제 개편추진위원회 (2013). 내부자료.

17

특별·광역시 자치구·군의
지위 및 기능 개편

권 오 철

1. 문제제기

대통령 소속 지방자치발전위원회가 2014년 12월 8일 '지방자치발전 종합계획'을 발표하면서 가장 쟁점이 된 주제 중의 하나가 특별시와 광역시의 기초자치단체 지위변경에 관한 것이었다. 이 주제의 배경은 자치구가 가지는 사무와 재정적 측면의 특성에 기인한다. 하나의 도시생활권을 형성하고 있는 특별시나 광역시에서 자치구의 행정적 역할과 주민서비스가 여타 기초자치단체 유형의 그것과 비교하여 상대적으로 편차를 가지고 있기 때문이다.

이러한 인식에 기반하여 제17대 국회의 지방행정체제 개편특별위원회에서 구체적 대안에 대한 논의가 진행되었고, 제18대 국회의 특위에서는 다수의 의원들에 의해 개편방안이 제시되었으며, 그 결과 특위에서 자치구의회 폐지 등 준자치구 전환을 합의하였다. 하지만 국회 내 논의과정에서 결국 최종법안에는 구의회 폐지조항 등이 삭제되고, 지방행정체제 개편추진위원회가 특별·광역시 자치구·군의 개편방안을 마련하도록 규정되었다.

이하에서는 특별시·광역시의 기초단체, 특히 자치구의 실태와 문제점을 살펴본 뒤, 지방자치발전위원회의 지방자치발전 종합계획을 중심으로 개편안 마련의 추진과정 및 주요 내용을 개관한다. 그리고 발전적 측면에서 향후 보완적으로 검토가 요구되는 과제들을 살펴보고자 한다.

2. 실태 및 문제점

특별시와 광역시에 속해 있는 자치구와 군은 2015년 12월 말을 기준으로 자치구 69개, 군 5개이다. 광역시에 포함된 군이 도에 포함된 여타의 군과 동일한 법적 지위를 갖는 반면, 1988년 지방자치법 개정을 통하여 법인격이 부여됨으로써, 기초자치단체가 된 자치구의 경우 기존 시·군과는 지위상 공통적 측면과 함께 일정 부분 차이를 갖고 있다.

자치구의 지위는 지방자치법 제2조 2항에서 "지방자치단체인 구(이하 "자치구"라 한다)는 특별시와 광역시의 관할 구역 안의 구만을 말하며, 자치구의 자치권의 범위는 법령으로 정하는 바에 따라 시·군과 다르게 할 수 있다"고 규정되어 있다. 여기서 두 가지 측면이 제시되어 있는데, 먼저 여타 시·군과의 공통적 측면으로 기초자치단체로서의 지위이다. 앞서 지적한 바와 같이 자치구는 공법상의 법인으로 독자적인 권리능력을 가지며, 자치단체의 운영을 위한 자치입법권, 자치인사권, 자치예산권, 자치과세권, 세외수입권 등의 권한을 가진다. 그러나 "자치구의 자치권의 범위는 법령으로 정하는 바에 따라 시·군과 다르게" 할 수 있도록 함으로써 여타의 시·군과는 차별적 지위를 아울러 가진다. 사무의 경우 도시운영의 종합성 측면에서 도로, 교통, 도시계획 등 44개 사무에 대하여 자치구가 아닌 특별시와 광역시에서 처리토록 되어 있는 점, 그리고 재원의 경우 지방세 세목중 시군세가 5종인 반면 구세는 2종인 점 등이 그 대표적인 예이다.

자치구의 문제점은 이상과 같은 차별적 지위, 즉 하나의 도시생활권으로 인하여 불가피하게 사무와 재정적 측면에서 특별시와 광역시 단위의 통합적 운영이 불가피하다고 하는, 단일의 자치단체로서 자치구가 가지는 역할상 한계에서 파생한다. 그 결과 현행 자치구 제도의 문제점 또한 크게 두 가지 측면에서 논의된다. 첫째, 도시생활체계가 자치구 단위로 분절화되어 도시경쟁력의 확보는 물론, 서비스의 제공에도 차이가 발생하게 된다는 것이다(심익섭, 2013). 자치구의 경우 대도시라는 동일생활권에서 주민의 일상이 행하여지고 있는 바, 불가피하게 현행 지방자치법도 자치구가 독자적으로 계획하고 처리하는 사무를 시·군과 비교하여 상대적으로 적게 제한하고 있는 것이다. 도시계획이나 교통체계, 상하수도체계, 대규모 공공시설의 설치 및 운영 등이 자치구의 경계단위가 아닌 전체 도시단위로 이루어지고, 주민 역시 거주지와 관계없이 편리하게 가까운 지역의 시설을 이용하기 때문이다. 실제로 생활권역을 보면 대도시내 자치구의 인위적인 분절화가 갖는 문제점을 바로 확인해 볼 수 있다. 예컨대 타 자치단체 간 통근·통학률의 전국 시·군 평균은 15% 내외이나, 광역시 자치구 평균은 50% 내외라는 점이다. 다시 말해 생활권의 다중 중복현상이 보편화되어 감에도 불구하고, 자치구라는 인위적 분절화로 인하여 자기 지역 주민이 아닌 사람에게 지역주민 세금으로 서비스 공급을 해야 하는 기이한 현상이 발생한다는 것이다(최영출, 2011).

둘째, 재정적 측면에서도 차이점을 살펴볼 수 있다. 자치구는 제한된 과세권과 가용재원의 부족으로 독자적인 사업수행이 곤란하다는 점이다. 앞서 지적한 바와 같이 시군세는 주민세·재산세·자동차세·지방소득세·담배소비세의 5종인 반면, 구세의 경우 등록면허세·재산세의 2종으로 재정수입원의 제한이 있으며, 가용재원 측면에서도 2012년을 기준으로 볼 때, 시·군은 총예산 대비 9.0%(약 361억)인 반면, 특별시 자치구는 5.6%(약 172억), 광역시의 자치구는 3.1%(약 69억)로 취약성을 보여주고 있다. 더욱이 이러한 가용재원의 취약성에도 불구하고 자치구 간 동일한 공공시설물의 설치 및 자치구 단위의 개별적 개발로 인하여 예산의 낭비를 초래하는 한편, 자치구간 재원격차로 인하여 동일한 도시 내 거주권자이면서도 차별적 서비스를 받고 있는 경우도 적지 않은 것이 현실이다. 예컨대 주민이 이용가능한 문화공간, 복지시설, 출산장려금 지급 등 다양한 부문에서 서비스 불균형이 발생하고 있다는 것이다. 이러한 이유로 학계는 물론, 정치권(제17대, 제18대 국회 지방행정체제개편 특위 활동) 등에서 활발한 개편논의가 전개되었고, 지방자치발전위원회는 이들 논의를 종합하여 2014년 12월 지방자치발전 종합계획 내 주요과제의 하나로 특별·광역시의 자치구·군에 대한 지위 및 기능개편안을 제시하였다.

3. 추진상황

제17·18대 국회의 특위는 앞서도 언급한 바와 같이 특별시·광역시의 자치구에 대한 법적지위 변경 논의를 하였으나 최종합의에 이르지 못하고 2010년 「지방행정체제개편 특별법」을 제정하면서 지방행정체제개편추진위원회가 특별·광역시의 자치구·군의 개편방안을 마련하도록 규정하였다.[1] 이후 2013년 지방행정체제개편특별위원회가 지방분권촉진위원회와 통합하여 지방자치발전위원회로 재탄생하면서 개편안은 지방자치발전위원회의 지방자치발전 종합계획 내 핵심과제의 하나로 제시되었다.[2] 개편안은 크게 자치구의 법적지위 변경에 대한 개편방안과 관련 보완조치로 구성되어 있다.[3]

1) 개편방안

개편의 기본방향은 크게 두 가지로 첫째는 특별·광역시 구·군에 의회를 두지 않는 법인격 없는 구·군으로 개편하되, 특별시 구와 광역시 구는 수도의 특수성과 상징성, 인구와 산업의 차이 등을 고려하여 차별적인 개편방안을 적용한다는 것이다. 둘째는 광역시의 군은 구와 동일한 지위를 부여하되, 다만 군의 경우 혜택은 종전대로 유지하여 개편에 따른 불이익을 방지한다는 것이다. 이와 같은 기본방향 하에 개편방안은 크게 특별시 자치구의 개편방안과 광역시 자치구·군의 개편방안으로 나누어 제시하고 있다.

---

1) 지방행정체제개편특별법 제9조 "개편위원회는 2012년 6월 30일까지 지방행정체제 개편에 관한 종합적인 기본계획을 대통령과 국회에 제출하여야 한다." 제13조 "특별시 및 광역시의 구와 군의 지위, 기능 등에 관한 개편방안을 기본계획에 포함하여 대통령과 국회에 보고하여야 한다."

2) 지방분권 및 지방행정체제개편에 관한 특별법 제20조 (특별시 및 광역시 관할구역 안에 두고 있는 구와 군의 지위 등) "위원회는 특별시 및 광역시의 관할구역 안에 두고 있는 구와 군의 지위, 기능 등에 관한 개편방안을 마련하여야 한다."

3) 개편방안과 관련조치에 대한 내용은 2014년 지방자치발전위원회가 발표한 '지방자치발전 종합계획'을 정리한 것이다.

(1) 특별시 자치구 개편방안

특별시의 자치구는 구청장은 직선하고, 구의회는 구성하지 않는「구청장 직선·의회 미구성」안으로 개편하되, 특별시장의 과도한 정치적 위상 강화와 권한 확대를 방지하기 위해 구청장 직선제는 유지하는 것으로 하고 있다. 이 경우 지방자치단체로서의 법인격이 없기 때문에 자치구가 아닌 구로서의 지위를 가진다. 수행기능적 측면에서 보면 국가 및 시의 사무를 위임 형태로 처리하는데, 지역경제, 도시개발, 주택 사무 등은 시에서 직접 수행하고, 일반행정, 보건복지 등 주민생활 사무는 구에서 처리하도록 하고 있다. 한편 재원적 측면에서 보면 독자적 조세권은 부여하지 않고, 기존 자치구세는 시세로 전환하되, 일정 수준의 구청장 재량재원을 보장하고 있다.

(2) 광역시 자치구·군 개편방안

광역시의 자치구·군 개편은 두 가지로 나누어 제시하고 있는데, 1순위 안은 시장이 구청장·군수를 임명하고, 의회를 미구성하는 안이다. 구체적으로 구청장·군수는 시장이 시의회의 인사청문회를 거쳐 임명하고, 구·군의회는 구성하지 않되, 군의 경우 지방세 감면 등 관련 혜택을 종전대로 유지하는 방안이다. 다음 사무와 재원은 앞서 특별시 자치구의 그것과 동일하지만, 재량재원은 보장하지 않는 것으로 안을 제시하고 있다. 한편 2순위 안은 특별시 개편안과 동일하게 적

┃표 1┃ 지방자치발전위원회의 특별시·광역시 자치구·군의 개편방안

구 분	특별시 자치구	광역시 자치구·군	
		1순위	2순위
지위	구청장 직선, 의회 미구성	구청장·군수 임명, 의회 미구성	구청장 직선, 의회 미구성
기능	국가 및 시의 사무를 위임형태 처리	국가 및 시의 사무를 위임형태 처리	국가 및 시의 사무를 위임형태 처리
재원	과세권 미부여, 자치구세는 시세 전환, 구청장 재량재원 일정수준 보장	과세권 미부여, 자치구세는 시세 전환	과세권 미부여, 자치구세는 시세 전환, 구청장 재량재원 일정수준 보장

출처: 지방자치발전위원회(2014). 지방자치발전 종합계획.

용하는 방안을 제시하고 있다.

(3) 외국사례

참고로 외국의 경우 수도인 런던과 도쿄는 수도 자체에 대한 특권적 지위는 인정하여 자치구를 설치하고 있으나, 수도를 제외한 기타 대도시에서 우리나라의 광역시처럼 하나의 도시 내에 법인격이 있는 자치구를 운영하는 사례는 없다. 프랑스 파리, 독일 베를린 등과 같은 일부 대도시의 경우 구의회를 구성하고 있으나 자치입법권, 자치재정권 등이 인정되지 않으므로 자치구로 보기 어렵다고 할 수 있다. 이처럼 자치구나 행정구와는 달리 중간적 성격을 갖는 구를 준자치단체라는 개념으로 설명하기도 한다(하혜수·최영출·홍준현, 2010).[4]

┃표 2┃ 해외 대도시의 구 운영 사례

구분	한국(서울)	미국(뉴욕)	프랑스(파리)	독일(베를린)	영국(런던)	일본(도쿄)
인구	1036만명	818만명	217만명	343만명	762만명	897만명
면적	605㎢	1214㎢	105㎢	892㎢	1577㎢	622㎢
시 지위	구의 사무 일부를 직접 처리하는 광역자치단체	5개 카운티로 구성된 광역 지자체	중간지자체 (데파르망)와 기초지자체 (꼼뮨)의 지위 공유	도시주로서, 주와 광역, 기초지자체의 지위를 모두 공유	공공교통, 지역 계획, 경찰, 소방 등 광역행정을 기획·조정하는 광역자치단체	구의 사무 일부를 직접 처리하는 광역자치단체
구 지위	지방자치단체	준지방자치단체	준지방자치단체	준지방자치단체	지방자치단체	지방자치단체
구 자치권 (입법권·예산권)	있음	없음	없음	없음	있음	있음
구 기관 선출방법 • 구청장 • 구의회	• 구청장 직선 • 구의회 직선	• 구청장 직선 • 구의회 없음 (시의원이 해당 구역 구정협의회 위원 겸직)	• 구청장은 구의원 중 선출 • 구의회 직선 (구의원 중 일부가 시의원 겸직) ※ 유사도시: 리옹 마르세유	• 구청장은 구의원 중 선출 • 구의회 직선 ※ 유사 도시 : 브레멘, 함부르크	• 구청장은 의원 중 (29) 혹은 직선(3) 선출 • 구의회 직선	• 구청장 직선 • 구의회 직선
구의 수	25구	5구	20구	12구	1시 32구	23구

출처: 하혜수·최영출·홍준현(2010)의 표와 내용을 재구성.

---

4) 하혜수·최영출·홍준현(2010)은 준자치단체란 개념을 사용하면서, 이를 주민대표(자치단체장) 선출 등을 통해 자치단체에 준하는 기능을 수행하나 조례제정권·예산심의권 등을 가진 지방의회가 구성되지 않아 공법인의 지위를 획득하지 못한 단체를 의미하는 것으로 규정하고 있다.

2) 관련조치

지방자치발전위원회는 특별·광역시 자치구·군 개편방안에 대한 보완적 조치의 과제를 크게 특별시와 광역시에 공통적으로 검토될 사항과 특별시, 광역시 각각의 보완사항으로 나누어 제시하고 있다.

(1) 특별·광역시 개편안의 공통적 보완사항

공통적 보완조치로는 주민대표성의 문제, 시장권한의 견제문제, 특별·광역시와 구·군간의 위임사무 범위 등의 정립 문제가 포함되어 있다. 첫째, 주민대표성의 보완을 위해서는 우선적으로 특별·광역시 의회제도 개선이 필요한데, 이를 위하여 시의원 증원 규모 및 방법의 구체화, 시의회 내부에 (가칭)지역위원회를 설치하는 것 등을 주요 내용으로 하고 있다. 이는 특히 특별·광역시 하부기관의 자치권이 축소됨에 따라 특별시장과 광역시장의 권한이 비대해질 가능성이 있으므로 집권적인 행정에 대한 견제장치의 마련이라는 점에서, 그리고 구의회 미구성시 야기될 수 있는 주민대표성의 약화문제를 보완할 필요에서 제기된 것이다. 때문에 주민대표성의 확대 등을 감안하여 현행 시의원의 수를 증원하고, 구별 지역위원회를 설치하여 이들이 기존 구의회 역할의 일부를 담당하는 한편, 구정협의회의 구성원이 되어 시의회와 구정협의회의 연결기능을 수행하도록 하는 것 등에 대하여 구체적인 방안을 검토 중에 있다.5) 또한 지방자치발전 종합계획의 주요 과제중 하나인 주민자치회의 우선 적용 역시 주민대표성을 보완하는 방안이 될 수 있다는 점에서 연계·검토되고 있다.

둘째, 시장권한의 견제에 대한 보완조치이다. 이를 위하여 우선 검토되고 있는 방안이 현재 제주특별자치도에서 도입하고 있는 것과 같은 독립적 감사위원회의 설치·운영이다. 물론 이 경우 새로운 행정체제에 따른 감사위원회의 기

---

5) 구정협의회는 구의회 부재에 대응하여 구청장의 업무처리에 대한 자문, 구정현안 및 지역 주민관련 특별·광역시의회에 대한 의견제시 등 정책 추진을 심의하고 지역의 의견을 수렴하여 주민과 특별·광역시의회의 연계역할을 할 수 있다는 점에서 필요성이 제기된다. 참고로 뉴욕시의 구정협의회를 보면 구청장, 해당 구역의 시의원, 해당 구역 내의 지역위원회(Community Board) 의장 등으로 구성되며, 구청장이 구정협의회의 의장이 된다. 구정협의회는 최소한 1개월 1회 회의를 개최하여야 하며, 그 결과를 시의회와 관계 부서에 제출하도록 하고 있다.

능 및 역할 정립, 구성 등에 대한 구체화 작업이 필요할 것이다. 나아가 선출직 회계감사관제도의 도입방안 역시 장기적인 측면에서 주요 방안으로 검토되고 있다.

셋째, 특별·광역시와 구·군 간 위임사무 범위 등의 정립이다. 이를 위해서는 구청장·군수의 인사·조직권 범위를 구체화함은 물론 구·군에 대한 위임사무 표준안도 명확히 제시될 필요가 있다는 점에서 방안이 검토되고 있다. 또한 특별·광역시와 구·군간 예산보전 기준·규모·절차 등에 대한 방안 역시 보완조치로 논의되고 있다.

(2) 특별시 구청장 직선제 보완

특별시 구청장을 직선할 경우 보완적 조치사항으로는 위임사무에 대한 조례발의 요구, 규칙 제·개정 요구 방식 및 절차의 마련, 예산편성 요구권의 세부 내용 및 처리절차 정립, 구청장에 대한 재량재원 범위 및 배분방안 마련, 시·구 협의회의 설치 및 운영방안 마련 등을 검토과제로 하고 있다.

(3) 광역시 구청장·군수 임명제 보완

광역시 구청장·군수 임명제에 대한 보완적 조치사항으로는 구청장 및 군수에 대한 인사청문회 도입과 함께 장기적으로 시의회 선출 또는 개방직 등의 구청장 선임방식 마련 등을 검토과제로 하고 있다.

4. 발전과제

다수의 전문가들로부터 특별·광역시의 자치구·군의 지위 및 기능개편이 지방행정체계 효율화의 관점에서 필요하다는 주장에도 불구하고, 논란의 중심이 되는 것은 효율성과 함께 지방자치의 핵심이 되는 또 다른 가치, 즉 민주성에 대한 우려 때문임은 주지의 사실이다. 이미 지방행정체제 개편추진위원회의 논의 당시부터 기초의회 당사자의 반대의견은 물론 전문가의 비판적 시각 역시 없지 않았다. 특별시의 구와 광역시의 구를 차별적으로 지위 부여하는 합리적 이유가 있는가, 헌법 제118조[6])에 비추어 자치단체라면 의회설치가 요구되며, 자치단체가 아니라면 구청장 직선을 왜 하는 것인가의 문제제기 등이 그것이다(강재호, 2012). 때문에 지방자치발전위원회의 심대평위원장 역시 지방자치발전 종합계획과 관련한 인터뷰에서 "서울과 6개 광역시의 자치구·군 개편은 하나의 대도시 중심 생활권 자치를 실현하기 위한 것이다 ... 다만 민주주의 후퇴에 대한 우려를 감안해 시의회 의원 증원, 구정협의회 설치 등의 보완방법을 마련 중이고 2017년까지 충분한 국민적 합의 과정을 거치도록 하겠다"고 언급하여 이 문제에 대하여 점진적이고 충분한 보완적 조치가 필요함을 지적한 바 있다(YTN, 2015). 특별·광역시의 자치구·군의 지위 및 기능개편에 대한 향후 발전과제 역시 이에 다름 아니다.

우선, 새로운 제도의 도입을 통하여 무엇을 얻고, 무엇을 잃게 될 것인가에 대한 다양한 관점에서의 고민이 필요하다. 앞서 논의된 효율성과 민주성의 문제는 차치하고라도, 제도의 존폐는 다양한 측면에서 영향을 미치게 된다. 일례로 제기될 수 있는 것이 주민의 대표성 측면과는 별개로 대도시에 있어 기초단위 지방 정치 훈련의 장이 상실된다는 것이다. 또한 구 단위에 의회를 두지 않고 시의회에서 그 역할을 대신할 경우 보완조치로 제기된 시의원 증원 역시 효율성의 가치를 살리는 적정수준의 증원규모는 어느 정도인지, 지역위원회를 두어 현재의 기초단위 의회역할을 할 경우 광역단위 의원역할과 기초단위 의원역할을 동시에 수행하여야 하는 새로운 형태의 지방의원이 가지는 부담은 적정한 것인지 등이 그러한 예가 될 것이다. 그만큼 다차원적인 검토가 요구되는 주제인 것이다.

또한 보완조치의 조속한 구체화가 필요하다. 민주성의 문제를 보완하기 위하여 제시하고 있는 시의원 증원, (가칭)지역위원회 설치, 구정협의회 운영, 주민자치회 우선 적용, 독립적 감사위원회 설치 등 다양한 검토과제는 국민의 공감대를 이끌어내는 사전장치이기도 하다. 때문에 지방자치발전위원회가 검토하고 있는 보완조치는 위의 국민적 합의과정 노력에 선행하여, 적어도 동시적으로 조속히 구체적 내용이 제시되어야 할 과제이다.

---

6) 대한민국헌법 제118조 ① 지방자치단체에 의회를 둔다. ②지방의회의 조직·권한·의원선거와 지방자치단체의 장의 선임방법 기타 지방자치단체의 조직과 운영에 관한 사항은 법률로 정한다.

| 참고문헌 |

강재호 (2012). 차별적이고 위헌적인 지방행정체제개편안, 국제신문 기고문, 2012. 4. 24.

심익섭 (2013). 지방자치 선거제도 개선의 바람직한 방향", 한국행정연구원 지방자치제도개
    선 기획세미나 발표논문, 2013. 1. 23.

지방자치발전위원회 (2014). 지방자치발전 종합계획.

지방자치발전위원회 (2014). 특별·광역시 자치구·군 개편 후속조치방안 연구.

지방행정체제개편추진위원회 (2011). 특별·광역시 자치구 및 군 개편방안 마련을 위한 토
    론회 자료.

최영출 (2011). "광역시 자치구의 지위·기능 재검토할 때", 서울신문 기고문, 2011. 11. 15.

하혜수·최영출·홍준현 (2010). 준지방자치단체의 개념과 적용가능성 연구. 한국지방자치학
    회보, 22(3).

YTN (2015). "지방자치발전 8대 과제 법제화돼야, 심대평 지방자치발전위원장 강조", 리더
    스 인터뷰 기사, 2015. 3. 16.

연합뉴스 (2014). "광역시 기초의회 폐지추진, 찬반논란 입법난항 예상", 2014. 12. 8.

18

국가와 지방자치단체의
협력체제 정립

박 동 수

1. 문제의 제기

지방자치는 국가와 지방자치단체 간의 수직적 관계에서 국가가 지방자치단
체에게 권한과 사무, 재원을 어떻게 배분해 주는가 하는 정부 간 관계의 설정에
서부터 출발한다. 그리고 국가발전을 위해서는 중앙과 지방이 상호의존성을 가
지고 수평적 관계 속에서 정부 간 관계가 협력적으로 이루어져야 한다. 중앙과
지방 간의 협조적인 행동들은 어떤 공동의 문제나 혹은 주어진 목적들을 서로
win-win하는 상황에서 이루어 낼 수가 있다(Bowman, 2007).

따라서 중앙과 지방의 관계는 국가발전에 매우 중요하며, 특히 협력적 관계
는 더욱 필요하다. 그럼에도 불구하고 우리나라는 아직까지 중앙과 지방간의 협
력기구가 제대로 구축되어 있지 않다.

정부간 관계이론으로 유명한 D.Wright는 실제 정부 간 관계를 가장 잘 나타
내는 것은 상호의존모형(Overlapping-Authority Model)이라고 하면서 상호의존모형은
국가의 중요한 영역에서 국가, 주, 자치단체가 동시에 참여하는 것이라고 하고

있다(wright, 1988). D. Wright의 설명에 의하면 정부 간 관계에서는 각 정부단위들 간의 협력이 필요하다는 것을 알 수 있다.

W. Anderson은 정부 간 관계(IGR: Intergovernmental Relations)를 모든 유형과 수준의 정부단위들 사이에서 일어나는 상호작용이라고 하고 있다(Anderson, 1960; Wright, 1988). 이 역시 정부 간 협력의 필요성을 강조하고 있는 것을 알 수 있다.

김병준교수는 정부 간 관계는 한 국가 내에서 중앙정부와 일정 수준의 자율성을 지닌 단일 또는 복수계층의 지방정부들 간에 형성되어 있는 관계를 의미하는 것이며 이런 관계 속에는 정치적 관계와 권력적 관계, 기능적 관계, 재정적 관계가 포함될 수 있다고 하면서 정부 간 관계는 상호협력적 상호의존적 관계로 발전시켜 나가야 한다고 하고 있다(김병준, 2009: 564-5).

이런 점에서 중앙과 지방의 관계는 그 핵심이 상호작용에 있다고 봐야 한다(박동수, 2002). 따라서 중앙정부와 지방정부의 관계를 보다 새로운 패러다임에서 찾는 것이 필요하며, 중앙정부는 지방정부에 대한 수직적 관계가 아니라 상호의존적인 관계를 존중하는 것이 무엇보다 필요하다(한형서, 2002). 이와 같은 맥락에서 국가발전을 위해서는 상호의존적이며 협력적인 중앙과 지방 간 협력체제를 정립해 나가야 할 필요성이 제기된다고 할 수 있다.

2. 중앙과 지방 간의 협력체제 실태분석

중앙과 지방 간의 협력체제는 나라에 따라서 다르다. 여기서는 우리나라의 중앙-지방간 협력회의 설치안을 마련하는 과정에서 깊게 영향을 미치고 있는 일본의 국가와 지방자치단체 간 협의의 장(場)사례와 현재 우리나라 중앙-지방 간 협력제도와 행정조정협의위원회, 지방 4단체협의회에 대해서 그 실태를 분석하려고 한다.

1) 일본의 국가와 지방자치단체 간 협의의 장(이민호 외, 2014).

(1) 설치과정

일본은 1999년 말 지방분권일괄법의 제정에 따라 기관위임사무를 완전히 폐지해 지방에 대한 중앙의 관여를 축소하였다. 이로 인하여 지방정부의 자기결정권이 크게 확대됨으로써 중앙과 지방정부 간의 관계가 대등하고 자율적인 관계로 변화되었다. 그러나 사무배분에 대응하는 충분한 재정권한이 배분되지 않아서 정부 간 갈등과 비효율 문제가 심각하게 대두되었으며(권영주, 2008), 이에 따라 일본의 지방분권개혁추진위원회는 제3차 권고(2009. 10. 7.)를 통해서 중앙-지방 간 협의체로서 국가와 지방의 협의의 장에 대한 법제화를 권고하였다.

2009년 12월 법안 마련을 위한 중앙-지방 실무검토협의체가 구성되었으며, 2011년 5월 3일, 국가와 지방자치단체 간 협의의 장에 관한 법률이 제정되었다(이민호 외, 2014: 130-2). 협의의 場(장)은 중앙정부(국가)와 지방이 대등한 입장에서 상호 의견을 교환하는 기회의 장소, 즉 협의하는 것을 법으로 정한 것으로 회의를 통한 공동결정의 장을 의미하며, 과거에는 존재하지 않았던 획기적인 것으로 글자 그대로 국가와 지방이 상하, 주종의 관계에서 평등의 관계로 된 것을 구체적으로 법률에 담은 것이라고 볼 수 있다(심재승, 2015: 235-6).

(2) 협의의 장의 구성

협의의 장의 구성원은 내각관방장관, 개혁에 관한 특명담당대신, 총무대신, 재무대신, 이외에 총리가 지명하는 1인의 대신, 지방 6단체 전국연합회 대표 6명(전국지사회, 전국도도부현의장회, 전국시장회, 전국시의회의장회, 전국정촌회, 전국정촌의회의장회 대표)등 총 11명이다(허훈 외, 2015: 15-6). 그리고 그 외에 임시위원으로 총리가 지정하는 관계 대신, 지방 6단체 대표가 지정하는 지방자치단체장 또는 의회 의원 등이 참여할 수 있다. 총리는 공식적으로는 이 협의체의 구성원이 아니지만 자유로운 출석과 발언권을 가지고 소집권을 가진다. 의장은 총리가 지명하며 부의장은 지방 6단체 대표 중에서 호선한다.

이와 같이 협의의 장의 구성원은 중앙정부 관계자에 비해서 지방정부 관계자들의 숫자도 많고 대표하는 단체의 다양성도 높다.

(3) 협의의 장의 운영

이 협의의 장에서는 지방자치에 영향을 미치는 국가정책의 기획·입안·실시에 관해서 관계 대신들과 지방 6단체의 대표자가 사전에 협의를 하면서 국가정책을 효율적으로 추진해 나가고 있으며, 국가와 지방자치단체의 역할분담에 관한 사항과 지방자치에 영향을 미친다고 판단되는 국가정책에 관해서도 광범위한 협의를 한다(주재복, 2013: 47-50). 구체적으로는 첫째, 중앙과 지방공공단체의 역할분담에 관한 사항, 둘째, 지방행정·지방재정·지방세제와 그 외 지방자치에 관한 사항, 셋째, 경제재정정책, 사회보장에 관한 정책, 교육에 관한 정책, 사회자본정비에 관한 정책과 그 외에 중앙정부 정책사항 가운데 지방자치에 영향을 미칠 것으로 생각되는 정책을 대상으로 협의하는 것으로 규정되어 있다. 협의의 장은 매년 정기회의 4회, 임시회의는 수시로 열리게 되는데(주재복, 2013: 47-50) 이런 국가와 지방의 협의의 장 운영을 통해 지방자치단체는 중앙정부와 상호협력적이고도 대등한 지위를 확보할 수 있게 되었다(허훈 외, 2015: 15-6).

일본의 국가와 지방자치단체 간 협의의 장은 총리가 매년 정기적으로 혹은 임의적으로 소집하며, 협의체의 운영 활성화를 위해 분과회를 구성하고, 협의체의 운영경비는 정부 혹은 지방단체 전국연합조직의 부담으로 충당한다. 협의체 의장은 본 협의체의 원활한 운영을 위해 관계행정기관장이나 지방공공단체장, 의회 의장 등에 대한 자료제출 요구권도 갖고 있으며, 협의체의 협의 결과는 국회에 제출되어 보고되며, 협의체에 참석한 구성원들은 협의 결과를 존중할 의무를 가짐으로써 협의체 협의 결과가 구속력을 가지도록 규정하고 있다(주재복, 2013: 47-50). 회의 개최와 협의사항에 대해 살펴보면, 2011년 6월 13일 회의를 시작으로 2013년 12월까지 총 15회의 회의가 개최되었으며, 15회 중 총리는 11회 참석하였다. 2011년 6월 13일에 개최된 제1차 정기회의에서는 사회보장 및 조세제도 개혁, 동일본 재해대책 등에 대한 협의가 이루어졌다. 전반적으로 정기회의를 통해 국가 예산안 편성 및 재정운영, 사회보장 및 조세제도 개혁, 경제대책 등 일반적인 사안에 대한 협의가 진행되는 것에 비해, 임시회의를 통해서는 구체적인 제도개선 안건 및 정책사안에 대한 협의가 진행되었다. 회의가 설치된 2011년에

정기회의 및 임시회의를 포함해 7차례의 회의가 개최되었던 것에 비해, 2012년과 2013년에는 4차례의 회의개최에 그쳤으며, 임시회의의 개최 빈도가 현격히 줄어들었다.

2) 우리나라의 협력제도

(1) 중앙과 지방 간 참여를 통한 협력제도

중앙정부와 지방자치단체 간의 참여를 통한 협력제도로는 ① 지방자치단체 또는 그 연합체의 청원서 제출, ② 정부 각 부처의 법령 제·개정안에 대한 지방자치단체의 의견제출·협의, ③ 행정부시장·부지사 회의, ④ 지방의회의 의견 제출 등이 있다(〈표 1〉 참조).

┃표 1┃ 중앙과 지방 간 협력제도의 주요 내용

협력제도	주요 내용
지방자치단체 또는 그 연합체의 청원서 제출	• 국회의 각종 위원회는 중요한 안건 또는 전문지식을 요하는 안건을 심사하기 위하여 이해관계자 또는 학식과 경험이 있는 자를 공술인 등으로 참여시키고 국회의원의 소개로 청원서 제출
정부 각 부처의 법령 제·개정안에 대한 지방자치단체의 의견제출·협의	• 정부의 각 부처는 지방자치단체와 관련된 법령의 제·개정 시 동 법령안을 행정자치부의 협조를 받아서 지방자치단체에 보내 지방자치단체의 의견을 조회하고 지방자치단체는 그 의견을 중앙정부의 각 부처 또는 행정자치부에 제출할 수 있음 • 국토건설종합계획법, 도시계획법, 도시공원법 등에서 국가가 특정한 지방자치 단체의 권한사항과 관련이 있는 경우에 지방자치단체나 그 장과 협의하도록 하고 있음
행정부시장·부지사 회의	• 중앙정부와 지방자치단체 간의 현안 정책과제 등에 대한 토론과 협의, 평가, 모범사례에 대한 설명 등으로 운영되고 있으며, 또한 정부의 각 부처는 자기 소관 부처의 정책안에 대하여 설명하고 협의하며 이 과정에서 지방자치단체의 의견을 제시
지방의회의 의견 제출	• 지방자치단체를 폐치·분합하거나 그 명칭 또는 구역을 변경할 때에는 법률로 정하되 관계 지역 지방자치단체 의회의 의견을 들어야 하고, 시를 설치하고자 할 때에도 그 지역을 관할하는 도의회의 의견을 들어야 하며, 도시기본계획의 수립·변경 및 도시계획을 결정·변경할 때에도 사전에 관련 지방의회의 의견을 제출 받음

자료: 주재복(2013: 30) 재인용.

이런 협력제도들은 적극적으로 중앙과 지방이 함께 참여해서 협력적으로 어떤 것을 결정하고 해결해 나가는 것이 아니라 지방차원에서 단순히 중앙정부에 대해서 청원서나 의견서를 제출하거나 절차상 의견을 제시하는 데 그치고, 협의도 중앙정부가 주체가 되고 지방자치단체는 객체가 되어 이루어지기 때문에 대등한 관계에서 협의가 이루어지지는 않는다고 볼 수 있다.

(2) 행정협의조정위원회[1]

중앙행정기관의 장과 지방자치단체의 장이 사무를 처리할 때 의견을 달리하는 경우 이를 협의·조정하기 위하여 국무총리 소속으로 위원회를 둔다. 이 위원회는 위원장 1명을 포함하여 13인 이내의 위원으로 구성한다.

위원은 ① 기획재정부장관, 행자부장관, 국무조정실장, 법제처장 ② 안건과 관련된 중앙행정기관의 장과 시·도지사 중 위원장이 지명하는 사람 ③ 지방자치에 관한 학식과 경험이 풍부한 사람 중에서 국무총리가 위촉하는 4명으로 구성한다.

행정협의조정위원회는 사무를 처리할 때 의견을 달리하는 경우에만 협의·조정을 하기 때문에 중앙-지방 간의 광범한 협력이 이루어지지는 않는 제도이다.

(3) 지방4단체 협의회[2]

전국 시·도지사, 시·도의장, 시·군·자치구의 장, 시·군·자치구의회 의장 협의회는 상호간 교류와 협력, 공동의 문제를 협의하기 위해서 결성된 지방자치단체 간 협력단체나 지방자치에 영향을 미치는 법령 등에 관한 의견을 행정자치부장관에게 제출할 수 있게 되어있다. 행정자치부장관은 제출된 의견을 관계 중앙행정기관장에게 통보하여야 하며, 통보받은 중앙행정기관장은 2개월 이내에 타당성을 검토하여 행정자치부장관과 관련 지방4단체에 통보하여야 한다. 중앙행정기관장은 타당성이 인정되면 관계법령에 그 내용이 반영될 수 있도록 적극 협력하여야 하고, 타당성이 없다고 인정하면 구체적 사유 및 내용을 명시하여 통보하게 되어있다.

---

1) 지방자치법 제168조.
2) 지방자치법 제165조.

또 지방4단체는 지방자치와 관련된 법률의 제정, 개정, 또는 폐지가 필요하다고 인정하는 경우 국회에 서면으로 의견을 제출할 수 있게 되어있다. 그럼에도 불구하고 중앙행정기관장에게 전적으로 타당성 검토가 주어져 있기 때문에 그 실현은 중앙정부의 의지에 달려있게 되고 국회에도 의견을 제시할 수 있지만 구속력이 전혀 없기 때문에 형식에 그치고 있다.

이와 같이 우리나라는 중앙―지방 간에서 지방자치단체가 국정에 참여하는 실질적인 보장이 없고, 그 제도화도 미미한 수준이며, 그나마 있는 참여제도도 형식적인 보장에 불과한 실정이다(주재복, 2013: 47-50).

3. 추진상황

중앙―지방협력회의 설치안은 지방자치발전 종합계획에 포함된 지방자치발전위원회 안이 있고, 의원입법으로 발의된 이철우 안과 김민기 안 그리고 전국시·도지사협의회가 제시하는 안, 전국시장·군수·구청장협의회가 제안하고 있는 안이 있다.

1) 지방자치발전위원회 안

중앙―지방 협력회의는 박근혜 정부의 140대 국정과제 중 105번인 지방분권 강화 및 시민사회·지역공동체 활성화에서 중앙―지방 간 협력체계 구축에 대한 내용이 포함되는 협의기구이다.[3]

이런 기조 위에서 대통령소속 지방자치발전위원회는 2014년 12월에 수립된 지방자치발전 종합계획에 중앙―지방협력회의 설치를 포함시켰다. 그러나 아직까지 법제화가 이루어지지는 않은 상황이다.

지방자치발전위원회는 지방분권 및 행정체제개편에 관한 특별법 제17조 1항의 국가는 지방자치단체와의 상호협력관계를 공고히 하기 위하여 협의체의 운영을 적극 지원하여야 하며, 협의체와 관련 지방자치단체의 의견이 국정에 적극 반

---

3) 전국시구청장협의회, 보도자료(2015. 7. 10.).

영될 수 있도록 한다는 규정에 따라 지방자치발전계획에 중앙－지방협력회의 설치를 포함시켰다.

　그 내용은 명칭은 중앙－지방협력회의로 하고, 의장은 국무총리, 부의장 2명은 행정자치부장관, 전국시·도지사협의회장으로 하며, 구성원은 중앙에서 국무총리, 기획재정부장관, 행정자치부장관 3명, 지방에서 시·도지사 17명으로 하며, 협력회의에서는 지방분권정책 추진에 관한 사항, 지방자치단체에 중대한 영향을 미치는 법령, 정책의 변경 및 시행에 관한 사항 등을 심의하는 것으로 되어있다.

　이런 중앙－지방협력회의의 설치방안을 수립하여 지방자치발전 종합계획에 포함시키기까지 지방자치발전위원회는 정부부처, 지자체, 간담회 의견 등을 수렴하는 절차를 밟았다. 그런 과정에서 〈표 2〉와 같이 여러 의견들이 제기 되었다. 그중 하나는 보류하자는 의견이었다. 이에 대해서는 중앙－지방협력회의 설치는 국정과제이며 국회에 의원입법이 발의되어 있고, 그간 행정자치부, 전국 시·도지사협의회, 국회 등과 지속적으로 협의해 온 사안인 데다가 지방이 참여하여 지방자치에 관해 포괄적으로 논의하는 것이 지방자치의 실효성을 담보할 수 있다는 관점에서 협의체 설치가 필요하다고 봤기 때문에 받아들이지 않았다.

　두 번째는 의장을 대통령으로 격상하는 문제였다. 여기에 대해서는 일본(내각대신)이나 영국(부총리)의 경우에도 행정수반이 의장을 맡는 사례는 없으며, 대통령이 의장인 회의체는 대부분 헌법에 근거한 기구이고, 법률에 근거한 위원회 중 대통령이 의장인 경우는 민관위원회에 한정되며, 대통령은 국가 전체의 조정자인 점 등을 고려하여 위원회안 유지가 필요하다는 것으로 봤다.

　세 번째는 협의체 명칭을 국가－지방 협력회의로 변경하자는 의견이 있었으나 이에 대해서도 국정과제 및 이미 발의된 법안 모두 중앙－지방협력회의라는 명칭을 사용하고 있고, 국가는 중앙과 지방을 아우르는 상위의 개념이어서 지방과 대비되는 용어로는 중앙이 적절하다고 판단하여 원안대로 지방자치발전 종합계획에 포함시켰다.

| 표 2 | 중앙과 지방의 협력체제 정립에 대한 의견 및 검토 결과[4]

종합계획(안)	부처의견	지자체의견	간담회의견 (관계자, 전문가 등)
• 중앙-지방 협의체설치 운영방안(가칭,중앙-지방협력회의) – (구성)의장(국무총리), 부의장(행정자치부장관, 전국 시·도지사협의회장) * 중앙 3명(국무총리, 기획재정부,행정자치부장관) 지방17명(시·도지사)으로 구성 – (기능)지방분권정책 추진에 관한 사항, 지방자치단체에 중대한 영향을 미치는 법령. 정책의 변경 및 시행에 관한 사항 등 심의	〈기획재정부〉 • 중앙-지방협의체의 기능역할이 기존제도(위원회,협의체)와 중복 – (재정측면)지방재정부담심의 위원회(위원장: 총리), 재정정책자문회의 등 중앙과 지자체 간 협의 채널 기구축 – (정책측면)지방자치발전위원회와 중복 – 기존협의체의 내실 있는.운영 우선 추진이 바람직	(서울, 부산, 경기, 경북) • (의장)국무총리를 대통령으로 격상 (부의장)국무총리,전국시·도지사협의회의장 또는 전국시·도지사협의회장	(분권단체) • 의장은 대통령이 되고, 4대 협의체참여 요망 • 중앙-지방이라는 용어보다 국가-지방으로 변경 건의

자료: 지방자치발전위원회 내부자료.

2) 이철우의원 안과 전국시·도지사협의회 안

2012. 10. 21. 이철우의원이 대표발의한 중앙·지방 협력회의 설치에 관한 법률안은 첫째, 지방분권 정책을 효과적이고 효율적으로 추진하기 위하여 지방자치법 제165조의 2에 따라 대통령 소속으로 중앙·지방 협력회의를 구성하자는 것이며, 둘째, 협력회의는 대통령, 국무총리, 기획재정부장관, 행정자치부장관 및 전국시·도지사를 구성원으로 하고, 대통령을 의장으로 하며, 전국시·도지사협의회장을 부의장으로 하며, 셋째, 협력회의는 중앙행정기관과 지방자치단체 간 역할분담에 관한 사항, 중앙행정기관의 사무 및 특별지방행정기관의 지방이관에 관한 사항, 지방세제 및 지방재정에 관한 사항 등 지방자치단체에 중대한 영향을

---

4) 지방자치발전위원회, 지방자치발전종합계획(안)의 과제별 의견 및 검토결과, 2014. 8. 22.

미치는 사항을 심의하며, 넷째, 협력회의 안건은 의장과 부의장이 제안할 수 있고, 협력회의의 심의사항 및 결과는 국무회의에 통보하여야 하며, 다섯째, 협력회의의 원활한 의안심의를 위하여 실무협의회를 설치하자는 것으로 되어있다.

그리고 전국시·도지사협의회 안은 이철우 의원 안을 그대로 따라가고 있다. 전국시·도지사협의회 정책연구실장(김성호, 2012: 34-5)은 대통령 주재 전국시·도지사회의를 제도화 하여야 한다면서 그 내용은 이철우 의원 안과 같은 내용을 제시하였다.

3) 김민기의원 안과 전국시장·군수·구청장협의회 안

김민기 의원이 2015. 5. 12. 대표 발의한 안은 중앙-지방협력회에 전국시장·군수·구청장협의회 대표 등 지방4단체협의회 대표를 구성원으로 참여시키자는 내용이 중요한 사항이다. 다른 내용들은 이철우 안과 같다. 그리고 전국시장·군수·구청장협의회는 김민기 의원과 공동으로 국회에서 정책세미나를 개최하여 중앙-지방협력회의는 중앙과 지방4대 협의체로 구성되어야 한다면서 전국시장·군수·구청장협의회의 참여가 이루어져야 한다고 주장하였다.[5]

4. 발전과제

현재 지방자치발전위원회가 제시하고 있는 중앙-지방협력회의 설치안은 지금까지 우리나라에는 없었던 중앙-지방 간 협력기구 설치를 제안하면서 그 시작을 추구하고 있다는 점에서 큰 의미가 있다고 볼 수 있다. 그러나 향후 중앙과 지방간의 협력체제를 발전시켜 나가기 위해서는 여러 가지를 보완해 나가야 할 필요가 있다.

그런 점에서 이번 중앙-지방협력회의 설치안에는 기초자치단체의 장과 의회를 대표하는 대표가 구성원에 포함되어 있지 않은데 이들을 구성원에 포함시키는 것이 검토되어야 하리라고 본다. 중앙-지방협력회의를 설치하면서 지방의

---

5) 전국시장군수구청장 협의회 2015년 7월 10일 보도자료.

중요한 하나의 축인 기초자치단체를 완전히 배제하는 것은 무리가 아닐 수 없다. 아울러서 지방4단체 협의회는 전국연합체를 결성하여 거기에서 대표를 지정해서 중앙－지방협력회의에 구성원으로 참여하도록 하는 길을 갖추어 나갈 필요도 있다. 우리나라는 현재도 지방 4단체협의회가 전국연합체를 결성할 수 있게 되어 있지만 아직은 결성되어 있지 않다.6)

그리고 대통령을 의장으로 하지 않더라도 대통령에게 협력회의에 대한 참석·발언권에 더해서 소집권을 부여함으로써 협력회의에 대한 대통령의 책임성을 강화하는 것이 바람직할 것으로 본다. 사실 대통령은 행정부에서 국가의 전체의 유권자들로부터 선출된 유일한 공무원이기도 하기 때문에 자연스럽게 정부 간 관계의 여러 문제들에서 초점에 설 수밖에 없고 정부 간 관계에 대해서 관여를 피하기도 어려운 위치에 있기 때문이다(Richter, 1986).

그리고 더 적극적으로 중앙－지방 간 협력체제를 발전시켜 나가기 위해서는 지방자치가 중앙정부의 지도, 감독 아래서만 이루어지는 것이 아니라 기능적 자치행정관념에 입각하여 중앙과 지방 간의 협력적 관계에서 이루어진다는 점을 인식해서 이를 제도화 해나갈 필요가 있다(이규영, 2002: 10).

그러기 위해서 중앙－지방협력회의 설치근거를 지방자치법 165조의 2항을 신설하는 개정안보다는 지방자치법 9장의 국가의 지도·감독을 국가와 지방자치단체의 협력관계로 개편하고, 166조부터 172조까지의 조항을 중앙·지방 협력모델에 맞게 수정한 후 여기에 협력회의의 설치에 관한 근거조항을 두는 구상을 해야할 필요가 있으리라고 본다(허훈 외, 2015: 15-6).

또한 지방이 중앙과 대등한 관계에서 상호협력을 할 수 있도록 하기 위해서는 지방자치단체에게 자치입법권, 사무의 배분, 재정권한을 확대시켜 주어야 한다.

사실 우리나라처럼 2할 자치로는 지방이 중앙과 대등한 입장에서 상호협력을 하기는 어려울 수밖에 없다. 따라서 중앙과 지방의 수직적 관계에서 탈피하고 지방에게 자율성을 확대해 주는 것이 중앙－지방 간의 협력체제를 발전적으로 정립해 나가는 데 아주 중요하리라고 본다. 우리나라도 이제 세계에서 경제규모 11위라는 위상에 맞게 적어도 6：4의 지방자치를 실현해 나가면서 그 바탕 위에서 중앙－지방간의 협력체제를 발전시켜 나갈 필요가 있다(박동수, 2015: 125).

---

6) 지방자치법 제165조 제2항.

그리고 사무의 배분은 지방자치단체에게 전권한성(全權限性)과 보충성(補充性)의 원칙(原則)이 적용되도록 배분해 주어야 하고[7] 재정권한도 현재와 같이 중앙과 지방간의 배분이 8 : 2에 머물러서는 안 되며 적어도 6 : 4정도로 배분되어야 한다.

무엇보다 중앙－지방 간 협력 체제를 발전적으로 정립해 나가기 위해서는 협력회의가 단순히 구성원들이 참여하는 데 머무르게 해서는 안 될 것이다.

참여적 거버넌스(Participative Governance)를 넘어서 협력적 거버넌스(Collabora-tive Govrnance)가 확립되어 작동되도록 해나가야 할 필요가 있다.

그것은 참여적 거버넌스는 정책수립 및 실행에 있어서 정부기관, 이해 당사자 그리고 시민사회 모두의 참여에 기반한, 경계를 넘어선 타협의 형태를 의미하고(김문헌 외, 2005), 협력적 거버넌스는 참여로 유발된 다양한 행위자들의 관계가 협력으로 이어져야 함을 강조하고 있기 때문이다(은재호 외, 2009: 31).

---

7) 독일에서는 기초자치단체인 게마인데(Gemeinde)에 전권한성(Allzustaedigkeit)을 인정하고 있으며, 보충성의 원칙(Principle of Subsidiarity)은 지방분권 및 지방자치의 가장 기본적인 원칙이다. 모든 공공의 사무는 기본적으로 지방자치단체가 담당하고 국가는 이를 보충하는 역할을 해야 한다는 것이다.

| 참고문헌 |

김문헌 외 (2009). 국내외 갈등관리 제도 및 정책, 경제·인문사회연구회.

은재호 외 편 (2009). 「한국의 협력적 거버넌스」, 대영문화사.

김병준 (2009). 「지방자치론」, 법문사.

김성호 (2012). 국가－지방정책협력기구 제도화 방안, 한국지방자치학회 추계정책세미나 발표논문.

권영주 (2008). 일본의 정부간 관계와 지방행정, 오시영 편 (2008), 「일본의 행정과 공공행정」, 법문사.

박동수 (2002). 중앙·지방간의 관계 재설정, 지방포럼, 14(78), 한국지방행정연구원.

박동수 (2015). 지방자치발전, 국가혁신의 길이다, 「지방이 살아야 나라가 산다」, 대통령소속 지방자치발전위원회.

대통령소속 지방자치발전위원회 (2014). 「지방자치발전 종합계획」.

심재승 (2015). 지방자치단체의 국정참여 법제화에 관한 고찰: 일본의 국가와 지방의 협의의 장에 관한 법률을 중심으로, 「지방정부연구」, 19(2): 227－246.

이규영 (2002). 독일 연방주의와 지방자치: 연방－지방관계 및 지방자치 개혁을 중심으로, 「유럽연구」, 16: 1－28.

이민호 외 (2014), 중앙－지방간 효과적인 협력체계 구축방안의 모색: 협력적 네트워크 거버넌스의 관점에서, 「지방정부연구」, 18(1): 121－146.

주재복 (2013). 「중앙－지방간 협력체계 강화방안」, 한국지방행정연구원.

한국지방자치학회 (2006). 「21세기형 중앙－지방정부간 관계 재정립 모델연구－행정계층구조 개편을 중심으로」.

한형서 (2002). 중앙과 지방간의 새로운 협력관계 구축, 지방포럼. 14(78), 한국지방행정연구원.

허훈 외 (2015). 중앙－지방간 갈등의 완화를 위한 협력의 제도화에 관한 연구, 전국시장군수구청장협의회 발표논문.

Anderson,William (1960). *Intergovernmental Relations in Review*. Minneapolis: University of Minnesota Press.

Bowman, Ann O'M. (2007). Trends and Issues in Interstate Cooperation in O'Toole, Jr, Laurence J.(eds) (2007). *American Intergovernmental Relations: Foundations, Perspectives and Issues*, A Division of Congressional Quarterly Inc. Washington.

D.C.

Richter, Albert J. (1986). The President and Intergovernmental Relations, Robertin Dilger, Jay(eds) (1986), *American Intergovernmental Relations Today: Perspectives and Controversies*, Prentice-Hall, Inc., Englewood Cliffs, NJ.

Wright, Deil, S. (1988) *Understanding Intergovernmental Relations*, Wadworth, Inc, Belmont, CA.

- 자치기반 -

19

지방자치단체 간
행정협력체제 정립

금 창 호

1. 문제제기

1991년 지방자치가 실시된 이후 새롭게 제기된 문제중의 하나가 지방자치단체 간의 관계에 대한 것이다. 지방자치가 실시되기 이전에는 지방자치단체가 독립적인 법인격을 부여받지 않음으로써 관할구역이 커다란 의미를 갖지 않았다. 다시 말해 관할구역을 벗어나는 행정서비스 공급이나 지역개발에 대해서는 국가의 관여나 조정 등을 통해 대응함으로써[1] 문제의 소지를 원천적으로 방지하였다. 이것은 중앙정부를 축으로 하는 통합적 행정수행이 근간이 되는 시스템을 통해 얻을 수 있는 이점의 하나이다.

그러나 지방자치는 특정의 공간을 중심으로 해당 지방자치단체의 배타적 권한이 행사되는 분절적 행정수행을 근간으로 하는 시스템이다. 이와 같은 시스

---

1) 예를 들면, 개별 지방자치단체의 관할구역을 벗어나는 행정서비스에 대한 기능들은 중앙정부가 보유하거나 또는 국가기관인 특별지방행정기관 등을 통해서 수행함으로써 적절한 대응을 하였고, 나아가 중앙정부의 강력한 지도·감독을 통해서도 효과적 대응이 가능하였다.

템은 지방자치단체 간의 경쟁을 통해 국가의 총체적 성장을 촉진시키는 장점이 있는 반면에 이해관계에 따라 관할구역을 중심으로 한 갈등과 대립이 유발될 수 있다. 지방자치의 부활 이후 비선호시설의 설치 또는 지역개발을 둘러싼 갈등이나 광역자치단체와 기초자치단체 간에 권한과 재원을 둘러싸고 유발되었던 각종 갈등들이 그러한 사례에 해당된다. 지방자치단체 상호 간에 유발되는 이와 같은 역기능들은 개별 지방자치단체의 행정력을 소진시키거나 주민들의 불편을 초래하고, 나아가 지방자치단체뿐만 아니라 국가적 경쟁력을 약화시키는 결과를 가져온다.

따라서 이와 같은 부정적 역기능들을 최소화하기 위해서는 지방자치단체 상호 간 관계에 대한 발전적 정립을 도모할 필요가 있다. 지방자치단체 상호 간의 발전적 관계정립은 전술한 바와 같은 역기능들을 최소화할 뿐만 아니라 나아가 상호 시너지 효과를 창출할 수 있는 긍정적 기능까지 담보할 수 있다. 그러나 지방자치 부활 이후 지방자치단체 상호 간의 관계를 발전적으로 정립하기 위한 다각적인 조치들에도 불구하고, 현재까지 만족할만한 성과를 거두고 있지는 못하다. 이러한 연유는 지방자치단체 상호 간의 관계정립을 위한 제도와 운영뿐만 아니라 지방자치 초기단계에서 유발되는 주민들의 과잉기대나 협력문화의 부재 등 다양한 측면에서 찾아 볼 수 있다.

그러나 지방자치단체 상호 간의 관계에서 유발되는 부정적 역기능들을 그대로 방치할 수는 없다. 전술한 바와 같은 역기능들이 가져오는 사회적 파장이 적지 않기 때문이다. 따라서 일정한 행정구역을 근거로 배타적 권한이 적용되는 지방자치의 특성과 동시에 광역적 행정수요가 증가하는 현실적 여건에서 사회적 효용을 최적화하기 위해서는 지방자치단체 상호 간의 발전적 관계를 정립하는 정책적 노력은 반드시 수반될 필요가 있다.

2. 추진실태

1) 제도개요

지방자치단체 상호간의 관계는「지방자치법」제8장에 규정되어 있다. 분쟁조정위원회를 비롯하여 사무위탁과 행정협의회, 지방자치단체조합 및 지방자치단체의 장 등의 협의체가 그것이다. 그러나 지방자치단체 상호 간의 행정협력을 위한 직접적인 제도로는 사무위탁과 행정협의회 및 지방자치단체조합이 대표적이다.

∥표 1∥ 지방자치단체 상호 간 관계제도 실태

구분	관련제도	관련규정
갈등관련 제도	분쟁조정위원회	「지방자치법」제148조 내지 제150조
협력관련 제도	사무위탁	「지방자치법」제151조
	행정협의회	「지방자치법」제152조 내지 158조
	지방자치단체조합	「지방자치법」제159조 내지 164조
	지방자치단체의 장 등의 협의체	「지방자치법」제165조

2) 운영실태

사무위탁은 1988년「지방자치법」의 전면개정이 이루어질 때 관련규정이 명문화된 제도이다. 현행「지방자치법」제151조에서는 지방자치단체 또는 그 장은 소관사무의 일부를 다른 지방자치단체 또는 그 장에게 위탁하여 처리할 수 있도록 규정하고 있고, 이와 같은 사무위탁은 지방자치단체 상호 간에 걸친 광역문제에 가장 간편하게 대응할 수 있다는 점에서 매우 유용한 협력수단의 하나이다. 특히, 지방자치단체의 협력 및 분업의 가능성을 확보하면서 지방자치단체조합과 같이 새로운 권리주체를 탄생시키지 않아 비용이 절약되며, 당사자의 의사에 따라 구체적인 내용의 결정이 가능하기 때문에 융통성과 적응성이 확보된다. 그럼에도 불구하고, 사무위탁에 대한 단체장의 인식부족 등으로 현실적으로는 활용

┃표 2┃ 사무위탁 운영실적

	1995	1996	1997	1998	1999	2000	2001	2002	2003	2004
연도별 (53건)	2	1	2	2	5	10	5	5	7	2
	2005	2006	2007	2008	2009	2010	2011	2012	2013	2014
	1	–	1	1	–	1	–	6	2	–
분야별 (53건)	상·하수 처리		쓰레기처리		도로건설			기타		
	24		13		5			11		
기관별 (53건)	광역-광역간		광역-기초간		기초-기초간			지방-민간간		
	17		8		28			–		

자료: 행정자치부(2015). 내부자료.

실적이 많지 않다. 1995년 이후 2014년까지 연도별 사무위탁의 추진실적은 53건이고, 분야별로는 상·하수처리가 24건으로 가장 많으며, 기관 간에는 기초와 기초 간에 28건으로 다수가 체결되었다.

행정협의회는 현행 「지방자치법」 제152조에서 2개 이상의 지방자치단체에 관련된 사무의 일부를 공동으로 처리하기 위해 관계 지방자치단체 간에 행정협의회를 구성할 수 있도록 규정하고 있다. 일반적으로 행정협의회는 지방자치단체 간의 협의에 의해 규약을 정하여 자발적으로 운영되는 협력방식에 기초하고 있지만, 우리나라의 「지방자치법」은 행정협의회의 협의 및 사무처리의 효력에 관한 규정(제157조)과 미합의사항에 대한 직권조정에 관한 규정(제156조) 등을 통해 보다 강한 법적 구속력을 부여하고 있는 것이 특징이다. 이와 같은 행정협의회는 하나의 지방자치단체 구역을 넘는 광역사무를 공동으로 처리함이 목적이지만 별개의 법인격을 갖지 아니하므로 권리의무의 주체가 아니고 관련 지방자치단체의 독자성에 원칙적으로 제한을 두지 않는 느슨한 협력방식인데다 행정협의회의 협력대상에 제한이 없기 때문에 가장 널리 활용되는 협력방식의 하나이다. 다만, 지방자치단체조합이나 사무위탁과 같이 행정기구 또는 사무처리의 간소화를 일차적인 목적으로 하는 것이 아니라 행정구역을 넘어서는 광역행정의 집행을 합리화하는 데 목적을 두고 있어 보다 집중적이고 본격적인 협력의 전 단계로서 의미가 크다. 2014년 현재 97개의 행정협의회가 구성되어 있고, 회의개최 실적도

| 표 3 | 행정협의회 운영실적

구분	'97년	'99년	'00년	'02년	'03년	'04년	'10년	비고
계	54	54	55	56	58	60	64	178개 단체
광역행정협의회	5	5	5	5	6	6	8	14개 단체
기초행정협의회	49	49	50	51	52	54	56	164개 단체

자료: 행정자치부(2015). 내부자료.

매년 빈번하게 이루어지고 있다. 그럼에도 불구하고, 합의된 사항의 구속력은 크지 않은 실정이다.

지방자치단체조합은 2개 이상의 지방자치단체가 하나 또는 둘 이상의 사무를 처리할 목적으로 관계 지방자치단체의 협의를 거쳐 규약을 정하여 설립하는 공법상 법인이다(「지방자치법」 제159조). 지방자치단체조합은 사무의 공동처리를 위한 주체로서 특별히 법인격을 부여하고 있으며, 독립된 행정주체로서 자신의 의사결정기관과 집행기관을 가지고 있어 별개의 법인격을 형성하지 않는 행정협의회에 비해 집행력이 뛰어나고 종국적인 사무처리에 매우 유용한 협력수단으로 평가받고 있다. 지방자치단체조합의 구성원은 지방자치단체이며, 구성원이 되는 지방자치단체에 특별한 제한은 없다. 지방자치단체조합은 1991년 수도권매립지운영관리조합의 설립 이래 다수가 추진되었으나, 전술한 행정협의회보다 활용빈도가 낮다. 2015년 현재 수도권교통본부를 비롯하여 6개가 각종 광역행정의 효율적 처리를 위하여 설치되어 있고, 초기에 설치되었던 수도권매립지운영관리조합과 자치정보화조합 및 부산-거제 간 연결도로건설조합 등은 여타의 기구로 전환되었거나 목적달성에 따라 폐지되었다.

┃표 4┃ 지방자치단체조합 운영실적

명 칭	구성원	목 적	설립년도	비 고
수도권매립지운영 관리조합	서울/인천/경기	수도권 쓰레기의 공동매립	1991	지방공사 전환
자치정보화조합	16개 광역단체	전자지방정부의 효율적 구현지원	2003	특수법인 전환
부산-거제간연결도 로건설조합	부산/거제	부산-거제간 거가대교의 건설	2003	목적달성 폐지
부산·김해 경량전철조합	부산/김해	부산-김해간 경전철 건설	2004	목적달성 폐지
황해 경제자유구역청	충남/경기	경제자유구역과 관련된 사무의 효율적 추진	2008	목적달성 폐지
광양만권 경제자유구역청	전남/경남	경제자유구역과 관련된 사무의 효율적 추진	2004	
부산·진해 경제자유구역청	부산/경남	경제자유구역과 관련된 사무의 효율적 추진	2004	
수도권교통본부	서울/인천/경기	수도권 광역교통체계 구축 및 관련사업의 효율적 추진	2005	
대구경북 경제자유구역청	대구/경북	경제자유구역과 관련된 사무의 효율적 추진	2008	
지리산권 관광개발조합	남원/장수/구례/곡 성/함양/산청/하동	지리산권 공동연계사업의 효율적 추진	2008	
지역상생발전 기금조합	16개 광역단체	수도권 규제 합리화 이익을 지방상생발전 재원으로 활용	2010	

자료: 행정자치부(2015). 내부자료.

3) 문제점

지방자치단체 상호 간의 관계에서 지적되는 가장 큰 문제점은 무엇보다 갈등해소나 협력증진을 통해 보다 발전적 관계로 전환되지 못하고 있는 것이라 하겠다. 원칙적으로 지방자치의 실시와 지방분권의 강력한 추진을 바탕으로 지방자치단체의 자율성을 신장하되, 상호간 관계 역시 보다 발전적인 관계로 전환되는 것이 지향점이자 목표이다. 그럼에도 불구하고, 현실적으로는 지방자치단체 상호간의 관계가 여러 가지 파열음을 내면서 규범적 차원과는 다소의 격차를 갖고 있는 것으로 평가되고 있다(이기우, 2003). 이처럼 정부 간 관계가 현실적으로 저조한 원인은 크게 기반적, 제도적 및 운영적 측면에서 찾아볼 수 있다.

첫째, 지방자치단체 상호 간의 관계가 발전적 관계로 순조로운 이행을 하지 못하는 가장 우선적 원인은 아무래도 기반적 측면에서 지적되어야 할 것이다. 여기에서 말하는 기반적 측면이란 주로 제도가 성립할 수 있는 사회·문화적 조건들을 말한다. 지방자치단체 상호 간의 관계가 발전적 수준으로 이행 및 정착되기 위해서는 그에 대한 공동의 인식과 나아가 그러한 상태를 달성하는 과정에서 나타나는 저해요인들을 해소하기 위한 적절한 노력들이 경주되어야 한다. 이에 비추어 보면, 지방자치단체 상호 간의 관계가 발전적 관계로 전환되는 것에 대해서는 모두가 동의하고 있다. 그럼에도 불구하고, 그러한 과정에서 노정되는 갈등과 협력에 대해서는 통일된 시각을 형성하지 못하고 있는 것이 우리의 현실이다. 예를 들면, 갈등이란 당연히 존재할 수 있는 일반적인 현상임에도 불구하고(권오철, 1996), 이를 회피하여야 할 사회적 병리현상으로 간주하며, 더욱이 지방자치단체 상호 간에 갈등이 발생할 경우 이를 단체장의 정책적 또는 리더십의 실패로 바라보는 것이 지배적 시각이기도 하다. 이는 결국 갈등이란 현상을 해결하기 위한 합리적 접근을 방해하게 된다. 또한 협력의 경우에도 주민의 입장보다는 주로 단체장이나 지방자치단체의 입장에서 접근함으로써 협력 자체의 증진을 저해하고 있다. 협력이란 원칙적으로 협력 당사자 모두의 이익을 증진시키는 효과가 있음을 인정함에도 불구하고, 협력사업이 추진되면 해당사업에 대한 해당지방자치단체의 자율성이 침해되거나 제약되는 것으로 간주함으로써 가급적 협력을 회피하는 경향이 많다. 이처럼 지방자치단체 상호 간의 발전적 관계를 확립하기 위해 반드시 요청되는 갈등해소나 협력증진에 대해서 부정적 인식이 존재함으로써 그 실현이 지연되고 있는 것이라 하겠다.

둘째, 지방자치단체 상호 간의 발전적 관계확립을 저해하는 제도적 측면의 문제점들로는 크게 두 가지를 지적할 수 있다. 하나는 기존 제도들의 실효성이 크지 않다는 점이고, 다른 하나는 다각적인 제도적 장치들이 강구되지 못하고 있다는 점이다(금창호, 2005). 우선, 기존의 제도들은 전술한 바와 같이 각 제도별로 실효성을 담보하기에는 문제점을 내포하고 있다. 사무위탁은 절차의 용이성에도 불구하고 활용효과에 대한 인식이 확보되지 못하고 있으며, 행정협의회는 활용 빈도에 비하여 협의결과의 구속력이 현저히 낮은 문제를 보이고 있다. 또한 지방자치단체조합은 광역사무의 효율적 처리에 매우 유용함에도 불구하고 활용 자체가 저조하다(금창호 외, 2011). 한편, 기존의 제도들이 지방자치단체 상호 간의 발전적 관계 확립에 기여하지 못하는 경우에는 이를 대체할 수 있는 새로운 제도들의 개발을 통하여 선택의 폭을 넓혀 줄 필요가 있다. 예를 들면, 특별지방자치단체의 활용 등이 그것이다. 그러나 현재까지는 이에 대한 적절한 대응이 수반되지 못하고 있다. 셋째, 지방자치단체 상호 간의 발전적 관계확립을 위한 운영적 문제점들로는 제도의 효과를 극대화하기 위한 부대적 사항들에 대한 고려부족을 지적할 수 있다. 특정제도가 제도 자체로서 충분성을 확보하고 있더라도 이를 운영하는 과정에서 필요한 조치들이 수반되지 않을 경우에는 그 효과가 반감되는 것이 일반적이다. 이러한 측면에서 보면, 제도적 충분성에 못지않게 이를 운영하는 과정에서의 고려 역시 필요하다. 그러나 현실적으로는 제도 운영에 필요한 기본적인 정보 또는 지식에 관한 공유가 제대로 이루어지지 않고 있다. 지방자치단체 상호 간의 갈등해소나 협력증진을 위해서 타 지방자치단체의 필요성이 어떠한지 또는 그에 대한 구체적 활동들이 무엇인지에 대한 정보와 지식이 상호 간에 교환되고 공유될 때 적정한 제도의 선택과 그 효과가 증진될 수 있을 것이다. 또한 지방자치단체 상호 간에 갈등해소 또는 협력증진을 위한 구체적 행동이 시작되었을 때에는 이를 성공적으로 완결하기 위한 다양한 방안의 마련이 필요함에도 이에 대한 구체적 노력이 부족하다. 지방자치법에 규정된 내용만이 제도의 효과를 십분 달성하는 충분조건은 아니다. 이 외에 예상치 못한 많은 변수들은 실제 제도를 운영하는 과정에서 발생하며, 따라서 이러한 변수들에 대한 신속하고도 탄력적인 대응을 하지 못하게 될 경우 제도의 효과를 확보하지 못하게 된다.

3. 개선상황

지방자치단체 상호 간의 행정협력을 통한 발전적 관계로의 전환에 대한 정책은 다각적으로 수립되어 왔다. 지방분권에 관한 구체적 정책을 수립한 노무현정부와 이후의 이명박정부 및 박근혜정부에 이르기까지 역대정부 공히 관련법령에 기초하여 지방자치단체 상호 간의 협력체제를 확립하기 위한 정책을 채택하였다. 특히, 이명박정부에서는 지방자치단체 상호 간 협력체제의 강화전략의 일환으로 특별지방자치단체의 도입 및 활용까지 채택하였으며, 박근혜정부에서도 「지방분권 및 행정체제개편에 관한 특별법」 제17조 제3항을 근거로 특별지방자치단체 제도 구체화 등을 추진하고 있다.

┃ 표 5 ┃ 역대정부의 지방자치단체 상호 간 협력정책

구 분	노무현정부	이명박정부	박근혜정부
관련 법령	■「지방분권특별법」 　- 제16조(국가와 지방자치 단 　　체의 협력체제 정립)	■「지방분권촉진에 관한 특별법」 　- 제16조(국가와 지방자치 단 　　체의 협력체제 정립)	■「지방분권 및 행정체제개편에 　관한 특별법」 　- 제17조(국가와 지방자치 단 　　체의 협력체제 정립)
관련 정책	• 중앙-지방 간 협력체제 강화 • 지방정부 간 협력체제 강화 • 중앙-지방, 지방간 분쟁조정 　기능 강화	• 정부 및 지방자치단체 간 협력 　체제 강화 • 분쟁조정기능 강화 • 특별지방자치단체제도도입 　활용	• 국가와 지방자치단체의 협력 　체제 정립 • 지방자치단체 간 행정협력체제 　정립

또한 박근혜정부에서는 전술한 지방자치단체 간 행정협력체제의 정립을 위하여 두 가지의 핵심적 과제를 제시하고 있다. 하나는 사무위탁에서 지방의회의 의결을 의무화하는 것이다. 현행의 사무위탁제도는 지방의회의 의결이 없이 집행기관의 의사에 따라 특정사무의 위탁을 결정함으로써 제도 활용의 용이성에도 불구하고, 협약의 체결이나 규약의 제정에서 관련기관의 충분한 의견수렴이 미흡하다는 평가이다(금창호, 2005). 따라서 지방의회의 의결을 의무화함으로써 사무위탁의 효용성을 제고하자는 취지이다. 다른 하나는 특별지방자치단체 제도의 구체화이다. 「지방자치법」 제2조 제3항과 제4항에 따르면, 특정한 목적을 수행하기 위하여 필요하면 따로 특별지방자치단체를 설치할 수 있고, 설치 및 운영에 관하여 필요한 사항은 대통령령으로 정한다고 규정하고 있다. 그럼에도 불구하고, 특별지방자치단체의 설치 및 운영에 관한 대통령령이 규정되지 않음으로써 입법의 불비상태가 지속되고 있다. 이에 따라 특별지방자치단체의 사무와 기관구성 등에 관한 구체적 방안을 마련하여 「지방자치법」의 개정 등의 법제화를 추진한다는 계획이다.

| 표 6 | 박근혜정부의 지방자치단체 간 행정협력정책 내용

구 분	내 용
사무위탁	• 사무위탁의 지방의회 의결 의무화
특별지방자치단체	• 특별지방자치단체 설치 및 운영 법제화

자료: 지방자치발전위원회(2014). 지방자치발전 종합계획.

4. 발전과제

1) 접근전략

지방자치단체 상호 간의 행정협력을 강화하기 위한 전략은 대안의 성격을 기준으로 차별적 접근을 하는 것이 바람직하다. 기본적으로 지방자치단체 상호 간 협력체제의 강화를 위한 기저적인 대응요소들의 개선을 확보하고, 그에 기초하여 기존대안의 효율화를 위한 정책과 새로운 활용대안의 도입을 검토하는 것이다. 이처럼 포괄적인 접근전략을 활용하는 것이 지방자치단체 상호 간의 협력체제를 보다 강화하는 것에 도움이 될 것이다.

| 그림 1 | 지방자치단체 상호 간 협력체제 확립의 접근전략

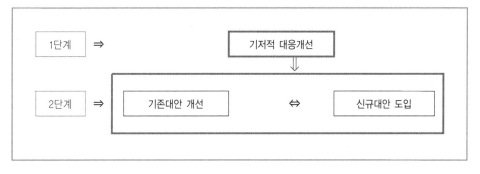

2) 기저적 대응개선

우선, 협력에 대한 인식의 전환이 필요하다. 대체적으로 어떠한 현상에 대해서도 시각에 따라 현상에 대해 접근하는 방법이 달라지는 것이 일반적이다. 협력에 대해서도 담당 공무원들의 시각이 어떠하냐에 따라 해결기제가 달라질 가능성이 많다. 예를 들면, 갈등의 경우 일반적인 시각이 제도나 정책 및 리더십의 실패로 간주하는 경향이 많다(권오철, 1996). 그리고 협력에 대해서도 특별히 필요성을 갖고 있지 않은 경우에는 실제 협력을 통해 정부 간 상호이익을 증진시킬 수 있는 사안임에도 불구하고, 간과되는 경향이 많다. 따라서 기본적으로 상호협력의 증진이 해당 지방자치단체뿐만 아니라 거시적으로는 국가 전체에 직접적인 이익을 가져온다는 인식을 담당 공무원들이 확립할 필요가 있다. 이와 같은 인식전환을 위해서는 가장 기본적으로는 긍정적이고 전향적인 사고형성을 도모할 수 있도록 관련 교육 및 연수 프로그램을 개발하여 실시하는 것이다. 이 외에도 인식전환을 위한 방법으로는 국내외 협력증진에 관한 우수사례를 개발하여 전파하는 것도 고려할 수 있다.

다음, 협상문화의 제고도 수반될 필요가 있다. 현실적으로 지방자치단체 상호 간에 발생되는 갈등조차도 근본적으로는 협상을 통해 그 해결방안을 모색할 수 있다. 갈등이 희소자원에 대한 이해집단의 투쟁으로 규정될 경우 이는 결과적으로 자원의 상호배분을 위한 적절한 협상을 통해 해결될 수 있는 사안이다. 따라서 갈등해소나 협력증진이 원칙적으로는 고도의 협상을 통해서 해결될 수 있는 동질적인 사안에 해당된다는 것이다. 협상문화를 증진하기 위해서는 합리적 사고체계를 확립할 수 있는 사회 전반의 의식적 노력이 수반되어야 한다. 더불어서 지방자치단체 상호간의 갈등이나 협력에 대해 어느 일방이 전부를 잃는다는 생각에 앞서 상호 이익을 배분하는 일종의 경제행위라는 시각을 견지하는 것이 중요하다.

정부 간 협력을 증진하기 위한 근본대안으로 고려할 수 있는 것이 협력사업과 관련하여 개별 지방자치단체가 축적해 온 정보나 지식을 교환 및 공유하는 것이다. 협력사업에 대한 정보나 지식의 교환 및 공유는 일차적으로 협력사업의 필요성을 강력하게 제시해줄 뿐만 아니라 사업추진에 수반되는 정보획득의 비용을 절감하는 효과도 가져온다. 협력사업에 대한 정보 및 지식의 교환 및 공유를 원활히 하기 위해서는 여러 가지 방법들을 활용할 수 있다. 예를 들면, 광역자치단체 단위로 협력사업 프로젝트팀을 설치하여 협력사업과 관련된 구체적인 정보나 지식을 생산 및 전파하도록 할 수도 있다. 뿐만 아니라 현재 각 시·도별로 설치되어 있는 산하 연구기관들을 활용하는 방법도 있다. 즉, 정례적으로 개최되는 시·도 연구원협의회에서 협력사업이 필요한 분야들을 선정하고, 그 추진방법을 연구하여 상호 의견교환을 한 후 이를 해당 지방자치단체에 제공토록 하는 것이다.

3) 기존제도의 개선

지방자치단체 상호 간 협력증진을 위한 기존의 제도들인 사무위탁과 행정협의회 및 지방자치단체조합 등이 나름대로 그 효과를 발휘한다면, 현재보다 양호한 수준의 협력이 수반될 수 있다. 따라서 기존 제도들의 효과성을 제고하기 위한 개선조치들이 모색될 필요가 있다(금창호, 2005).

우선, 사무위탁의 경우에는 제도실행을 위한 절차가 용이하다는 장점을 최대한 살리면서 실효성을 확보하기 위해서는 사무위탁에 적합한 사무에 관한 정보의 공유가 이루어져야 한다. 행정자치부 등에서 이에 대한 사전연구를 통해 일정한 범례를 제시하고, 이를 각 지방자치단체에 배포하여 활용할 수 있는 방안의 강구가 수반되어야 한다. 행정협의회의 경우에는 현재의 임의적 협의기구로서의 성격을 탈피하는 것이 선결과제이다. 이를 위해서는 운영의 정례화, 합의결과에 대한 사후관리방안으로 사안별 카드화나 미합의사항의 추적관리 및 해결방안의 지도 등이 고려되어야 하고, 행정협의회에 지방의회의 참여를 허용하며, 협의회의 사무국 및 실무협의회의 구성 등이 고려되어야 한다. 지방자치단체조합의 경우에는 우선적으로 특별지방자치단체의 법적 지위를 부여하여 법적 기반을 공고히 하는 작업이 선결되어야 한다. 더불어서 조합장의 자율적 인사관리의 범위를 확대하기 위하여 고유직원의 비중을 높이고, 재원의 안정적 운영이 가능하도록 하여야 한다.

4) 신규제도의 도입

지방자치단체 상호 간의 협력증진을 위한 신규제도의 도입은 특별지방자치단체가 대표적인 사례이다. 다수의 국가들이 광역행정에 대한 효율적 대응전략의 일환으로 활용하고 있는 것이 특별지방자치단체이다. 특별지방자치단체는 그 형태가 국가별로 매우 다양하여 일률적으로 규정하기는 어려우나, 기본적으로 제한된 사무를 독립적으로 수행하는 지방자치단체를 말한다(금창호, 2005). 이와 같은 특별지방자치단체는 지방자치단체의 기존 행정구역을 변경하지 않고서도 다양한 광역행정에 효과적으로 대응할 수 있는 특징이 있다. 특별지방자치단체는 현행 「지방자치법」에도 근거규정이 존재하고 있을 뿐만 아니라 도입을 위한 입법안도 발의된 경험이 있다. 2005년에는 이한구의원이 의원발의를 그리고 2006년에는 행정자치부가 정부발의를 추진하였으며, 이명박정부와 박근혜정부에서는 지방분권 정책으로 채택하고 있다. 더욱이 박근혜정부에서는 특별지방자치단체의 도입을 지방자치발전 종합계획에 포함하고 있으므로 이를 조속히 실현하는 것이 필요하다.

∥표 7∥ 외국의 특별지방자치단체 운영사례

구분		내용
일본	설립목적	• 행정기반의 취약성 보완 • 광역행정의 효율적 대응 • 대도시 행정의 효율적 수행
	법적근거	• 근거규정: 지방자치법 • 운영규정: 지방자치법
	종류	• 특별구, 재산구, 지방자치단체조합, 지방개발사업단, 광역연합
	대상사무	• 대규모 지역개발사업 • 쓰레기, 소방, 광역시정촌권계획 수립, 종합병원, 화장장, 일반폐기물, 광역관광계획 추진, 전염병 격리병사의 설치 및 운영, 분뇨처리시설의 설치 및 운영, 정화조 청소업의 허가 등
	사무직원	• 파견직원, 고유직원 및 임시직원
	과세권	• 없음
	재원지원	• 광역연합의 경우 보통 및 특별교부세 교부

영국	설립목적	• 광역행정의 효율적 대응 • 전문적 사무의 효율적 수행 • 대도시 행정의 효율적 수행 • 인접 지방자치단체 간 분쟁해결
	법적근거	• 개별법 ⇒ 특별지방자치단체의 구성권한은 지방자치단체가 아닌 개별법규에 의하며, 따라서 합의에 의해 해산되지 않음
	종류	• Authority 형(London Fire and Civil Defence Authority) • Board 형(West Midland Joint Boards) ⇒ Joint Committee는 특별지방자치단체에 해당되지 않음
	대상사무	• 경찰, 소방, 교통, 쓰레기처리 등
	사무직원	• 파견직원, 고유직원
	과세권	• 있음
	재원지원	• 없음
미국	설립목적	• 광역행정의 효율적 대응 • 전문적 사무의 효율적 수행 • 대도시 행정의 효율적 수행
	법적근거	• 근거규정: 주헌법 • 운영규정: 주헌법
	종류	• 특별구(District, Authority등 : 플로리다주의 community development district, 뉴욕·뉴저지주의 Port Authority of New York and New Jersey 등) • 학교구
	대상사무	• 전기, 교통, 병원, 주택 및 지역개발, 하수도, 상수도, 환경, 소방, 항만관리 등
	사무직원	• 고유직원 및 임시직원(파견직원 없음)
	과세권	• 있음(재산세, 사업세) • 단일목적의 특별구인 경우 해당 목적의 수행을 위한 과세권이 있음
	재원지원	• 주 및 연방정부 보조금, 지방채
독일	설립목적	• 행정기반의 취약성 보완 • 광역행정의 효율적 대응 • 전문적 사무의 효율적 수행 • 대도시 행정의 효율적 수행
	법적근거	• 지방자치법 • 주특별법 • 지방협력법
	종류	• 게마인데조합(관청, 총합게마인데, 연합게마인데, 행정공동체) • 자치단체조합(지방행정조합, 관구 등)

		• 지역조합 • 목적조합(자치단체 작업공동체, 목적조합, 공법상의 협정 등) ⇒ 목적조합은 특별지방자치단체로 간주할 수 없다는 견해도 있음
	대상사무	• 특수학교, 특수병원, 향토보존, 사회부조, 상·하수도 설치 및 운영, 쓰레기 수거 및 처분, 소방대설치, 문화시설 설치, 지역계획, 교통계획 등
	사무직원	• 파견직원, 고유직원, 임시직원
	과세권	• 원칙적으로 없음(바이에른주 관구 과세권 : 사업세 부과징수)
	재원지원	• 보조금, 지방채
프 랑 스	설립목적	• 행정기반의 취약성 보완 • 광역행정의 효율적 대응 • 전문적 사무의 효율적 수행 • 대도시 행정의 효율적 수행
	법적근거	• 특별법 – 1970년 「도시관리 및 꼬뮨의 자유에 관한 법률」의 특별법
	종류	• 조합, 특별구, 도시공동체, 시읍면공동체, 시공동체, 신도시, 합병공동체 ⇒ 조합은 특별지방자치단체로 간주할 수 없다는 견해도 있음
	대상사무	• 전기, 가스, 상·하수도, 교통, 치수, 관개, 수송, 도시계획, 공중위생, 공공용지, 교육, 사회교육, 미술·문화 등
	사무직원	• 파견직원, 고유직원, 임시직원
	과세권	• 원칙적으로 없음 • 특별구 등 일부기관의 경우 과세권 존재(사업세 부과징수) • 도시공동체의 경우 4대 직접세(주거세, 사업세, 건축물 토지세, 미건축물 토지세)에 대한 과세권을 갖고 있어 매우 자치적
	재원지원	• 교부금, 지방채

자료: 금창호 외(2012).

| 참고문헌 |

권오철 (1996). 중앙정부−지방자치단체 간 갈등해소방안. 한국지방행정연구원. 연구보고서 제223권.

금창호 (2005). 지방자치단체의 협력모델 개발 및 활용. 선문대학교 기획세미나 발표논문집.

금창호 외 (2005). 경제자유구역청의 특별지방자치단체화 방안. 재정경제부.

금창호 외 (2011). 지방자치단체의 서비스공급 다원화 전략. 한국지방행정연구원. 연구보고서 제452권.

금창호 외 (2012). 지역유형별 자치제도 개선방안. 지방행정체제 개편추진위원회.

이기우 (2003). "정부간관계의 바람직한 방향", 지방재정 2003. 3월호.

지방자치발전위원회 (2014). 지방자치발전 종합계획.

행정자치부 (2015). 내부자료.

20 지방자치단체 평가제도 개선

조 경 호

1. 문제제기

　　지방자치단체에 대한 평가는 1998년 4월 15일 「정부업무의심사평가및조정에관한법률」(대통령령 제15774호)을 전면 개정하여 각 부처에 대한 심사평가를 기관평가의 형태로 전환하였고, 2001년 5월부터 「정부업무등의평가에관한기본법」(2001. 5. 1. 시행)이 제정되면서 비로소 법령에 의한 지방자치단체 합동평가가 이루어지기 시작하였다. 이후 2006년 「정부업무평가기본법」(2006. 4. 1. 시행) 제정으로 국가위임사무 등에 대한 지방자치단체 평가는 합동평가를 원칙으로 하되, 불가피한 사유가 있는 경우에 「정부업무평가위원회」와의 협의를 거쳐 개별평가를 실시할 수 있도록 하였다. 동법에 따라 정부업무평가기본법 시행령, 지방자치단체 합동평가위원회 운영규정 등이 시행되고 있다.

　　다만, 대부분의 중앙부처에서 부처의 위상 등을 이유로 개별평가를 선호하게 되면서 합동평가와는 별도로 수시로 개별평가를 하는 경우가 많아 지방자치단체에 과중한 업무 부담을 주고 있으며, 지방자치단체가 추진하는 국가 주요 시책 등에 대한 객관적 평가와 환류를 통해 지방자치단체의 책임성을 강화하고 국정의 통합성을 확보하는 데 어려움을 겪고 있다는 평가가 강하다(지방자치발전위원회, 2016). 아울러, 2013년 11월 18일부터 12월 4일까지 이루어진 지방자치발전위원회가 실시한 지방자치단체 대상 각종 평가 실태조사 결과에 따르면 당시의 안전행정부, 환경부 등 13개 중앙부처에서 합동평가와 33개 개별평가를 실시 중에 있고 개별평가 33개 중 정부업무평가위원회와 협의 후 신설한 개별평가는 단 2개에 불과하여 국정의 통일성과 지방행정의 책임성을 확보하는 데 문제가 있다는 평가이다.[1]

이에, 자치행정역량의 강화 관점에서 지방자치발전위원회는 「지방자치발전 종합계획」 20대 정책과제 속에 지방자치단체 평가제도 개선 과제를 포함시키고 그 1단계로 현행 법령 하에서 개선방안을 마련하고, 나아가 기관위임사무 폐지 등 여건 변화를 감안하여 지방자치단체의 책임성을 강화하고 국정 통합성을 확보하기 위한 지방자치단체 평가관련 개별법을 제정하여 추가적인 평가제도 개선 방안을 마련해 오고 있다. 이의 추진근거는 「지방분권 및 지방행정체제개편에 관한 특별법」 제16조이다. 본 글은 「지방자치발전 종합계획」의 정책과제 중 하나인 지방자치단체 평가제도 개선 방안을 합동평가와 개별평가 실태 파악 및 지방자치발전위원회 활동 추진상황 등을 기반으로 하여 제시하고자 한다.

2. 실 태

1) 합동평가

(1) 현 황

지방자치단체 합동평가는 17개 시·도가 1년간 수행해 온 국가위임사무, 국가보조사업 및 국가 주요 시책 등의 추진 성과에 대해 28개 중앙부처가 공동 참

---

1) 지방자치단체 개별평가는 2008년 2월 20개 부처 54개(대통령직 인수위 발표 자료)에서 2013년 13개 부처 33개(지방자치발전위원회 자체 실태조사)로 대폭 줄었지만, 정부업무평가위원회와 사전 협의를 거친 후 개별평가를 실시해야 함에도 불구하고 자의적으로 신설한 개별평가 수는 오히려 늘었기 때문에 개별평가 남설의 문제는 여전하다고 볼 수 있다.

| 그림 1 | 지방자치단체 합동평가 주요 추진체계

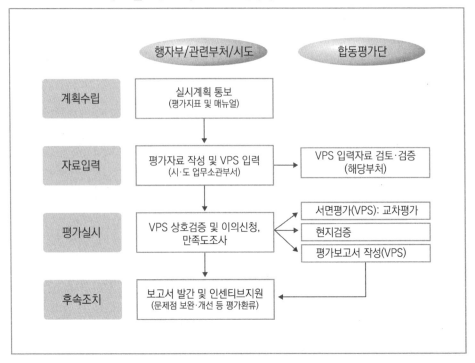

여하는 평가를 말한다. 합동평가는 2001년 「정부업무등의평가에관한기본법」 제정으로 도입된 제도인데 본격적으로 시행된 것은 2008년 당시 안전행정부 중심으로 이루어진 정부합동평가부터(2007년 실적에 대한 평가)이다.[2] 〈그림 1〉은 합동평가단을 중심으로 실시된 2008년도 합동평가 평가체계를 정리한 것인데, 현재와 거의 차이가 없다. 평가분야와 등급기준도 현재와 거의 차이가 없다.[3]

합동평가의 주체는 행정자치부 등 관계 중앙행정기관이고, 지방자치단체 합동평가위원회와 약 200명 규모의 평가단이 실시한다. 평가의 대상은 국가위임사무, 국고보조사업 및 주요 국가 주요시책이며, 온라인 공개평가(VPS 지방행정평가정보시스템),[4] 현지 검증, 고객 체감도 조사, 실적검증의 다양한 방법을 동원하여 평

---

2) 이전 평가는 한국지방행정연구원의 용역수행방식으로 이루어졌으며, 자료 입력이나 평가결과 보고서 작성 등이 오프라인 중심으로 이루어졌다.
3) 평가분야의 개수는 동일하고, 내용만 약간 달라졌다.
4) VPS: Virtual Policy Studio의 약자로 지방행정평가정보시스템을 의미한다.

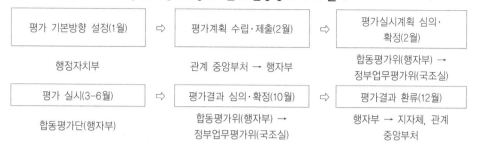

▌표 1▐ 지방자치단체 합동평가 주요 절차

평가 기본방향 설정(1월)	⇨	평가계획 수립·제출(2월)	⇨	평가실시계획 심의·확정(2월)
행정자치부		관계 중앙부처 → 행자부		합동평가위(행자부) → 정부업무평가위(국조실)
평가 실시(3-6월)	⇨	평가결과 심의·확정(10월)	⇨	평가결과 환류(12월)
합동평가단(행자부)		합동평가위(행자부) → 정부업무평가위(국조실)		행자부 → 지자체, 관계 중앙부처

▌표 2▐ 2015년도 평가대상 시책: 28개 부처, 26개 시책

분야	평가시책	소관부처	분야	평가시책	소관부처
일반행정	• 인사재정관리 • 대민서비스 제고 • 행정역량 제고	인사처 등 행자부 등 행자부	지역개발	• 지역인프라 강화 • 농축산 발전	국토부 등 농림부 등
복지사회	• 지역복지기반 확충 • 기초적 복지서비스 추진 • 법질서 확립	복지부 복지부 법무부	문화여성	• 지역문화 및 예술 활성화 • 지역 체육관광 활성화 • 여성가정 시책 강화	문화재청 문체부 여가부 등
보건위생	• 응급의료 관리 • 건강증진 및 식의약품 관리 • 질병관리	복지부 식약처 등 복지부	환경산림	• 환경관리 일반 • 대기수질폐기물 관리 • 산림자원 육성 및 재해 방지	환경부 등 환경부 산림청
지역경제	•중소기업 지원 및 사회적 기업 육성 • 지역경제 기반강화 • 서민생활 안전	중기청 등 미래부 등 행자부 등	안전관리	• 안전문화 정착 • 소방안전기반 강화 • 비상대비 강화	고용부 등 안전처 국방부 등
			중점과제	• 비정상의 정상화 • 일자리 창출 • 사이버 및 재난안전관리	권익위 등 고용부 등 안전처 등

가가 이루어지도록 하고 있다. 평가지표는 일반행정, 복지사회, 보건위생, 지역경제, 지역개발, 문화여성, 환경산림, 안전관리, 중점과제 등 9개 분야이고, 이들에 대해 특별·광역시와 도로 구분하여 가·나·다 등급으로 평가한다. 합동평가는 〈표 1〉에서 보는 바와 같이 평가의 기본방향을 행정자치부가 설정한 후 관계 중앙부처가 평가계획을 행정자치부에 제출하면서부터 시작한다. 평가실시 계획 수

립, 평가실시, 평가결과 심의 확정 등의 제반 활동은 행정자치부 합동평가위원회가 주관하여 실시하며, 평가결과 환류는 행정자치부가 지자체와 관계 중앙부처에 대해 실시한다. 평가결과의 처리는 1년간 시·도에서 추진한 실적을 비교·분석하여 우수 지자체 재정 인센티브 부여 및 표창장을 수여하는 것으로 갈음한다. 참고로 2013년 지자체 재정 인센티브는 140억원이었으며, 평가 우수 지자체 지원을 특별한 재정수요가 있는 경우에 포함시켜 특별교부세 지원근거를 마련하였다 (「지방교부세법」 제9조 1항 2014. 1. 1. 개정).

2015년 합동평가는 행정자치부, 보건복지부, 여성가족부 등 28개 부처 소관 9개 분야, 26개 시책에 대해 실시되었으며, 시·도간 상호검증(열람 및 이의신청)과 중앙부처·지자체·평가위원 합동 실적검증 등을 통해 평가가 이루어졌다. 앞으로 평가결과에 따른 사후관리를 강화하기 위해 '행정 컨설팅단'을 구성하여 시·도를 대상으로 신청을 받아 지자체 실정에 맞는 종합 맞춤형 컨설팅도 실시할 계획이며(행정자치부, 2015), 우수사례 공유와 확산을 강화할 방침인 것으로 알려져 있다. 〈표 2〉는 2015년(2014년 실적) 지방자치단체 합동평가 시책 현황을 정리한 것이다(행정자치부, 2015).

(2) 문제점

2015년 자치단체 합동평가 계획 및 결과 보고 현황을 분석한 결과, 제도적으로 지방자치단체 대상 평가에 대한 법적 근거가 아직 미흡한 것으로 파악되었다. 앞서 언급한대로 지자체 평가는 「정부업무평가기본법」 제21조(국가위임사무등에 대한 평가)에 법적근거를 두고, 정부업무평가기본법 시행령, 지방자치단체합동평가위원회 운영규정 등에서 규정하고 있으나, 중앙부처의 평가 결과 활용 방안, 합동평가 참여기관의 책임과 권한 등에 대한 구체적인 규정은 아직 미흡하다.

아울러, 평가를 대비하는 지자체의 업무 부담이 아직 과다한 것으로 파악되었다. 2015년과 2008년도 초기 각종 평가계획을 비교해도 지자체 평가 관련 업무 부담에서 큰 차이는 없는 것으로 나타났다. 평가대상을 보면 개별평가와 합동평가 상호 유사·중복되는 경우가 아직 과다하다. 예를 들어, 2015년도 합동평가 대상 과제가 26개인데(〈표 2〉 참조), 13개 부처 개별평가 대상 과제가 33개에 이르고 있고, 이중 행정역량 강화, 안전관리 및 지역인프라 강화 관련 등 유사·중복 평가 사례가 일부 남아 있는 것으로 파악되었다. 지방자치발전위원회 자체 실태조사(2013. 11. 18.－12. 4) 결과에 따르면, 과다한 증빙자료 요구와 매년 평가 실시에 따른 지자체 업무가중이 문제가 되고 있어 합동평가의 격년제 실시 요구가 강한 것으로 파악되었다. 아울러 합동평가는 국가 주요 시책 중심으로 되어야 함에도 일상적인 항목을 지표에 반영함으로써 지방공무원의 불만과 불신이 초래하고 있는 점도 문제로 지적되고 있다.

마지막으로 합동평가 결과에 근거하여 중앙부처 정책변화를 추구하거나 새로운 정책수단을 제시하는 경우가 미흡하고, 평가결과에 따른 인센티브 사용의 자율성이 확보되었다고는 하나, 재정지원 규모는 오히려 축소되어 인센티브 부여에 따른 지자체의 자발적인 변화와 혁신 노력을 기대하기 쉽지 않다는 지적이 있다.[5]

2) 개별평가

(1) 현　황

「정부업무평가기본법」 제21조 5항에 근거하여 중앙행정기관의 장은 국가위임사무등에 대해 업무의 특성 및 평가시기 등으로 인하여 별도의 평가를 실시하여야 하는 불가피한 사유가 있는 경우에는 평가대상·방법 등에 관하여 정부업무평가위원회와 협의를 거쳐 이를 평가할 수 있도록 하고 있다(〈표 3〉 참조). 따라서 개별 중앙행정기관의 평가주체는 개별평가 신설 중앙행정기관이 되고 평가대상 범위는 국가위임사무 등이 된다.

개별평가 대상 시책의 선정은 두 가지 방식으로 이루어지는데, 하나는 중앙행정기관이 정부업무평가위원회와 협의하여 예외적으로 정하는 경우이고, 다른 하나는 행정자치부가 합동평가 대상과제 선정 시 개별평가 대상으로 분류한 과제에 대해 정부업무평가위원회에서 그 필요성을 심의하여 정하는 경우이다. 정부업무평가위원회와 협의를 거친 시책에 대해서는 평가실시계획을 수립하여 지

---

5) 당초 국가적 장려사업, 지역 역점 시책 등 특별한 재정수요가 있을 경우 특별교부세 재원의 20/100의 금액을 지원할 수 있었으나 합동평가 인센티브 항목이 추가되었음에도 재원규모는 10/100으로 축소되었음.

자체 및 정부업무평가위원회에 통보하고 해당 중앙행정기관이 평가를 실시한 후 평가보고서 및 요약보고서를 정부업무평가위원회에 제출토록 하고 있다. 해당 중앙행정기관은 개별평가 결과를 적극 활용하여 정책개선 조치 등 사항을 마련하고 해당 지자체에 통보한다. 시상이나 인센티브 부여도 해당 중앙행정기관이 정해 시행하도록 하고 있다.

2014년도 부처별 개별평가 현황을 보면, 행자부가 10개로 가장 많고, 환경부 4개, 국토교통부, 농림축산식품부 등이 3개씩 등으로 전체 13개 부처 33개 개별평가가 이루어졌고, 정부업무평가위원회와 사전협의를 거쳐 선정한 개별평가는 지방물가 안전관리(행자부), 지방규제완화 추진실적(행정자치부) 등 2건에 불과하였고, 나머지 31개 개별평가는 사전 협의 없이 부처 자의적으로 신설된 것으로 파악되었다.

｜표 3｜ 개별평가 평가절차

평가 기본방향 설정	⇨	평가계획 수립·제출	⇨	평가실시계획 심의·확정
각 중앙부처		각 중앙부처		정부업무평가위(국조실)

평가 실시	⇨	평가결과 심의·확정	⇨	평가결과 환류
각 중앙부처		정부업무평가위(국조실)		각 중앙부처 → 지자체

(2) 문제점

가장 큰 문제점은 법적 절차를 무시한 개별평가 남설이고, 이로 인한 지자체 평가부담이 가중되는 부분에서 찾을 수 있다. 자치단체에 대한 평가는 합동평가 위주로 운영되어야 하나, 그간 중앙부처의 개별평가가 과도하게 실시되어 자치단체의 과중한 평가업무 부담으로 작용하였고, 평가관련 인력·예산의 과다지출 등 많은 부작용을 보임으로써 자치단체 등으로부터의 개별평가 제도 개선 요구가 꾸준히 제기되어 온 것으로 파악되었다(목영만, 2008). 2008년 3월 당시 행정안전부는 「지방자치단체 통합평가 추진 기본계획」을 수립하여 지방자치단체 평가를 행정안전부 중심의 '통합평가' 방식으로 일원화하기로 하였지만, 이후 유야

무야 된 바 있다. 당시 국무총리실도 「2008년도 정부업무평가 시행계획」을 마련하여 행정안전부에서 합동평가 실시 계획 수립시 중앙행정기관의 개별평가 요청에 대해서도 타당성을 검토·조정하도록 하는 등 개별평가에 대한 관리 및 통제대책을 추진한 바 있으나 이들 대책들이 자치단체 평가에 대한 법·제도적 차원에서의 구속력이 부족하여 여전히 풀리지 않고 있는 실정에 있다.

또한 개별평가와 합동평가의 연계성이 떨어지는 문제가 있다. 개별평가의 실시 기준이 명확하지 않기 때문에 개별평가 결과와 합동평가 결과와의 정합성이 떨어져 평가의 타당성과 효율성이 함께 떨어지는 문제를 낳고 있다.

3. 추진상황

지방자치단체 평가제도 개선방안을 마련하기 위해 지방자치발전위원회는 2단계 방식을 추진해오고 있다. 1단계로 「지방자치발전 종합계획」에 지방자치단체 평가제도 개선방안을 반영하였으며, 2단계로 기관위임사무 폐지 등 여건 변화를 감안하여 지속적인 개선방안을 마련하여 연도별 정부업무평가 계획에 반영해 오고 있다.

지방자치발전위원회는 출범 이후 지방자치단체 평가제도 개선을 「지방자치발전 종합계획」 20개 정책과제에 포함시켜 지방자치 발전을 위한 주요 시책으로 다루어오고 있다. 지방자치발전위원회는 2013년 11월 18일부터 12월 4일까지 지방자치단체 대상 각종 평가 실태조사를 실시하여 합동평가와 개별평가의 현황 및 문제점을 파악하였으며, 위원회 산하에 지방자치단체 평가제도 개선 TF를 구성하여 운영하면서 2014년 2월 13일 개별평가를 합동평가 중심으로 통합하는 방안을 제시하였으며, 동년 2월 26년 지표선정과정에 지자체가 참여할 수 있는 구체적인 방안을 마련하였으며, 개별평가 실시 시 정부업무평가위원회와의 협의 절차를 심의·의결 절차로 변경하여 중앙행정기관의 개별평가 남설을 억제하는 방안을 검토하기도 하였다. 아울러 동 TF는 2014년 3월 13일 지방자치단체 평가제도의 내실 있는 운영을 위해 국무총리실 내 가칭 지방자치단체평가정책단 설치(안)를 제시하였으며, 이 정책단(안)에 기존 합동평가위원회 등과 차별화된 역할을 부여하여 지방자치단체 평가의 실효성을 높이도록 하는 방안을 추진한 바 있다.

지방자치발전위원회는 지방자치단체 평가제도 개선의 실효성을 높이고 지자체 평가부담을 경감시키기 위해 2015년도 지자체 합동평가 기간을 당초 9개월에서 7개월로 단축하는 안을 추진하였으며, 평가실적 증빙자료 간소화 연구용역도 추진한 바 있다. 또한 2015년 4월 28일자로 개별평가 신설 시 반드시 정부업무평가위원회와의 협의를 거치도록 「2015년도 정부업무평가 시행계획」에 반영 시달하였다.

다만, 아직까지 지자체 평가 우수 자치단체에 대한 획기적인 인센티브 부여 방안을 제시하지 못하고 있기 때문에 특별교부세 재원 외의 인센티브 지원방안 도입을 추진할 필요가 있는 것으로 파악되었다. 아울러, 폐지·일몰되는 개별평가에 대한 평가 배제 및 일몰시기 엄격 적용 등에 대한 구체적인 방안 마련을 추진하고 있기도 하다.

지자체 평가제도 개선을 위하여 이미 상당한 수준의 연구 및 조사가 이루어지고 있다. 2008년 4월 28일부터 5월 2일까지 실시된 전문가 및 지자체 평가 전문가 대상 '자치단체 평가체계 통합' 설문조사결과는 그 중 대표적이다. 당시 조사대상 응답자의 75% 이상이 합동평가와 개별평가의 통합평가가 적절하다고 답하였고, 통합평가에 대한 제도적, 운영 추진방안이 논의된 바 있다. 다만 이와 같은 개선방안들이 사장되고 유야무야 되어 온 배경에는 지자체 평가제도 개선방안의 법률적 기속력 부족이 있다. 지자체에 대한 중앙부처의 개별평가를 억제하고, 통합평가의 실효성 제고를 위해서는 통합평가의 법적 토대를 마련하고 지표체계 및 검증 방안을 고도화하는 체계적인 노력이 뒤따라야 할 것으로 보인다.

4. 발전과제

지자체 평가제도 개선을 위해서 가장 우선적으로 고려되어야 할 점은 지자체에 대한 평가관련 법률 고도화이다. 단기적으로 지자체 평가관련 구체적 사항을 보완한 「정부업무평가기본법」 개정이 필요하다. 이 개정에는 중앙부처의 평가결과 활용방안, 평가 참여기관의 권한과 책임을 구체적으로 명시하여 평가시책 관리를 체계적으로 이행하도록 하여야 하고, 현행법상 불명확하게 규정되어 있는 지자체 평가 전반에 관한 사항을 독립적으로 명확하게 규정하여 법률체계의 정합성을 확보하여야 한다. 아울러, 장기적으로 독립된 지자체 평가관련법을 제정하여 지자체의 평가결과에 대한 책임성을 높이고, 평가를 통한 국정통합성을 효과적으로 확보해야 할 것이다.

아울러, 지자체 평가 관련 증빙자료 간소화를 지속적으로 추진해야 한다. 중앙부처의 각종 시스템(예: 새올, e-호조 등)에서 추출 가능한 통계자료를 중앙부처가 지자체에게 선 제공한 후 보완하는 방식을 확대 적용하여야 한다. 이러한 활동은 지자체 평가 업무 부담을 경감하여 평가 저항을 줄이고 나아가 평가결과에 대한 지자체 수용성을 높이는 데 기여할 수 있을 것이다.

또한, 전년도 평가결과에 대한 중앙부처 정책반영 수준을 높이는 노력을 게을리 하지 말아야 할 것이다. 평가결과에 대한 인센티브 재원을 안정적으로 확보하면서 평가결과의 중앙부처 정책반영 사항을 '합동평가결과보고서'에 포함시켜 작성하는 방안도 고려해야 한다. 이와 같은 정책반영 실적은 정부업무평가위원회에 보고되어 부처 경쟁력 평가에도 반영될 수 있도록 하여야 할 것이다.

개별평가를 실시할 경우 해당 중앙부처는 반드시 정부업무평가위원회의 심의·의결을 득하도록 하며, 개별평가에 관한 세부사항을 대통령령으로 정해 중앙행정기관 자의적인 개별평가 남설을 최대한 억제하여야 한다. 아울러, 최초 개별평가 신설 시 일몰시기를 명시하도록 하는 방안을 강력하게 추진해야 한다. 결국 개별평가 중 합동평가와 통합이 가능한 부분은 우선적으로 통합하고, 통합이 불가능한 개별평가제도는 존치하되, 이들은 합동평가와 연계될 수 있도록 개별평가의 평가결과를 합동평가에 반영토록 해야 할 것이다.

향후 지자체 평가제도는 국정운영의 효율성과 통일성을 확보하고, 자치단체의 종합행정에 적합한 시스템으로 정착할 수 있도록 정책적으로 고도화되어야 할 것으로 보인다. 자치단체에서 추진 중인 주요 국가사업 전반을 평가를 통해 관리하고 전국적 수준에서 비교 평가할 수 있도록 하는 목적으로 만들어진 지자체 합동평가는 향후 개별평가의 대부분을 통합하여 지자체 경쟁력 강화 및 해당 중앙부처 정책개선에 기여할 수 있어야 할 것이다. 평가는 개선을 위해 반드시 필요하지만, 과도한 평가나 피평가자 참여 없는 평가는 개악이 될 수 있다는 점을 직시하고 지자체 평가제도 개선을 위한 학제 간 연구 조사가 활성화되어야 할 것이며, 지자체 평가제도 관련 새로운 입법노력에 지방자치발전위원회, 관련 부처, 지자체 및 국회의 적극적인 합동 참여가 필요할 것이다.

| 참고문헌 |

목영만. (2008). 지방자치단체 통합평가 추진방안. 한국정책분석평가학회 하계학술대회 발표논문.

지방자치발전위원회. (2014). 지방자치단체 평가제도 개선방안(의안). 제8차 본위원회 안건 (2014. 5. 16.)

지방자치발전위원회. (2016). 2015년 지방자치발전 시행계획 이행상황 평가결과.

한국행정학회. (2011. 10.). 행정안전부 성과평가의 공정성 측정기준 개발. 행정안전부.

행정자치부. (2015). 2015년 지방자치단체 합동평가 결과 공개. 2015. 10. 22.일자 보도자료.

3부

추진활동

1. 정부의 추진활동

2. 민간의 지방분권운동

정부의 추진활동

이 수 영

　1991년 지방의회의원선거 실시로 중단되었던 지방자치가 부활하면서 이 시기에 정부차원에서도 지방분권을 위한 활동이 시작되었고, 이후 지방자치 각 분야의 제도적 기반이 어느 정도 마련된 다음에는 지방행정체제 개편에 대한 논의도 활발히 전개되었다.

　아래 〈표 1〉과 같이 그동안 정부차원의 지방분권과 지방행정체제 개편은 관련 법률적 기반을 바탕으로 대부분 대통령 소속으로 별도의 기구를 두어 추진되었다. 다음에서는 당시의 추진기구1)를 중심으로 그간의 활동내용을 살펴보고자 한다.

---

1) 이 글에서 추진기구는 중앙부처가 아니라 지방분권 또는 지방행정체제 개편의 추진을 위해 별도로 설치된 기관으로 한정한다.

┃표 1┃ 정부별 지방분권 및 행정체제개편 추진기구와 관련 법

년도	~93	94	95	96	97	98	99	00	01	02	03	04	05	06	07	08	09	10	11	12	13	14	15	16~
정부	김영삼 정부					김대중 정부					노무현 정부					이명박 정부					박근혜 정부			
법적 근거	(비법정기구)					• 중앙행정기관의 지방이양촉진 등에 관한 법률					• 중앙행정기관의 지방이양촉진 등에 관한 법률 • 지방분권특별법					• 지방분권촉진에 관한 특별법 • 지방행정체제개편에 관한 특별법					• 지방분권 및 지방 행정체제개편에 관한 특별법			
추진 기구	• 지방이양합동심의회					• 지방이양추진위원회					• 지방이양추진위원회 • 정부혁신지방분권위원회					• 지방분권촉진위원회 • 지방행정체제개편추진위원회					• 지방자치발전위원회			

1. 지방이양합동심의회

지방분권 추진의 첫 활동은 「정부조직관리지침(국무총리훈령)」에 따라 1991년에 설치된 '지방이양합동심의회'를 중심으로 시작되었다. 지방이양합동심의회는 중앙부처와 지방자치단체로부터 연 1회 권한이양 대상사무를 조사, 발굴하여 이를 심의한 후 지방이양 대상사무를 확정하였다. 〈그림 1〉과 같이 이러한 과정을 좀 더 자세히 살펴보면, 먼저 총무처는 사무재배분지침을 수립하여 중앙행정기관과 지방자치단체로 보낸다. 각 중앙행정기관과 지방자치단체는 이 지침에 따라 대상 사무를 선정하여 총무처에 보고하고, 총무처는 이양심의회를 통해 이양 여부를 심의한다. 이렇게 이양이 결정된 대상사무는 법령 제·개정을 통해 최종적으로 이양을 완료하게 된다(김재훈, 1999: 25).

이러한 활동결과 지방이양합동심의회는 1991년부터 1997년까지 총 2,779건을 심의하여 1,174건(42%)을 지방이양 대상으로 확정하였다(지방이양추진위원회, 2000: 27). 지방이양 추진기구로서 지방이양합동심의회는 민관 합동기구이자 비법정기구로서 체계적인 지방분권 추진에 한계가 있었고(김익식, 2008: 1000), 지방보다는 중앙의 시각에서 지방이양이 추진되었다는 비판도 있었으나, 지방자치 실시와 함께 중앙행정권한의 지방이양 시도를 통해 지방분권을 위한 발판을 마련했다는데 의미를 부여할 수 있다(지방이양추진심의회, 2000: 27).

┃그림 1┃ 기능재배분 흐름도

자료: 김재훈(1999: 25) 수정.

┃표 2┃ 지방이양합동심의회의 지방이양 실적(기준연도: 1999년)

연 도	심의건수	이양확정	이양완료	이양추진중
1991	398	241(61%)	235	6
1992	245	115(47%)	112	3
1993	185	116(63%)	70	46
1994	1,122	449(40%)	323	126
1995	309	110(36%)	60	50
1996	315	82(26%)	24	58
1997	205	61(30%)	–	61
합 계	2,779	1,174(42%)	824(70%)	350(30%)

자료: 홍준현(1999: 36).

2. 지방이양추진위원회

1998년에 출범한 김대중정부는 〈표 2〉와 같이 100대 국정과제에 '자율과 책임이 조화된 지방자치'를 포함시키고, 이에 대한 세부내용으로 주민중심의 지방자치, 지방화 시대에 걸맞는 지방재정, 민간과 지방중심의 행정구조 개편을 제시하였다. 뿐만 아니라 실천과제로 중앙권한의 지방이양 확대방안 마련, 특별지방행정기관 광역화 및 기능통합, 기업경쟁력 제고를 위한 지방세제 개편 등을 제시하였다. 이러한 배경에서 1999년 1월 29일 중앙권한 지방이양의 법률적 추진기반 마련을 위하여 「중앙행정기관의 지방이양촉진 등에 관한 법률」이 제정되었고, 이를 전담하는 기구로 대통령 소속으로 지방이양추진위원회를 설치함으로써 지방이양을 위한 제도적 기반을 마련하였다.

┃ 표 3 ┃ 김대중정부의 지방자치 관련 국정과제와 실천과제

구 분	내 용
100대 과제	• 자율과 책임이 조화된 지방자치 　– 지방자치는 주민중심으로 　– 지방재정을 지방화 시대에 걸맞게 　– 민간과 지방중심으로 행정구조를 개편
실천과제	• 지방조직 통폐합, 인력감축방안 마련 • 특별지방행정기관 광역화 및 기능통합 • 중앙권한의 지방이양 확대방안 마련 • 기업경쟁력 제고를 위한 지방세제 개편

「중앙행정기관의 지방이양촉진 등에 관한 법률」은 중앙행정기관의 권한 중 주민의 복리증진과 지역발전에 기여할 수 있는 권한을 지방자치단체에 최대한 이양함과 동시에 지방자치단체 간에 사무를 합리적으로 배분하여 지방자치단체의 자율성을 제고하고 주민생활의 편익을 도모하는 것을 목적으로 하고 있다(동법 제1조). 또한 지방이양을 함에 있어서 지방자치단체에서 가능한 한 독자적으로 사무를 처리하도록 하고, 지방자치단체의 여건과 능력을 고려하여 지방자치단체

의 의사를 존중 하도록 하고 있다. 뿐만 아니라 지방자치단체가 이양받은 사무를 자주적인 결정과 책임 아래 처리할 수 있도록 이양되는 사무와 관련되는 일체의 사무를 가능한 동시에 이양하고, 주민복리와 생활편의와 직접 관련된 권한이나

┃ 그림 2 ┃ 지방이양추진위원회 지방이양절차

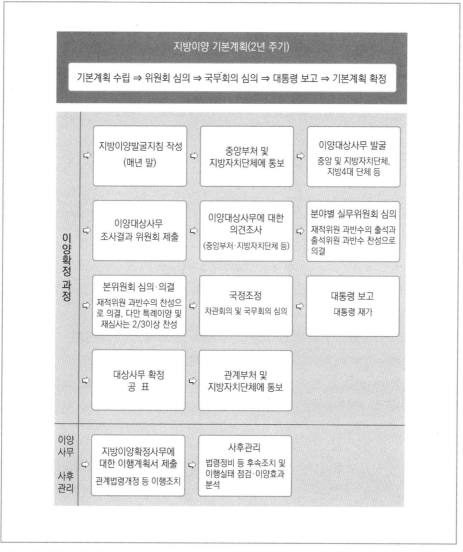

자료: 지방이양추진위원회(2008: 28).

사무는 시·군·자치구에 우선적으로 배분하도록 하는 등의 원칙을 밝히고 있다 (동법 제3조). 이는 지방이양에 있어서 지방자치단체 우선의 원칙(보충성의 원칙)을 법에서 처음으로 명확하게 밝힌 것이라 할 수 있다.

지방이양추진위원회는 국무총리와 민간위원을 공동위원장으로 하고 학계, 경제계, 여성계, 시민단체, 관련 연구기관 등 사회 각 분야의 민간위원과 중앙부처 장관 그리고 지방자치단체장 등 총 20명의 본위원회 위원으로 구성되었다. 또한 본위원회의 심의·의결사항에 대한 사전검토와 같이 위원회를 효율적으로 지원하기 위해 구성된 분야별 실무위원회는 행정자치부 차관을 실무위원회 위원장으로 하고 민간전문가와 중앙부처 공무원, 지방자치단체 공무원 등 총 25명으로 구성되었다. 지방이양추진위원회는 2년마다 '지방이양 기본계획'을 수립해야 하며, 〈그림 2〉와 같이 지방이양 대상사무를 발굴, 심의하고 최종적으로 국무회의 심의와 대통령 보고를 거쳐 지방이양사무를 확정하였다. 이는 이전 지방이양합동심의회에 비해 지방이양 확정절차가 더 강화된 것이다.

지방이양추진위원회는 1999년 출범 이후 2008년까지 활동하였는데 〈표 4〉와 같이 위원회 위원 임기(2년)에 따라 제1기부터 제4기 위원회로 구분할 수 있다.

| 표 4 | 지방이양추진위원회

구 분	활동기간
제1기 위원회	1999. 8.30 ~ 2001. 9.17
제2기 위원회	2001.10.26 ~ 2003.10.25
제3기 위원회	2004. 8.20 ~ 2006. 8.19
제4기 위원회	2006.12.19 ~ 2008. 8.31

자료: 지방이양추진위원회(2008: 466-8).

제1, 2기 위원회는 중앙행정권한의 지방이양을 위한 여건마련에 집중하고 분위기 조성에 노력했다면, 제3기 위원회는 내부적으로 이양심의 절차를 개선하고 이양 심의안건 제출을 지방4대 협의체까지 확대하는 등 효율적인 지방이양을 위해 주력하였다. 제4기 위원회는 그간의 단편적 사무이양에서 벗어나, 지방 중심으로 관련 기능의 포괄적 이양을 추진하고 지역실정에 따라 차등이양을 추진하는 등의 노력을 기울였다. 지방이양추진위원회는 〈표 5〉에서 볼 수 있듯이

| 표 5 | 지방이양추진위원회의 연도별 지방이양 현황

구분	합계	99년	00년	01년	02년	03년	04년	05년	06년	07년	08.8월
확정건수	1,568	0	185	176	251	478	53	203	80	88	54
완료건수	1,288	0	2	92	146	164	204	436	43	131	70

자료: 지방이양추진위원회(2008: 347).

1999년부터 2008년까지 총 1,568건의 지방이양사무를 확정하고 약 82%인 1,288건
의 사무를 이양완료 하였다(지방이양추진위원회, 2008: 16-9, 347). 지방이양 대상사무로
인·허가와 같은 집행적 민원사무를 중점적으로 발굴하였기 때문에 지방이양완
료 비율이 비교적 높게 나타났다는 점을 감안하더라도 9년 동안 지방이양추진위
원회를 중심으로 중앙행정권한의 지방이양을 위해 꾸준히 노력해왔다는 점은 의
미있게 평가할 만하다.

3. 정부혁신지방분권위원회

노무현정부는 〈표 6〉와 같이 12대 국정과제 중 하나로 '지방분권과 균형발
전'을 제시하면서 지방분권을 위해 지방이양의 획기적 추진과 지방의 자치역량
강화 등을 구체적인 실천과제로 제시하였다. 이러한 배경 하에 2004년 1월 16일
에 제정된 「지방분권특별법」에 따라 정권 초기에 설치된 정부혁신지방분권위원
회가 지방분권추진을 위한 법정기구로 출범하였다.

| 표 6 | 노무현정부의 지방자치분야 국정과제

구 분	내 용
지방분권과 국가균형발전: 지방분권의 획기적 추진	
중앙의 기능과 권한의 획기적인 지방이양추진	• 중앙정부 기능을 제외하고는 지방업무로 규정하는 '지방이양일괄법' 제정을 통한 대내적 권한 이양을 추진 • 특별지방행정기관을 과감히 통·폐합 추진 • 합리적인 자치경찰제 도입 추진

지방의 자치역량 강화	• 자치입법·조직·인사권 등 잔존하는 사전규제적 기능 전면 재검토 대폭 이양 • 주민투표제, 주민소환제 도입을 통한 주민의 직접참정권 확대
지방재정의 확충과 건전성 확보	• 지방의 자율성과 책임성 확보 • 지방의 재정 확충 노력과 연계된 지원 및 평가체제 확립 • 지방의 재정력 확충과 불균형 완화를 위해 지방소비세 신설, 국세와 지방세 간 세목 교환, 차등보조율 적용을 검토
지방의견 수렴 및 환류체계 구축	

　　지방이양 대상사무를 발굴하여 이양을 추진하는 작업은 기존에 운영되고 있던 지방이양추진위원회에서 계속되었고, 정부혁신지방분권위원회에서는 지방분권의 큰 틀에서 지방분권 과제를 담당하였다. 〈표 7〉에서 보는바와 같이 정부혁신지방분권위원회에서는 중앙과 지방의 권한 재배분 외에도 재정분권, 자치역량, 지방의회와 선거제도 등 지방분권을 강화하기 위한 목표 아래 이전에 비해 다양하고 보다 구체적인 과제를 선정하여 추진하였다. 제주특별자치도 출범과 주민투표, 주민소환, 주민소송제 등도 이 시기에 도입되었다.

┃표 7┃ 정부혁신지방분권위원회의 지방분권 목표와 아젠다

목표	아 젠 다
중앙-지방정부 간 권한 재배분	• 지방분권 추진기반 강화 • 중앙권한의 획기적 지방이양 • 지방교육자치제도 개선 • 지방자치경찰제도 도입 • 특별지방행정기관 정비
획기적 재정분권의 추진	• 지방재정력 확충 및 불균형 완화 • 지방세정제도 개선 • 지방재정의 자율성 강화 • 지방재정운용의 투명성, 건전성 확보
지방정부의 자치행정역량 강화	• 지방자치권 강화 • 지방정부 내부혁신 및 공무원 역량 강화
지방의정 활성화 및 선거제도 개선	• 지방의정 활성화 • 지방선거제도 개선
지방정부의 책임성 강화	• 지방정부에 대한 민주적 통제체계 확립 • 지방정부에 대한 평가제도 개선

시민사회 활성화	• 다양한 주민참정제도 도입 • 시민사회 활성화 기반 강화
협력적 정부 간 관계 정립	• 중앙-지방정부 간 협력체계 강화 • 지방정부 간 협력체계 강화 • 정부 간 분쟁조정기능 강화

자료: 정부혁신지방분권위원회(2007: 119).

4. 지방분권촉진위원회

2008년 2월에 출범한 이명박정부는 100대 국정과제에 지방분권 확대를 포함하고, 지방행정체제 개편, 지방정부의 권한 확대, 지방재원 확충, 자치경찰제 도입 등을 추진하고자 하였다(〈표 8〉 참조).

┃ 표 8 ┃ 이명박정부의 지방자치분야 국정과제

구 분	내 용
지방분권 확대, 지역경제 살리기	
지방행정체제 개편	• 계층구조의 단순화 및 규모의 적정화 • 국가경쟁력 제고를 위한 기능 재배분
지방정부의 권한 확대	• 중앙권한 지방이양 • 기관위임사무 폐지 • 중앙-지방 간 국정협력시스템 구축 • 지방자치단체 평가제도 개선 • 특별지방행정기관의 지방중심 개편
광역경제권 구축	• 광역경제권 구축을 통한 지역경제활성화 • 여수세계박람회 성공적 개최 • 제주특별자치도 추진
지방재원 확충	• 지방재원 확충 및 세원 불균형 완화 • 지방교부세제도의 발전적 개편
자치경찰제 도입	• 자치경찰법 제정, 시범실시, 전국 확대 실시

이와 맞물려 다소 선언적이고 형식적인 「지방분권특별법」을 구체적인 실천과제와 추진시한을 명시한 「지방분권촉진에 관한 특별법」으로 전부 개정하는 안2)이 2008년 2월 26일에 국회본회의를 통과함으로써 지방분권 추진기구로 기존의 정부혁신지방분권위원회와 지방이양추진위원회가 통합되어 2008년 12월 2일 대통령소속으로 지방분권촉진위원회가 출범하였다(지방분권촉진위원회, 2011: 6, 13). 지방분권촉진위원회는 행정안전부와 기획재정부 장관 등 당연직 위원 2명과 대통령 위촉 2명, 국회의장 추천 2명, 지방4대협의체의 장이 추천한 4명 등 총 10명의 위원으로 구성되었다. 또한 위원회 업무의 효율적 지원을 위해 지방이양의 분야별로 4개 실무위원회를 두어 50여명의 실무위원이 위원회에 상정될 안건의 사전 검토·조정과 조사·연구 기능을 수행하였다.

지방분권촉진위원회는 〈표 9〉와 같이 「지방분권촉진에 관한 특별법」에 추진근거를 두고 있는 20개 과제를 선정하여 관계법령 정비 및 제도개선 등을 수행하였다. 특히, 지방자치단체의 사무를 자치사무와 법정수임사무로 이분화하여, 기존의 기관위임사무를 폐지하는 내용의 지방자치법 개정(안)을 마련하여 국회에 제출(2012년 9월)하고, 1,587건의 지방이양 대상사무를 확정하였다. 또한 특별지방행정기관과 관련해서는 국도·하천, 해양·항만, 식·의약품의 기능 이관을 위해

| 표 9 | 지방분권촉진위원회 4대 분야, 20개 과제

분 야	과제명
권한 및 기능 재배분(5)	사무구분체계 개선, 중앙행정권한의 지방이양, 특별지방행정기관 기능조정, 교육자치제도 개선, 자치경찰제도 도입
지방재정 확충(3)	국세와 지방세의 합리적 조정, 지방교부세제도 개선, 지방재정의 투명성·건전성 제고
자치역량 강화(6)	자치입법권 확대, 지방의회의 전문성·자율성 강화 주민직접참여제도 보완, 지방선거제도 개선, 지방자치단체 평가 기준 마련 및 진단·평가, 지방자치행정체제 정비
협력 및 공감대 확산(6)	정부 및 지방자치단체 간 협력체제 강화, 분쟁조정 기능 강화, 특별지방자치단체제도 도입·활용, 지방공무원 인사교류 확대 및 교육훈련제도 개선, 자원봉사활동 장려·지원, 지방분권 홍보 및 공감대 확대

자료: 지방분권촉진위원회(2013: 300).

2) 2005년 11월 3일, 권경석 외 81명 개정안 발의.

11개 법률과 15개 시행령 개정을 완료하고, 이와 관련한 인력 208명과 재원 3,969억원의 이관도 완료하였다(지방분권촉진위원회, 2013: 302). 이 외에도 지방분권촉진위원회는 2013년 5월까지 활동하면서 1,587건의 지방이양 사무를 확정하였고, 이중 516건이 이양 완료되었다.

5. 지방행정체제 개편추진위원회

이명박정부는 교통과 정보통신의 발달, 농촌지역의 인구감소와 고령화 등 행정환경의 변화를 반영하여 지방행정체제를 개편하고자 이를 100대 국정과제에 포함하였다. 그동안 행정체제 개편에 대해서는 제17대, 18대 국회에 설치된 지방행정체제개편 특별위원회를 중심으로 관련 논의가 활발히 진행되었다. 그 결과 여·야 합의로 2010년 9월 16일 「지방행정체제 개편에 관한 특별법」이 제정되었고, 대통령소속으로 지방행정체제 개편추진위원회를 설치하여 특별법에 제시된 과제를 추진하도록 하였다.

지방행정체제 개편추진위원회는 대통령 추천 6명, 국회의장 추천 10명, 지방4대협의체의 장이 추천한 8명과 행정안정부 장관, 기획재정부 장관, 국무총리실장의 당연직 위원 3명 등 총 27명 위원으로 구성되어 2011년 2월 16일에 출범하였다. 「지방행정체제 개편에 관한 특별법」에서는 지방행정체제 개편의 기본방향으로 1) 지방자치 및 지방행정계층의 적정화, 2) 주민생활 편익증진을 위한 자치구역의 조정, 3) 지방자치단체의 규모와 역량에 부합하는 역할과 기능의 부여, 4) 주거단위의 근린자치 활성화를 제시하였다. 이에 따라 지방행정체제 개편추진위원회에서는 읍·면·동 주민자치회 설치, 대도시 특례 발굴, 도 지위 및 기능 재정립, 시·군·구 통합, 특별·광역시 자치구·군의 개편과 특별지방행정기관 사무의 지방이양, 교육자치와 지방자치의 연계·통합, 자치경찰제 실시와 같은 지방분권 과제도 추진하였다. 지방행정체제 개편추진위원회는 이러한 과제의 개편방안을 담아 2012년 6월 「지방행정체제 개편 기본계획」을 확정하고, 대통령과 국회에 보고하였다.

6. 지방자치발전위원회

　　그동안 지방분권과 행정체제개편 과제는 「지방분권촉진에 관한 특별법」과 「지방행정체제 개편에 관한 특별법」에 근거하여 각각 지방분권촉진위원회와 지방행정체제 개편추진위원회를 중심으로 추진되었다. 그러나 중앙행정권한의 지방이양, 특별지방행정기관의 기능조정, 자치경찰제 실시 등 일부 과제는 양 위원회가 동시에 추진하고 있었고, 도의 지위 및 기능 재정립, 특별·광역시 자치구·군 개편 등 지방분권과 행정체제 개편을 연계 추진할 필요가 있는 과제도 있어 박근혜정부에서는 이들 위원회를 통합 출범시키게 되었다. 이러한 배경에서 「지방분권 및 지방행정체제 개편에 관한 특별법」이 2013년 5월 28일 제정되었고, 그 추진기구로 대통령 소속의 지방자치발전위원회가 같은 해 9월 13일에 출범하여 현재까지 활동중이다.

　　지방자치발전위원회는 대통령 추천 6명, 국회의장 추천 10명, 지방4대협의체의 장 추천 8명과 기획재정부장관, 행정안전부장관, 국무총리실장 등 총 27명의 위원으로 구성되어 있다. 지방자치발전위원회는 특별법과 박근혜정부 국정과제(〈표 9〉)를 근거로 20개 정책과제를 선정하였고, 과제의 성격에 따라 3개의 분과위원회(자치제도분과, 지방분권분과, 행정체제개편분과)를 중심으로 과제별 개편방안을 마련하고 제도 개선을 추진 중에 있다. 이중 지방이양과 관련된 과제를 추진 중

| 표 10 | 박근혜정부의 지방자치분야 국정과제

구 분	내 용
지방재정 확충 및 건전성 강화	• 지방자치단체의 자체재원 비중 확대 • 지방재정조정제도 개선 • 지방재정의 건전성 및 투명성 대폭 강화
지방분권 강화	• 중앙권한의 지방이양 적극 추진 • 핵심 지방분권과제 추진 및 생산적 지방자치를 위한 제도개선 　- 특별지방행정기관 정비, 지방의회 기능 활성화, 인구 100만 이상 대도시 특례방안 마련, 읍면동 주민자치회 시범실시, 지방인사위원회 역할 강화 등 인사시스템 혁신 추진 　- 중앙과 지방이 참여하는 공식적 협의기구 법제화

인 지방분권분과위원회 산하에는 분야별로 3개의 실무위원회를 두어 지방이양 대상사무 발굴의 사전 조사와 연구를 진행하고 있다.

지방자치발전위원회는 출범 이후에 17개 시·도를 순회하며 지역의견을 청취하고, 300회가 넘는 위원회 내부회의를 거쳐 2014년 6월 지방자치발전 20개 정책과제에 대한 과제별 추진방안을 마련하였다. 이렇게 마련된 안은 약 4개월 동안 관계 중앙부처 협의와 지방자치단체, 분권단체, 관련 학회 등의 의견수렴을 거치고, 최종적으로 국무회의에서 의결(2014. 12. 2.)됨으로써 「지방자치발전 종합계획」으로 확정되었다.

지방자치발전위원회는 2014년 12월 8일 「지방자치발전 종합계획」을 발표하고, 국회 지방자치발전특별위원회에 종합계획을 보고함으로써 지방분권과 지방행정체제 개편에 관한 과제의 개편방안을 제시하였다. 종합계획은 최종적으로 국무회의의 심의를 거쳐 확정되었기 때문에 그 수립과정에서 이전의 계획과는 차별성을 가지며, 이는 범정부적인 실천의지가 담긴 것이라 볼 수 있다. 종합계획에 담긴 20개 정책과제는 〈표 11〉과 같다.

지방자치발전위원회는 「지방자치발전 종합계획」의 이행을 위하여 과제 소관 중앙부처로부터 받은 실천계획을 토대로 매년 「연도별 시행계획」을 수립하

┃ 표 11 ┃ 지방자치발전위원회 4대 분야, 20개 과제

분 야	과제명
강력한 지방분권 기조 확립과 실천	자치사무와 국가사무의 구분체계 정비, 중앙권한 및 사무의 지방이양, 특별지방행정기관 정비, 국가와 지방자치단체의 협력체제 정립
자치기반 확충 및 자율과 책임성 강화	지방재정 확충 및 건전성 강화, 지방선거제도 개선, 지방의회 활성화 및 책임성 제고, 지방자치단체 평가제도 개선, 지방자치단체 간 행정협력체제 정립
주민중심 생활자치·근린자치 실현	자치경찰제도 도입, 교육자치와 지방자치 연계·통합 노력, 읍·면·동 주민자치회 도입, 지방자치단체 간 관할구역 경계조정 제도개선, 주민직접참여제도 강화, 지방자치단체 소규모 읍·면·동 통합
미래지향적 지방행정체제 구축	특별·광역시 자치구·군의 지위 및 기능 개편, 대도시 특례제도 개선, 지방자치단체 기관구성 형태 다양화, 도의 지위 및 기능 재정립, 시·군·구 통합 및 통합 지자체 특례 발굴

자료: 지방자치발전위원회(2014: 6).

고, 이를 점검·평가하여 그 결과를 국무회의 의결을 거쳐 대통령에게 보고하고 있다. 아울러 지방자치발전위원회는 종합계획에 포함된 개편방안 대부분이 법률 제·개정을 필요로 하기 때문에 관계 중앙부처와 함께 제도화를 위해 노력을 기울이는 한편, 지방자치단체, 관련 분권단체, 학계, 지역 주민 등과의 공감대를 형성하고 새로운 지방자치 발전과제를 발굴하는 데 주력하고 있다.

| 참고문헌 |

김익식 (2008). 지방분권 추진체제 및 전략 개선방안. 한국지방자치학회 학술대회, pp. 999-
    1020.
김재훈 (1999). 「중앙행정권한의 지방이양촉진 등에 관한 법률」의 제정 배경과 의의. 지방
    행정, 48(548): 23-33.
정부혁신지방분권위원회 (2007). 참여정부의 혁신과 분권.
지방분권촉진위원회 (2011). 제1기 지방분권촉진위원회 지방분권 백서.
지방분권촉진위원회 (2013). 제2기 지방분권촉진위원회 지방분권 백서.
지방이양추진위원회 (2000). 지방이양관련 자료집.
지방이양추진위원회 (2008). 지방이양백서 1998~2008.
지방자치발전위원회 (2014). 지방자치발전 종합계획.
지방행정체제 개편추진위원회 (2012). 대한민국 백년대계를 향한 지방행정체제 개편.
홍준현 (1999). 「중앙행정권한의 지방이양촉진 등에 관한 법률」제정과 지방이양 추진사업
    에 대한 평가. 지방행정, 48(548): 34-41.

2 민간의 지방분권운동

박 재 율

1. 지방분권운동의 실천적 의미

　　민간 시민사회활동의 현장에서 '지방분권운동'의 용어는 지방분권의 과제와 균형발전의 과제를 일반적으로 묶어서 사용하는 분권, 분산, 분업의 이른바 3분의 내용을 총괄적으로 표현하는 의미로 사용하고 있다. 중앙정부, 중앙정치와 지방정부, 지방정치의 비대칭적 관계를 해소하고 자율적이고 민주적인 지방자치를 실현하기 위한 '분권의 과제'와 수도권과 비수도권 및 각 권역과 지역 간, 나아가 지역 내의 불균형과 격차 해소를 중심으로 하는 '균형발전의 과제'를 통칭하여 실천적 차원에서 '지방분권운동'으로 표현하고 있는 것이다.

2. 지방분권운동의 의의와 목표

　　지방분권운동은 국가권력과 권한의 수직적 분권(정치권력, 행정권력, 사법권력 등)

을 통한 지역의 자기 결정권, 책임성을 제고하고 강화하여 올바른 지방자치를 실현하고 개발독재와 압축성장 시대의 특정 권역, 지역 중심의 일극발전전략에서 복수의 권역과 다양한 지역중심의 다극적 발전전략으로 전환, 일극 집중의 사회 경제적, 문화적 구조를 다극적 체제로 혁신하여 지역 특성화 발전을 도모하고 지방화시대를 지향하고자 한다. 다시 말해 중앙집권과 수도권과밀집중 구조에서 분권, 분산, 분업형 구조로 국가운영체계를 전환하자는 것으로 주민참여와 자치역량 제고를 통한 지방자치 혁신과 지속가능한 지역공동체 형성을 바탕으로 지역경쟁력을 강화하고 나아가 국가경쟁력을 강화해나가자는 국정혁신운동인 것이다.

3. 민간의 지방분권운동 전개와 현황

1) 태동시기(2000년-2002년)

1995년 민선단체장까지 선출하게 되면서 본격적인 지방자치시대가 시작되고 지역을 중심으로 지방자치 활성화를 위한 주민참여 확대, 지방정치와 행정의 자율성 자치재정권 확대, 수도권집중 완화 등에 대한 문제의식이 제기되고 논의되기 시작하였다. 그러나 부분적이고 분산적인 제기와 논의 수준에 머물러 있다가 지방분권운동이라는 깃발을 내세우고, 지역 간, 전국적 차원에서 본격적인 문제제기와 논의, 실천이 이루어진 것은 2000년대 들어서였다.

그동안의 축적된 흐름들이 모여 마침내 2000년 10월, 부산참여자치시민연대, 대전참여자치시민연대, 서울참여연대 등이 소속된 전국상설협의체인 '참여자치지역운동연대'와 대구, 광주 등 각 지역경실련 협의체인 '지역경실련 협의회'가 '지방분권과 자치를 위한 전국시민행동'을 결성하여 지방자치법 개정 청원운동에 나섰다. 이어 2001년에 시민단체와 학계 등을 중심으로 '지방자치헌장 선언', '전국지식인 선언' 등이 발표되고 지역시민사회단체들을 중심으로 워크숍 등을 통해 지방분권운동의 중요성과 전국적인 연대에 대한 논의가 본격화되었다. 더불어 일부 지방자치단체장의 '지방분권 촉구 성명' 등이 발표되기도 하는 등 지방자치단체 차원에서도 지방분권의 문제의식이 표출되기 시작하였다.

구체적으로 살펴보면, 2001년 3월 22일, 91년 지방의회선거를 시작으로 부분적이지만 지방자치가 부활된 지 10년을 맞이하여 참여자치지역운동연대와 지역경실련협의회, YMCA 등 전국의 시민사회단체가 청주에서 '지방자치헌장'을 선언하였다. 지방자치헌장에는 주민자치의 원칙, 주민의 권리와 책무, 중앙정부와 지방정부 및 지방정부 상호 간의 관계, 중앙정부의 책무, 지방정부의 책무, 지방의원의 책무, 시민사회와 지방정부의 저항권, 연대활동 등 9개항의 내용이 담겨있다. 청주에서 지방자치헌장선언 행사를 하게 된 것은 91년 청주시의회가 전국 최초로 '행정정보공개청구조례'를 발의, 의결하였으나 당시 법령체계에 위반된다는 이유로 청주시가 무효소송을 제기하여 대법원에서 결국 청주시의회의 손을 들어주어 1992년 10월 1일자로 조례가 시행되게 된 것을 염두에 둔 것이다. 이는 지방자치가 부활되고 나서 사실상 정부의 독점적인 입법권에 문제를 제기하고 중앙집권적인 행정구조의 문제점을 극명하게 드러낸 상징적인 사건이었다. 이후 지방자치헌장선언 행사를 개최한 청주 예술의전당 앞 광장에는 '지방자치헌장선언 기념비'가 세워지기도 하였다.

한편 2001년 9월 3일에는 학계, 문화계, 교육계, 종교계 등 전국의 각계 지식인 2,757명의 이름으로 '지방분권실현을 위한 전국 지식인선언'을 발표하였다. 이 지식인 선언은 한국지역사회학회, 부산경남지역사회연구센터, 대구사회연구소, 전남사회연구소 등에서 활동하던 교수들이 중심이 되어 부산, 광주, 대구, 대전, 전주, 춘천, 서울 등에서 지역별 논의를 통해 이루어졌다. 주요 내용으로는 첫째, 지방분권정책의 기본방향으로 '지역에 결정권을', '지역에 세원을', '지역에 인재를' 내세우고 있다. 둘째, 지역의 균형적 발전을 위해 수도권지역의 규제완화와 신도시개발계획 등의 중단, 수도권과 비수도권간의 격차해소를 위한 특단의 조치를 요구하고 있다. 셋째, 지방분권특별법의 제정을 촉구하고, 핵심과제로 국방, 외교, 거시경제 분야를 제외한 중앙정부기능의 지방이양, 국세와 지방세를 획기적으로 개편한 지방세원의 확충, 지방대학육성 및 지역인재 양성 등을 제시하였다. 그리고 향후 지방분권운동 추진기구의 조직을 통한 강력한 지방분권운동을 추진할 것을 천명하였다.

이런 움직임들과 더불어 참여자치지역운동연대, 지역경실련협의회 등의 시민단체가 중심이 되어 지방분권운동을 위한 전국조직 건설을 위한 논의와 워크숍 등이 진행되었고, 이를 바탕으로 시민사회단체와 학계 인사들을 중심으로 몇 차례 논의를 거친 뒤 2002년 9월 18일, 강원도 춘천에서 "지방분권촉진을 위한 춘천선언"을 발표하고, 중앙집권과 수도권집중에서 지방분권과 균형발전으로 국가운영체계를 전환하고 혁신하기 위해 우선 '지방분권 전국조직 건설 준비위원회'(위원장 김형기 경북대 교수, 부위원장박재율 부산참여자치시민연대 사무처장, 이민원 광주대교수)를 결성하였다. 이후 11월 7일, 마침내 부산, 대구·경북, 광주·전남, 전북, 강원, 경남 등의 지역단위 지방분권운동 조직과 경실련 등이 참가한 '민주적 지방자치와 지역균형발전을 위한 지방분권 국민운동'(이하 지방분권 국민운동)을 발족하게 되었다.

발족 이후 지방분권국민운동은 바로 여의도광장에서 '16대 대통령후보 지방분권 대국민협약체결 촉구 국민대회'의 대규모 집회를 개최하고, 각 정당을 방문하는 등 제16대 대통령후보들을 대상으로 '지방분권 대(對)국민협약' 체결을 제안하고 촉구하였다. 국민협약의 내용은 지방분권특별법, 지역균형발전특별법 제정, 지방세원확충, 자치경찰제도입, 주민소환제, 주민참여활성화 등 지방분권 8대 과제였다. 협약체결의 목적은 당시 선거에서 지방분권정책이 핵심의제로 공론화되도록 하고, 향후 대통령 당선자에게 핵심 국정의제로 추진하도록 국민에게 약속하는 것이었다. 당시 한나라당 이회창 후보는 12월 6일 대전에서, 민주당의 노무현 후보는 12월 8일 대구에서, 민주노동당 권영길 후보는 12월 11일 부산에서 각각 지방분권국민협약서에 서명함으로써 향후 구성될 정부에서 지방분권정책들이 추진될 수 있는 근거와 동인을 마련하게 되었다.

2) 노무현 정부 시기(2003년-2007년)

노무현 정부가 출범하자 지방분권국민운동은 대선시기에 체결한 국민협약에 기초하여 우선 지방분권특별법, 지역균형발전특별법, 지방대학육성특별법 등 이른바 '지방 살리기 3대 특별법'의 제정에 주력했다. 정책위원회를 중심으로 연구팀을 구성하여 초안작업을 하고, 토론회와 워크숍 등을 개최하여 의견을 수렴, 전체회의에서 수차례 논의를 거치는 과정을 통해 최종안을 마련하고 정부와 국회, 각 정당에 제출하였다. 이후 각 정당 대표, 원내대표, 정책위의장, 관련 국회 상임위원회, 지역별 국회의원, 대통령 소속 정부혁신지방분권특별위원회, 국가균형발전특별위원회, 행정자치부 등의 방문, 간담회 및 기자회견 등을 통해 입법을 위한 활동에 주력했다.

그리하여 마침내 2003년 12월 지방분권특별법과 지역균형발전특별법, 그리고 노무현대통령의 대선공약이었던 신행정수도이전특별법(이후 헌법소원에 따른 헌법재판소의 수도이전은 관습법에 의한 위헌이라는 판결에 따라 행정중심복합도시특별법으로 변경)까지 3개의 법률이 국회를 통과하게 되었다. 이상의 법안들이 국회에서 통과되던 그 날, 지방분권국민운동의 대표자들은 국회에서 온 종일 심의와 표결과정을 지켜보고 본회의에서 통과되자 국회본관 앞에 모여 만세를 부르기도 했다.

이후 노무현 정부에서 정부부처 이전을 중심으로 한 행정중심복합도시와 공공기관 이전을 중심으로 한 혁신도시 과제, 즉 분산, 분업의 지역균형발전이 주요한 의제와 정책으로 부각, 추진되도록 하는 데 나름의 활동을 전개하였다. 또한 주민투표, 주민소환제 도입 등 주민자치를 활성화하는 주민참여제도가 본격 도입되어 시행되도록 하는 성과가 있었고 주민투표법 등은 구체적인 방안까지 제시하여 법안에 상당 부분 반영되기도 하였다. 지방분권정책의 종합판이라고 할 수 있는 제주특별자치도의 시범실시를 위해서도 직, 간접적인 노력을 진행하기도 하였다. 이런 과정에서 특히 정부이전 등에 반대하는 일부 정치권에 대한 비판과 지속적인 정책추진의 점검과 감시활동이 일정하게 이루어졌으나 행정수도이전의 위헌판결, 자치입법권, 자치재정권 확대 등을 추동하는 데는 한계가 있었다.

이런 과정에서 지방분권국민운동은 노무현 정부에서 주민참여제도, 지역균형발전 정책 등의 제도화가 이루어지는데다가 분권과 균형발전의 우선순위, 중요성, 연계 등에 대한 운동방향과 조직운영에 대한 일정한 이견, 일부 인사들의 역할변경과 이전 등으로 일부 지역에서 사실상 관련 연대조직의 이완, 활동저하, 정지 등 전국적인 활동력이 다소 침체되는 현상을 보이면서 2007년 대선을 맞이하게 되었다.

3) 이명박 정부 시기(2008년-2012년)

2012년 대선 때에도 2007년과 같이 대통령후보들을 대상으로 '지방분권 대국민협약' 체결을 위한 운동을 전개했지만 성사되지 못했다. 여러 요인이 있겠지만 객관적인 요인으로는 2007년에 비해 관련의제가 쟁점이나 주요 정책공약으로 공론화되지 못하고 있었고, 또한 후보간 경쟁이 치열하지 못하고 특정 후보가 일방적으로 앞서 나가는 상황이라 정책대결의 긴장도가 현저히 떨어지는 상황이었다. 한편 주관적인 요인으로는 이런 상황을 돌파하고 의미있는 문제제기를 할 만한 운동역량이 부족했다. 이런 열악한 객관적인 상황을 돌파해나가기에는 앞서 언급한 바와 같이 노무현 정부 중, 후반기를 거치면서 일정하게 이완, 약화된 분권운동은 역부족일 수 밖에 없었다.

이러한 상황에서 이명박 정부가 들어서자 행정중심복합도시의 성격 변경, 수도권규제완화 등이 시도되었다. 행정중심복합도시인 세종시의 성격과 기능을 교육과학중심 경제도시로 바꾸고 정부부처의 이전을 대폭 축소하려고 하고 선택과 집중의 명분 아래 수도권규제를 대폭 완화하려고 하였다. 여기에 기존의 지방분권국민운동 차원에서 효과적인 대응과 운동을 할 수 없는 상황에서 이명박 정부 출범 이후 지방분권의 정체와 후퇴에 직면한 분권운동 진영은 2008년 하반기부터 당면한 지방분권의 과제들에 대응하기 위해 다시 부산을 비롯한 각 지역 및 전국차원에서 새로운 지역단위 및 전국단위 조직 형성을 논의하고 공유하기 시작하였다. 이를 통해 세종시 백지화, 혁신도시 지체, 수도권규제완화 등 이명박 행정부의 정책에 대한 효과적인 대응을 위해 기존 지방분권국민운동과 수도권과밀반대 전국연대(2005년 발족)소속의 주요 단위와 인사들을 중심으로 '지방분권과 균형발전을 위한 전국연석회의'(이하 분권균형발전 전국회의)를 2009년 1월에 공식 발족하였다. 이전과 달리 실행중심으로 운영체계를 단일화 하였고, 지방분권국민운동에는 참가하고 있지 않던 환경정의 등 수도권의 시민단체들과 학계 인사들도 참가하여 폭이 넓어졌고 그런 점에서 지역대표성의 명분이 더 강화된 측면이 있었다.

분권·균형발전 전국회의는 이후 행정중심복합도시 원안유지와 수도권규제완화 저지(선지방후, 수도권규제논의)를 위해 세종시 현지 기자회견, 토론회 등을 비롯하여 전국지식인 선언, 집회, 항의방문 등 다양한 운동을 전개하였다. 이런 노력이 헛되지 않게 결국 행정중심복합도시는 원안이 유지되었고, 혁신도시도 일정에 약간의 차질이 있었으나 큰 변화없이 추진되기에 이르렀고 수도권정비계획법 개정시도 등도 이루어지지 못했다.

이명박 정부는 지방행정체제개편을 적극 추진하기도 했는데, 많은 반대와 우려에도 불구하고 2010년 7월; 마산, 창원, 진해를 통합하였다. 주민투표를 통해 실질적인 주민의사를 바탕으로 통합여부가 결정되어야 한다는 시민사회, 학계 등의 합리적인 목소리는 배제된 채 사실상 관제적으로 이루어지고 말았다. 이후 본격적인 지방행정체제개편 작업을 위해 2010년 9월 16일 '지방행정체제개편에 관한 특별법'이 제정되고 2011년 2월 16일 '대통령소속 지방행정체제개편추진위원회'가 출범하게 된다. 그리하여 2012년 6월 13일; 16개 지역 36개 시·군·구(의정부+양주+동두천, 전주+완주, 구미+칠곡, 안양+군포, 통영+고성, 동해+삼척+태백 등 6개 지역 14개 시군, 또 미건의 지역중 홍성+예산, 안동+예천, 새만금권역으로 군산+김제+부안, 광양만권으로 여수+순천+광양 등 도청이전 지역과 인구 또는 과소 자치구로 서울 중구+종로구, 부산 중구+동구, 수영구+연제구, 대구 중구+남구, 인천 중구+동구 등 9개 지역 20개 시군구 및청주·청원지역은 건의는 하지 않았지만 특별법상 특례를 인정하기로 함에 따라 기본계획에 포함)의 통합방안을 발표하였다. 또 특별·광역시 자치구·군의 경우 특별시는 수도의 특수성, 인구·산업의 차이 등을 감안해 구청장 선출·의회 미구성, 광역시는 1)안으로 시장의 구청장·군수 임명 및 의회 미구성, 2)안으로 구청장·군수 선출·의회 미구성안의 복수안을 제시하였다.

이에 이미 중앙정부의 일방적, 하향적, 획일적인 시, 군, 구 통합과 특·광역시 자치구폐지 시도를 중단하고 지방분권을 우선 추진할 것을 주장해오던 분권·균형발전 전국회의를 중심으로 한 시민사회는 학계와 지방 4단체 등과 연계하여 기자회견, 토론회, 의견서 제출 등의 방식으로 강력히 문제제기를 하였다. 더욱이 특별지방행정기관의 업무이양, 교육자치와 일반자치의 통합, 자치경찰제 시행 등의 과제는 기존의 '지방분권촉진위원회'의 역할과 중복되어 혼선을 빚는 등 이명박 정부 후반기에 '지방행정체제개편추진위원회'를 출범시켜 중요한 국정과제를 조급하고 무리하게 추진하는 것에 대해 근본적인 문제제기를 하였다. 결국 시·군·구 통합과 특·광역시 자치구폐지 등의 지방행정체제개편은 성사되지 못하고 다음 정부로 어물쩍 넘어가고 말았다. 한편 2010년 지방선거를 앞두고 기초지방선거 정당공천폐지를 위한 전국차원의 별도의 네트워크가 결성되어 전국시장군수구청장협의회 및 동의하는 일부 국회의원 등과 연대하여 정계, 관계, 시민사회 등 원로선언, 집회 등 활발한 운동을 전개하였으나 뜻을 이루지 못했다.

이후 분권균형발전전국회의 차원에서 실질적인 활동은 없지만 명맥을 유지하고 있는 지방분권국민운동과 참가단위와 인사들의 중복에 따른 비효율, 2002년 이후 지난 10년 간의 지방분권운동에 대한 성찰 등을 통해 향후 10년 전망을 향한 제2기 지방분권운동을 위해 이전 운동을 계승하고 혁신하는 새로운 통합분권운동 조직을 만들자는 논의가 지속적으로 이루어졌다. 그리하여 2011년 3월에 2012년 총선과 대선을 앞두고 지난 10년 간의 제1기 지방분권운동을 계승하고 더욱 발전시켜 2012년 총선과 대선 시기 활동을 시작으로 제2기 지방분권운동을 전개해나가기 위해 통합조직을 결성하기로 결의하였다. 이후 9개월 동안의 준비를 거쳐 '지방분권국민운동', '수도권과밀반대 전국연대', '분권·균형발전 전국회의' 등 기존의 관련조직을 망라하여 통합, 연대하고 더욱 확대하여 2011년 12월 14일, 지방분권운동의 전국 총결집 조직인 '균형발전지방분권 전국연대'(이하 지방분권 전국연대)를 출범하였다.

서울·인천·경기의 수도권, 부산, 경남, 광주·전남, 대구·경북, 강원, 대전, 충남, 충북 등 13개 시, 도의 지역조직과 한국YMCA, 지역MBC와 민영방송이 참가하고 있는 지역방송협의회, 전국공무원노조, 희망제작소 등의 부문단위들로 결성된 지방분권전국연대는 출범 직후 2012년 총선시기에 '지방분권 12대 의제'를 선정하여 각 정당을 방문하여 제시, 공약채택을 요구하고 지역별로도 후보자들에게 정책공약 채택을 촉구하고 주요 정당의 시당위원장과 시민협약을 체결하는 등의 활동을 하였다. 그리고 오랜 논의를 거쳐 2012년 대선 때에는 지방분권헌법개정, 자치입법, 자치재정권 강화, 자치경찰제실시, 기초지방선거정당공천폐지, 주민참여제도 활성화, 강력한 분권추진기구 구성 등 '지방분권 11대 정책의제'를 제시하고 2002년과 같이 당시 박근혜후보와 문재인후보에게 '지방분권실천국민협약' 체결을 제안, 요청하였다.

2002년과 같이 후보자들에게 직접 서약을 받지는 못했지만 2012년 12월 13일 부산에서 개최한 '2012 대선후보 지방분권정책실천 국민협약 체결촉구와 지방분권실현 시민결의대회'에서 박근혜후보는 대리서명을, 문재인후보는 직접 서명한 서약서를 전달하였다(참고자료). 그 외에도 새누리당과 민주당 등을 방문하여 선대위원장 등과 간담회를 가지고 지방분권 정책의제를 전달하고 공약으로 반영, 향후 실천을 촉구하는 활동 등을 전개하였다.

4) 박근혜 정부 시기(2013년 -)

제2기 지방분권운동의 전국 통합연대 조직인 지방분권전국연대는 서울시 산하 서울연구원과 '수도권과 비수도권 상생발전 방안', '지방분권 정책의 방향' 등의 주제로 2013년 1월부터 5월까지 5차례의 워크숍을 진행하여 지방분권 정책 추진에 대한 협력과 지역균형발전에 대한 서울시의 발전적인 역할 등에 대해 공감하고 지속적인 협의와 공동의 노력을 해나가기로 하였다.

그리고 박근혜대통령 당선자의 인수위원회와 간담회를 통해 지방분권정책 의제의 국정 주요과제 채택과 실천을 요청하는 한편, 관련 의견서를 제출하고 기자회견 등을 개최하였다. 박근혜정부가 공식 출범한 뒤, 2012년 3월에는 비수도권 14개 시, 도와 지역국회의원들의 모임인 지역균형발전협의체와 '새정부의 지방분권과 균형발전 정책방향 워크숍'과 전국시도의회의장협의회와 '지방분권 정책실천 협약 체결' 행사를 잇따라 개최하여 박근혜정부에서 지방분권정책이 제대로 추진될 수 있도록 민관협력(거버넌스)체계를 강화하였다.

또한 한시법인 '지방분권촉진특별법'과 '지방행정체제개편에 관한 특별법'이 '지방분권 및 지방행정체제개편에 관한 특별법'으로 통합하여 발의되어 지방4단체 추천위원의 확대, 추진기구의 집행력 강화 제도화 등을 비롯한 의견서를 제출하고 국회에서 기자회견 등을 개최하였다. 특별법을 바탕으로 2013년 9월에 출범한 대통령 소속의 '지방자치발전위원회'와 2014년 8월, 2015년 1월, 두 차례의 간담회를 통해 '지방자치발전종합계획안'의 가시적인 실행과 이명박 정부의 지방행정체제개편 특별위원회에서 마련되어 현행 특별법에 그대로 승계하게 되어있는 특, 광역시 자치구·군의 기능개편; 즉 자치구·군폐지 및 시·군과 자치구통합 방안 철회 등을 촉구하였다.

2014년 지방선거를 앞두고는 2013년 초부터 다시 기초지방선거 정당공천폐지 운동을 시작하였다. 그 해 5월에 지방분권전국연대 소속 지역 및 부문단체들과 경실련, 한국청년유권자연맹 등의 시민사회단체들을 중심으로 전국시장군수구청장협의회, 전국시군자치구의회의장협의회, 민선전시장군수구청장협의회, 국회내 지방자치포럼소속 의원 등과 연대하여 '기초지방선거 정당공천폐지 대선공약이행촉구 시민네트워크'(이하 정당공천폐지 네트워크)를 결성, 국회안팎에서 기자회견, 1인 시위, 공천폐지촉구국민대회, 전국동시다발 기자회견, 각 정당 앞 약식집회와 항의방문, 청와대 의견서 제출 등 활발한 활동을 전개하였다. 그러나 박근혜, 문재인 두 대선후보가 모두 공약, 국민들에게 약속하고, 안철수의원도 적극 주장하고, 국민다수가 지지했음에도 불구하고 또다시 기득권의 높은 벽 앞에서 좌절하고 말았다.

한편 2012년 말에 출범한 지방분권개헌 국민행동은 지방분권의 실현을 위해서는 입법, 행정차원만이 아니라 프랑스가 2003년에 지방분권개헌을 한 것처럼 자치입법권, 자치재정권 등을 위해 현행 헌법규정들을 바꾸어야 한다는 인식으로 권력구조, 시민기본권 과제들과 함께 헌법개정운동을 전개하고 있다. 지방분권개헌운동은 2015년 4월 1일 국회에서 지방분권개헌운동 선포식을 개최하면서 실질적으로 본격 활동을 선언하고 부산, 대구, 경북, 강원, 경기 등에 '지방분권개헌 지역청원본부'(예: 지방분권개헌 부산청원본부)를 결성하였고 그 외 지역에서도 결성준비를 하고 있다. 그리고 전국시장군수구청장협의회와 연대하여 광역단위중심으로 지방분권개헌 대국민토론회를 진행하였고 2016년 2월 17일에는 국회에서 '지방분권개헌안 초안'을 발표하고 4.13 총선시기에는 각 정당선대위원장 등 면담 및 각 지역별로 후보자에게 질의서 발송과 서명, 각 시당위원장초청 시민협약식 체결 등을 통해 20대 국회에서 지방분권개헌 등을 위해 조속히 '개헌특별위원회'를 구성, 운영하도록 추동하는 활동을 전개하였다. 지방이양일괄법 제정 등을 위한 '지방자치발전특별위원회'(또는 지방분권특별위원회)의 조속한 구성과 운영도 지방분권전국연대 등과 함께 촉구하기도 하였다.

자치입법, 자치재정, 주민참여 등 일반적인 분권의 과제들의 실현을 위한 활동은 지속하지만 이 모든 정책과제들을 포괄하는 근본적인 제도개선 조치인 지방분권개헌을 중심으로 바야흐로 지방분권운동이 본격 전개되고 있는 상황이라고 할 수 있을 것이다.

한편 1기 지방분권운동을 전개한 조직인 지방분권국민운동은 우여곡절 끝에 일부지역을 중심으로 전국차원의 활동에 참가하는 등으로 유지되고 있다.

4. 민간의 지방분권운동 방향과 과제

민간차원에서 전국적으로 시민사회단체들이 결집하여 학계인사들과 함께 지방분권운동을 전개하는 곳은 한국이 유일하다고 할 것이다. 아래로부터의 상향적인 시민운동, 국민운동으로서의 역동성을 가진다는 면에서 커다란 의미를 가진다고 할 수 있지만 한편 그만큼 정부와 정치권의 중, 장기적인 계획과 전망이 체계화되어 있지 못하고, 그에 따라 단기적인 실행전략과 방침도 미흡하며, 위로부터의 실천동력도 취약하다는 뜻이기도 하다.

이런 면에서 광역시도를 비롯한 지방자치단체와 지방의회의 역할이 아주 중요하다. 일선 행정과 지방정치를 수행하는 단위에서 주민들과 소통하고, 호흡하여 중앙정부와 정치권에 지방분권정책의 실천을 과감하게 요구하고 견인하는 노력이 절실하다. 그런 면에서 무엇보다 기초지방선거 정당공천폐지를 통한 기존 정당구조로부터 자유로운 단체장과 지방의원들이 지방분권운동의 실질적인 주요 파트너가 되고 주도 세력이 될 수 있도록 거듭 총력을 다해야 할 것이다.

또한 한국지방자치학회, 한국지방정부학회 등 관련 학회의 교수, 전문가를 비롯한 언론, 문화, 대학, 중소상공계 등 각 계의 단위 및 인사들과 연대를 강화해나가야 할 것이다.

무엇보다 참여자치지역운동연대 소속의 각 지역단위들, 지역경실련협의회의 각 지역단위들, YMCA, YWCA, 환경운동연합 등의 각 지역단위 등 주요 시민단체들이 지방분권운동이 단순히 중앙의 권한을 지방에 넘겨달라거나 재정을 더 달라거나 지역개발을 해달라는 것들이 아니라 지역의 자율성과 책임성을 바탕으로 지속가능한 지역발전, 지역민들이 실제적인 주체가 되는 지방자치를 통해 삶의 질을 향상하고자 정치, 행정의 제반 틀을 개선, 개혁해나가는 국가운영체계 혁신운동이라는 점을 새삼 인식, 학습, 체득하여 지방분권운동의 중심을 강화해나가야 할 것이다. 아울러 보수, 진보, 중도 식의 진영논리가 아니라 가장 밑바탕

기초를 강화하고 체질을 강화하는 근본적이면서 보편적인 운동이라는 점에서 중심성을 강화하면서도 폭넓은 연대와 소통을 확대, 강화해나가야 할 것이다.

또한 현시기, 박근혜 정부에서 지방분권개헌을 비롯, 노무현 정부부터 10여년째 논의해오고 제주도에서 실시되고 있는 자치경찰제의 실질적인 시행, 업무와 인력, 재정이 동시 이관되는 지방이양일괄법 제정과 기관위임사무 폐지, 주민참여예산제 확대 등의 주민참여제도 활성화와 같은 몇가지 과제에 집중하여 국민, 주민이 체감하는 지방분권이 실행될 수 있도록 최대한의 노력을 다해야 할 것이다.

| 참고문헌 |

박재율 (2013). 지방분권운동의 현황과 방향. (수원자치분권협의회 연수 강의).

박재율 (2015). 지방자치분권과 지역발전. (울산대공무원연수 특강).

박재율 (2015). 지방자치종합발전계획의 주요쟁점과 과제. (한국지방정부학회 춘계학술 대
회 발표).

안권욱 (2015). 자치분권운동의 성과와 과제. (충북사회경제연구원; 지방자치20주년기념 토
론회 발표).

· · ·

4부

종합토론

· · ·

사 회: 이 승 종
발 제: 정 순 관
토 론: 김순은, 박경국, 신윤창, 이기우, 이성근, 정현민

한국지방자치의 발전과제와 미래

정 순 관

1. 문제제기: 사회문제 해결기제와 민주적 거버넌스

20세기 후반부터 세계적으로 나타난 두드러진 현상의 하나는 사회문제를 해결하는 접근방식에서의 변화이다. 즉, 사회문제를 해결하는 데 있어서 중앙정부의 획일적 문제해결 접근이 퇴색하고 지방중심의 분권적 문제해결 접근방식이 증가하고 있다. 세계화와 정보화의 영향으로 이러한 추세는 더욱 가속화되는 경향을 띠고 있다. 교통·통신과 정보기술의 발달로 진행되는 세계화와 정보화는 국가 간의 경계를 넘나드는 사람과 정보에 대한 특정 국가의 통제와 규제를 사실상 어렵게 하고 있고 이러한 사회변화에 걸맞은 국정관리체제의 변화가 요구되고 있다.[1]

이러한 시대적 흐름을 반영하고 있는 것이 '정부 없는 거버넌스(Governance without Government)'라는 용어라고 할 수 있다. 거버넌스는 여러 가지의 논의가 있

---

[1] 21세기 사회문제 해결기제로서 민주적 거버넌스에 관한 이 주제는 필자의 다음 글을 인용하였음(정순관(2008), 사회문제 해결방식과 새로운 주민참여의 모습, 도민과 함께하는 의정, 전라남도의회).

지만 일반적으로 '공사 영역의 다양한 행위자들이 분리되지 않고 함께 결합하고 조화를 이루어 사회문제를 해결해가는 국정관리 양태'로 정의한다. 이 입장에서 거버넌스는 국가제도만을 포함하기보다는 오히려 다중 조직적 행위의 형태이다. 환원하면 거버넌스는 정부만을 포함하기보다는 시민-관-기업 등 다양한 조직들이 포함된 의사결정 행위를 말하는 유형들이다. 물론 좋은 거버넌스(good governance)는 국가를 포함한 관련된 행위주체들 간의 대등한 입장을 가정하는 의사결정과정을 말하는 민주적 거버넌스이고, 거버넌스에 관한 논의의 핵심은 바로 이 민주적 거버넌스의 구축에 있다.

이러한 변화는 국가사회의 관리방식에서 중앙정부의 일방적 해결지침에 따른 문제해결 접근은 이미 한계를 갖고 있으며, 사회문제와 관련된 행위주체들의 적극적인 참여에 따른 합의를 중시하는 문제해결방식으로의 변화를 말하는 것이다. 즉 사회문제를 해결하는 중요한 규칙이 기존의 '합산적 혹은 분배적 선택법칙(collective or allocative choice rules)'에서 각 행위주체들이 참여하여 대화를 통해 공동체 이익을 구성해 내는 '구성적 선택법칙(constitutive choice rules)'으로 이동하고 있는 것이다. 전자는 누가 무엇을 갖느냐에 주로 관심이 있었던 반면에 후자는 누가 권력을 행사하고 어떻게 행사하는가에 주로 관심이 있는 입장이라고 할 수 있다. 후자의 관점이 바로 현대의 사회문제를 해결하는 데 핵심내용이 되고 있는 것이다. 사회문제의 해결을 위한 논의의 중심이 '목표달성의 능률성'에서 '민주적 관리법칙의 질'로 이동하고 있는 것이다. 이와 같은 의사결정의 틀의 변화는 그만큼 사회가 복잡성과 다양성을 더해가고 있다는 것을 보여주고 있는 것이며, 어느 한 행위주체가 우월적이고 특권적으로 기능해서는 사회문제가 해결되는 것이 어렵다는 것을 보여주는 것이다.

'좋은 거버넌스(good governance)'인가는 사회문제를 해결하기 위해 협력을 유도해 낼 수 있는 '규칙의 질'에 달려있다. 즉 규칙의 질, 조직역량, 리더십의 기술 등은 모두 좋은 거버넌스를 결정하는 데 중요한 영향을 미치는 요인으로 인식되고 있다. 사회문제를 해결하는 기반으로서 좋은 거버넌스는 국가행정체제의 제도적 맥락이다. 또 이를 규정해 주는 관리규칙들은 사실과 가치들이 결합된 공공문제를 취급하는 정책과정에서 한 국가의 다양한 제도들 간 상호작용의 형식과 질을 결정하게 된다. 협력을 유도해낼 수 있는 규칙의 질이 민주적일 때 이를 우리는 민주적 거버넌스라고 할 수 있다.

　전통적으로 행정은 능률적인 서비스 전달과 공익증진에 관심을 가져왔다. 이제 사회문제 해결 메커니즘으로서 거버넌스의 담론은 공공행정의 관심을 중앙 주도적 공급자의 편견에서 지방의 수요자(지방정부)를 함께 고려하는 제도적 다면성으로의 이동을 요구하고 있다. 환원하면 중앙통제적 능률성 중심의 국정관리체제를 지방정부가 의사결정에 실질적으로 참여하고 공동으로 결정하는 민주성 중심의 국정관리체제로 변화시킬 것을 요구하는 것이다. 이러한 사회변화를 반영한 제도적 변화가 1980년대 이후 세계적으로 나타난 지방화의 추진이다. 우리의 경우 이러한 변화는 1990년대 이후에 나타났고, 중앙정부의 노력과 지방정부의 요구로 다양한 제도적 변화를 추구하고 있다[2]. 이러한 지방화의 추진이 현대의 사회문제를 해결하는 설득력 있는 제도적 대안이고 지방분권의 추진이며 지방자치의 실현일 것이다.

2. 지방자치의 도전과 제도적 변화: 권력집중의 견제와 중앙 의존적 대응

1) 우리나라 지방자치 추진의 역사와 특징

　현대적 의미에서 우리나라 지방자치제도는 1948년 7월 17일 제헌헌법의 공포와 1948년 11월 17일 「지방행정에 관한 임시조처법」과 1949년 7월 4일 「지방자치법」이 제정·공포되면서 형성되었다. 그 후 지방자치의 근간이 되는 지방자치법의 개정은 지속되었으나 근본적인 내용은 크게 바뀌지 않은 채 지금까지 내려오고 있다. 그동안 전개된 지방자치와 지방분권 추진의 역사적 유산은 지방자치의 실현에 상당한 함축적 의미를 제공하고 있다. 그동안의 노력은 지방자치발전에 공헌한 것도 사실이지만 제도적 한계를 노정시키고 있는 것도 사실이다. 우리의 지방자치와 지방분권추진의 역사는 권력집중의 견제와 중앙 의존적 대응이라

---

2) 김순은 교수(2014)는 이러한 변화의 주요 원인으로 글로벌 국제사회의 등장과 냉전체제의 붕괴, 민주적 복지사회의 구현, 출산율저하와 고령사회의 진입 등으로 들고 있다.

는 특징을 갖고 있다.

　조선왕조와 일제강점기 그리고 미군정에서의 지방자치적 유산들은(임승빈, 2015; 김순은, 2014) 시대적 배경과 함께 지방자치법이라는 제도적 틀로 나타났다. 그 후 이승만 정부는 지방자치를 민주주의의 실현보다는 정권의 공고화를 위한 수단으로 활용하였고(임용주, 2002; 김순은, 2014), 중앙 집권적 권력집중으로 변모하였다. 이는 1960년 4·19혁명으로 이어져 모든 지방자치단체장을 선거로 선출한다는 등의 제도변화(지방자치법개정 등)를 도입하게 했다. 그러나 1961년 5·16 군사정변으로 지방자치는 폐지되었다. 그리고 긴 세월이 흘러 1987년 6·29선언에 이르기까지 지방자치제도의 도입배경과 변화과정은 권력집중에 대한 일종의 견제장치로서의 의미가 담겨져 있다. 1987년 6·10항쟁 등으로 표출된 민주화의 요구결과인 6·29선언에서 지방자치실시를 천명하게 되었고, 그해 10월 29일 헌법개정을 통해 헌법부칙의 지방자치 유예조항을 삭제하여 지방자치제도 도입의 길을 열었다. 오늘날 지방자치의 날을 10월 29일로 정한 이유도 이날을 기념하기 위한 것이다. 지방자치제도가 도입된 배경이 도입당시의 시대적 상황에서 권력집중을 종식시키는 핵심적 대안이었다는 그 숭고한 의미는 지금도 유효하다.

　한편, 우리나라 지방자치관련 제도의 개혁과정에서 나타난 특징은 지방자치를 현장에서 담당해야할 지방자치단체의 실질적 참여가 없이 당시 내무부 등 중앙부처가 중심이 되어 추진되었다는 점이다. 중앙 의존적 지방자치제도의 설계와 지방분권의 추진은 정부 관료제의 내부효과 등으로 제도적 한계를 잉태하게 했다. 1949년 7월 4일 「지방자치법」이 제정된 이후로 여러 차례의 개정이 이루어지는 과정에서 중앙 집권적 요소들은 지속적으로 유지·강화되었음을 알 수 있다3). 지방자치단체에 중앙공무원의 배치 등이 그 대표적 예이다. 이러한 영향은 현재까지도 지방자치단체의 인사권, 조직권, 예산권 등에서 중앙정부의 과도한 통제나 간여의 빌미를 제공하고 있는 제도로 남아있고, 이는 한편으로 중앙정부 관료주의를 잉태시키는 배경이 되고 있다.

　이러한 권력집중에 대한 견제장치로서 지방자치제도의 도입배경과 중앙 의존적 제도개혁의 추진 등은 지방자치의 실현을 위한 지방분권의 추진방향을 중앙에 대한 지방의 민주적 통제영역의 확장에 주로 관심을 집중시키는 결과로 이

---

3) 중앙 관치적 지방행정의 태동과 내용에 대한 보다 자세한 사항은 김순은(2014) 참조.

어지게 했고 형식과 절차에 대한 요구에 집중하게 했다. 이러한 배경은 한편으로 지방자치를 위한 제도적 개혁에 공헌했지만, 또 한편으로 우리나라 지방자치의 특징을 형식적 자치, 갈등적 자치, 획일적 자치, 의존적 자치 등으로 자리 잡게 하는 원인이 되었다.[4)]

공식적으로 지방분권은 중앙과 지방의 권한배분 관계로 중앙의 행정권한이 지방자치단체로 이양된 정도를 말하는 것으로, 국가와 지방자체단체의 권한과 책임을 합리적으로 배분하고, 주민이 자발적 참여를 통하여 지방자치단체가 그 지역에 관한 정책을 자율적으로 결정·집행하며, 지방의 창의성과 다양성이 존중되어 내실 있는 지방자치를 실현하는 것이다.

현대적 의미의 지방자치제도가 도입된 이후 67년이라는 세월이 흘렀다. 이제 지방자치제도의 확대와 강화는 권력집중의 견제라는 것 외에 21세기 사회문제의 해결이라는 새로운 의미를 획득해가고 있고, 지방분권의 추진 방향에 새로운 메시지를 주고 있다. 환원하면 지방분권의 추진은 단순히 형식과 절차의 개선과 중앙에서 지방으로의 권한이양만이 아닌 실제로 주민의 입장에서 무엇이 좋아질 것인가라는 물음에 답할 수 있는 내용에 관심을 가져야 할 것이다.

2) 역대정부 지방분권의 추진

앞에서도 언급한 바와 같이 21세기에 사회문제를 해결하는 데 있어서 중앙정부 주도의 획일적 문제해결 접근은 많은 한계를 노정해 왔다. 획일적이고 통제적인 문제해결방식은 문제를 해결하는 것보다는 오히려 문제를 양산하는 우를 범한다는 지혜를 얻게 된 것이다.

이러한 국정관리방식은 세계적으로 지방분권적 관리방식의 확산으로 이어졌고, 우리나라도 예외는 아니다. 그래서 세계 각국은 중앙정부의 권한과 기능을 지방자치단체로 이양하는 지방분권을 국가경쟁력 강화의 유효한 수단으로 활용하고 있다. 영국이 '지방정부법 2000'을 제정하여 주민이 지방정부 기관구성형태

---

4) 이승종 교수(2015)는 한국지방자치가 과정가치에 매몰된 지방자치 패러다임, 취약한 분권, 지방정부의 책임성 미흡, 주민소외의 문제를 안고 있으며 이에 따라 목표의 경시, 형식적 자치, 갈등적 자치, 획일적 자치, 의존적 자치, 그들만의 자치, 편린자치로써의 곤란을 겪고 있다고 평가하고 있다.

를 직접 선택할 수 있게 하였고, 일본은 1999년 '지방분권일괄법'시행 이후 또 다시 2006년 '지방분권개혁추진법'을 제정하여 '삼위일체개혁'을 추진하고 있으며, 그리고 강력한 단일국가체제를 유지해오고 있었던 프랑스가 2003년 헌법을 개정하여 기존에는 없었던 지방분권과 지방자치단체의 자유로운 행정에 대한 헌법적 보장을 선언하게 된 것 등이 그것이다.

그동안 우리정부도 지속적인 지방분권의 추진으로 지방자치의 내실화를 위해 노력해 왔다. 문민정부에서는 그동안 뚜렷한 명분도 없이 연기되었던 지방자치단체의 장 선거를 통해 지방자치의 전면적 실시를 주도했다. 이후 국민의 정부에서는 100대 국정과제의 하나로 중앙권한의 지방이양과 자치경찰제도의 실현을 채택하였고, 「중앙행정권한의 지방이양촉진등에 관한 법률」을 제정하여 지방이양위원회를 설치하는 등의 노력을 보여 왔다. 또한 지방분권을 국정과제의 핵심으로 부상시킨 참여정부에서는 지방분권 로드맵을 작성하여 7개 분야 47개 과제를 제시하고 5년간 「지방분권특별법」 제정, 제주특별자치도 추진, 주민투표·주민소환·주민소송제 등을 도입하였다. 이명박 정부도 지방분권을 추진해 오면서 제기되어온 문제점들을 해결하기 위하여 100대 국정과제에 "지방분권의 확대"를 중심과제로 선정하고 기존의 「중앙행정권한의 지방이양촉진등에 관한 법률」과 「지방분권특별법」을 통합하여 「지방분권촉진에 관한 특별법」으로 전면 개정하여 지방분권과 지방이양 추진체계를 일원화 시키는 한편 「지방행정체제개편에 관한 특별법」을 제정하여 환경변화를 반영한 지방행정체제 개편을 추진하는 등의 노력을 해왔다.

한편, 박근혜 정부에서는 「지방분권촉진에 관한 특별법」에 따라 설치된 지방분권촉진위원회와 「지방행정체제 개편에 관한 특별법」에 따른 지방행정체제개편 추진위원회를 발전적으로 통합하고, 실질적으로 지방분권을 주도할 수 있는 강력한 지방분권추진체계를 구축하기 위해 두 법률을 통합하는 「지방분권 및 지방행정체제개편에 관한 특별법」을 제정하여 지방이양과 지방분권의 실효성을 제고하였다.

그리고 2014년 그동안 논의되어왔던 지방분권추진의 주요과제들을 20개로 압축하고 이를 수정·보완하여 「지방자치발전 종합계획」을 수립하였고, 국무회의에 상정하여 정부의 공식계획으로 확정·발표하였다(2014. 12. 2.). 이는 지방분권의 과제들을 정부가 공식적으로 구체화하여 공개하고 정부계획으로 확정하여 시

| 그림 1 |

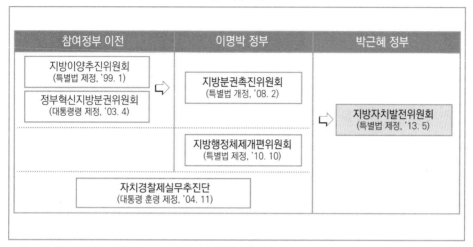

자료: 대통령소속 지방자치발전위원회(2015), 지방자치발전 종합계획 설명자료.

행하는 범정부적 실천계획의 틀을 마련하였다는 데 큰 의의가 있다.

　　그동안 각 정부별로 추진한 지방분권의 성과에도 불구하고 우리나라의 지방자치는 아직까지 반쪽형 구조를 가지고 있다는 비판을 받고 있는데 중앙정부 위주의 사무배분 체계, 국가사무와 지방사무의 관계 모호, 국가위주의 재원배분 체계, 지방세원확충의 사실상 불가능, 조례제정권의 한계 등이 그 주요 내용이다. 이러한 비판은 지방분권의 추진방향이 통합적이고 체계적이었다기 보다는 사안별로 검토되는 분산적이고, 단절적인 지방분권추진에서 오는 결과라고 할 수 있다. 이는 향후 지방분권추진의 방향이 헌법에서부터 시행령과 조례제정에 까지 이르는 체계적인 제도의 틀을 검토하고, 사안별 평가와 추진에서 국정관리 체계의 전체적인 틀 속에서 판단하고 추진하는 노력이 필요하다는 점을 시사하고 있다. 동시에 중앙과 지방의 대립이 아닌 상생기반의 형성, 지방자치단체 내부의 공동체형성과 주민자치 등에 대한 과제들에 관심을 가져야 할 것이다.

3. 성숙한 지방자치, 행복한 지역주민을 위한 지방자치 발전과제

흔히 지방자치를 풀뿌리 민주주의라고 말한다. 민주주의는 투표에 의해 합의를 도출하는 것과 권력의 균점화에 의한 모든 사람들의 자유를 확장하는 두 가지의 핵심적 내용으로 요약된다. 바로 지방자치가 이 두 가지의 핵심가치를 실현하는 기초적 장이 되기 때문에 그렇게 말할 것이다. 합의와 자유확장은 지방자치와 지방분권의 추진에서 추구되어야 할 중요한 가치이다. 이는 박근혜 정부에서 출범한 대통령소속 지방자치발전위원회가 지향하는 "성숙한 지방자치, 행복한 지역주민"과 맞닿아 있다.

향후 한국사회의 변화는 여러 가지 점에서 주목해야 할 것들이 있다. 우선 인구구조의 변화이다. 빠르게 변화되는 노령화의 현상은 많은 사회문제를 야기할 것이다. 특히 기초지방자치단체들에서는 더욱 심각한 문제로 다가오고 있다. 또한 여러 가지 메커니즘 속에서 급격히 증가하는 복지수요이다. 현대사회의 대부분의 문제는 다양성과 사회적 불평등에서 나온다. 그리고 그 문제를 해결하는 가장 호소력 있는 단어가 바로 사회복지라는 것이다. 당연히 제기되는 문제가 재정압박이다. 그러나 누가 부담할 것인가는 항상 '움직이는 과녁'으로 남아있다. 더구나 현실화되어가는 경기침체는 이러한 문제를 더욱 어렵게 할 것이다.

이러한 문제들을 어떻게 해결할 것인가에 대한 하나의 해답은 없다. 중요한 것은 문제를 함께 공유하고 대화해야 한다는 것이다. 이제 지방분권의 추진은 바로 그러한 공유와 대화가 있게 하는 제도적 틀을 만들어야 한다는 데 더욱 큰 의미를 부여해야 할 것이다.

민주주의 이론과 공공정책 간의 연결은 중앙이나 지방이나 할 것 없이 '민주적 거버넌스'의 원리구현이라는 개념과 함께 시작한다. 중앙과 지방의 연계방식 그리고 지방의 다양한 정책들을 수립하고 이행하는 절차는 민주적인 선택 과정에 의하여 올바르게 만들어져야 한다. 그렇게 될 때에만 앞에서 말한 민주주의의 두 가지 핵심내용이 구현될 것이다. 이해당사자들이 수긍할 것이고 파트너십과 공동체의식이 형성될 것이다. 그리고 이렇게 될 때 지역주민의 행복지수는 높아질 것이다.[5]

---

5) 정부서비스만족도가 높을수록 행복하고, 삶의 질 수준이 낮은 집단일수록 정부서비스만족도

정부제도의 평가는 궁극적으로 '민주적 가치의 달성'이라는 측면에서 이해될 수 있다. 이 가치를 달성하기 위한 민주화의 역사는 일반적으로 선거권의 확장, 민주적 통제영역의 확장, 그리고 신뢰의 확장이라는 세 가지 의미로 전개되어 왔다(정순관, 2014a). 이제 선거권의 확장이나 민주적 통제영역의 확장은 거의 문제되지 않는다. 그만큼 우리의 민주적 성장과정이 진척되어 있는 것이다. 적어도 외형적으로는 그렇다. 이제 남은 문제는 마지막 주제인 '신뢰의 확장' 문제다. 신뢰확장의 핵심은 상호관계성에서 찾아진다. 미래 지방자치와 지방분권을 추진하는 데 있어서 이제 주목해야 할 방향이 바로 이 신뢰확장에 대한 노력일 것이다. 중앙과 지방, 지방상호 간, 그리고 지방에서의 주민상호 간 관계성의 회복과 구축에 시간과 노력을 투자해야 할 것이다.

이러한 점을 고려하면서 향후 지방자치와 지방분권의 추진에서 관심을 집중해야 할 몇 가지 과제들을 논의하면 다음과 같다.[6]

1) 지방분권형 헌법개정

지방자치의 헌법상 보장에 대해 우리나라에서 통설적으로 인정받고 있는 것은 제도적 보장론이다. 이 입장은 제도의 본질유지라는 측면에서는 평가되어지나 제도의 최소보장에 그치는 한계성이 있고, 구체적 장치들이 헌법상 명기되기 어렵기 때문에 정치적으로 왜곡될 가능성이 있다는 비판이 제기되고 있다(이기우, 2005).[7] 그래서 헌법조항에 지방분권에 관한 조항을 확대·보완 추가하여 지방분권에 관한 최상위의 제도적 틀을 확립할 필요가 있다. 우리나라 헌법에 지방자치와 관련된 조항은 2개 조문, 4개항, 6개 줄에 불과하다. 프랑스 헌법에서 지방분권과 관련된 조항들은 10개 조문, 36개항에 달하며, 무려 225개 줄을 할애하여 상세히 규정하고 있음은 시사하는 바가 크다(정세욱, 2008).

가 행복에 미치는 영향이 더 큰 것으로 밝혀지고 있다(김병섭 외 2, 2015).

6) 미래 지방자치발전을 위한 과제에 관한 주제들은 필자의 다음 글에서도 언급한 바 있다(정순관, 2014b).

7) 또한, 제도적 보장론에 대한 대안으로 입헌주의적 지방자치론이 제기되고 있다. 즉, 헌법에 지방자치의 규정이 미비하기 때문에 헌법전문과 각 조항을 재해석하여 지방자치의 원리를 찾아 지방자치를 구체화하고 입법화하자는 주장이다(최상한, 2012).

이러한 점 때문에 우리나라 헌법이 형식적으로만 지방자치를 규정하고 있을 뿐 지방자치를 실질적으로 보장하기 위한 내용은 하나도 없다는 비판을 받고 있다. 또 현실적으로 현재 「지방자치법」과 「지방분권 및 지방행정체제개편에 관한 특별법」 등에 산재되어 있는 지방분권관련 제도를 헌법규정에 명시하여 지방자치에 관한 체계적인 법률체계를 확립해야 할 필요가 있다. 이는 지방분권에 대한 상징적 의미와 향후 조례입법권이 확대되고 지방의 책임이 강화될 전반적인 추세에 대응하기 위한 구조적 갈등문제 해결의 입법조치로서의 의미가 큰 과제이다.

2) 국회에 지방자치발전특별위원회의 상설화

지방자치와 지방분권의 추진은 상당부분 법률의 제정·개정을 필요로 한다. 대통령소속 지방자치발전위원회에서는 2015년 말에 지방자치발전 종합계획 이행과제의 정부입법 추진을 위해 관계부처에 2016년 정부입법계획 반영 촉구 및 독려를 위한 공문을 발송했는데 여기에는 모두 12개 법률 32건이 포함되어 있다. 각각의 법률은 국회의 해당 상임위원회에서 심사하고 처리하는 과정을 거치게 되어 있어서 다양한 분권과제를 각각 별개로 심의하는 것은 상당한 한계가 있다. 즉, 사회문제해결기제로서의 지방자치라는 보다 종합적이고 체계적인 접근이 어렵고, 이해 당사자인 중앙부처의 의견이 과도하게 영향을 미치는 등 한계를 갖고 있다.

지방자치와 지방분권을 추진하는 과정에서 이러한 입법과정의 한계를 극복하기 위해서는 현재 법안의 심사·처리권이 없이 임시적으로 설치되어 있는[8] 국회 지방자치발전특별위원회를 상설화하고, 여기에 지방자치관련 법안을 심사하고 처리할 수 있는 권한을 부여하여야 할 것이다. 그래서 국가사무의 일괄이양 등 지방자치발전 종합계획에 따라 정부가 추진하는 사항들이 보다 원활하게 처리될 수 있도록 해야 할 것이다.

---

8) 현재 국회의 지방자치발전특별위원회는 모두 17명으로 구성되어 있고, 활동기간이 2014. 2. 6 부터 2015. 6. 30으로 되어있었으나 2회에 걸쳐서 그 활동기간이 연장되었다.

3) 지방정부 기관구성의 다양화

21세기에 지방자치의 중요한 의미는 앞에서 언급한 바와 같이 사회문제해결의 기본 틀이라는 것이다. 이러한 차원에서 현재 획일화 되어있는 지방정부의 기관구성을 주민이 선택할 수 있게 하자는 주장은 설득력이 있다. 이 과제는 박근혜 정부에서 수립된 「지방자치발전종합계획」에 수록된 20개 과제에서 미래발전과제로 제시된 과제이기도 하다. 21세기에 예견되는 지방의 환경변화에 맞게 지방정부의 기관구성을 다양화하여 사회문제해결에 보다 적실성 있게 접근할 수 있는 지방정부 구조를 만들 필요가 있다.

우리나라 지방정부 기관구성방식은 1995년 지방자치단체장의 주민직선이 시행되어 지방의회와 지방자치단체장이 각각 주민직선에 의해 독립적으로 구성되는 이른바 '기관분립형' 기관구성형태가 정착되었다. 그러나 1949년 7월 제정·공포된 지방자치법에서부터 지방정부 기관구성방식을 지방자치법에 '획일적'으로 명시하여 왔기 때문에 지방정부의 기관구성에 관한 지역주민의 선택권은 원천적으로 배제되어 있다. 이러한 지방정부 기관구성방식의 획일성은 제정 당시의 사회상황 즉, 1960년대 빈곤의 탈피와 경제발전을 위한 통합된 사회질서의 필요, 지역 간 평등주의의 구현 그리고 민주주의의 정착단계에서 권력분립의 원칙 필요 등의 요구가 영향을 미쳤을 것이다.

그러나 현재 지방자치법에 기관분립형으로 획일화되어있는 지방정부 기관구성제도에 대한 문제들은 첫째, 기관구성의 획일성은 21세기 사회문제해결기제에 부합하지 않고, 둘째, 현재 우리가 획일적으로 채택하고 있는 기관분립형 제도설계의 의도인 권력분립과 상호견제의 효과가 지역 독점당으로 인해 활성화되지 못하고 있고, 셋째, 지방정부 기관구성의 획일성은 지방의 사회경제적 다양성을 반영하지 못하고 있다는 비판이 제기되고 있다. 또한 현재(2016. 1) 243개의 지방자치단체가 구성되어 있고, 행정시(2)와 자치구가 아닌 구(35)를 포함하면 280개의 지방정부가 혼재하고, 지방정부 별로 인구규모는 1만 명에서 100만 명까지, 인구밀도도 ㎢ 당 19명에서 약 3만 명에 이르기까지 매우 다양하다. 여기에 지방정부마다 재정적 여건도 너무나 다르고, 도시적 특성과 농어촌 특성 등까지를 감안하면 지방정부의 관리방식을 구조적으로 달리 해야 하는 이유는 충분하다. 따라서 지방정부구성의 다양화를 위한 입법적 장치를 고려할 시기라고 판단된다.

4) 국민 체감적 지방분권의 추진

지방분권을 통한 지방자치의 내실화는 아직 일선에서 체감되지 못하고 있는 것이 사실이다. 우선 위임사무 위주의 지방이양, 재원이 수반되지 않은 사무 중심의 지방이양, 그리고 이양은 확정되었지만 아직 이양이 완료되지 않은 사무의 현존, 기관 폐지나 신설 등 체감적인 과제추진의 미흡 등이 그 원인으로 지적되고 있다. 그 대표적인 것들이 자치경찰의 추진과 특별지방행정기관 정비 등이다. 이들은 많은 부분들이 법률의 제정과 개정이 필요한 과제들이다.

자치경찰제 관련 과제는 1948년 정부조직법제정 당시부터 논의되어온 과제로 정치적 중립성, 서비스의 종합성, 친근성, 지역맞춤성 등의 필요성에서 주장되어왔다. 2005년 마련된 「자치경찰법」 정부안이 17대 국회서 자동 폐기된 후, 2008년 「자치경찰법」 정부안을 다시 만들었으나 '이명박 정부 100대 국정과제'에 추가 선정된 지방행정체제 개편(2010. 10. 10. 「지방행정체제 개편특별법」 시행)과 자치경찰제 도입을 연계하여 논의한다는 방침이 당정협의에서 정해짐에 따라 정부안의 입법추진은 보류되었다. 박근혜 정부가 출범한 후 수립된 지방자치단체종합계획에서 자치경찰제 추진과제는 핵심과제로 분류되었고, 시범실시 후 기초자치단체에 자율적으로 도입한다는 방향에서 자치경찰법안을 마련하고 보완하고 있으며 법안확정 후 2016년 정부입법절차를 추진할 계획이다. 그동안 논의된 주요내용들은 도입단위와 조직, 권한, 재원마련 등에 관한 내용이 주를 이루고 있다.

그러나 자치경찰의 도입의미는 지방에서의 생활서비스 전달에서 파트너십과 문제해결이 중심이다. 자치경찰이 어떻게 지역사회의 각 주체들과 파트너십을 형성할 것인가 그리고 무질서와 범죄를 단순히 사후적이 아닌 다양한 파트너십의 형성으로 제어할 것이냐의 문제는 그리 단순하지 않다. 자치경찰제 도입의 초기에 자치경찰이 지역사회에 올바르게 착근하기 위한 적극적인 프로그램의 개발, 즉 자치경찰의 격무에도 파트너십 형성과 문제해결 기제에의 참여유인책, 지역주민과 시민단체 그리고 중소기업 등의 행동주체들이 자치경찰의 눈과 귀가될 수 있게 하는 유인책 등의 프로그램개발 등이 꼭 필요한 과제라고 할 수 있다. 현재의 119식 사후적 단일 방향적 치안서비스를 지역에서 제공한다는 단순접근은 많은 도전을 받게 될 것이다.

특별지방행정기관은 중앙정부가 직접 지방에 기관을 두어 지방에서 일어나는 일정한 사무를 국가가 직접 처리하는 기관이다. 우리나라의 지방행정체제는 지방자치단체와 중앙정부의 특별지방행정기관으로 이원화되어 있어 양 기관 간에 불필요한 기능중복과 행정인력 및 예산 낭비, 동일기능에 대한 중복, 과잉규제, 책임과 권한 괴리, 대민서비스의 현지성과 경제성 결여 등 많은 문제를 야기하고 있다는 지적이 있어왔다. 그래서 역대정부에서는 특별지방행정기관 정비는 우리나라 지방자치의 건전한 착근을 위해서 추진해야 할 중요한 과제로서 인식되어왔다. 박근혜 정부에서도 일반과제로 분류되어 추진되어 오고 있다. 그러나 특별행정기관의 정비문제는 언제나 기관폐지 접근보다는 부분적 기능이양 쪽의 접근을 취해왔다. 또한 시범실시는 '이탈자'로서의 취급에 따라 지방이양의 폐해로 해석되기도 했고 오히려 기관팽창의 구실도 되었다. 특별지방행정기관의 정비문제는 박근혜 정부에서 수립된 지방자치발전 종합계획에서 미래발전과제로 분류된「도의 지위 및 기능재정립」과제와 동시에 고려될 필요도 제기된다. 21세기 사회문제해결 기제로서 지방분권형 국정관리체계로의 전환이라는 큰 틀 속에서 종합적으로 평가하여 과감하게 추진할 필요가 있다.

5) 지방정부 자치제도 운영의 충실화: 지방자치의 신뢰확장

지방자치는 지역주민이 스스로 지방의 관리방식을 조정하고 결정하는 제도이다. 그동안 지방이양된 사무가 2012년 말 현재 3,101개 사무에 이르고, 법령개정까지 확정된 것만도 1,982건(2015. 12 현재)이다. 이양 완료된 사무는 이제 지방권한과 책임 하에 수행된다. 박근혜 정부 출범 이후에도 1,801개 사무(위원회 1737, 지방 64)가 지방이양대상사무로 분류되어 심의를 받고 있다. 적지 않은 사무가 지방의 고유사무가 되었고 앞으로도 될 것이다. 지방에서는 이러한 이양된 사무에 대한 관례답습적 집행에서 벗어나 지방서비스가 충실화되고 지역맞춤형이 될 수 있도록 충분한 대비를 해야 할 것이다. 이양된 사무는 이제 지방의 고유사무이고 따라서 많은 새로운 지역특성에 맞는 정책개발이 가능하다. 이를 위해 각 자치단체에서는 지방이양된 사무의 확인, 이양된 사무의 지역적 의미, 그리고 처리방향 등을 논의하고 정립할 지방의 제도를 마련해야 할 것이다. 이양된 사무의 지방정착을 위해서 민주적 거버넌스 구축을 위한 지방이양준비 T/F 등의 구성이 필요할 것이다. 지방자치의 충실성을 담보하기 위해 이양된 사무에 관한 조례제정과 개정 등의 후속조치가 적극적으로 검토되어야 할 것이다. 지방자치의 성숙을 위해 지방정부차원에서 민주적 거버넌스의 틀을 구축하고 추진해야 지역주민과 함께하는 주민이 행복한 지방자치가 착근될 것이다.

민주적 거버넌스 메커니즘에 관한 이론들은 저마다 자신들의 내적가치를 달성하고자 내세우는 정책수단들을 옹호하는 주장을 담고 있다.[9] 바로 그 주장들에 의해 선택된 지방정책들이 그 주장을 정당하게 하는 이론적 근거가 현장에 있는가에 대한 지속적 관심과 개선노력이 있을 때 신뢰가 형성될 것이다. 시장친화적 거버넌스를 선호한다면 개인들은 평등한가? 그들이 위험을 부담할 수 있는가? 시장기제는 개인들에게 충분히 유인력을 제공하는가? 등을 가지고 평가되고 확인되어져서 정책이 선택되어져야 한다. 다원주의적 거버넌스를 선호한다면 모든 이해를 대변할 집단이 존재하는가? 집단들이 그 구성원들의 이해를 대표하는가? 집단이 균형을 이루는가? 협상된 성과가 공익에 속하는가? 등에 대한 기준들로 평가되어져서 정책이 선택되고 운영되어야 한다. 그리고 숙의적 거버넌스를 선호한다면, 단순한 참여에서 그치지 말고, 실질적 투입의 관점에서, 참여주체들이 얼마나 동등한지를 생각해봐야 한다. 참여주체들은 정책을 숙의하기 위해 동등한 능력과 사실상 동등한 의지를 보유하고 있는가? 또 실질적 산출의 관점에서 숙의적 과정에서 도출된 결론이 정책화될 기제가 존재하는지를 따져 물어서 정책이 선택되고 운영되어져야 한다. 이런 질문들에 대답함이 없는 지방의 정책선택과 운영이라면 우리가 바라는 지방에서의 신뢰확장은 기대하기 어려울 것이다.

환원하면 어떤 형태의 민주적 거버넌스에 근거하여 정책수단을 선택하든 그 정책수단들이 비판적 주장에 노출되게 하고 그래서 이론적 근거에 충실하게 지방정책이 운영될 수 있게 노력할 때, 그 정책은 민주적 가치 달성을 더욱 도울

---

9) 각 이론들의 주장은 정순관(2014), 정부정책의 정통성 확립조건, 행정포커서, 한국행정연구원 참조.

수 있을 것이다. 그리고 그러한 선택과 운영은 미래의 성숙한 지방자치발전의 핵심주제라 할 수 있는 신뢰의 확장에 기여할 것이다.

4. 결 어

우리의 사회발전에 매우 소중한 지방자치가 회복된 지 벌써 20년이 넘었다. 건장한 성인이 된 것이다. 그동안 많은 사람들의 노력과 희생으로 우리의 지방자치는 의식과 제도에서 많은 발전이 있었다. 하지만 지방자치의 발전을 위해 아직도 해야 할 일들은 많이 남아있다. 지방자치의 질적 성숙을 방해하는 정치적 도전이 있고, 기득권의 저항이 있는 것도 사실이다.

이제 지방자치는 권력집중의 경계라는 의미에서 사회문제 해결기제로서의 지방자치와 지방분권이라는 인식변화가 필요한 시점이다. 성숙한 지방자치, 행복한 지역주민의 제도적 기반으로서의 지방자치를 위해 종합적이고 체계적으로 지방분권이 설계되고 추진되어야 할 것이고, 사회문제 해결을 위해 중앙과 지방이 실질적으로 참여하여 논의될 수 있는 제도적 틀을 마련해야 할 것이다. 이제 지방자치의 질적 성숙을 위한 제2의 도약을 위해 중앙과 지방의 관계에서, 그리고 지방자치의 현장인 지방에서 '신뢰의 확장'을 위해 우리 모두가 노력해야 할 것이다.

| 참고문헌 |

김병섭 외 2 (2015). 지방정부서비스가 주민행복에 미치는 영향: 주거영역 삶의 질의 조절
　　효과에 대한 검증을 중심으로. 행정논총 53(3): 29-56.

김순은 (2014). 지방행정 60년사, 한국지방자치학회 제7회 지방분권포럼(2014. 4. 18.).

대통령소속 지방자치발전위원회 (2015). 지방자치발전 종합계획 설명자료.

이기우 (2005). 한국지방자치 기반강화를 위한 헌법개정, 한국지방자치학회보, 17(4): 5-
　　25.

이승종 (2015). 성숙한 지방자치의 발전과제, 지방행정연구 29(2), 한국지방행정연구원.

임승빈 (2015). 우리나라 지방자치제도의 연속과 단절: 갑오·광무개혁에서 일제강점기,
　　1949년 지방자치법제정. 한국사회와 행정연구, 26(3): 303-326.

임용주 (2002). 지방자치론, 형설출판사.

정세욱 (2008). 국가구조 및 행정체제 개편을 위한 '강소국 연방제' 대토론회 토론문, 자유
　　선진당 정책위원회(2008. 10. 27).

정순관 (2014a). 민선6기 신뢰의 확장으로 지방자치의 제2도약을 시작하자. 시도뉴스레터,
　　vol. 51, 전국시도지사협의회.

정순관 (2014b). 국가개조, 지방분권에서 시작하자, 시도뉴스레터, vol. 52, 전국시도지사협
　　의회.

최상한 (2012). 입헌주의적 지방자치론과 자치제도의 확대, 정부학연구, 18(3): 153-185.

토 론

○ **이승종**: 지방자치발전위원회는 '성숙한 자치, 행복한 국민'을 비전으로 활동하고 있습니다. 잘 아시다시피 지방자치에 대해서 전 국민이 찬성하는 것도 아니고 학자들 사이에서도 찬·반론이 교차하는 그런 상황입니다. 그런데 어떤 입장에 서더라도 전 국가예산의 60% 이상을 지방자치단체가 쓰고 있는 상황에서 지방자치는 선택과목이 아니고 필수과목이나 마찬가지라 하겠습니다. 그러므로 지금은 지방자치를 어떻게 잘 할 수 있느냐 하는 방안을 마련하기 위해서 과거를 한번 돌아보고 앞으로 어떻게 나가야 되느냐 하는 방향을 토론하는 것이 중요한 시대적 과제가 되었다는 생각이 듭니다. 이와 관련해서 오늘은 향후 한국 지방자치의 성숙한 발전을 위한 여러가지 의견을 모아보고자 이 자리를 마련하게 되었습니다.

오늘 토론회는 앞서 정순관 교수께서 「한국지방자치의 발전과제와 미래」를 주제로 기조발제해 주신 내용에 이어서 종합토론을 진행하겠습니다. 먼저 지방자치 25년의 잘 된 점, 미흡한 점에 대해서 평가를 하고 그 다음에 성공요인 또는 실패요인을 이야기하고, 향후 발전과제와 전망에 대해 논의하겠습니다.

○ 김순은: 다 아시다시피 우리나라 지방자치는 우리나라 나름대로의 독특한 정치적 상황이 있었던 것 같습니다. 1948년에 도입될 때도 그렇고 없어질 때도 그렇고 다시 생길 때도 그렇고, 그런 상황을 고려해 보면 1991년도에 지방의회 재출범부터 지금까지의 가장 큰 성과가 뭐냐, 저는 대한민국 민주화의 화룡정점이었다 이렇게 생각합니다. 지금 여러 가지 부작용도 많지만 민주화의 맨 마지막 마침표가 지방자치제도였다는 것입니다. 그것을 빼놓으면 대한민국의 지방자치를 이해하기는 어렵지 않겠느냐 하는 것이 첫 번째입니다.

두 번째는 이것도 우리나라 역사와 관련된 것인데 우리는 참 관료가 높아 보이는 간접민주주의 국가에 살았잖아요. 지방자치가 아니면 지금도 관청의 턱이 굉장히 높지 않았을까, 친절하고 찾아가는 서비스 이것은 계속 립 서비스였지 실질적으로 가능하지 않았는데 시장이나 도지사를 선출직으로 함으로써 주민들이 다가가기가 굉장히 좋았을 것 같다는 게 두 번째 긍정적인 실익입니다.

그리고 조금 더 정치적인 관점에서 보면 조선시대 이후로 지방의 관리는 다 중앙에서 임명을 했잖아요. 그러니까 지방의 힘이라는 게 별로 없었던 것이지요. 그런데 요즘 누리과정을 이렇게 보면 이건 도지사나 시장이 대통령에게 반박 토론할 수 있다는 게 지방자치가 있었기 때문에 가능한 게 아닐까 이런 게 세 번째 성과이고요.

네 번째는 그나마 우리가 토론을 하고 좌담회를 하는 것도 제도가 있기 때문에 가능한 것이라고 생각합니다. 지방자치발전위원회, 정부혁신 등등 과거에도 위원회가 많았는데, 그 위원회들이 성과가 있었느냐 라는 데 대해서 말하기는 쉽지 않지만 그래도 최소한 연구과제는 계속 쌓여가고 있는 것 같습니다. 다른 나라의 잘 된 제도들을 보면 그 제도를 만들기 위해서 연구, 토론 등이 오랫동안 축적되어 오는데 저희들도 아마 이런 노력이 언젠가는 굉장히 좋은 제도를 만들어내는 데 크게 기여할 것이라고 생각하고 있습니다.

그러면 한계는 뭐냐? 저는 처음부터 이게 시민이나 주민 주체들이 스스로 얻은 제도였으면 좋았을 텐데 주어진 것이어서 참여나 관심이 좀 부족했던 것이 굉장히 문제가 된다고 생각하고, 참여나 관심은 꼭 지방자치 관련 제도의 문제가 아니라 저는 우리 역사 속에서 DNA가 그런 것이 아닌가 싶습니다. 조선시대에도 물론 그렇고. 그러니까 아직도 세종대왕이 왜 한글을 만들지 않으면 안 되었는지에 대한 진정한 이유를 대한민국 국민이 이해하지 못하는 것 같아요. 그러니까 관료의 힘은 줄이고 국민들의 힘을 높이자는 것이 세종대왕의 깊은 뜻이었던 것 같은데 그게 좀 잘 안 되고, 거기에는 일제병탄도 있고 지금도 참여하고 적극적으로 나서는 사람들이 사회에서 대접을 받지 못하고 정치적 뜻을 가지고 있는 소수나, 이런 것이 계속 남아 있는 게 크나큰 한계가 아닐까 싶습니다.

○ **신윤창**: 같은 맥락에서 저도 한국의 지방자치의 성과보다는 한계점부터 먼저 얘기하고 성과를 이야기하도록 하겠습니다. 지방자치의 가장 큰 한계점이라는 것은 민주화와 똑같이 투쟁의 산물, 쟁취의 산물이어야 하는데 한국의 경우에는 그냥 주어져 버렸다는 얘기지요. 그러다 보니까 이것이 진정한 갈망, 정말 이것을 원해서 이 제도를 한번 뿌리까지 내리면서 해 봤으면 상당히 좋은 결과가 나왔을 텐데, 그렇지 않고 그냥 주어졌기 때문에 아마 형식적으로만 하고 있지 않나 싶고, 투쟁이나 쟁취의 산물로 저희가 지방자치를 얻어낸 것이 아니고 어떤 다른 정치의 역학변화 속에서 우리에게 주어졌기 때문에 아직도 제대로 제도가 착근되지 않고 우왕좌왕하지 않나 싶습니다.

그다음에 저희가 1991년도, 1995년도에 선거를 쭉 해 오면서 지방자치를 시·군·구보다는 조금 더 단위를 내려서 읍·면·동까지 실시했더라면 지금 저희는 굉장한 혼란도 있었겠지만 얻는 것이 훨씬 많았을 것이라는 생각이 듭니다. 「지방자치발전 종합계획」의 20개 과제가 다 중요하지만 그중에서 가장 중요한 것은 주민자치라고 하는 것이 정말로 지역주민들이 체득할 수 있어야 한다는 것입니다. 주민들이 '아, 이것이 바로 지방자치야. 이것이 바로 민주주의이고 민주주의의 꽃이 지방자치자치인데 지방자치를 하다 보니까 내가 이렇게 참여해서 세금도 줄일 수 있으면서 내가 이렇게 희생과 헌신과 봉사를 할 수 있어.' 라고 생각하는 이런 것을 만들 수 있는 필드가 전혀 없습니다. 그러니까 시·군·구로 이것이 조금 격상이 되다 보니까 보완해 줄 수 있는 것이 전혀 기능을 하지 못하는 큰 문제에 봉착해 있습니다. 그래서 저희가 근린자치, 동네자치, 마을자치 이야기를 하지만 결국은 읍·면·동 밑으로 내려가기 전까지는 제도와 형식, 그러니까 이론과 실제, 필드와 이론이 서로 겉돌아가는 이런 상황일 것이라는 생각이 듭니다.

또 한 가지는 저희가 1945년 해방 이후에 민주주의나 지방자치를 논하기 전에 우선 의식주 문제를 해결하는 데 포커스를 우선 맞춰야 했습니다. 그러다 보니까 모든 아젠다가 경제문제, 경제발전 이런 쪽으로 포커스를 맞춰서 가다 보니까 물론 긍정적인 면도 있지만, 목표와 수단의 전도현상이 나타났습니다. 이로 인해서 지방자치의 절차적인 합리적, 민주성 등을 훼손, 사상시키게 되고 능률성이나 효율성의 가치가 굉장히 높게 되다 보니까 민주성의 가치는 굉장히 나락으로 떨어지는 이율배반적 현상이 있었습니다. 의식주 문제에만 포커스를 많이 맞추다 보니까 자연스럽게 절차적인 문제라든가 내용적인 문제를 손상시키는 방향으로 나아가지 않았나 싶은 생각이 듭니다.

또 한 가지, 한국의 지방자치의 한계점이라고 하는 것은 문화적인 토양 속에서 유교주의라고 하는 것이 긍정적인 요인도 있지만 상명하복이라든가 위·아래의 어떤 엄격한 hierarchy라든가 이런 것을 강조하다 보니까 지방자치와는 어떤 면에서는 약간의 딜레마적인 부분도 있을 수밖에 없었다는 한계도 있습니다.

그럼에도 불구하고 외국에서 상당히 오랜 시간 동안 민주주의와 지방자치의 어떤 과정을 쭉 이어왔는데, 한국 같은 경우에는 굉장히 짧은 시간에, 물론 이제 지방자치나 민주주의에는 압축성장이 없지만, 벤치마킹을 통해서 얻은 것도 상당히 많습니다. 가장 큰 것은 지방의 다양한 어떤 컬러나 identity를 찾아낼 수 있는, 그러니까 이것이 나중에 이제 지방자치의 다양성이라든가 기관구성의 다양성이라는 이런 것과 다 연관이 되는 것인데 민선으로 접어들면서 독특한 경쟁력을 통해서 지방의 컬러나 identity, 다양성을 좀 갖는 이런 훈련의 도장이 됐다라고 하는 것이 의미가 있지 않나 싶고요. 또 한 가지 성과라고 하는 것은 결국은 개인의 이익과 공동의 이익이 서로 접점이 되는 것이 이제 지방자치라는 것을 많은 분들이 하나하나 알아가고 있고, 협력을 통한 공동의 이익을 창출하는 이런 것도 1991년부터 그동안 지방자치 선거를 쭉 해오는 과정 속에서 얻어진 굉장히 좋은 점이 아닌가, 그래서 분명히 참여를 하지 않으면 저희가 얻어낼 수 있는 것이 별로 없다는 그런 것을 우리가 많이 느끼지 않았나 싶습니다. 그다음에 아까 국가 주도의 문제해결방식보다는 지방 주도의 문제해결방식도 이제는 새로운 아젠다로 등장했고, 삶의 질도 결국은 대도시나 광역이나 이런 큰 단위보다는, 작은 단위에서도 삶의 질이 높아질 수 있겠구나 하는 이런 것을 느끼기에는 상당히 좋아지지 않았나 싶습니다. 물론 그럼에도 불구하고 아직도 저희는 가야 할 길이 훨씬 더 멀기는 합니다.

○ 이기우: 우선 김순은 교수와 신윤창 교수께서 말씀하신 것에 다 공감하면서 우리가 지방자치를 그냥 공짜로 얻은 것이냐, 이것은 아니라는 말씀을 드립니다. 물론 관점에 따라서 다를 수 있겠지만, 6월 민주화 운동을 통해서 정말 치열하게 얻어낸 것으로 이것은 우리 국민들이 쟁취해서 얻은 것이다 이렇게 얘기해도 괜찮다 이런 말씀을 드리고 싶고요. 그런데 이게 문제입니다. 6월 민주화 운동도 그렇고, 우리가 민주화를 성취했다 이렇게 얘기하고 지방도 지방자치를 쟁취했다 이렇게 얘기하더라도 쟁취하고 난 뒤에 뭘 했느냐, 국민들이 빠져버린 거예요. 즉, 다시 말해서 선출된 의원과 정치인, 관료들에게 맡겨버리고 주민들은 쳐다만 보고 있는 이런 식으로 가고 있는 것이 문제가 아니냐, 이것을 하나의 문제점으로 지적할 수 있고요.

또 하나 지금 주민들을 타락시키고 있다는 거예요. 주민들은 우리가 뭘 할 것인가를 생각하지 않고 우리한테 무엇을 해 줄 것인지 바라보고 있습니다. 선거 때나 평소에도 그냥 방관자로 있는데 우리가 민주화를 쟁취해 놓고 우리가 주체로 나서야 하는데 주체로 나서지 않고 객체로 있어요. 스스로 관리의 객체가 되는 거예요. 우리를 잘 관리해서 우리를 행복하게 해 달라 이렇게 하고 있는 거예요. 여기에 가장 심각한 문제가 있는 게 아닌가 싶고, 이러한 원인으로 제도적인 문제가 있어요. 그러니까 주민들의 손발을 묶어버리는 이러한 제도와 풍토 이런 것이 가장 큰 문제가 아닌가 하는 말씀을 드립니다.

우리가 지방자치 25년을 지나면서 굉장히 많이 변했어요. 그동안에 지방은 국가의 관리대상이었습니다. 그런데 이제는 활동주체가 되었습니다. 그래서 실패도 하지만 뭔가를 성취하기 위해서 능동적인 주체가 되어서 그동안의 국가에서 이런 것은 우리나라에는 안 맞다, 우리나라에서는 못 한다, 이런 것들이 달성이 되어가고 있다는 거예요. 이제는 중앙에서 못 하는 것을 지방이 나서면 가능하겠다, 이런 사례들이 여러 가지 나왔습니다. 가장 대표적인 것이 화장실 개선, 이것은 중앙정부가 아무리 나서서 해도 안 되던 것을 지방이 나서서 누가 안 시켜도 그게 전국적으로 퍼져서, 예전에는 외국에서 한국을 소개하면서 공중화장실이 더럽다는 이야기를 했는데, 이제는 그렇게 소개했던 외국에서 우리나라에

와서 벤치마킹을 하고 있다는 것입니다. 이것은 한 지방에서 시작해서 다른 지방으로 퍼뜨리니까 가능했던 대표적인 그런 사례가 아닌가 생각합니다. 이런 사례들이 하나 둘 축적되어 가고 있다는 것은 굉장히 앞으로 희망을 불어넣는 것이 아닌가 생각합니다.

그런데 이 희망에 찬물을 끼얹는 게 뭐냐, 그렇게 하려고 하면 못 하게 손발을 묶어놓고 있다는 거예요. 예를 들어서 지난번 메르스 사태가 왔을 때도 지방이 나서서 주민들의 생명을 보호하기 위해서 알리고 조치를 취하겠다 하니까 못 하게 하고, 처벌하겠다는 거예요. 그렇게 나섰던 사람들이 지금 소송을 당했다는 겁니다. 손발을 묶어놓고 뭘 하려 해도 할 수 없는, 또 수단에 있어서 물적 기반, 그러니까 하나는 손발을 묶어놓고 있고 하나는 물적 기반을 다 없앴다는 거에요. 그래서 이것을 다 중앙에 의존하도록 눈치 보도록 또 구걸하도록 만들어 놓으니까 이것이 상당히 어렵게 되어가지 않느냐, 혁신 에너지가 살아나지 못하는 그런 것이 아닌가 이런 생각이 좀 들었고요.

그다음에 아까 신윤창 교수께서 굉장히 중요한 지적을 하셨는데, 우리가 대규모 자치를 하다 보니까 주민들에게 체감이 안 된다, 그래서 동네 단위의 자치가 이루어져야 우리 동네는 내가 가꾼다, 우리 동네 발전에 내가 기여한다 이런 느낌이 생기는데, 지금은 평균 규모가 20만 정도가 되니까 전부 다 익명으로 살아요. 내가 기여해도 별로 도움이 안 되고, 내가 빠져도 별로 표가 안 나는 그런 공동체를 만들어 놓으니까 여기서 주민참여라든가 주민들의 역할, 책임 이런 것이 거의 실종되어 가는 것 아닌가 생각합니다.

그래서 한 가지 예를 들면 우리가 요즘 주민자치 살린다고 얘기하는데, 어떤 문헌에 보니까 동 자치가 1910년대에 삼청동, 여기에서 시작됐더라고요. 그런데 시작된 목적을 살펴보니 콜레라가 유행하는데 국가에서 와서 하니까 마을사람들이 귀찮아하는 거예요. 그리고 중앙에서 들어오면 전부 다 불질러버리는 거예요. 어느 집에 콜레라 환자가 있다고 하면 동네 전체를 봉쇄하고 불태워버리는 거예요. 그러니까 마을사람들이 이렇게는 우리가 못 살겠다, 우리가 나서서 우리 마을 우물의 위생을 정화하고 환자를 우리가 돌보겠다 이렇게 되면서 상당히 도움이 됐다는 거예요. 그래서 국가에서도 국가가 나서지 않아도 주민들이 스스로 나서니까 상당히 효과가 있다, 비용도 적게 든다는 것을 알게 되었고, 이렇게 해서 그때부터 동 자치가 점점 커진 거예요. 그런데 그것을 5.16 이후에 다 끊어버리면서 주민자치의 핵이 사라지는 거고, 또 5.16이 되면서 그동안 그나마 뿌리내리던 읍·면·동 이것도 없애버렸어요. 그렇게 되면서 우리가 말은 주민자치 이렇게 얘기하면서 실제로는 주민자치를 황폐화시킨 것이 아닌가, 그런 면에서 우리가 풀뿌리 없는 자치, 아주 신랄하게 얘기하면 그런 상황에 있는 게 아닌가 이렇게 생각합니다.

○ 이성근: 저는 앞선 토론에 모두 공감을 합니다. 다만 토론에서 근본적인 질문을 해보고자 합니다. 이는 25년 전에 지방자치를 안했을 경우와 한 경우를 비교해서 지역변화를 평가해 볼 필요가 있다는 것입니다. 하나는 25년 전에 지방자치를 실시하지 않았더라면 중앙지배적인 행정시스템 하에서 지방이 어떻게 변화했을 것인가이고, 다른 하나는 지방자치 실시 이후에 지방은 여전히 황폐화되어 국가불균형은 여전한데 과연 지방자치를 한다고 해서 그게 실효성이 있는가 하는 것입니다. 중앙정부가 실패하면 지방정부도 실패할 것인가 아니면 성공할 것인가에 대한 객관적 평가가 필요하다고 봅니다. 여기서는 구체적으로 토론해 보겠습니다.

첫 번째는 지방자치 이후 지역개발 측면에서는 지역에 많은 변화를 가져왔다고 생각합니다. 임명직 단체장과 선출직 단체장의 경우 주민을 보는 눈이 달라졌습니다. 전에는 중앙정부만 쳐다봤는데 지금은 지방 주민을 볼 수밖에 없습니다. 그러나 여전히 권한과 예산이 중앙에 있으니까 중앙을 바라봅니다. 그럼에도 불구하고, 지방자치 이후에는 주민을 많이 바라보게 되었습니다.

두 번째는 지금까지 지역개발이 대부분 국가가 자원배분하는 하향적인 방식이었다면 이제는 상향적 노력을 통해 많은 지방자치단체들이 성공사례를 만들었다고 할 수 있습니다. 지난번에 지방행정연구원이 조사한 것을 보니까 지방자치 실시 이후에 주민건강이나 체육시설, 주민생활에 직접 필요한 생활편의시설을 많이 제공한 것으로 조사되었습니다. 다시 말해서 미래세대에 대한 장기적인 투자보다는 주민들 생활에 직접 필요한 서비스행정에 대한 투자가 많아졌다는 측면입니다. 이는 추상적이고 거시적이고 배분적인 것에서 구체적이고 미시적이고 생활밀착형 사업으로 변화되었음을 알 수 있습니다. 그래서 주민의 행복수준을 측정했다면 상당히 높아지지 않았을까 하는 생각이 듭니다.

세 번째는 종전에 지방자치를 하기 전에는 지방에서 계획에 대한 관심이 없었는데 지방자치 이후에 계획이 무수히 많아졌습니다. 60년대 박정희 대통령 때의 경제개발 5개년 계획 같은 경우가 가정에도 내 집 마련 5개년 계획을 수립할 정도로 계획의 분위기를 띄웠는데, 지방자치 실시 이후 다양한 비법정 계획을 수립하게 되면서 결국에는 예측가능한 행정을 하는 데 도움을 주었다고 생각을 합니다.

네 번째는 지방자치를 하면서 주민들에 대한 긍정적인 민주성 훈련도 있지만 부정적인 측면도 나타났습니다. 관의 권위가 낮아지고 민의 목소리가 커지니까 옛날의 공동체적인 접근이 훼손되었습니다. 옛날에는 자기 집 앞은 스스로 청소했습니다. 그런데 지금은 자기 집 앞의 하천에 문제가 생기면 지자체에 전화를 합니다. 다 해결해 달라는 겁니다. 님비현상 같은 경우도 그렇구요. 따라서 지방자치가 지역발전에 긍정적 측면도 있지만 부정적 측면도 많다는 겁니다. 최근 세계적으로 지역발전의 새로운 패러다임으로 신지역화가 대두되고 있습니다. 이는 지역의 고유자원을 활용하는 지역발전 개념입니다. 이번 정부에서는 공동체에 관심을 많이 가지고, 열심히 노력하고 있잖아요. 지방자치와 관련해서 읍·면·동 자치와 같은 풀뿌리 민주주의가 회복되어야 한다고 봅니다.

○ **박경국**: 저는 실무자 입장에서 짚어보겠습니다. 저는 1981년도에 임관이 되어서 1987년부터 지방에서 근무를 했고, 마지막 임명제에 단양군수를 했기 때문에 아주 중앙통제적인 행정에서부터 제가 직접 가서 단체장도 해 보고, 또 민선 시기에는 선출된 단체장 밑에서 행정을 쭉 하다가 다시 또 중앙정부에 올라와서 지방을 관리해야 되는, 거의 지방자치 25년을 현장에서 많이 보냈는데, 저희 실무자들이 느끼는 가장 큰 변화는 지방행정을 담당하는 사람들의 관심영역이 달라졌다는 것입니다. 조금 전에 이성근 교수께서 말씀하셨지만 과거에는 중앙정부만 쳐다보고 있었거든요. 그리고 장관이 시·도시사에게 모두 동시에 전화를 한다든지, 또 시·도지사가 시장·군수한테 일제히 전화해서 동시에 이것 좀 빨리 전파하라는 이런 일들이 많았는데 지방자치 실시 이후에는 그런 일들이 많이 줄어들고 주민, 지역의 자원, 지역주민들의 관심, 현안 이런 데에 주로 많은

관심을 갖게 되어서 그게 굉장히 큰 의식의 변화를 가져오게 되었고요.

두 번째는 행정서비스 측면인데, 지방행정은 생활행정이기 때문에 주민들의 생활과 밀접한 여러 가지 서비스를 공급하는 생활행정이 곧 종합행정입니다. 이러한 행정서비스의 질과 속도가 달라졌다는 것은 주민들의 삶이 그만큼 행정서비스와 관련된 주민들의 삶이 나아졌다라고 볼 수가 있습니다. 실제 지역별로 다양한 부서를 설치하고 또 다양한 민원해결방법들을 통해서 단체장이 직접 민원을 직소하게 한다든지 또 직접 해결하게 한다든지 이런 것을 통해서 상당히 많이 변화가 되었다고 생각합니다.

그리고 과거에는 지방정부의 기구도 인구에 따라서 조금 차이가 있었지 거의 획일적이었거든요. 그런데 지금은 해안지방에 있는 군, 내륙지방에 있는 군이 서로 조직이 다릅니다. 이러한 다양성, 자율성, 창의성이 지방에서 굉장히 높아졌다는 면에서는 굉장히 큰 성과가 아닌가 저희 실무자들은 그렇게 느끼고 있습니다.

그런데 역시 제일 한계에 부딪친 것은 지방에서 근무해 보니까 주로 단체장이나 간부들의 일과가 중앙정부에 다니면서 손을 벌리는 게 주된 임무입니다. 그러니까 얼마나 많은 자원을, 얼마나 많은 예산을 중앙으로부터 얻어서 지역에 가져오느냐 이게 단체장의 굉장히 큰 치적 중의 하나라고 지금도 평가가 되고 있는데, 지방재정의 중앙의존 문제는 앞으로 좀 더 많이 보완되어야 한다고 생각합니다.

그리고 제도가 너무 촘촘하게 되어 있어서 오히려 지방의 효율성을 많이 깨뜨리고 있습니다. 저도 이전에 안전행정부에서 근무하면서 지방을 굉장히 불신하다 보면 필요 없는 제도가 많이 만들어지고, 또 지방에 다 넘겨주다 보면 또 필요 있는 제도도 없어지고 이렇게 되는데, 예를 들면 지난 해에 40년 만에 가뭄이 왔는데 예비비로 관정을 파는 것을 지원하기로 결정했는데 실제 관정을 판 것은 언제 팠느냐 하면 가뭄이 다 지나간 다음에 겨울 초입에 와서 이것을 파게 됐거든요. 왜 그런지 봤더니 언제까지 뭘 해야 되고 뭘 해야 되고 제도를 밟다 보면 그렇게밖에 될 수가 없어요. 그래서 조금 앞으로도 너무 촘촘한 지방 관련된 제도는 정비해 나갈 필요가 있다는 생각이고요.

그리고 또 하나는 지방의회의 전문성 문제입니다. 예를 들면 농업 크게 하던 분이 지방의회가 생기고 갑자기 의원에 당선되다보니 의회에 들어와서 그 복잡한 예산을 심의하려고 하니까 도저히 이게 안 되거든요. 그러면 이제 다른 것을 가지고 공무원들을 괴롭히고 그런 예도 일부 있고 해서 하여튼 지방의원들의 전문성을 어떻게 좀 높여줄 것인가 하는 그런 큰 문제가 있고요. 또 실제적으로 지방의회를 운영해 보니까 연간 120일인데 매월 10일씩, 혹설, 혹한기를 제외하면 거의 매월 똑같은 것을 경우에 따라서는 수십 번을 가서 보고해야 되는 그런 또 나름대로의 문제가 있었습니다. 그리고 회기도 잘 운영하는 것이 좋겠다고 봅니다.

자치단체의 규모에 따라서 지방자치가 가져오는 성과가 굉장히 다릅니다. 지금 조그마한 시골의 군 단위에 가면 단순업무에 종사하는 사람도 줄을 서야 된다고 할 정도로 선거에 따른 부작용이 굉장히 많습니다. 그래서 인구가 10만 명 이상 되어서 특정 세력이 큰 영향력을 발휘하지 못할 정도의 규모로 그게 얼마 정도가 될지 모르겠습니다마는 일정 규모에 따라서 이것을 달리 하는 방법도 좋겠다는 생각이 듭니다.

지방자치 실시 이후에 큰 한계점 중의 하나가 단체장의 권한은 커지고, 지방자치단체의 공무원들이 교육이 안 되다 보니까 지방공무원의 전문성이 낮아진다는 게 문제예요. 권한은 자꾸 커지는데 전문성은 자꾸만 낮아진다는 거예요. 그래서 이것을 어떻게 해결할 것인가 하는 것도 큰 고민 중의 하나입니다.

어쨌든 종합적으로 보면 지방이 굉장히 다양해지고 창의적이고 지역주민과 자원에 관심이 모아지고 하는 것은 큰 성과라고 하지만 여전히 중앙의존적이고, 또 일부에서는 너무 자유가 지나쳐서 부작용도 생겨나고 그래서 자율과 통제의 어떤 접점을 앞으로 어떻게 잘 찾아가느냐 하는 것이 앞으로 지방자치를 발전시키는 데 하나의 큰 과제가 아닌가 이렇게 생각합니다.

○ 정현민: 저는 부산에서 오랫동안 근무하면서 도시발전을 위한 고민을 하고 지방행정 현장을 피부로 느꼈습니다. 지금은 지방자치발전위원회에 와서 중앙관료들과 같이 일을 하고 있는데, 지방에서 근무할 때와는 조금 다르다는 것을 느끼고 있습니다. 현재 중앙관료들은 기본적으로 테크노크라트(technocrat)이며, 이론적으로 보면 굉장히 논리실증주의적 사고를 많이 한다는 것을 느낍니다. 즉

기존의 체계를 인정하고 그 위에서 조금 더 발전적으로 약간 개선해 보려는 경향이 강한 듯 합니다.

반면에 지방에서는 물론 다 그렇지는 않지만, 지역발전과 지역의 근본적인 문제에 대해서 고민하는 사람들은 사고가 좀 더 창조적이고, 또 지역이 가지고 있는 자원들 예를 들어 지금까지 활용되지 못하고 무시되었던 자원들, 역사적 자원들, 콘텐츠, 자연적 여건, 지정학적 위치까지도 활용해 보려고 하는 생각을 계속 하게 됩니다. 이러한 과정에서 창조적 예술가형의 마인드를 갖게 되지 않았는가 생각합니다. 저 역시 그런 쪽으로 많이 생각을 했었고, 이와 관련해서 아이디어 창출에도 관심이 많았습니다. 그런데 이것을 실행에 옮기려고 하면 재원이나 제도적인 문제, 법적인 문제, 규제에 부딪히게 되는데 이런 것들 전부 중앙에서 권한을 갖고 있어서 중앙정부에 도움을 요청하고 사정하고 했었습니다.

저는 중앙과 지방이, 특히 지방자치와 중앙집권이 어떤 식으로 공존 해야 할 것인가가 앞으로 중요하겠다라는 생각을 합니다. 그래서 중앙이 잘하는 것은 중앙에서, 지방이 잘하는 것은 지방에서 처리하도록 한다는 것은 좋은 말이지만, 구체적으로 어떻게 해야되는가는 굉장히 실행하기 어려운 문제입니다. 요즘 지방이양 심사를 해 보면 중앙이 잘하는 것은 중앙이 하고, 지방이 잘하는 것도 중앙에서 다 하겠다고 합니다. 거기에 권한이 있고 돈이 있기 때문입니다. 이런 문제를 어떻게 고칠 것이냐 하는 것들이 앞으로 지방자치발전위원회와 같은 조직에서 해야 할 굉장히 중요한 과제라고 생각합니다.

저는 그렇게 생각합니다. 손을 보면 엄지손가락이 있습니다. 예를 들어서 엄지손가락이 중앙정부라고 하면 지방정부는 나머지 4개의 손가락들입니다. 4개의 손가락과 엄지손가락이 마주쳐야만 물건을 집을 수 있고 새로운 가치 있는 일을 해낼 수가 있는 것입니다. 손의 특징을 보면, 손가락이라는 게 중앙은 중앙이 해야 될 일이 있고 지방은 지방이 해야 될 일이 있듯이 두 개가 적절히 마주보고 있어야 긴장감이 생기고 새로운 창조적인 일을 해낼 수 있는데, 한 쪽이 너무 세져서 균형이 무너져서는 안됩니다. 지방과 중앙이 서로 적절히 마주보면서 균형을 유지할 수 있는 전체적인 시스템이 마련되어야 한다는 것을 중앙정부가 인식해야 하는데, 중앙정부는 지방에서의 여러 가지 활동들이 뭔가 낭비가 아닌가 여기고, 국가가 하면 아주 효율적으로 잘할 수 있는데라는 생각을 강하게 하고 있습니다. 그렇지만 지방자치를 20년 하면서 지방과 중앙이 밸런스를 유지하려고 하는 것이 어느 정도는 형성되어 왔지 않은가 하는 것이 제가 느끼는 성과입니다.

○ 이승종: 앞으로의 과제는 어떻습니까.

○ 박경국: 정현민 국장께서도 얘기를 했습니다만 앞서 제가 말씀드렸듯이 자율과 통제의 적절한 접점을 찾는 게 앞으로의 숙제라고 생각하고, 지방이 잘할 수 있는 것 또 지방이 잘할 수 있을 것으로 예상되는 것은 과감하게 지방에 넘겨주고 그리고 그 외의 것만 중앙이 하는 것으로 이렇게 역할을 서로 분담했으면 좋겠습니다. 실제로 지방에서 이전에 해오지 않은 일을 하다 보니까 중앙정부를 설득하기가 굉장히 어려워요. 중앙에서도 지방을 보는 시야를 완전히 바꿔서 지방이 창의적으로 하려고 하는 것은 오히려 법을 새로 거기에 맞춰서 만들어서라도 지원해 주는 그런 노력이 필요하겠습니다. 예를 들면 충북의 청주라는 도시를 중심으로 청주광역도시개발을 하려고 했더니 이 광역도시계획, 그러니까 여러 도시계획을 서로 연계하는 도시계획의 개념이 없었습니다. 그래서 그것을 주장하고 설득하고 해서 결국 나중에 도시계획법에 반영되었습니다.
지역산업정책이라는 것이 과거에는 없었습니다. 산업정책은 무조건 중앙에서 했었는데 2000년도에 산업자원부에서 지역산업진흥계획이라는 것을 만들어서 지방의 각 지역마다 특색 있는 산업정책을 추진하려 보니까 지금은 산업수도라는 게 생기고, 그러니까 바이오 그러면 오송, 부산 같은 곳은 컨벤션 이렇게 지역에 산업수도의 개념이 새로 생기게 되었습니다. 지금까지 중앙에서 지방을 끌고 갔다면, 앞으로는 지방의 노력을 중앙에서 지원하는 형태로의 인식전환이 필요하겠다는 생각을 해 봅니다.

○ 이성근: 지방자치 이후 지방정치권이 정당공천제로 중앙정치 예속이 조금 더 심해지지 않았는가 하는 것과 지역단위에서의 나눠먹기식 자원배분이 오히려 심각해지지 않았는가 생각해봅니다. 지방자치는 지방의 자율과 창의 그리고 합리적 자원배분이 되어야 합니다.

○ **정순관**: 앞서 말씀하신 내용은 기본적으로 전체적인 틀에서 소화될 수 있을 것이라고 생각합니다. 미래에 그것이 어떻게 될 것이냐는 자세히 봐야 되겠지만, 역시 지방에서는 주민이 주체가 되는 제도설계가 꼭 필요하다. 이것이 성숙한 지방자치의 큰 과제 중의 하나라고 생각합니다. 중앙에서는 지방을 보는 인식이 좀 달라져야 된다는 것이 앞으로 우리가 논의하고 추진해야 될 과제가 아닌가 싶습니다.

아까 정현민 국장께서도 말씀하셨듯이 우리 역사적으로 국가 발전을 위해 technocrat의 공헌도 많았지만, 그러나 지금 사회에서는 technocracy라는 개념이 어울리지 않는 시대가 됐다는 것이지요. 그것을 중앙정부 관료들이 인식할 필요가 있습니다. 우리가 초창기에 분권에 참여하면서 지방분권에 대해 가장 중요한 것이 인식을 공유하는 것이다라는 말을 굉장히 많이 했는데, 이것이 매우 중요합니다. 옛날에 우리가 절대 빈곤을 탈출하려는 시대하고 지금 시대는 중앙이나 지방이나 운영하는 기본적인 인식을 조금 바꿔야 한다는 것을 스스로 깨달아야 되지 않을까 생각합니다.

○ **이승종**: 여러분들께서 전반적으로 지방자치의 긍정적인 부분을 말씀하시면서 한계도 말씀해 주셨습니다. 한두 가지 논점이 있는 것 같습니다. 아까 기조발제에서 민주화 부분을 중심으로 상당히 진전이 있다고 하셨는데 이성근 교수께서는 지역발전에 있어서도 진전이 있었다고 말씀해 주셨습니다. 주민 개개인의 삶의 질에 대한 효과는 어떻습니까? 지방자치가 그 부분에 과연 기여를 했나, 이게 하나의 질문이고요.

또 하나는 지방자치가 주어졌기 때문에 어려움이 많이 생겼다라는 말씀이 있었는데, 다른 한편으로는 쟁취한 측면이 있다는 의견이 있었습니다. 그렇다면 실제로 어떤 건가, 먼저 그 부분에 대해서 추가적인 의견을 말씀해주시지요.

○ **김순은**: 지금 제기하신 이슈는 간단하지는 않은 것 같습니다. 지방자치가 무한하지는 않지만, 저는 특히 우리나라 사람이 살아가는 모습을 보면 다원화되려면 아직 갈 길이 멀지 않겠나 생각하는 사람 중의 하나인데, 아직도 최고의 가치는 역시 재물에서 찾는 것 같습니다. 그러니까 지방자치가 우리나라 GNP 성장

에 기여했느냐 이것은 또 별개의 문제이기는 한데, 그래서 지방자치하고 연계해서 지방자치가 주민 삶의 질을 높였느냐 낮췄느냐 판단하기에는 쉽지 않을 것 같습니다. 다만 정부로부터 서비스를 받아야 하는 사람들, 특히 사회복지 서비스를 받아야 하는 사람들한테는 실제 돈은 중앙정부의 돈이지만 받기는 지방자치단체에서 받기 때문에 그런 점에서는 상당히 좀 친근하게 느껴지지는 않았을까 하는 게 제 생각입니다. 그러니까 오히려 시장보다는 대통령이 더 지역에 가면 인기가 되지 않을까 싶은 그런 얘기하고 같은 맥락으로 보입니다.

○ 신윤창: 삶의 질의 기준을 무엇으로 잡느냐, 네팔의 부탄 같은 경우에는 경제적인 베이스 없이 그냥 종교적인 것과 연관이 있어서 그런지는 몰라도 의식의 문제와 별로 관련 없이 행복지수가 높아지는 쪽으로 잡느냐 아니면 우리같이 의식주 문제를 어느 정도 베이스로 깔고 그다음에 본인이 여가활동을 하는, 문화, 예술, 레포츠를 즐기는 삶의 질을 높은 것으로 봐야 되느냐 아니면 시골에 살면서 유유자적하면서 사는 것이 삶의 질이 높은 것이냐, 여러 가지가 있겠지만 일단은 저희가 2만불 이상 올라온 이상은 삶의 질이 상당 부분 높아졌다고 하는 것은 사실일 것 같아요.

그리고 또 한 가지는 다양성, 다원성이 없다라고 하지만 그 속에서나마 또 개개인이 자기의 여러 가지 활동을 통해서 삶의 질을 높이려고 노력하는 여러 가지가 있고, 그런데도 그것이 과연 지방자치 때문에 그렇게 됐느냐라고 하는 것하고는 조금 별개일 것 같은 생각이 듭니다. 우선은 경제적인 의식주 문제가 해결되다 보니까 삶의 질이 속속 높아지는 이런 것인데, 여기에 저희가 의식적으로 교육수준이 높아지면서 교육이 끼친 영향이 크거든요. 이러한 것을 좀 종합적으로 봐야지 꼭 지방자치를 통해서만 삶의 질이 높아지냐 하는 것하고는 좀 다른 것 같은 생각이 듭니다.

또 한 가지는 과연 우리가 과거에 명예혁명이나 시민혁명 이런 것을 거치지 않았지만 저희가 6.29라든가 6.10항쟁이라든가 이런 것을 통해서 이것이 꼭 지방자치를 얻어내기 위한 것이 아니었지만 민주주의가 원하는 큰 틀, 다시 말해서 반독재에 대해 투쟁하면서 부수적으로 얻어진 거거든요. 그러니까 시민사회의 성장이라든가 이런 맥락은 그렇게 많지는 않았던 것 같아요. 그렇지만 저는 굉장히 짧은 기간 동안에 follow up도 빨리 하면서 그것을 재해석하면서 자기 것으로 치환해 주는 능력은 우리민족이 뛰어나다라고 봅니다. 그런 맥락에서 보면 짧은 기간 동안에 꼭 지방자치를 통해서 쟁취를 했다 안 했다라고 하기보다는 앞으로 지방자치 발전에 있어서 독특한 나름대로의 우리나라에 적합한 모델을 앞으로 많이 만들어 나갈 수 있지 않겠느냐 싶습니다.

　○ 이기우: 앞으로 미래를 풀어가는 데 좀 필요할 것 같아서 구체적인 얘기를 좀 하겠습니다. 제가 한 5년 전에 수원 아주대학교 앞에 있는 반딧불이화장실 여기에 가서 보니까 거기에서 청소하는 아주머니 표정이 굉장히 밝아요. 그래서 '아주머니는 여기서 일을 하시는데 얼굴이 어떻게 그렇게 밝습니까?' 이렇게 물어봤더니 그 아주머니께서 설명을 했어요. 수원시에서는 장애인협회하고 협약을 해서 노동능력이 있는 장애인에게 그 화장실을 관리하도록 맡겨놓은 거예요. 그런데 이 아주머니 말씀이 자기가 사회복지 생활보조를 받고 아무 하는 일이 없이 집에만 있을 때는 꼭 기생충 같이 느껴졌다고 해요. 그런데 같은 돈을 받지만 여기에 와서 일을 하면서 받으니까 정말 내가 사는 보람이 있고 떳떳해졌다 이런 말을 하는 거예요. 그리고 자기가 깨끗이 청소해 놓으면 화장실을 들어왔다가 나가는 분들이 고맙다는 인사도 하고 또 아주 기분 좋아하고 이런 것을 보면서 참 삶의 보람을 느낀다고 합니다. 그래서 우리가 이 삶의 질을 요즘 말하는 GDP나 이런 객관적인 수치로만 표현할 수 있느냐, 그런 면에서 보면 앞으로 지방자치가 본질적으로 하는 이 참여, 자발적인 참여 이런 것이 얼마나 큰 영향을 미치는가 그것을 좀 단적으로 보여준 그러한 사례라고 생각되고요.

　그다음에 이것을 학문적으로 연구한 것이 있어요. 스위스의 브루노 프라이라는 분인데 이분이 주민참여가 제도적으로 실제로 많이 이루어지는 지역과 그렇지 않은 지역을 비교해 봤어요. 그런데 같은 스위스 안에서도 삶의 질 만족감이 현격하게 차이가 난다는 결과를 제시한 것을 봤는데, 그래서 이제 앞으로 삶의 질 문제는 중앙정부가 일방적으로 해서는 해결할 수 없는, 똑같은 소득수준이나 생활여건임에도 어떤 사람은 행복감을 느끼는데 어떤 사람은 계속 주면 줄수록 더 불행을 느끼는 이런 경우도 있단 말이에요. 그래서 다양한 활동, 주체적인 활동 이런 것을 보장하려고 하는데 그것을 할 수 있는 데가 지방밖에 없습니다.

중앙에서 아무리 해도 그것은 획일적으로 주어지는 수밖에 없거든요. 그러면 지금 삶의 질과 지방자치 실시 전의 삶의 질을 비교하여 구체적으로 조사된 게 별로 없는 것으로 알고 있는데, 조사할만한 가치가 있다고 봅니다.

한 가지만 더 말씀드리면, 우리나라에서 이제 삶의 질의 경제지표를 강조하던데 요즘 세계적인 경향이 잘 사는 나라일수록 중앙정부에서 경제정책을 좌지우지하는 나라가 별로 없어요. 예를 들어서 스위스, 미국은 중앙정부가 구체적인 산업정책이라든가 경제정책, 일자리정책 이런 것을 펴기보다 지방정부가 주도가 돼요. 그래서 국가경쟁 국민경제 시대는 갔고 토플러 같은 사람도 지역경제 시대다, 이런 말을 할 정도로 지역 단위에서의 경제정책이 오히려 성과를 내고, 또 다양한 창조적인 혁신 이런 것을 가져오는 것이 아닌가 생각합니다.

○ 이성근: 최근 들어 주민의 삶의 질에서 주민의 행복에 관심이 많아지고 있습니다. 영국은 중앙정부가 the national indicator를 제시하고 지방정부에서 자기 지역에 필요한 지표를 선택해서 주민행복이행 3개년 계획 같은 것을 거버넌스 형태로 시행하고 필요한 경우에는 중앙정부가 자문이나 컨설팅을 해주고 나중에 이행계획을 점검·평가하고 또 다시 이행계획을 수립하고 추진해나가기도 합니다. 어쨌든 주민이 선호하는 사업을 우선적으로 하거나 배려하는 행정을 하고 있기 때문에 주민행복이 개선되고 있습니다. 우리나라는 지역차원의 종합적 접근보다 부처별로 메뉴사업을 파편적으로 시행하고 있습니다. 이번 정부의 행복생활권도 제도적 접근보다는 개별사업 위주로 시행되고 있습니다.

두 번째로는 지역에서는 지방의원들의 활동과 주민선호면에서 광역의원보다 기초의원들에 대한 기대가 큽니다. 특정 시·군을 예로 들어 보겠습니다. A시 출신 도의원이 A시에서 주민들로부터 관심받는 것보다 주민들 입장에서는 A시 의원을 훨씬 더 관심있게 생각합니다. 왜냐하면 주민들의 민원을 시의원이 다 해결해 주기 때문이지요. 그러니까 문제해결능력, 민원과 현안과제 해결과 관련해서는 기초자치가 아마 효과가 있을 것 같고요. 무엇보다 지방자치 실시로 주민참여가 활성화되었기 때문에 주민의 삶의 질 개선에는 이전보다 훨씬 더 긍정적인 효과를 가져왔지 않을까 생각합니다.

○ **정순관**: 최근에 나온 논문 하나가 우리나라에서도 정부 서비스와 주민행복 간에 인과관계, 상관관계가 있다는 것을 연구하여 발표했습니다. 특히 아까 김순은 교수께서 말씀하셨다시피 역시 삶의 질이 낮은 사람들이 훨씬 더 강하게 그것을 느낀다는 거예요. 이렇게 생각을 해보면 역시 주민의 행복과 연결시켜서 지방정부가 할 역할이 굉장히 많다는 것을 우리가 인식할 수 있습니다. 그래서 정말 실질적으로 의사결정 과정에 주민들을 어떻게 참여시킬 제도적인 장치를 마련하느냐 이것은 주민들의 행복과 밀접한 관계가 있을 것이라는 것을 우리가 예측해 볼 수 있고, 앞으로 향후에 그렇게 해야 될 것이라는 것입니다. 중앙정부는 의사결정과정에 지방정부를 실질적으로 참여시키고, 지방정부는 주민들을 실제로 참여시키고 여기에서 논의됐던 것이 지방정부 정책으로 채택될 수 있도록 하는 제도적인 장치가 필요하다는 것입니다. 그러면 주민의 행복지수는 높아질 것이다라는 이론적 근거들은 충분히 있다고 봅니다.

○ **정현민**: 주민생활에 대한 체감도에 대해서 지난번에 지방자치 20년 평가를 한 한국지방행정연구원의 자료를 보면 20년 만에 화재사고 사망자 수가 1만 명당 1.3에서 0.6으로 줄어들고 교통사고 발생 건수가 자동차 1,000대당 16.7에서 12.7로 줄어들고 도시환경 측면에서는 노후주택 비율이 23.2%에서 14.8%, 상하수도 보급률이 96.3%에서 99.8%로, 환경오염배출시설 단속 건수가 줄어들었다고 합니다. 그런데 계량적인 지표로 제시는 되었는데 이런 것을 통계적으로 제시할 수 있다고 하더라도 우리가 정책을 펴는 데 있어서 인과관계가 있는가, 이것을 어떻게 설명할 것인가의 문제에 대해서 저는 요즘 고민을 많이 합니다.

다시 말씀드리면 정책적으로 지방자치와 관련된 재원을 많이 배분해서 국가의 성장·발전에 도움이 되는 것이라면 전폭적으로 추진해야 하는데, 과연 지방자치 때문에 생긴 효과인 것인가, 그럼 지방자치를 안 하고 중앙집권으로 됐더라면 과연 이 정도가 되지 않았겠는가 하는 문제에 대해서 앞으로 전문가들이 지방자치와 주민의 삶의 질, 지방자치와 우리 지역의 경제발전 등의 관계에 대해서 단순히 상관성만 연구할 것이 아니라, 실증적 모델을 만들어서 검증을 해보는 노력들이 이제는 필요하지 않겠느냐 하는 생각입니다.

○ 김순은: 제가 하나 예를 들면 아버지가 부자인데 천문학적인 돈을 갖고 있고, 아들이 둘이 있어요. 아들 하나는 나는 가만히 있을 테니까 아버지가 한 달에 일정 금액 정도만 주면 나는 편하게 살겠다고 하고, 다른 아들은 나는 그렇게는 못 산다, 나를 지원해 주는 것은 작더라도 나한테 자립할 수 있는 기회를 달라고 할 경우, 이런 두 가지 경우의 삶의 질이 과연 어떨까요. 한 사람은 본인이 원하는 것을 아버지가 다 대준다는 거예요. 한 사람은 좀 어렵겠지만 더 잘 살 수도 있지만 기회를 달라고 한다면 이 두 가지 경우, 삶을 질을 어떻게 평가해 줘야 되느냐, 지방자치는 그런 것 같습니다. 어떻게 보면 제주특별자치도도 벌써 10년 전 얘기인데 궁극적인 목적이 국제자유도시를 만드는 것이라고 한다면, 오히려 특별자치도를 만드는 것보다 국무총리 산하의 직할도를 설치했더라면 재정지원을 훨씬 더 많이 받을 수 있었을 것입니다. 그런데도 그런 지원보다는 우선 우리가 한번 해 보겠다, 그런 차이가 아닌가 싶어요. 그러니까 삶의 질이라고 하는 것도 지금의 입장에서 볼 때 내 삶의 결정을 어떻게 할 것이냐를 내가 할 것이냐 정부가 정해 줄 것이냐, 그런 쪽에서 보면 인과관계를 찾기는 굉장히 쉽지는 않을 것이고, 분명히 관련은 있을 텐데 어떤 사람의 삶의 질이 높아졌는데 이것이 지방자치 때문이다라고 할 경우, 그럼 과연 몇 %의 영향을 미쳤을까 하는 논의는 굉장히 어려울 것 같다는 생각이 듭니다.

○ 이성근: 지금 말씀에 연결을 시키면 직업에 따라서 행복지수가 다른데 자기의사결정권, 자기가 결정해서 자기가 행하는 그 직업군에 속하는 사람이 행복지수가 높습니다. 그러니까 주민참여의 경우도 의사결정에 많이 참여할수록 행복지수가 높기 때문에 지방자치가 주민참여의 기회를 확대했다면 주민의 행복지수는 높아졌다고 볼 수 있습니다.

○ 이승종: 기본적으로 말씀해 주신 내용이 삶의 질이든 경제적인 성장이든 지방자치가 어떤 기여를 했을 텐데, 대부분 긍정적인 것이라고 말씀하셨습니다. 제가 보기에는 지방자치에 따라 다양성이 확대되니까 삶을 바라보는 시각도 다양하게 되고 그러니까 적절한 기여가 있었을 것이다 이렇게 말씀해 주신 것으로 이해가 됩니다. 요즘은 행복연구, 삶의 질 연구 이런 것이 많이 진척돼서 경제총

량 위주로 보던 시각이 다양화된 시각으로 보기 때문에 지방자치의 성과를 볼 때에도 새로운 시각에서 보는 패러다임이 많은 도움을 줄 것이라고 생각을 합니다.

　　그다음에 우리나라에서 지방자치가 주어진 것이냐 그렇지 않느냐하는 것입니다. 거시적으로 보면 지방자치는 민주화 운동의 일환으로 쟁취가 된 것이지요. 그런데 구체적으로 지방자치를 하자고 해서 시작되었던 것은 아니기 때문에 지방자치라는 프로그램 자체는 주어진 부분이 있습니다. 그래서 이게 판단에 혼선을 주는 것 같습니다. 전체적으로 보면 시민들이 지방자치 실시에 기여한 바가 있고 그렇다면 이에 맞는 행동이 뒤따라야 한다는 것을 우리는 기대하고 있습니다.

　　○ 이기우: 아까 박경국 위원께서 말씀하신 것을 들어보니까요. 선거의 폐단, 이것은 좀 심각하게 인식을 해야 될 것 같아요. 지방선거뿐만 아니라 중앙선거도 마찬가지입니다. 특히 폐쇄된 공간에서 선거가 이루어질 때는 전 공무원은 물론이고 주민들까지, 조그마한 장사하는 사람도 다 줄을 서야 되고 눈치를 봐야 되고, 그리고 일단 당선이 되면 다음 선거 때까지는 안하무인이잖아요. 또 우리 주민들의 인식이 선거만 하면 지방자치 되는 것으로 알기도 하고, 투표만 하면 민주주의가 되는 것으로 알고 있는데 선거는 지배자를 선출하는 방식이지 민주화하고는 거의 관계가 없다고 저는 봅니다. 심지어 어떤 분은 선거는 민주적인가라는 다소 도발적인 질문을 던졌는데 선거에 당선되면 모든 것을 맡겨놓고 그러면 되느냐, 선거에 줄을 서야 되고 선거에 폐단이 많이 나타나는 이유 중의 하나가 선거에 당선되면 모든 권한이 당선된 사람한테 가는 거예요. 그러니까 줄을 서지 않으면 모든 주민들이 다 불이익을 보게 되고 이런 것 때문이 아닐까, 그러면 결국 이것도 선거로 당선된 사람을 중앙이 통제하거나 아니면 주민들이 통제해야 하는데 중앙이 통제하면 획일적으로 창조성이 사라지니까 결국은 주민들이 선출직에 대한 통제를 어떻게 할 것인가 이 문제를 심각하게 한번 고민해야 되지 않느냐 이런 생각을 합니다.

　　○ 이승종: 마지막으로 한국 지방자치가 짧은 기간에 많은 긍정적인 성과를 쌓았지만, 지금 말씀하신 대로 그런 와중에 굉장히 어려운 문제도 있었습니다.

그러면 한국 지방자치의 발전적 도약을 위해서 이러한 문제들을 극복할 수 있는 방안에 대해서 말씀해주셨으면 합니다.

○ 김순은: 지방자치만 오랫동안 생각을 해보니까 잘못 만들어진 제도 하나를 바꾸기가 그렇게 어려운 것이라는 것을 아주 실감했습니다. 그러니까 아까 지방자치가 얻어진 것이냐 아니면 주어진 것이냐를 논의하고 싶은데 지역에서 필요하다고 강력하게 주장해서 받았으면 아마 제도가 좀 나았을 텐데 중앙정치와 중앙경제 틀 속에서 논의하는 과정에서 어부지리로 얻어진 제도여서 자체가 불완전할 수밖에 없었던 것 같아요. 빨리 하자, 그러니까 완전한 제도에 대한 논의가 별로 없었던 것이지요. 그때 잘못 만들어진 것, 그중의 하나를 언급해야 될 것이 지방정치 통제하고도 관련되어 있는데 지방의회가 정상적으로 운영되도록 안 되어 있다는 것이지요. 그러니까 인구가 작은 곳을 가면 익명성을 보장하기도 어렵고 그래서 오히려 제도도 다양하게 한다는 측면에서 지방의회도 활성화하고 인구가 좀 적은 데는 통합형 지방정부도 검토할 필요가 있을 것 같아요. 그러니까 군수나 이런 단체장은 뽑지 않고, 군의원을 선출하면 거기서 돌아가면서 군수를 하든지 하고, 그다음에 단체장을 통제할 수 있게끔, 사무기구의 독립이 왜 안 되는지 모르겠어요. 지방자치발전위원회에서 기관구성 형태를 다양화하도록 결정이 되었다고 하는데 이러한 제도를 하는 게 저는 가장 현실적이고 급하지 않나 싶습니다.

○ 신윤창: 저는 지방자치라고 하는 것은 희생과 헌신과 배려라고 하는 것이 기본전제로 깔려야 된다, 내가 한 것만큼 얻으려고 하는 것보다 내가 10을 해줘도 8정도까지밖에 나한테 돌아오지 않지만 나는 다른 쪽에서 만족을, 그러니까 희생과 헌신과 배려, 참여가 기본적인 명제로 깔리기 전에는 지방자치를 성숙하게 발전시켜 나가기는 쉽지 않을 듯합니다. 이런 맥락에서 결국 지방자치라고 하는 것은 다양성을 보장해 주는 것인데, 그러니까 각 지방이나 지역의 색깔이나 아이덴티티가 다 다른데 이 색깔과 아이덴티티들을 다 장점으로 승화시킬 수 있는 그런 토대가 갖춰져 있는 것이 지방자치의 본질이라고 보거든요. 그런 맥락에서 기관구성 형태의 다양화라든가 이런 것이 다양하게 만들어져야 되는데 그 자

체가 또 잘 안되고 있습니다. 이런 것이 한국의 어떤 문화적인 토양, 원론적인 이야기지만, 유교라고 하는 상명하복, 윗사람과 아랫사람 간의 관계가 완전히 주종의 관계라든지 이런 것이 아직도 많이 남아 있지 않느냐 하는 생각이 듭니다.

그다음에 또 한 가지는 특히, 이제 국회에서 국회의원들이 지방자치에 대한 본질, 핵심 이런 것을 염두해야 하는데 항상 선거에서 지방의 의원들을 나를 당선시키기 위한 하나의 소모품으로 생각하는 이런 것이 바뀌지 않는 한 영원히 우리 한국의 지방자치는 그 틀 속에서 벗어나기 어렵다는 생각을 합니다. 시장·군수·구청장 3선한 사람도 지방자치에 관련해서 대단한 일을 할 것 같았는데 막상 국회의원에 당선되면 자기 지역에 매몰되어서 지역만을 생각하는 편협한 생각을 합니다. 앞으로는 지방자치의 방향성 중에서 통일의 문제가 분명히 대두가 될 겁니다. 앞으로 통일이 되면 그래도 북한보다 우리가 지방자치 분야에 대해서는 이 정도의 성공사례가 있기 때문에 이것을 그대로 북한에도 적용하게 되면 굉장히 짧은 시간 동안에 교육이나 계몽을 통해서 득이 될 수 있기 때문에 그래서 저희가 러프하게나마 지금부터라도 준비를 해야 되거든요. 그런데 그런 것에 대해서 전혀 신경을 쓰지 않고 있기 때문에 이런 것도 저희가 조금 관심을 가져야만 되고요.

두 번째는 저출산·고령화입니다. 앞으로 저출산·고령화라고 하는 문제가 지방자치의 틀을 바꾸는 굉장히 큰 요인이거든요. 물론 중앙정부도 하겠지만 지방자치를 연구하는 사람들만큼 세부적으로는 하지 못할 것입니다. 그러니까 광역시·도나 농촌이 어떻게 대응해야 한다는 것에 대해서 어느 정도의 대략적인 계획은 갖고 있어야 되지 않느냐 싶기도 하고요. 저출산·고령화에 따라서 사회복지 수요의 문제 이런 것도 관심을 가져야 되지 않나 하는 생각이 듭니다.

그다음에 globalization도 마찬가지고, technoglobalism도 마찬가지이고 이런 것의 가장 근간이 되는 것이 결국은 지방자치의 사회적 자본, 신뢰라고 하는 것이 크잖아요. 우리 같은 경우에는 사회적 자본, 신뢰의 성숙도가 많이 진전되어 왔지만 아직도 우리보다 훨씬 발전된 지방자치의 첨단을 걷고 있는 신뢰도보다는 우리가 그렇게 크지는 않잖아요. 앞으로 이런 것을 발전시켜 나가느냐 하는 것이 중요한 방향성이라고 생각합니다.

○ 정현민: 저는 지방자치발전위원회의 역할과 관련해서 지방자치, 분권의 발전방향에 대해 생각해보았습니다. 로컬과 센터의 개념, 과연 어느 것이 실제인 가, 사실은 모든 인간은 원래 로컬에 살았습니다. 중앙이라는 것은 인간이 만든 것입니다. 저는 이것을 두 가지 개념이라고 생각하는데, 이제 인간이 만들어 놓은 이 중앙이라는 것이 훨씬 더 효율적이고, 또 그 사람들이 안전이나 경제적인 문제 여러 가지 위협에 처했을 때는 중앙의 통제가 유용했기 때문에 그것을 인정해 버린 것이지요. Maslow의 욕구단계설에 의하면 우리는 기본적인 안전이나 먹고 사는 문제에 대한 욕구에서 이제 시대가 바뀌었기 때문에 사회적인 인정이라든지 자기실현에 대한 욕구가 강해져 사람들이 그러한 욕구를 실천하기 쉬운 로컬이 훨씬 더 중요한 개념이 되었습니다. 로컬과 중앙에 관한 이 문제에 대해서 조금 더 유용성을 검증할 필요가 있는데, 과거에는 중앙이 좀 더 유용했다라면 지금은 로컬이 훨씬 더 유용하다, 이 로컬의 가치를 실현해 주는 것이 지방자치이고 지방분권이다라는 것입니다.

그래서 좀 더 실용주의적인 분권, 실용적인 지방자치로 패러다임이 바뀌어야 하는데 지방자치발전위원회의 지방자치발전 종합계획을 보면, 지금 학계에서 주장하는 지방자치, 교과서에 나오는 그런 과제가 아닙니다. 종합계획에는 지금까지 지방자치를 20년 해보면서 문제가 많은 그런 과제들을 전부 모아서 이것을 어떻게 개선할 것인가, 어떻게 혁신을 할 것인가에 대한 내용이 담겨 있습니다. 그래서 저는 지방자치발전위원회의 이런 계획들이 정말 쉽지는 않지만 앞으로 새로운 실용적 지방자치 패러다임으로 전환하는 데 필요한 혁신적 제도인프라라는 관점에서 이것을 제도로 실현하려는 결단이 중요하지 않나 그렇게 생각하고 있습니다.

○ 이성근: 우선 지방자치 20년에 대한 국민적 공감대 형성이 좀 긍정적인 마인드로 전환되어야 하지 않을까 합니다. 언론기사를 보면 부정적인 면이 다수이다 보니 일반국민들도 그렇고 정치권도 그렇고 지방자치의 가치에 대해 회의적입니다. 지방자치의 날 행사도 정부로부터 재정적 지원을 받지 않고, 잘한 사례들을 좀 홍보하는 날로 해도 좋겠다는 생각이 들고요.

두 번째는 소유의 종말과 공유시대의 도래, 접속의 시대에 과연 자립적 지방자치가 유용한가에 대한 회의적인 글을 읽은 적이 있습니다. 또한 메가트렌드의 하나가 광역화로 이 또한 행정구역 중심의 지방자치는 한계가 있다는 지적입니다. 프랑스도 광역정부를 20여개의 metropole로 확대하고 있습니다. 우리나라는 지난 정부에서 광역경제권 정책이 추진되었으나 이번 정부에서는 조용합니다.

세 번째는 지방자치발전 종합계획이 수립되었는데, 이의 성공적 추진을 위해 지역의 역량을 강화해줘야 합니다. 사무와 재정 그리고 정책역량을 많이 강화하면 좋겠다는 생각이 듭니다.

종합하면 다양하고 차등적인 지방자치, 통합형 지방자치, 협업적 지방자치로 발전해야 합니다. 지방이 협업할 수 있는 단적인 예로 시·도 간에 계획통합을 하는 것입니다. 기후변화 이행계획이나 광역토지이용계획 같은 것도 광역도와 광역시가 따로 수립하고 있는데 인근지역끼리 협력해서 수립할 수도 있습니다. 미국은 지방정부 간연합, 예를 들어 남가주지방정부간연합은 과거 광역토지이용계획, 교통계획, 사회복지계획, 환경계획을 분리하여 수립하였으나 지금은 계획을 아예 통합계획 형태로 수립하고 있습니다. 협업적 지방자치로 발전해야합니다. 마지막으로 지방자치단체 규모의 다양성 속에서 과소지자체는 기관구성다양화 차원에서 시정관리관제 같은 경우도 적극적으로 도입하는 것이 필요하다는 생각이 듭니다.

○ 이기우: 정순관 교수께서 기조발제에서 다섯 가지 과제를 제시해 주셨는데, 헌법 개정, 다양화, 체감 분권, 신뢰 확장에 대해 다 공감합니다.

큰 체계에서 보면 중앙도 작동을 하지 않고 지방도 작동을 하지 않는 경우가 상당히 있습니다. 그 이유는 다른데, 중앙이 작동하지 못 하는 것은 너무 많은 일을 하려고 하다 보니까 집중을 못 하는 것이고, 지방은 뭘 하려고 그러니까 손발이 묶여있는 거예요. 그래서 이게 작동불능 국가, 지방까지 포함한 국가 이렇게 되어 가고 있다는 거지요. 대표적인 것이 세월호 사건, 메르스 사태, 또 다른 사태는 앞으로 지속될 겁니다. 계속 더 발생할 겁니다. 왜냐하면 그 사이에 우리가 작은 국가에서 큰 국가로 이미 성장을 했는데, 그러면 거기에 맞는 국가운영시스템을 재구축해야 됩니다. 이런 차원에서 우리가 지방자치를 논할 때가 되었다, 그래서 단순히 중앙정부와 지방정부의 기능을 어떻게 배분하고 권력배분을 어떻게 하고 이러한 문제가 아니고 대한민국의 문제해결능력을 어떻게 하면 높이느냐 이런 차원에서 국가시스템적인 측면에서 봐야 한다는 것이지요.

그래서 저는 헌법 개정이 굉장히 절실하다고 보는데 우리 헌법은 중앙정부의 수뇌부에 모든 권력을 집중시키고 있어요. 그래서 이것을 다른 말로 하면 무게중심을 위에 두고 있어서 외풍이 온다든가 위기가 오면 쓰러지게 되어 있어요. 그래서 이것을 앞으로는 오뚝이처럼 무게중심을 아래로 가져가야 되는 것이 아니냐, 그 아래가 지방이고 주민이고 국민도 포함됩니다. 그렇기 때문에 국민의 손발을 묶고 있는 헌법 규정을 이제 과감하게 손질을 해야 된다, 헌법에는 주권이 국민에게 있다 이렇게 하고 있지만 국민들은 4년에 한 번 선거하는 것 빼고는 주권을 실현하는 아무런 방법이 없어요. 그래서 국민들에게 주권을 실제로 구체화할 수 있는 방법, 그게 결국 저는 손발을 푸는 것이라고 생각하고요. 그다음에 지방에게도 그 지방의 문제를 해결할 수 있도록 손발을 풀어주는 그것이 가장 시급한 것이라고 봅니다.

그다음에 지방분권 체감 부분을 말씀하셨는데 이게 국민들한테 체감이 안 돼요. 그래서 이제는 이 관점을 어떤 동네문제를 해결하는 데 국민 전체가 매달릴 것이냐 아니면 그 동네 주민이 책임질 것이냐, 전체 국민과 그 지방 주민 간의 관계, 그러니까 예를 들어서 지역경찰이다 하면 지방자치단체장에게 경찰권을 준다 이렇게 생각하면 문제가 안 풀립니다. 동네에 치안문제가 발생했을 때 1차적으로 누가 해결할 것이냐, 주민이 나서서 해결해야 됩니다. 교육문제도 마찬가지에요. 우리 동네 교육을 누가 책임지고 할 것이냐, 자치단체장이 하느냐 교육감이 하느냐 이렇게 싸우면 맨날 권력문제로 되어 가지고 해결이 안 돼요. 제로섬 게임이에요. 그런데 정말 우리 동네 교육은 우리 주민들이 알아서 결정하겠다 이렇게 가면 상당히 체감적인 것이 되지 않을까 싶고요.

아까 기관 다양성을 말씀하셨는데 저도 전적으로 공감하는데 그것을 넘어서 제도의 다양성, 제도라는 것이 게임의 룰이잖아요. 게임이 원활하게 진행되고 재미있으려면 게임의 룰을 잘 만들어야 되는데 이 게임의 룰이 한결같으면 안 된다는 거예요. 날씨에 따라서 또 상황에 따라서 다를 수 있어야 된다는 거예요. 그래서 이 게임의 룰을 지방에서 각자 만들 수 있도록 제도적인 다양성, 이런 제도도 실험해 보고 저런 제도도 지방에서 하다보면 더 좋은 제도가 있으면 다른 지방으로 퍼져나가고, 마치 우리 정보공개법처럼 한 지방에서 시작하니까 전국적으로 삽시간에 퍼졌잖아요. 그리고 중앙정부도 바꿨잖아요. 그런 식으로 어느 지방에서인가 좋은 게임의 룰을 만들고, 그러면 다른 지방에서도 검토할 것이고 또 그 지방에 안 맞으면 다시 재창조하고 이렇게 되어야 하는데 결국은 이것을 묶고 있는 게 헌법입니다. 헌법에서 중앙정부 위임이 없으면 지방에서 새로운 게임의 룰을 만들지 못하도록 해놨습니다. 그런데 중앙정부가 절대 위임을 하지않기 때문에 이것을 중앙정부의 위임이 없이도 지방에서 그 지방에 맞는 게임의 룰을 만들 수 있도록 헌법을 개정해 줘야 됩니다. 그래서 앞으로 우리가 헌법 개정을 단순히 중앙정부, 중앙정치인, 지방정치인, 중앙관료, 지방관료 간의 문제로 생각할 것이 아니라 전체 국민, 주민 그러니까 국민자치, 주민자치의 관점에서 보면 새로운 지평이 열리지 않을까 생각합니다.

○ 이승종: 지방자치도 중앙정치도 마찬가지지만 결국은 국민을 위해서, 주민을 위해서 있는 것이기 때문에 아까 정현민 국장도 말씀하셨듯이 지방자치 패러다임이 좀 바뀌어야 된다고 생각합니다. 여태까지는 분권과 참여라는 과정적 가치 중심으로 지방자치를 접근했다면, 이제는 그 분권과 참여를 통해서 달성하려고 하는 주민 삶의 증진이나, 복지의 증진을 중심으로 지방자치 패러다임이 좀 바뀌어야 되겠다는 생각이 듭니다. 즉 지방자치가 잘 되고 못 되고를 분권이 더 많이 됐느냐 참여를 더 많이 하느냐에 그치지 않고 그것이 과연 주민들의 삶에 어떻게 기여를 했느냐는 질문에 부단히 관심을 갖는 쪽으로 바뀌어야겠다는 생각이 듭니다.

지방자치는 따지고 보면 사실 거버넌스입니다. 이전에 중앙집권적인 통치를 하던 것을 이제 지방도 주역이 되고 주민도 주역이 되는 쪽으로 거버넌스가 되는 것이고, 결국은 정책결정 및 집행주체의 다원화가 되는 것입니다. 다원화되면 그럼 다 잘 되느냐, 그러면 국민들이 더 잘 살게 되느냐, 반드시 그렇지는 않습니다. 그 다원화된 주체들이 만날 때 만나는 장이 좋아야 되고 만나는 사람들의 역량이 좋아야지요. 그래서 정부혁신이 이루어져야 되고 주민혁신이 이루어져야 되는 거예요. 한 가지 말씀 드릴 것은 아까 여러분들이 지적하셨지만 지방자치를 해서 민의 힘, 민력이 증진되었다는 것입니다. 피동적에서 자율적으로 증대되었습니다. 다만, 민심은 그만큼 뒤따라오지 않았지요. 일부에서는 민심이 타락했다고 하고 일부에서는 그냥 잠자고 있다 이렇게 얘기하는데, 그래도 지방자치를 시행하기 전보다는 민심이 좋아졌어요. 다만, 향후 증대된 민력과 민심의 격차를 줄여나가도록 시민교육을 강화하고, 참여제도가 잘 작동되도록 해야겠다는 생각이 듭니다.

하나만 더 말씀을 드리면, 이제 사회구조가 변화되었기 때문에 지방행정체제도 좀 바뀌어야 될 때가 됐다는 생각입니다. 구체적으로 읍·면·동 단위가 지방자치의 기반이 되어야 하는 그 부분에 자치기제가 잘 정착이 안 되어 있어 이를 강화해 나가는 것이, 앞으로 지방자치의 발전을 위해서 그리고 주민들이 체감해서 지방자치에 애정을 갖게 하기 위해서 나아가야 할 기본방향이라는 생각을 해 봤습니다.

정순관 교수께서 기조발제를 통해 지방자치 전반에 대해서 짚어주시고, 성숙한 지방자치 발전을 위한 여러 가지 과제를 말씀해 주셨는데 거기에 대해서 여러 토론자들께서 추가의 말씀, 보완의 말씀을 해 주셨습니다. 지금 말씀하신 것들이 잘 이루어지면 지방자치발전위원회가 국무회의를 통해 확정한 지방자치발전 종합계획과 더불어 한국 지방자치가 도약하는 좋은 발판이 될 것으로 생각합니다. 감사합니다.

저자 소개

강재호	부산대 행정학과 교수, 지방자치발전위원회 위원
강형기	충북대 행정학과 교수, 지방자치발전위원회 위원
권오철	한국지방행정연구원 지방혁신지원센터 소장
금창호	한국지방행정연구원 자치행정 연구실장, 지방자치발전위원회 실무위원
김순은	서울대 행정대학원 교수, 지방자치발전위원회 자문위원
남기헌	충청대 경찰행정학과 교수, 지방자치발전위원회 위원
박경국	지방자치발전위원회 지방분권분과위원장, 前 안전행정부 제1차관
박동수	전주대 행정학과 명예교수, 지방자치발전위원회 위원
박재율	균형발전지방분권전국연대 공동대표, 지방자치발전위원회 위원
손혁재	경기대 정치전문대학원 초빙교수, 지방자치발전위원회 위원
송기복	청주대 정치안보국제학과 객원교수, 지방자치발전위원회 위원
신윤창	강원대 공공행정학과 교수, 지방자치발전위원회 행정체제개편분과위원장
안재헌	前 지방자치발전위원회 지방분권분과위원장, 前 여성부 차관
양영철	제주대 행정학과 교수, 前 지방자치발전위원회 위원
이기우	인하대 법학전문대학원 교수, 지방자치발전위원회 위원
오재일	전남대 행정학과 교수, 前 지방자치발전위원회 행정체제개편분과위원장
육동일	충남대 자치행정학과 교수, 前 지방자치발전위원회 위원
이승종	서울대 행정대학원 교수, 지방자치발전위원회 부위원장
이수영	지방자치발전위원회 지방자치발전기획단 전문위원
이성근	영남대 지역 및 복지행정학과 교수, 前 지방자치발전위원회 위원
임두택	전남대 행정학과 교수, 지방자치발전위원회 위원
정순관	순천대 행정학과 교수, 지방자치발전위원회 위원
정현민	지방자치발전위원회 지방자치발전기획단 지방분권국장
조경호	국민대 행정정책학부 교수, 지방자치발전위원회 위원
최근열	경일대 행정학과 교수, 지방자치발전위원회 위원
최승범	한경대 행정학과 교수, 지방자치발전위원회 실무위원
최호택	배재대 행정학과 교수, 지방자치발전위원회 위원

한국지방자치 발전과제와 미래

초판발행	2016년 6월 17일
중판발행	2017년 1월 30일
지은이	지방자치발전위원회
펴낸이	안종만
편 집	한현민
기획/마케팅	조성호
표지디자인	권효진
제 작	우인도·고철민
펴낸곳	(주) **박영사**
	서울특별시 종로구 새문안로3길 36, 1601
	등록 1959. 3. 11. 제300-1959-1호(倫)
전 화	02)733-6771
f a x	02)736-4818
e-mail	pys@pybook.co.kr
homepage	www.pybook.co.kr
ISBN	979-11-303-0320-8 93350

정 가   20,000원